ÉTICA JURÍDICA

ÉTICA JURÍDICA
Um estudo comparativo

Geoffrey C. Hazard e Angelo Dondi

Tradução
LUIZ GONZAGA DE CARVALHO NETO

Revisão da tradução
LENITA ANANIAS DO NASCIMENTO

SÃO PAULO 2011

Esta obra foi publicada originalmente em inglês com o título
LEGAL ETHICS, A COMPARATIVE STUDY
por Stanford University Press
Copyright © 2004 by The Board of Trustees of the Leland Stanford Junior University.
All rights reserved. Translated and published by arrangement with Stanford University Press.
Copyright © 2004 por The Board of Trustees of the Leland Stanford Junior University.
Todos os direitos reservados. Traduzido e publicado por acordo com Stanford University Press.
Copyright © 2011, Editora WMF Martins Fontes Ltda.,
São Paulo, para a presente edição.

1ª edição 2011

Tradução
LUIZ GONZAGA DE CARVALHO NETO

Revisão da tradução
Lenita Ananias do Nascimento
Acompanhamento editorial
Márcia Leme
Revisões gráficas
Renato da Rocha Carlos
Ivani Aparecida Martins Cazarim
Produção gráfica
Geraldo Alves
Paginação/Fotolitos
Studio 3 Desenvolvimento Editorial

Dados Internacionais de Catalogação na Publicação (CIP)
(Câmara Brasileira do Livro, SP, Brasil)

Hazard Jr., Geoffrey C.
 Ética jurídica : um estudo comparativo / Geoffrey C. Hazard Jr. e Angelo Dondi ; tradução Luiz Gonzaga de Carvalho Neto ; revisão da tradução Lenita Ananias do Nascimento. – São Paulo : Editora WMF Martins Fontes, 2011. (Biblioteca jurídica WMF)

 Título original: Legal ethics, a comparative study
 Bibliografia
 ISBN 978-85-7827-127-5

 1. Direito – Filosofia 2. Ética jurídica I. Dondi, Angelo. II. Título. III. Série.

10-12342   CDU-340.12

Índices para catálogo sistemático:
1. Ética jurídica : Filosofia do direito   340.12

Todos os direitos desta edição reservados à
Editora WMF Martins Fontes Ltda.
Rua Conselheiro Ramalho, 330 01325-000 São Paulo SP Brasil
Tel. (11) 3293.8150 Fax (11) 3101.1042
e-mail: info@wmfmartinsfontes.com.br http://www.wmfmartinsfontes.com.br

SUMÁRIO

Agradecimentos... VII

Introdução.. 1
O Estado de Direito e a profissão jurídica, 1. As funções sociais do direito moderno, 6. Advocacia e ética são compatíveis?, 10. A lei que regulamenta os advogados, 12. O lugar da filosofia clássica, 13.

1. Esboço histórico das profissões ligadas ao direito.. 19
"Juízes" e "advogados", 19. A herança romana, 23. Funcionários públicos especializados em direito, 26. O conhecimento profissional e a natureza do "direito", 33. Os dois níveis da profissão de advogado, 39. Os profissionais de direito do século XVI ao XX: a prática jurídica clássica, 48. A prática jurídica moderna, 59. Profissões do direito no "Estado Legificado", 72. Reclamações constantes, normas antigas, 79.

2. O papel de juiz e o de advogado........................ 83
Diferenças das funções, 83. Advocacia fora dos tribunais, 91. Conflito de funções, 98. Corrupção judicial, 108. Justificativa ética para a advocacia, 115. Justiça social e assistência judiciária, 124. Acesso à justiça para os cidadãos comuns, 140.

3. As "virtudes" profissionais: competência......... 145
Virtudes profissionais essenciais, 145. Um exame mais completo da competência, 159. O modelo europeu continental, 165. O modelo inglês, 170. O modelo norte-americano, 173. Competência prática, 178. Como encontrar um bom advogado, 185.

4. Independência... 195
Independência profissional, 195. "Autorregulamentação" da profissão, 201. Outros clientes e os interesses do próprio advogado, 207. Independência em relação ao cliente, 211. A ambiguidade da lei e os ideais éticos, 221.

5. Lealdade... 227
Lealdade para com o cliente: conceitos fundamentais, 227. Quem manda?, 235. Representações simultâneas diversas, 239. Contrariedade de interesses, 247. Conflito consentido, 252. Conflito de interesses em representações sucessivas, 255. Início e término da representação jurídica, 260.

6. Sigilo.. 271
O sigilo e a relação privilegiada entre advogado e cliente, 271. Revelação de informações sigilosas do cliente, 278. A empresa contra o executivo que a representa, 289. O limite da legalidade, 302.

7. Responsabilidade.. 309
Responsabilidades múltiplas, 309. Lisura no tribunal, 310. Boa cidadania, 320. Relações com outros advogados, 321. As relações nos escritórios de advocacia, 324. Assistência jurídica gratuita: obrigação?, 328. Autorregulamentação da ordem dos advogados, 334.

8. Honorários e outras questões de economia jurídica.. 343
Regulamentação dos honorários, 343. Honorários *ad exitum*, 351. Disputas acerca de honorários, 356. A economia da justiça, 357. Polêmicas recentes sobre regulamentação: Prática multidisciplinar (MDP) e Prática multijurisdicional (MJP), 365.

9. Reflexões finais... 373
O "novo modelo" de advogado, 373. Ética, ideal e prática, 382. Normas e papéis, 388. Direitos humanos e interesses comerciais, 390.

Notas 395
Bibliografia 441
Índice remissivo 445

AGRADECIMENTOS

Colegas: Professor Neil H. Andrews, Clare College, Cambridge, Inglaterra; George Fox, Brisbane, Austrália; Professor Antonio Gidi, Filadélfia, Pensilvânia; James G. Hazard, Paris, França; Lic. Ramon Mullerat, Barcelona, Espanha; Juíza Aida R. Kemelmajer de Carlucci, Mendoza, Argentina; Professor Michele Taruffo, Universidade de Pavia, Itália; Dr. Vincenzo Ansanelli, Universidade de Urbino. Agradecimentos especiais a Edwin J. Greenlee, Bibliotecário de Consultas, Escola de Direito da Universidade da Pensilvânia, e à Dra. Elena Lucertini, Universidade de Gênova.

Alunos: Juiz Bae, Renaud de Blegiers, Kathleen Craven, Matthew Hare Duncan, Andrew Edelstein, Kristin Fisher, Nicholas Gao, Rani Karnik, Timothy Kemper, Karsie Kish, Alexandra Levin Kramer, Sonja Patrick, Horacio Segundo Pinto, Susan Pologruto, Eduardo Rivas, Tarana Sawhney, Michael Stamp, Arina Shulga, Thea Rozman, Aimee Torres, Hiroyuki Uranishi, Melinda Wang, David Weinberg, Johanna Wilson.

Somos especialmente gratos pela excelente ajuda de Teri Y. Broadnax no acompanhamento do original.

INTRODUÇÃO

O Estado de Direito e a profissão jurídica

O Estado de Direito é hoje reconhecido como elemento essencial de uma sociedade razoavelmente justa. Em linhas gerais, o "Estado de Direito" corresponde ao governo constitucional – isto é, o governo em que os atos das autoridades públicas são controlados sistematicamente por limites legais preestabelecidos. Decorre desse princípio que o regime constitucional deve ter um poder judiciário independente. Um judiciário independente aplica, com autoridade e sem interesses, os limites fixados pela constituição.

Outra consequência, talvez não tão fácil de perceber, é que o regime constitucional deve ter profissionais do direito com autonomia suficiente para recorrer à autoridade do poder judiciário independente. Isso se traduz no direito à assistência de um advogado num processo judicial. Um terceiro corolário, importantíssimo do ponto de vista funcional e provavelmente indispensável, é o direito do cidadão de consultar um advogado, em caráter confidencial, acerca de circunstâncias com implicações jurídicas a fim de evitar chegar a um tribunal. Trata-se do direito à consultoria jurídica.

O exercício desses direitos, cumulativamente ao longo do tempo e das vicissitudes da vida, é portanto instituição imprescindível dos governos constitucionais. Esses direitos se exercem por meio de consultas com advogados. Um ilustre economista, William Baumol, disse: "Não há profissão cujo produto econômico total seja maior que o dos advogados; e não há nenhuma cuja contribuição marginal seja menor."[1] Esperamos demonstrar nesta análise quanto o "produto econômico total" dos advogados é útil. Entendemos que a "contribuição marginal" dos advogados consiste no valor que eles acrescentam a transações específicas. Em geral, essa contribuição é invisível; às vezes, pequena; e às vezes, na verdade, negativa. (Como dizem os homens de negócios: "Deixe os advogados fora disso.") No entanto, ter os advogados "nisso", direta ou indiretamente, é uma manifestação concreta do Estado de Direito. Uma explicação para esse paradoxo é que o Estado de Direito é, na realidade, um processo social interativo, comparável a uma negociação (esta mesma, uma importante atividade dos advogados). Concluída a negociação, o que importa é o acordo resultante, enquanto a arte e as técnicas que o precederam consideram-se esforço perdido. Contudo, em certa medida essa arte e essas técnicas são essenciais para diminuir a distância entre as posições das partes. O mesmo se aplica a grande parte da atividade profissional dos advogados.

De qualquer modo, se o Estado de Direito precisa de advogados, os advogados também precisam de normas que regulamentem suas atividades. Tradicionalmente, essas normas são chamadas de "ética profissional". Há muito se discute se a ética profissional é uma "lei" ou outro tipo de esquema normativo. Seja como for, as regras da ética profissional constituem o regime normativo ao qual juízes e advogados recorrem para avaliar o caráter da participação do profissional da área no Estado de Direito.

Este estudo analisa e compara normas e convenções de ética dos advogados no exercício atual da profissão. Trata da prática do direito nos regimes da Europa, inclusive a Inglaterra; nos regimes baseados no sistema de *civil law* europeu, entre os quais o do Japão e, agora, o da China; e nos países com sistemas de *common law* derivados do sistema vigente na Inglaterra, entre os quais a Austrália, o Canadá e os Estados Unidos. Portanto, o estudo concentra-se na prática do direito nos sistemas jurídicos constitucionais do Ocidente e também diz respeito à prática jurídica nos setores ocidentalizados de países islâmicos, como Egito e Indonésia, por exemplo[2].

O papel do advogado depende do papel do sistema jurídico em que ele atua. Todo sistema jurídico tem um caráter cultural distinto e, mesmo nos sistemas jurídicos ocidentais, há muitas variações[3]. É preciso levar em conta não só as normas éticas estipuladas formalmente, mas também sua importância prática para os advogados. Os autores têm acesso aos códigos de ética de diversos países, familiaridade com a prática na Itália e nos Estados Unidos e conhecimento indireto do exercício profissional em outros países. O original foi revisado por colegas de profissão de outros países. Além disso, contamos com pesquisas e relatos de advogados jovens e outros alunos de nossos cursos avançados nas faculdades de direito de algumas universidades. Nosso foco é essencialmente a prática vivida pelos advogados, e não o que se poderia chamar de análise externa ou sociológica da função dos profissionais. Muito do que afirmamos sobre a prática e a importância prática das normas éticas não pode ser documentado, pois as fontes são orais e geralmente dispersas. Muitas de nossas interpretações provêm da observação pessoal. Não obstante, de modo geral, estamos seguros de seu rigor, embora não o presumamos.

Na verdade, pode-se interpretar toda a experiência profissional dos advogados como um sistema jurídico distinto que acompanha de perto a versão oficial expressa no sistema jurídico escrito. John Baker, eminente historiador do direito inglês, referiu-se à relação entre esses dois sistemas em seus estudos sobre o direito na Inglaterra dos séculos pós-medievais[4]. Baker refere-se à prática dos advogados como um segundo corpo jurídico e comenta a complexa relação deste com o direito criado pelo Parlamento e pelos tribunais. De acordo com Baker, a essência da prática dos advogados está no modo como eles conseguem fazer as coisas acontecer, o que é muito diferente de como as normas jurídicas dizem que elas devem acontecer. Acreditamos que essa mesma relação ainda existe hoje na Inglaterra, bem como em outros regimes.

A "ética jurídica" abrange não somente as convenções éticas da profissão, mas também a regulamentação jurídica prescrita pela autoridade do Estado (o "governo", como se diz na maior parte dos sistemas de *common law*). Essa regulamentação compreende leis (particularmente os códigos inspirados no Código Napoleônico francês dos sistemas de *civil law*), alguns preceitos constitucionais (como o direito constitucional à assistência de um advogado) e a jurisprudência (principalmente nos sistemas de *common law*). É preciso distinguir as regulamentações legais das convenções e costumes profissionais formalizados, bem como de concepções morais e éticas que nada têm a ver com o direito.

De acordo com nosso ponto de vista, a ética jurídica é um amálgama de todas essas fontes normativas – o direito, as convenções sociais e a moral. Referimo-nos repetidas vezes às convenções e aos costumes na prática – o modo como, até onde podemos perceber, os profissionais do direito "de fato se comportam". Além disso, estamos bem conscientes das questões éticas e morais predominantes no "pano de fundo" cultural de um sistema social e chamamos atenção para elas de vez em quando.

É proeminente na consciência de um profissional do direito o compromisso constante com as realidades concretas, entre elas a experiência comum da ordem político-econômica capitalista moderna. A expressão principal aqui é "realidades concretas". Refere-se às circunstâncias particulares de lugar e tempo, aos participantes, ao ponto de vista dos envolvidos e ao curso dos acontecimentos. O conceito oposto é o dos "universais". O fato concreto é um acontecimento real em quatro dimensões (no espaço físico e no tempo), enquanto um universal é um conjunto de palavras que designa algum aspecto de um fato, como, por exemplo, um "crime" ou um "contrato", na terminologia jurídica, ou

INTRODUÇÃO 5

"belo" em referência a um pôr do sol. O fato concreto é percebido num momento determinado e de um local particular "nas trincheiras", não é um pronunciamento feito de uma perspectiva distante ou olímpica. A percepção das trincheiras é necessariamente incompleta e quase sempre imprecisa – não é transparente. No curso dos acontecimentos, a percepção e a possível ação subsequente implicam a participação de atores que trazem consigo ideias culturais, normativas e situacionais particulares e preconcebidas.

Essas características da realidade foram reconhecidas por muitos pensadores do século XIX – Herder, Hegel, Marx[5] e os "pragmatistas" norte-americanos, entre eles Charles Peirce, William James e Oliver Wendell Holmes Jr.[6] Desses, Karl Marx é obviamente o que teve a maior influência mundial. O pensamento marxiano, marxista e pós-marxista teve enorme influência no século XX, continua sendo a base ostensiva dos regimes da China e de Cuba e é adotado em alguns círculos políticos e acadêmicos. É conveniente aqui explicar brevemente nossa opinião acerca do marxismo.

Como observador e crítico social de seu tempo, Marx tinha uma extraordinária clareza de visão. Como psicólogo social, era perspicaz e enfático no reconhecimento da influência das condições sociais (em particular, o nascente mercado capitalista) sobre as percepções e interpretações humanas e nos modelos intelectuais. Como moralista, manifestou profunda indignação pela condição dos pobres. No entanto, como teórico da economia, era primitivo e estava fundamentalmente errado, em particular na "teoria trabalhista do valor". Como analista político, deixou de levar em conta a força permanente da filiação religiosa, as forças emergentes do nacionalismo[7] e da identidade étnica[8] e as possibilidades de ação política popular desprovida de violência. Ignorava os efeitos políticos destrutivos da linguagem agressiva. O mais importante, talvez, é que Marx era utopista. Projetou um mundo futuro mágico onde não haveria classes e, portanto, não haveria conflitos. Retratava esse futuro como um fato cientificamente inexorável. Na prática, o marxismo tem sido uma fachada verbal de regimes que fingem não ter conflitos sociais ao mesmo tempo que empregam métodos violentos e autoritários para suprimi-los[9]. O mundo continua funcionando com várias improvisações não utópicas baseadas na confrontação e no conflito, das quais as mais importantes são o Estado mais ou menos democrático e o capitalismo mais ou menos competitivo. Muitas dessas improvisações não utópicas consubstanciam-se em instituições, normas e procedimentos jurídicos.

As funções sociais do direito moderno

O direito e as instituições jurídicas são construções sociais não utópicas que visam controlar o conflito social nas sociedades modernas. Desse modo:

- visto que a iniciativa capitalista implica antagonismos entre os participantes do mercado, o direito pode impor controles e limites a esses conflitos.
- visto que a produção capitalista implica inovação e especulação, a incerteza e o risco envolvidos nesses mecanismos podem ser reduzidos ou redistribuídos pelo ordenamento jurídico. O capitalismo também envolve convergência e conflito de interesses entre trabalhadores e empresários.Tanto os conflitos quanto os interesses podem ser regidos pelo direito, particularmente pelo direito das obrigações, que trata dos contratos.
- Visto que o capitalismo gera novas riquezas, essas riquezas são fonte de arrecadação, da qual os regimes dependem para manter as forças armadas e os serviços sociais. As normas jurídicas podem definir os prazos, as condições e a administração dos impostos, ao contrário, por exemplo, da antiga e mal definida política da coleta de impostos por agentes privados.
- O centro de poder nos modernos governos burocráticos é a própria burocracia[10]. A legislação é um mecanismo de controle da autoridade administrativa burocrática.

INTRODUÇÃO 7

- Em qualquer sociedade, os membros sem recursos econômicos correm o risco constante de ser explorados pelos membros poderosos, mas o direito pode impor restrições aos exploradores.
- Os governos são constantemente ameaçados por particulares aventureiros que desejam explorar os poderes constituídos. Mecanismos legais, como, por exemplo, a separação dos poderes e o controle judicial de constitucionalidade, podem refrear ou pelo menos inibir essas tendências.

O mundo moderno talvez tenha exagerado a eficácia dos controles jurídicos[11]. Também a guerra e outras formas de violência ainda têm lugar como mecanismos ordenadores. O direito, contudo, é o árbitro público definitivo num regime constitucional eficiente. A eficácia dos controles jurídico e constitucional exige uma técnica jurídica. Essa técnica engloba, em primeiro lugar, a especificação de direitos e obrigações em leis, regulamentos, estatutos, contratos e outros documentos; em segundo lugar, a interpretação desses documentos de acordo com convenções que vão evoluindo; em terceiro lugar e em caráter eventual, o recurso aos tribunais e outros órgãos oficiais para resolução de controvérsias acerca do sentido e da aplicação das normas. Essas técnicas jurídicas se exercem em nome de uma clientela que compreende o governo principal (o Estado ou a Coroa); governos estaduais (ou provinciais) e municipais; empresas comerciais; organizações não governamentais (ONGs), como igrejas, sindicatos e instituições de caridade; indivíduos, especialmente os indivíduos acusados de crimes e os que têm bens a proteger. Os "profissionais do direito" são os técnicos que se ocupam rotineiramente de especificar, interpretar e decidir qual é a lei. A ocupação de rotina torna-se uma carreira. A própria carreira é regida por normas que compreendem leis, diretrizes jurisprudenciais e convenções internas da profissão. Os integrantes dessa carreira passam a ser uma categoria profissional.

A função essencial da técnica jurídica é evitar os conflitos numa comunidade grande e diversificada. O produto dessa técnica em geral se chama "justiça". Por definição, as disputas jurídicas surgem no contexto de regimes específicos com normas jurídicas próprias e meios concretos de fazê-las valer. A matéria "jurídica" não são conceitos normativos universais nem filosóficos, mas normas jurídicas concretas, com origem histórica específica, que se aplicam em situações concretas. É consenso universal que entre os meios de garantir a justiça está a proibição do homicídio doloso, das agressões imotivadas e do furto. Entretanto, na vida civilizada cotidiana, a justiça não tem uma definição universal; é necessariamente "local" e, portanto, "contextual".

Um dos aspectos do contexto – isto é, da realidade concreta – é o tempo. Uma das características do tempo é a impossibilidade de repetir-se para observação posterior, como se faz, por exemplo, quando se assiste ao videoteipe de um acontecimento. Na busca de estabelecer a verdade, a administração da justiça é restringida por essa realidade. Por conseguinte, a justiça depende de reconstruções imprecisas e altamente polêmicas de acontecimentos passados para formular suas decisões. Esse aspecto é representado na imagem tradicional da justiça, uma mulher com os olhos vendados.

Outra restrição temporal é o fato de os processos judiciais não poderem estender-se indefinidamente no tempo até se chegar ao veredicto. Enquanto uma disputa jurídica se desenrola no tribunal e finalmente é julgada, os acontecimentos do mundo exterior não param, correndo-se assim o risco de que o processo de decisão judicial nada mais tenha a ver com os assuntos práticos, na medida em que estes evoluem. De um ponto de vista mais amplo, a própria lei está sempre em processo de obsolescência. As normas jurídicas são estabelecidas num primeiro momento histórico, observadas (ou ignoradas) num segundo período, e interpretadas e aplicadas numa terceira etapa do tempo. A imagem do deus romano Jano, cujas duas faces olham, uma, para a frente e, outra, para trás, ilustra essa característica.

Conforme veremos adiante, enquanto a filosofia ética procura ter conteúdo universal e um ponto de vista trans-

INTRODUÇÃO

cendente (de onde tudo se vê com clareza), as questões de justiça e a prática do direito no mundo real são concretas e específicas. Os processos legais, por sua vez, também são rigidamente restringidos pelas limitações de acesso do direito à verdade. Desse modo, a análise ética transparente – com base em avaliações hipotéticas do que "seja" uma situação problemática do ponto de vista normativo – é necessariamente incompleta e muitas vezes enganosa. De qualquer modo, tratando de problemas de ética jurídica descobrimos que a distinção tradicional entre ética deontológica e ética consequencialista não é muito esclarecedora. O que nos estimula a propor essa conclusão é o instigante empenho de Donald Nicolson e Julian Webb de aplicar esse tipo de análise à ética jurídica moderna[12].

Contudo, aplicada de modo correto, a filosofia ética tem seu lugar na ética profissional. O ideal de "justiça" existe, ainda que inatingível na prática. Também existe o ideal de "verdade", pelo menos para nós, ainda que sua concretização seja muitas vezes incompleta ou mesmo completamente frustrada. Todavia, aproximar-se da verdadeira justiça e buscar a verdade concreta são objetivos dignos, nobres, na verdade, apesar de quase sempre inatingíveis. A falta mais grave dos profissionais do direito, tanto juízes quanto advogados, é desistir de tentar.

Tendo em vista esses objetivos, isto é, a busca da verdade e da justiça, os sistemas jurídicos modernos dos países desenvolvidos têm entre si importantes semelhanças, a saber: governo constitucional, direitos individuais, propriedade privada e ampla liberdade de contrato, entre outras. Tais instituições jurídicas definem o contexto normativo e assim atuam como mediadores entre as normas éticas gerais e os problemas éticos concretos. Conforme se verá neste estudo, há diferenças relevantes entre os sistemas jurídicos modernos. Uma diferença marcante, por exemplo, é o fato de que, nos sistemas de *common law*, os juízes normalmente provêm das fileiras dos advogados praticantes, ao passo que a maioria dos juízes dos sistemas de *civil law* segue uma carreira judicial vitalícia que se inicia muito cedo. Outra diferença é o tamanho característico do escritório – em alguns países, predominam profissionais autônomos e escritórios pequenos; em muitos outros países surgiram firmas maiores. Desse modo, a ética jurídica talvez não seja um objeto único de estudo, mas, sim, um conjunto de objetos relacionados.

Advocacia e ética são compatíveis?

No senso comum – e às vezes no próprio meio profissional –, é voz corrente que "ética jurídica" é uma expressão contraditória. Esse juízo parte da premissa de que os advogados são intrinsecamente antiéticos. Alguns de fato são, e, destes, uns poucos o são escandalosamente. Muitos profissionais do direito eventualmente se esquecem das obrigações éticas ou as ignoram de propósito. Quase todos os profissionais do direito deparam constantemente com problemas jurídicos ou éticos difíceis relacionados com sua própria conduta. Às vezes dão soluções incorretas a esses problemas; mas esses comportamentos, longe de indicar que a "ética jurídica" é um conceito vazio, demonstram que ela é uma questão séria. Cremos que a maioria dos profissionais prefere "agir corretamente" quando tem de tomar por si mesmos decisões éticas importantes.

Entretanto, os dilemas éticos relevantes que os advogados em geral enfrentam têm de levar em conta os interesses e as preferências de outros, entre eles os clientes. Esse fato circunstancial introduz um inevitável elemento de partidarismo nas deliberações do advogado – isto é, os advogados têm de dar preferência aos interesses de um grupo de pessoas (os clientes) sobre os interesses de outro grupo (os não clientes). A profissão de advogado necessariamente implica o partidarismo em favor dos clientes. É possível imaginar o direito sem advogados, mas não é possível imaginar advogados sem clientes.

INTRODUÇÃO 11

A lealdade aos interesses egocêntricos do cliente é uma espécie de lealdade com que muitos não se sentem à vontade, ou que julgam abominável. Concordamos que o partidarismo implicado no exercício da advocacia é sem dúvida repugnante em muitos aspectos. No entanto, em nossa opinião, a legitimidade do partidarismo se explica pelo fato de o conflito ser uma realidade sempre presente entre os seres humanos – conflito de interesses, para usar uma expressão jurídica. Como Martin Redish resumiu: "A teoria confrontativa da democracia liberal reconhece a realidade empírica de que, por serem os indivíduos... merecedores de dignidade e respeito... seus interesses divergem [e]... o conflito é inevitável, seja ele de base ideológica, econômica ou pessoal."[13]

Por certo, todos desejam que a humanidade "repouse em pastos verdejantes... junto a águas tranquilas", como no reino pacífico mencionado no salmo 23. O salmo 23, porém, fala da obra de Deus, não do governo de mortais. A experiência problemática de procurar pôr ordem nas relações humanas leva a maioria dos analistas a uma visão bem menos otimista.

Nós, particularmente, acreditamos que os conflitos são endêmicos em todas as sociedades, tanto primitivas quanto modernas. Nas sociedades modernas, o direito é um meio essencial de controlar os conflitos. Diante disso, conclui-se que a administração da justiça implica decisões e julgamentos por juízes e outras autoridades. Entretanto, os juízes e outras autoridades podem cometer erros graves em seus julgamentos. Não existe nenhum manancial de "justiça" pura e simples. O serviço prestado pelos advogados implica a participação e o acompanhamento próximo dos processos decisórios da justiça. Portanto, os serviços dos advogados são muito úteis às pessoas que correm o risco de ter embaraços com a justiça. Consequentemente, acreditamos que o partidarismo implicado no exercício da advocacia está no mesmo plano de exigência e legitimidade que o partidarismo dos processos políticos eleitorais e parlamentares dos regimes constitucionais, que o partidarismo existente na liberdade de imprensa e que o partidarismo presente na competição econômica entre empresas.

A lei que regulamenta os advogados

A importância de uma "lei" que regulamente a prática profissional dos advogados é quase evidente por si. No mundo moderno, praticamente todas as atividades humanas são regidas por normas legais. Na tradição europeia, a prática jurídica rege-se por conjuntos de regulamentos desde o século XIII, se não antes. Esses regulamentos contêm proibições e restrições, como, por exemplo, as normas que proíbem o advogado de representar clientes com interesses contrários e as que o obrigam a guardar as confidências do cliente.

De igual relevância são os dois importantes direitos especiais que a lei concede ao advogado. Um é o direito legal de se dirigir aos juízes (e a outras autoridades judiciais) no tribunal para tratar de juízos pendentes e de outras decisões oficiais. Esse é o "direito de audiência" – o direito do advogado de ter ouvidos seus argumentos em favor do cliente. Os juízes exercem uma importante forma de autoridade política, e a advocacia pode influir no modo como eles exercem essa autoridade. Logo, o direito de audiência do advogado é uma forma importante de poder político.

O outro direito legal de que o advogado desfruta é o do sigilo de suas comunicações com o cliente. A importância desse poder é evidente na representação jurídica de indivíduos acusados de crimes. Em geral, o acusado de um crime pode falar abertamente com seu advogado em termos que o poderiam incriminar se chegassem ao conhecimento da promotoria. O direito ao sigilo profissional está intimamente relacionado ao direito do acusado, em todos os sistemas jurídicos modernos, de recusar-se a dar testemunho contra si mesmo.

Mas a importância do direito e dever do advogado de manter em segredo as conversas com o cliente – simplificadamente: "sigilo profissional" – vai muito além dos casos criminais. Este livro se dirige sobretudo a advogados dedicados à prática cível[14]. Na prática cível, as questões que os clientes trazem para o advogado, em geral, podem ser protegidas da observação de curiosos, sejam eles autoridades do Estado ou agentes privados.

Os problemas de ética jurídica surgem da confluência entre os poderes especiais conferidos aos advogados e as responsabilidades jurídicas especiais impostas ao exercício de tais poderes. Desse modo, o direito de audiência perante os tribunais é limitado pelos deveres para com o tribunal e a outra parte e seus advogados. De modo análogo, o direito de manter em segredo as declarações do cliente é restringido pelo dever de não usar essas informações sigilosas como proteção para crimes ou fraudes contra terceiros. Encontrar o equilíbrio adequado entre o poder e o dever é o principal problema da ética profissional.

O lugar da filosofia clássica

Neste estudo, praticamente não fazemos referência à teoria ética clássica dos escritos de Aristóteles, Hume e Kant, por exemplo, e de alguns filósofos políticos modernos, como Jürgen Habermas e John Rawls. Respeitamos as ideias desses filósofos bem como temos consciência de que, para muitos, os ensinamentos religiosos são imediatamente aplicáveis e quase sempre são decisivos na solução de dilemas éticos do cotidiano. Todavia, acreditamos que, para nossa análise, o valor dessas fontes é limitado.

Acerca dos princípios éticos com origem nas convicções religiosas, observamos que cada uma das principais tradições religiosas contribui para o mundo secular com padrões muito diversos – por exemplo, quanto à posição da mulher, à abrangência do dever de sinceridade e à prioridade que se dá às relações de família. Além disso, vemo-nos confusos quando tentamos conciliar os ensinamentos de nossa própria tradição religiosa, o cristianismo, com os problemas que enfrentamos no exercício da advocacia.

A pertinência da análise ética tradicional para a ética jurídica é limitada *não* porque os advogados não enfrentem problemas éticos nem porque não tenham ética. Todo advogado tem problemas éticos, pois depara constantemente com circunstâncias que o obrigam a tomar decisões que implicam o certo e o errado. Todo advogado também "tem" ética, uma vez que ninguém pode exercer a prática forense sem um senso mínimo de orientação para tomar decisões. A importância limitada da ética clássica para a investigação aqui exposta deve-se antes, em nossa opinião, à concepção especial da qual a análise ética clássica tradicionalmente parte[15].

Essa concepção clássica implica dois elementos fundamentais: universalidade e transparência. Com "universalidade" queremos nos referir à pretensão da análise ética de tratar de todos os problemas éticos, independentemente do contexto. Em geral, chama-se esse plano de análise de "metaética". "Transparência" indica que a análise ética parte da premissa de que o agente tem acesso aos fatos da situação que está enfrentando.

Quanto à universalidade, até o começo do período moderno os filósofos éticos pensavam somente em agentes do sexo masculino e em geral deixavam de fora de suas considerações não apenas as mulheres e as crianças, mas também os escravos, os "bárbaros", os infiéis e outros. Apesar desse conjunto de restrições, os filósofos éticos clássicos procuravam fazer proposições que abrangessem todas as decisões éticas problemáticas. Esse é o objetivo, por exemplo, da ideia de "imperativo categórico" concebida por Immanuel Kant. Um imperativo categórico é uma proposição que se aplica indistintamente a todas as situações dentro de seus limites[16]. A ideia de universalidade tem reflexo no conceito de igualdade humana –, isto é, todas as pessoas que o agente tem de levar em conta têm direito a igual atenção e consideração[17]. Um conceito relacionado diz respeito à autonomia moral do agente, ou "livre-arbítrio". A ideia é que a liberdade de escolha do agente em seus cursos de ação é incondicionada. As relações entre esses conceitos e o *éthos* moderno de democracia são complexas.

Em nosso entender, a transparência é o pressuposto de que as circunstâncias em que o agente atua lhe são evidentes. Considerando essa premissa, o agente não enxerga a situação problemática através de uma nuvem de incerteza, não atua com base em informações de terceiros nem tampouco depara com relatos confusos e contraditórios acerca do que ocorreu ou do que está para ocorrer. Os principais temas da ética clássica tratavam do que o agente deveria fazer quando soubesse o que estava fazendo.

Universalidade e transparência são os elementos essenciais de duas teorias da filosofia ética que se destacaram desde o início do século XIX e continuam predominantes no alvorecer do século XXI. São elas a filosofia ética de Immanuel Kant e a de Jeremy Bentham. Como se disse anteriormente, o conceito ético fundamental de Kant é o "imperativo categórico": um ato se justifica somente se estiver de acordo com uma norma aplicável universalmente. Na terminologia da filosofia ética, é uma abordagem deontológica. Isto é, as ações são determinadas corretamente pelos princípios do dever, sejam quais forem as consequências geradas por um determinado modo de agir. A filosofia de Bentham, ao contrário, é o utilitarismo – isto é, os atos podem justificar-se por suas consequências, que, por sua vez, devem ser avaliadas levando-se em conta a produção do "maior bem para o maior número [de pessoas]". Na terminologia da filosofia ética, a abordagem de Bentham é consequencialista: toda ação deve ser avaliada por suas consequências. As concepções éticas de Kant e de Bentham são muito diferentes quanto à origem, à lógica, à expressão e às implicações. No entanto, assemelham-se em aspectos importantes, em particular no que diz respeito à ética de qualquer profissão que implique relacionamento entre pessoas.

O sistema ético de Kant e o de Bentham são semelhantes acima de tudo na aplicação universalista: um princípio normativo válido deve ser aplicável a todo ato em todas as circunstâncias. Assemelham-se também no pressuposto da transparência: o agente pode conhecer as circunstâncias em que deve atuar. A respeito disso, consideramos que tanto o imperativo categórico quanto o utilitarismo demonstram um otimismo sereno e indiferente diante dos aspectos inexoráveis e muitas vezes cruéis da existência empírica. Uma terceira semelhança é o ponto de vista "transcendente" dos dois: eles enxergam a condição humana de um ponto de vista olímpico, que desconsidera a confusa incerteza da vida. Como historiadores da filosofia, Kant e Bentham podem ser considerados herdeiros do Iluminismo. Para os iluministas, a experiência humana se caracteriza pela racionalidade nas relações sociais, pela igualdade entre os participantes dessas relações e pelo contínuo aperfeiçoamento da condição humana.

Em nossa opinião, ao contrário de Kant e Bentham, alguns pensadores anteriores demonstram melhor clareza de visão dos problemas da ética jurídica. Entre eles, os ingleses Hobbes e Hume, os franceses Bodin, Descartes e Montesquieu, os holandeses Grócio e Espinosa, os italianos Maquiavel e Vico e os norte-americanos James Madison e John Adams. Talvez ainda mais importantes sejam as observações de Aléxis de Tocqueville, que surge um pouco depois desses.

De formas diversas e em termos diversos, esses filósofos refletiram sobre os problemas da vida em comunidade com aguda percepção do mundo real, num momento em que os regimes europeus deixavam de ser os sistemas autoritários dos períodos medieval e renascentista para se transformar em sociedades de dominação burguesa. Na Idade Média e na Renascença, o poder e a autoridade do governo repousavam nas mãos de reis, príncipes, bispos e outros ilustres. O ideal de conduta política era serviço ou subserviência ao regime – servidão ao "príncipe", para empregar o título da famosa obra de Maquiavel. Baldassare Castiglione faz uma exposição sistemática e favorável desse ideal em *O cortesão*, obra que teve amplo reconhecimento no século XVI. De acordo com seu ponto de vista, o comportamento político ideal era prestar serviços que apoiassem e fortalecessem o regime e o regente[18].

Os pensadores políticos mais "mundanos" iam de pessimistas radicais, como Hobbes, passando por "constitucionalistas" sensatos, como Locke, Montesquieu e Madison, até legalistas, como Grócio, e otimistas problemáticos, como Vico. Todos eles, porém, estavam tentando compreender os novos sistemas políticos e econômicos que surgiam na Europa ocidental. Esses novos sistemas estavam infiltrando e enfraquecendo a monarquia e o papado na França, Alemanha, Itália, Inglaterra e Holanda e cada vez mais se firmavam no modo de produção capitalista e no governo administrativo. Concomitantemente desenvolvia-se a ideia de restrição constitucional à autoridade do governo – isto é, "o Estado de Direito" e ideias relacionadas, como o "direito de propriedade", a "liberdade de contrato" e a "oposição consequente". A adoção dessas ideias marca o fim da Idade Média. Como disse Ortega y Gasset: "A doutrina política que representa o mais alto empenho para a vida comum dos integrantes de uma sociedade é a democracia liberal. A democracia liberal é aquele princípio de direitos políticos segundo o qual a autoridade pública se autorrestringe, apesar de todo o seu poder, e busca, mesmo em detrimento próprio, dar espaço no Estado aos que não pensam como a maioria."[19]

As novas ideias constitucionais eram sempre apresentadas como verdades universais, como é o caso da Declaração de Independência dos Estados Unidos[20]. Entretanto, também eram reivindicações políticas específicas que tiveram expressão e foram implementadas por meio de uma nova classe de especialistas em direito. Esses especialistas eram os "advogados" e demais profissionais do direito, que serviam de intermediários entre os governos centrais dos regimes e os homens ilustres regionais e entre os diversos setores da burguesia.

A visão desses profissionais ganhou expressão oficial na famosa declaração de Lorde Coke, juiz presidente dos Magistrados do Rei (o Superior Tribunal de Justiça da Inglatera). Coke iniciou afirmando que o rei está sujeito à lei, o que não era novidade e, sem dúvida, justificava a assertiva de que os súditos deviam obediência aos reis. Entretanto, para Coke, a definição de "lei" não era ortodoxa. Coke dizia que a lei emanava de uma forma especial de "razão artificial" exposta exclusivamente pelos juízes. À alegação do Rei Jaime de que o rei podia conhecer a lei tão bem quanto os juízes, Coke respondeu: "Deus dotou Sua Majestade de excelente Ciência... mas Sua Majestade não é versado em Leis... e as Causas que se referem à Vida, às Heranças e aos Bens, ou ao Destino de seus Súditos, estas não se julgam segundo a Razão natural, mas, sim, pela Razão artificial e pelo Juízo da Lei... cuja plena Compreensão requer de um Homem muito tempo de Estudo e Experiência."[21] Numa reformulação moderna e irônica dessa ideia, a lei é "o que os juízes dizem que é". Com base nessa premissa, os advogados e outros profissioais do direito são dotados de entendimento exclusivo da lei.

1. Esboço histórico das profissões ligadas ao direito

"Juízes" e "advogados"

A história da ética jurídica deriva da história das profissões ligadas ao direito. Esta, por sua vez, é longa, obscura em muitos aspectos e, por ter sido na maior parte contada por advogados, é envolta em mitos autolaudatórios[1].
Antes de proceder a uma análise da ética jurídica, é importante definir o conceito de "advogado" e o de "juiz". Na concepção e, por certo, no contexto modernos, advogados e juízes são profissionais do direito. A própria definição provém do direito: nos regimes modernos, os juízes não são constituídos no cargo pelo costume nem por tradição religiosa, mas por nomeação segundo procedimentos legais, que em geral obedecem a critérios constitucionais. De modo semelhante, nos regimes modernos, advogado é o profissional que, com base em suas qualificações acadêmicas exigidas pela lei, detém licença exclusiva para ter esse título. Sem os elementos dessa definição jurídica, não se pode distinguir um "advogado" de qualquer indivíduo que atue como mediador numa disputa entre particulares e representantes do governo ou entre particulares apenas. Igualmente, é difícil diferenciar um "juiz" de outra autoridade do Estado que tome decisões orientadas por normas jurídicas.
Nosso estudo concentra-se na tradição jurídica ocidental, que deriva principalmente do direito romano. Em várias

partes fazemos referência a outras tradições, sobretudo à da China e à dos países islâmicos. A tradição chinesa fundamenta-se na ideia da harmoniosa aceitação da autoridade, em oposição à desarmonia interna que o sistema jurídico ocidental pressupõe e visa a reduzir. A tradição islâmica baseia-se na unidade das autoridades judiciária e religiosa, ao contrário da separação dessas duas esferas, típica do ocidente. Os regimes modernos dos países em desenvolvimento adotaram o modelo ocidental e a ele se adaptaram, pelo menos na legislação que regulamenta as transações comerciais. Esse modelo compreende não só a separação do domínio religioso do jurídico, mas também o princípio de independência do judiciário e o direito de assessoria jurídica. A relação interativa entre juízes e advogados é um tema predominante em nossa exposição.

O procedimento para solução de disputas judiciais na Grécia clássica exemplifica as dificuldades dessa definição. A Grécia antiga conhecia o processo jurídico, mas não havia desenvolvido o direito material; conhecia uma técnica bastante avançada de advocacia, mas não havia "advogados" reconhecidos como tais. A técnica da advocacia exercia-se na audiência, que era a própria *pólis* – a população adulta, masculina e não escrava da cidade, reunida em comissão representante de toda a população. Como fórum judicial, a *pólis* decidia os padrões jurídicos segundo os quais a sentença devia ser pronunciada e os fatos pertinentes ao processo. Nesse contexto pronunciava-se o juízo[2]. A advocacia consistia em discursos a favor ou contra o acusado[3]. A técnica empregada na advocacia era a retórica, palavra que chegou até nós como designação de todo tipo de discurso partidário, entre eles o que se apresenta nos debates políticos e parlamentares.

Ao que parece, nas disputas judiciais da Grécia antiga, a advocacia era semelhante às alegações finais dos advogados no processo judicial moderno. Esse discurso compunha-se do resumo das provas apresentadas, da menção das normas para a correta tomada de decisão e às vezes de apelo à responsabilidade cívica. Uma vez que o tribunal da antiga Grécia era constituído de cidadãos comuns, os argumentos eram semelhantes aos que se apresentam ao júri no processo judicial norte-americano, apoiavam-se mais nas concepções populares de certo e errado que em definições jurídicas precisas. É claro que, mesmo não sendo profissionais no sentido moderno, alguns oradores nos processos da Grécia antiga eram mais eficientes e mais experientes que outros. Tudo indica que o pagamento pelos serviços prestados por esses voluntários era proibido. Não é improvável, porém, que pudessem aceitar presentes. Do ponto de vista funcional, portanto, esses oradores podem ser identificados como "advogados", ainda que não o sejam no aspecto formal. Sem dúvida, em outras sociedades antigas surgiram especializações funcionais semelhantes.

Na China, que hoje é o país com a maior população do mundo e desponta como um gigante industrial, desenvolveu-se uma tradição bem diferente. No período de Confúcio, os advogados eram assistentes dos funcionários do governo central que administravam a lei (os "mandarins") ou auxiliares de funcionários dos governos locais que interagiam com os representantes da autoridade central. Visto que o confucionismo enfatizava a harmonia social com base nas relações hierárquicas, o "direito" era um mecanismo para realizar esse objetivo, não para dar expressão a reivindicações de direitos. Esse ambiente filosófico permitiu que um grupo muito pequeno, a *intelligentsia*, tivesse vigorosa autoridade sobre uma vasta população de camponeses por meio de um sistema permeado de corrupção. Os poucos "advogados" – se é que se pode dizer assim – eram considerados "velhacos [que] iludiam as pessoas para obter lucro"[4].

Um sistema político com essas raízes culturais precisa passar por uma grande transformação para instituir um sistema jurídico autêntico[5]. Na China, parte dessa transformação ocorreu no período que vai da revolução modernista, em 1911, à derrota dos nacionalistas, em 1949[6]. O exemplo de Hong Kong demonstra que essa mudança é possível. Durante mais de um século, Hong Kong teve um sistema jurídico que reproduz fielmente o modelo britânico (até na distinção entre *barristers* e *solicitors**) com tanta pujança que pôde sobreviver à anexação com a República Popular da China[7]. Todavia, a tradição nacional do continente é bem diferente. Como declara Stanley Lubman: "Os profissionais do direito não cultivaram o emprego da lei para o benefício dos indivíduos, e qualquer tendência dos especialistas jurídicos de atuar como mediadores entre o indivíduo e o Estado era fortemente desestimulada."[8] Portanto, o recente empenho da China para modernizar-se implica um grande trabalho não só de reforma jurídica, mas também de reorientação cultural[9].

A tradição jurídica da Rússia também não é ocidental. Até o século XVIII, seu regime era praticamente "pré-jurídico". Só depois a Rússia absorveu alguma influência do direito romano, absorção esta "de terceira mão, provinda de [...] um código búlgaro do século X [...] um código de direito canônico da Igreja Ortodoxa [...] e [...] um código do século XII ou do início do XIII"[10]. Não há indícios da existência de profissionais do direito antes de 1700[11]. Somente em 1755 criou-se um currículo de direito. O poder judiciário russo tornou-se formalmente independente do Estado apenas em 1864, em parte por causa da influência dos grandes grupos de graduados com formação em direito[12]. Depois da revolução de 1917, o sistema jurídico, o poder judiciário e a nova profissão do direito tornam-se subordinados ao sistema de governo dos sovietes e, logo, ao domínio do Partido Comunista. As reformas iniciadas em 1980 visam a superar essas influências e restabelecer a ordem jurídica russa segundo o modelo ocidental[13].

A tradição jurídica islâmica é mais uma força no mundo moderno. Essa tradição tem sido mencionada em traba-

---

* "*Barrister*: advogado inglês, com atuação exclusivamente nos tribunais superiores. *Solicitor*: advogado cuja função é desempenhada nas instâncias inferiores, competindo-lhe o contato inicial com os clientes." (N. da R. T., conforme definição do *Dicionário Jurídico* da Academia de Letras Jurídicas, São Paulo, Forense, 2003.)

lhos acadêmicos e, na época moderna, tem diversas variantes[14]. Os temas centrais da tradição islâmica são a relação íntima entre o direito e a convicção religiosa (nesse aspecto, semelhante ao judaísmo), as funções simultâneas de juiz e sacerdote e o objetivo social subjacente de promover a harmonia por meio da obediência à autoridade divina. As comunidades islâmicas têm sistemas sociais complexos que funcionam com base em premissas normativas diferentes das que fundamentam o capitalismo ocidental, e sistemas de governo com postulados políticos diferentes da democracia representativa. Os países islâmicos modernizados conservaram a tradicional *sharia* como base do direito de família (que abrange casamento, divórcio e herança). Para as transações comerciais, adotaram variações do direito ocidental, quase sempre dos sistemas de *civil law*. (O mesmo sistema duplo também existe em Israel, onde o direito religioso é administrado por um conjunto separado de tribunais.) Um empreendimento importante no mundo "globalizado" é harmonizar o *éthos* islâmico com o ocidental. Nosso estudo não trata dessas questões.

A herança romana

A história dos profissionais do direito na tradição ocidental, portanto, começa convencionalmente em Roma[15]. No período republicano de Roma, reconheceu-se que as partes de uma disputa judicial podiam contratar auxiliares com conhecimento e capacidade para tratar das dificuldades e complexidades das controvérsias jurídicas. Os litigantes, portanto, podiam ser representados por alguém que falasse em seu nome. Podiam, por exemplo, até estar fora do país. Também podiam ter conselheiros ao seu lado durante a audiência de uma disputa. No que diz respeito ao auxílio de conselheiros ou de representantes jurídicos, havia certa dificuldade conceitual e preocupação prática. A dificuldade conceitual consiste no fato de que o litígio visa a chegar a uma conclusão e decidir sobre direitos da pessoa. Como, porém, o assistente ou o representante poderia fazer isso no lugar de outra pessoa? No aspecto prático, o temor era de que a ajuda de conselheiros poderia conferir vantagem injusta aos litigantes em condições de pagar por essa assistência. Essas questões relativas à autoridade e às responsabilidades do advogado são recorrentes na história da profissão.

A despeito desses problemas não resolvidos, "a representação das partes em ações já se havia transformado em profissão regular no período republicano", como afirma Arthur Engelmann. A atividade do representante era sujeita a diversas regras: "Ninguém pode apresentar-se como advogado a não ser que tenha estudado direito e obtido licença de um órgão público para exercer a profissão. Os advogados licenciados para representar perante um tribunal determinado formavam uma corporação e submetiam-se ao poder disciplinar do juiz presidente." Era permitido aos advogados profissionais cobrar *honoraria*, isto é, honorários[16]. A corporação profissional cujos membros eram os advogados romanos é precursora da moderna ordem dos advogados, e a autoridade disciplinar dos tribunais ainda é um mecanismo empregado em todos os sistemas jurídicos modernos.

Vale observar que o termo romano para designar o representante forense era "advogado", que significa aquele que faz exigências, que reivindica. Cícero, o mais famoso advogado da era republicana, personificou esse papel. A palavra inglesa *lawyer*, derivada de *law*, lei ou direito, evidentemente surgiu depois.

Na prática romana antiga, outra função dos especialistas com formação em direito era a de assessor jurídico ou "jurisconsulto". Alguns estudiosos afirmam que esse cargo era muito mais importante que o de advogado. Uma vez que só se podiam obter os serviços do jurisconsulto por intermédio de detentores de cargos políticos, os estudiosos concluem que esses serviços estariam relacionados à influência política[17]. (Essa relação íntima entre aconselhamento jurídico e influência política é bem conhecida dos observadores de algumas localidades dos Estados Unidos e de outros lugares.) De todo modo, na época da fundação do Império Romano, cerca do ano 30 a.c., já havia uma cultura jurídica distinta, com normas jurídicas formais e reconhecimento dos profissionais do direito. Sem dúvida havia pessoas especialmente versadas em direito e nos procedimentos jurídicos que podiam ser consultadas em relação a disputas judiciais e também, sem dúvida, antes que estas ocorressem[18].

Todavia, proceder a uma análise histórica do período romano é uma tarefa complexa. Parte da complexidade resulta da exigência de vislumbrar o período romano inicial através das lentes da evolução jurídica romana posterior, em particular a compilação de leis conhecida como Código de Justiniano. O Código de Justiniano, promulgado no final do Império Romano, por volta do ano 500 d.C., foi encomendado pelo imperador para eliminar as contradições e falta de clareza das versões da lei herdadas de períodos anteriores. O fato de ter sido necessário eliminar contradições e obscuridades na lei romana significa que havia uma longa tradição jurídica anterior, na qual surgiram essas contradições e ambiguidades.

No direito romano, o processo penal tem alguma semelhança com o processo penal moderno – isto é, acusação formal seguida da apresentação de provas –, embora o procedimento grego de julgamento por uma comissão representante de todos os cidadãos tenha persistido em algumas espécies de processos, como, por exemplo, as apresentações do retórico Cícero[19]. O direito processual nos casos criminais comuns desenvolveu padrões distintos chamados *formulae*. As *formulae* eram a estrutura e o núcleo originais do conceito de direito da cultura jurídica da Roma dos primeiros tempos. Consistiam em formas padronizadas para definir as questões de uma lide e especificar os meios que deveriam decidir essas questões[20].

Esses fragmentos de informações, contudo, não explicam com precisão os procedimentos processuais – se as partes sempre tinham a assistência de conselheiros jurídicos e, se a tivessem, como os conselheiros se relacionavam com o tribunal[21]. Pelo estudo das *formulae* descobrimos muito da expressão retórica e técnica do direito e deduzimos que o processo judicial era complicado. Também sabemos da existência dos *patroni* (sing. *patronus*), uma categoria de profissionais com conhecimento jurídico especializado a quem eram encaminhadas as disputas judiciais. Os *patroni* se dedicavam a um tipo de função de aconselhamento jurídico ou decisório[22]. Entretanto, não se sabe ao certo as funções exercidas pelos conselheiros jurídicos romanos, especialmente nos casos cíveis. Por essa razão, não temos como saber se havia normas ou convenções de ética[23].

Outro problema do sistema jurídico romano, do qual temos algum conhecimento, era a diversidade de regimes jurídicos no Império. Geralmente, a política imperial romana era apoiar os regimes de governo locais das províncias remotas do Império. A cidadania romana era um valorizado privilégio. Implicava o direito especial de ser julgado de acordo com as leis romanas, enquanto os que não eram cidadãos romanos eram sujeitos à autoridade provincial nas suas diversas formas. Nesse sentido, temos o célebre exemplo da audiência de Jesus perante Pôncio Pilatos. Temos informação de que o governador romano encaminhou o acusado de volta às autoridades da província judaica[24]. Segundo o relato bíblico, o acusado não foi representado por advogado nenhum.

Funcionários públicos especializados em direito

Os detalhes acerca da função dos participantes dos processos judiciais no Império Romano são escassos. O momento mais antigo da história ocidental de que temos informações detalhadas acerca de juízes e advogados são os séculos XII e XIII, a baixa Idade Média. O surgimento de uma classe profissional identificada como advogados coincide com o aparecimento de um quadro de funcionários

ESBOÇO HISTÓRICO DAS PROFISSÕES LIGADAS AO DIREITO 27

públicos identificados como juízes[25]. Entretanto, o problema de definição permanece.

O principal problema de definição nos regimes da Idade Média é distinguir os "juízes" de outras espécies de funcionários do governo e administrativos. A autoridade dos juízes sempre derivava de alguma outra fonte de autoridade política como, por exemplo, o órgão executivo do governo. O juiz tinha de ser constituído ou reconhecido como tal por uma autoridade nomeadora, que por sua vez era reconhecida pela comunidade pertinente como detentora de autoridade para conferir o poder judicante. Todavia, o juiz tinha de distinguir-se de outros funcionários do regime – funcionários como o conselheiro perspicaz, o "braço direito do rei" ou um membro do gabinete de governo. Logo, não obstante todos os juízes exercessem autoridade delegada, nem todo funcionário público que exercia autoridade delegada podia exatamente ser chamado de juiz.

Nos dias atuais, "juiz" é um funcionário público com autoridade concedida pelo regime, por meio de um procedimento regulamentar, para ouvir e decidir disputas classificadas como reivindicações de direito legal. Esse juiz é obrigado a decidir a lide de acordo com os critérios do direito material e as normas processuais especificadas pela lei. O juiz exerce sua autoridade não por decidir de forma arbitrária, como faria um rei no exercício da prerrogativa real; ao contrário, ele é "vinculado pela" lei[26]. O juiz aceita para si – assim se espera – a disciplina segundo a qual suas decisões devem ser regidas por normas jurídicas, e não simplesmente por considerações de conveniência, parentesco ou "razões de Estado" no sentido maquiavélico[27]. Hoje os juízes são escolhidos por meio de procedimentos legais específicos, em geral devem ter habilitações específicas (a saber, formação em direito) exigidas por lei e são constituídos no cargo por nomeação segundo a ordem jurídica.

Todo advogado tem o compromisso de assistir o envolvido numa lide ou de esclarecer dúvidas acerca de direitos e obrigações. Por outro lado, nem todo profissional que provê esse tipo de assistência pode ser propriamente chamado de advogado. Nas modernas organizações empresariais, todas as categorias de funcionários aplicam diversos tipos de conhecimentos e técnicas jurídicos no exercício de suas responsabilidades profissionais. Dentre esses profissionais, destacam-se gerentes de crédito dos bancos, funcionários de companhias de seguros e a equipe de funcionários que supervisiona o cumprimento das leis trabalhistas numa empresa. Modernamente, o advogado obtém sua identidade profissional distintiva por meio de procedimentos legais específicos (por exemplo, ser aprovado em exame de qualificação). A lei exige que o advogado tenha habilitação específica (formação em direito) e exerça a função mediante as normas de licenciamento (admissão na ordem dos advogados). Essas sofisticadas formalidades jurídicas atuais são produto de uma longa evolução.

Em muitos regimes modernos, a categoria de "advogado" tem distinções conforme a atuação do profissional. Na Inglaterra, por exemplo, a função de *barrister,* ou *advocate,* é distinta da de conselheiro jurídico (*solicitor*). Em alguns sistemas de *civil law,* como os da França, Alemanha e Espanha, há ainda a categoria de notário. O notário é um funcionário público com conhecimentos jurídicos, mas que é remunerado pelas partes de uma negociação. O notário documenta e formaliza transações comuns (especialmente as que envolvem direitos de propriedade sobre bens imóveis, como escrituras, arrendamentos e testamentos). É necessária a autenticação de um notário para que os contratos referentes a essas transações sejam validados pela lei. Em muitos sistemas jurídicos modernos há diferentes ramos do direito e ramos correspondentes da profissão jurídica no direito militar e da marinha[28]. Muitos sistemas têm jurisconsultos, pessoas com formação em direito, mas cujas funções são restritas. Por exemplo, o estado de Nova York e, durante algum tempo, a França autorizaram advogados estrangeiros a exercer a profissão no território local, mas apenas para questões que envolvessem a ordem jurídica de seu país de origem[29]. Na Rússia, o título de jurisconsulto refere-se a pessoas com formação em direito, empregadas em órgãos e empresas do governo para dar conselhos jurídicos a seus empregadores – essencialmente, o mesmo que "*house counsel*" na terminologia norte-americana[30]. Na Suécia não há nenhuma restrição legal que proíba alguém de atuar como advogado, mas ninguém pode identificar-se como "advogado" se não tiver sido formalmente admitido para atuar perante os tribunais[31]. No Japão, o número de advogados licenciados, os *bengoshi*, é bem pequeno, mas há um grande número de funcionários formados em direito empregados nas administrações pública e privada, realizando funções de negociadores e conselheiros.

Na China e em diversos países em desenvolvimento, não há pessoas com formação em direito em número suficiente para compor o quadro de pessoal dos sistemas judiciários. Em consequência, os parâmetros formais são afrouxados e a experiência prática juntamente com a cultura geral são consideradas qualificações suficientes[32]. Com todas essas variações, a definição moderna de "advogado" é necessariamente bem pouco clara[33].

Por volta do início do século XII, teve origem na Itália, e de lá se espalhou para outras partes da Europa, o que posteriormente ficou conhecido como "renascimento jurídico". Esse desenvolvimento estava ligado ao progresso das cidades-estado e ao crescimento da influência da classe dos comerciantes, ao lado da mais antiga classe militar[34]. Em diferentes estágios, em diversas partes da Europa, surgiu um corpo de funcionários que se podia chamar de advogados, ou pelo menos de protoadvogados. Esses funcionários realizavam essencialmente dois tipos de serviço. Um era auxiliar pessoas que tinham disputas com o regime dominante, ou disputas com vizinhos em que uma das partes querelantes pedia ao regime que impusesse uma solução ou intermediasse a disputa. Essa função corresponde à função do advogado moderno. A outra incumbência era aconselhar pessoas envolvidas nesse tipo de disputa, ou preocupadas com a possibilidade da ocorrência delas no futuro, acerca de como mitigar a disputa ou melhorar sua posição caso a disputa resultasse em litígio. Quando o objetivo fosse evitar completamente a querela, essa espécie de assistência podia ser procurada com antecipação ainda maior. A assistência que visa a evitar o conflito corresponde à função do moderno consultor jurídico.

Em todas as épocas, o advogado sempre teve conhecimentos jurídicos especiais e acesso especial aos tribunais. O conhecimento jurídico especial pode ser chamado de "técnica". No grego clássico, o sentido de técnica inclui o conhecimento adquirido formalmente por meio do estudo de textos e frequência a aulas, como no currículo de direito de uma universidade, além de artes ou habilidades profissionais específicas. Uma arte profissional imprescindível para o advogado é a proficiência em retórica – a arte da persuasão. A arte da persuasão é um procedimento complexo na relação interpessoal, que se aprende principalmente pela experiência. Os advogados empregam a técnica da persuasão quando apresentam uma defesa perante um juiz e, numa negociação, quando se dirigem à outra parte ou aos advogados que a representam. Outra arte profissional é a capacidade de avaliar riscos e oportunidades na resolução de conflitos humanos, quer por meio de litígio, quer pela negociação, quer por outros meios. Essa arte em geral é chamada de exercício do juízo jurídico profissional e também se aprende principalmente com a experiência.

Em todas as épocas, os advogados sempre tiveram acesso especial aos tribunais. Uma forma limitada de acesso é o direito de aconselhar um litigante acerca de como apresentar seu caso à corte. De forma mais avançada, chamada de "direito de audiência", o advogado pode dirigir-se diretamente ao juiz no interesse de um litigante. O defensor pode portanto discutir uma disputa judicial com o juiz antes que este chegue a uma decisão. O exercício do direito de audiência pode influenciar a compreensão do juiz acerca das normas jurídicas concernentes ao caso e sua avaliação

ESBOÇO HISTÓRICO DAS PROFISSÕES LIGADAS AO DIREITO   31

das provas polêmicas. O objetivo da argumentação do advogado é instruir e formar a decisão do juiz, dando-lhe motivos a favor ou contra determinado resultado.

Ao longo da história, o direito de audiência sempre foi privilégio dos que tiveram formação especial de advogado[35]. A habilitação para advogar exigia um período de aprendizado no serviço forense ou com um advogado estabelecido. O período de aprendizado dava ao candidato a oportunidade de aprender a essência do direito e adquirir as técnicas e tradições da profissão. O aprendizado também dava aos juízes e advogados estabelecidos a oportunidade de avaliar a competência, a diligência e os critérios do aprendiz. Algum aspecto do aprendizado ainda sobrevive como componente da formação do advogado, quer por exigência da lei, quer por imposição prática. A profissão de advogado tem fundamento intelectual, mas é "prática" – isto é, uma atividade profissional aprendida tanto pela instrução acadêmica quanto pela experiência.

Na Idade Média, à medida que a profissão jurídica se tornava mais formalizada, impunha-se a exigência de uma educação sistemática numa instituição de direito, ou universidade, ou *studia*, como eram chamadas as primeiras instituições. Uma das mais famosas "faculdades de direito" (para usar a expressão moderna) era a de Bolonha, onde havia um *studium legale* imperial datado do século XI; fundaram-se outras instituições em Pávia, Pádua, Ravena e Roma[36].

O currículo dos *studia legale* baseava-se num novo tipo de análise jurídica abrangente, que consistia em comentários ao Código de Justiniano. Esse código, originado no final do Império Romano e também chamado de *Corpus Iuris Civilis*, havia sido resgatado da obscuridade na Idade Média. Como texto jurídico, o código era abrangente, abalizado e hermético. Os mesmos adjetivos aplicam-se aos comentários acadêmicos. O saber reunido no código e nos comentários passou a constituir o conhecimento profissional especial de juízes e advogados do mais alto nível. Proporcionou o fundamento lógico e a retórica que orienta, ou pelo menos adorna, o discurso jurídico, mesmo o discurso que trate de um problema jurídico tão comum quanto a interpretação de um estatuto social local. O comentário ao código desenvolveu-se durante os séculos XVII e XVIII e seguintes. À medida que se desenvolvia, a cultura do comentário, por assim dizer, preservou a tradição intelectual da profissão, mas também impediu tentativas de simplificar o direito, como a de Luís XIV, rei da França, em 1667.

É possível imaginar um cidadão comum do período medieval com liberdade de transitar pelo sistema jurídico e de fato apresentar uma demanda jurídica perante um tribunal sem a assistência de um advogado. Todavia, à medida que os sistemas políticos se estabilizam a partir do Renascimento, os sistemas jurídicos se tornam mais elaborados e os processos judiciais, mais técnicos. Referindo-se à situação na Inglaterra no final do século XIII, Paul Brand observa: "Os novos tribunais do rei eram presididos por juízes... que já haviam adquirido conhecimento do direito na qualidade de escrivães ou advogados profissionais... Isso significava que os litigantes necessitavam de assistência jurídica especializada para lidar com um conjunto de normas e procedimentos a que não estavam nem podiam estar acostumados."[37]

Em todos os sistemas jurídicos avançados, como os que se desenvolveram na Europa do século XVI, passou a ser impossível na prática o litigante comum de uma disputa judicial importante autorrepresentar-se com eficiência e de forma produtiva. O processo nesses sistemas judiciais seria inteligível para um jurista formado, mas desconcertante para um litigante desprovido de formação em direito[38]. Portanto, os próprios sistemas jurídicos desenvolvidos tornam necessária a existência de advogados[39].

Além da defesa, outra função essencial do advogado é o aconselhamento jurídico. No litígio, o aconselhamento jurídico é um passo importante separado da defesa. Na maior parte das lides, uma questão prática que se impõe às partes é saber se há proveito em levar a disputa até o final – a decisão do juiz. Evidentemente, não é vantajoso prosseguir com a disputa quando se pode prever que o resultado será contrário, pois nesse caso o litigante sofrerá perdas não somente pelo mérito da causa como também pelo custo da lide (custas processuais e honorários do advogado) e, em muitos sistemas jurídicos, terá de arcar também com as custas da outra parte. Portanto, o litigante prudente pede conselhos a uma fonte bem informada acerca de como proceder. O advogado pode dar esse tipo de conselho. Na relação com o cliente, o advogado é, portanto, conselheiro jurídico, uma vez que aconselha acerca da prudência de prosseguir com um litígio baseado em sua estimativa das probabilidades de sucesso e do custo de levar o processo até o fim[40]. Contudo, a estimativa das probabilidades de sucesso pode ser feita por outros que também estejam familiarizados com a conduta dos tribunais. Entre esses, os escreventes do tribunal, os assistentes de juízes e advogados e outros em condições de observar o padrão geral das lides. O conhecimento desses observadores é semelhante ao dos advogados e é a base principal da pratica jurídica de "nível inferior", cuja evolução consideraremos a seguir.

No mundo contemporâneo, a "globalização" do comércio e das finanças acrescentou mais uma dimensão à profissão jurídica. Nos diversos países, os advogados agora desempenham funções semelhantes em sistemas jurídicos diferentes e de acordo com regras éticas um pouco diferentes. Nosso desejo é que este livro contribua para a compreensão desse fenômeno[41].

O conhecimento profissional e a natureza do "direito"

No século XVII, o estudo universitário de tratados baseados no *Corpus Iuris* havia-se tornado o método formal para um advogado adquirir *status* profissional na Europa continental. Para os profissionais formados por esse método, o "direito" considerado do ponto de vista formal era um corpo de doutrinas escritas, expressas de forma sistemática, cujo significado era exposto e compreendido pela interpretação acadêmica autorizada. Por certo, a maior parte dos advogados e muitos juízes sabiam que na prática os textos escritos quase sempre podiam ser mal-interpretados, distorcidos ou ignorados a fim de acatar considerações práticas ou políticas. O conceito profissional, entretanto, era (e ainda é, pelo menos como ponto de partida) o de que o direito consiste nos escritos – escritos conhecidos e compreendidos apenas por indivíduos com formação em direito. O comerciante ou o cidadão comum, ao contrário, pensa no direito como "o que se pode e o que não se pode fazer" – isto é, possíveis modos de agir. Num certo sentido, os advogados criaram um sistema jurídico baseado em escritos, ao passo que o cidadão comum continuou agindo de acordo com um sistema normativo diferente, baseado nos usos e costumes.

Essa diferença de entendimento do "direito" adquiriu muito maior importância nos séculos XVIII e XIX com a progressiva centralização da autoridade de governo. Concomitante à centralização do governo foi a codificação, a formulação sistemática da lei fundamental concebida para vigorar em todo um regime nacional. O principal exemplo desse tipo de formulação é sem dúvida o Código Napoleônico, publicado na França no começo do século XIX e imitado por outros regimes da Europa continental. Entretanto, outras formas de declaração sistemática da lei têm lógica semelhante, como, por exemplo, a exposição da lei consuetudinária inglesa nos *"Commentaries"* de William Blackstone, publicados em 1776 e nos anos seguintes, ou a definição da estrutura de governo na Constituição dos Estados Unidos, promulgada em 1787. Entre os desdobramentos posteriores desse mesmo gênero estão as constituições e codificações do início do século XIX nos países ibero-americanos e posteriormente os códigos da Prússia e da Áustria.

Todas essas codificações são expressas em linguagem jurídica, têm *status* de autoridade soberana em todo um Estado nacional e superioridade jurídica sobre o costume lo-

ESBOÇO HISTÓRICO DAS PROFISSÕES LIGADAS AO DIREITO 35

cal. Os advogados, graças à formação acadêmica e à prática profissional, adquirem conhecimento especial dessas codificações, inclusive o conhecimento especial das normas de interpretação desses códigos. Conforme anunciou a Suprema Corte dos Estados Unidos na importantíssima decisão do caso *Marbury vs. Madison*, em 1803: "É prerrogativa distintiva do Departamento Judiciário [isto é, dos juízes em interação com os advogados] dizer o que é a lei."[42]

As novas codificações nacionais foram expressas na técnica sistemática tradicional que era empregada nos tratados jurídicos. A partir daí, estudiosos do direito e juristas redigiram novos tratados de comentários sobre essas compilações. Alguns juristas dos sistemas de *common law* produziram vários tratados, como Joseph Story nos Estados Unidos, que, além de membro da Suprema Corte, escreveu não menos de oito tratados sobre diversos temas; ou o Juiz James Fitzjames Stephen, da Inglaterra, que escreveu um tratado magistral sobre direito penal e o esboço de uma codificação do direito penal a ser adotado na Índia. Tratados sobre os códigos em vigor no continente europeu proliferaram em todos os países da Europa. O instrumento da literatura profissional – os livros de direito – sustentaram desse modo uma cultura jurídica hermética, cujo domínio era o fundamento da prática do direito e a essência do estudo jurídico acadêmico.

Os textos jurídicos expõem as normas jurídicas que regem as relações entre pessoas e organizações da sociedade (direito material) e as regras que regem o funcionamento dos tribunais (direito processual). O conhecimento ou as técnicas jurídicas especializadas também compreendem informações e ideias acerca de como funciona de fato o sistema judicial, como os juízes em geral desempenham suas funções judiciais e como os juízes singulares tendem a decidir uma causa quando a disputa exige uma decisão judicial. Pode-se chamar esse componente da experiência do advogado de "saber do ofício", isto é, conhecimentos adquiridos no exercício da profissão. Isso se adquire observando a prática, diretamente, nos tribunais, ou em conversas informais – sobre histórias de outros profissionais – com colegas. John Baker dá a entender que esse conjunto de conhecimentos é um segundo corpo de leis, que coexiste com o primeiro, mas só é conhecido dos advogados[43]. Os advogados sempre têm conversas informais sobre a profissão, às vezes casuais, outras de modo sistemático. O bate-papo entre advogados opostos numa mesma causa gera suspeitas nos clientes, que não entendem por que em determinado momento um advogado é tão amigável com o adversário e, em seguida, passa a ser um resoluto defensor do cliente. Essas preocupações são compreensíveis, mas em geral injustificadas. As conversas entre advogados de lados opostos do mesmo caso em geral versam sobre a possibilidade de acordo da questão em litígio, ou consistem em negociações sobre os próximos passos no tratamento da questão, ou não passam de bate-papo informal. As discussões sobre as possibilidades de acordo ou sobre os próximos estágios do caso numa negociação ou num litígio fazem parte das responsabilidades do advogado na condução da causa do cliente.

Ter conversas informais com os colegas de profissão ainda serve para várias outras finalidades. Pode relaxar as tensões do exercício profissional, dar oportunidade para reclamar de juízes e de clientes ou apenas aliviar o tédio. As conversas informais entre colegas advogados costumam tratar de assuntos como os hábitos de pensamento e tendências dos juízes e dos funcionários do tribunal, as maneiras de lidar com os órgãos do governo, o calendário civil dos tribunais e órgãos públicos, a posição e reputação de colegas, acontecimentos recentes nos tribunais e questões locais, nacionais ou internacionais. Desse modo, as conversas informais entre colegas dão aos advogados uma ideia melhor acerca dos costumes, das idiossincrasias e dos preconceitos de juízes, funcionários do tribunal e outros integrantes da administração pública. A troca de conversas informais entre colegas é uma parte importante dos encontros de advogados. Os encontros organizados de advogados evoluem para associações, como a ordem dos advogados.

As conversas informais se acumulam, passam a fazer parte da tradição da profissão e ajudam a definir sua cultura. Por sua vez, a cultura profissional resultante tem muita força para moldar a atitude e o comportamento dos advogados individualmente. As tradições não são sempre positivas do ponto de vista ético; muitas vezes ocorre justamente o contrário. A maior parte dos novos advogados ingressa na profissão com forte disposição de seguir padrões de conduta elevados, mas rapidamente absorve uma postura mais cética ou indiferente quando é essa a atitude predominante no meio profissional. Mesmo nos sistemas com padrões elevados, os jovens advogados aprendem que há graves restrições ao que o direito e a prática jurídica podem fazer para concretizar a justiça.

As tradições profissionais são registradas no anedotário da profissão e em ditados que são transmitidos de geração em geração e migram de um lugar para outro. Muitos são engraçados, embora quase sempre com um tom de ironia. Um bom exemplo do gênero está num tratado sobre a profissão jurídica na Índia. A coletânea inclui aforismos e anedotas não somente da prática profissional na Índia, mas também da prática na Inglaterra e nos Estados Unidos[44]. Dentre os aforismos, temos:

I. O direito não é razão natural, mas [...] a razão e o juízo artificiais da lei.
II. A Ordem e a Tribuna (*the Bar and the Bench*) são os dois guardiões do Estado de Direito.
III. Todo homem deve empregar parte de seu tempo na edificação da profissão a que pertence.
IV. Não é obrigação do profissional de direito seguir cegamente todas as instruções que seu cliente lhe dá.[45]

Uma anedota típica:

O juiz do tribunal de apelação diz ao advogado: "Não precisa citar mais jurisprudência; o sr. advogado certamente deve supor que este tribunal tem algum conhecimento."

Resposta do advogado: "Presumir que o tribunal tivesse algum conhecimento foi o erro que cometi na instância inferior."

Mais uma anedota:

Clérigo para o advogado: "Sempre pensei que os senhores advogados não costumassem cobrar pelos serviços prestados aos clérigos."
Resposta do advogado: "Muito se engana o senhor. Os senhores do clero esperam sua recompensa no outro mundo. Mas nós advogados procuramos receber a nossa neste mundo mesmo."

Talvez a queixa mais persistente no folclore dos advogados diga respeito ao declínio ético na profissão. Ao que parece, esse tipo de reclamação se fez em todos os períodos históricos. No século XVI, Baldassare Castiglione observou: "Por isso, os mais velhos falam dos tribunais do mesmo jeito que falam de tudo, e afirmam que os tribunais do passado eram muito mais excelentes que os de hoje e tinham muito mais homens notáveis que agora. Dizem que hoje em dia é tudo ao contrário; que nada resta além de inveja e má vontade, ou que nossa época é bem mais degenerada." Marc Galanter disse: "A hipótese predileta entre os advogados... [é a de que] a profissão decaiu de um estado de graça anterior para uma condição vil e abjeta."[46] As referências a tempos anteriores juntamente com as exigências de reforma e restauração têm sido o discurso padrão dos líderes das associações de advogados em todos os regimes de todas as épocas. O apelo dos líderes das associações de advogados por ideais elevados pode-se considerar, no dizer de Samuel Johnson, "o triunfo da esperança sobre a experiência". Outra interpretação é que essas declarações visam a reforçar os ideais profissionais numa categoria cujos ideais estão continuamente sob pressão.

Os dois níveis da profissão de advogado

Já no final na Idade Média, a profissão jurídica constituía-se de um nível superior e um nível inferior. O limite que circunscrevia formalmente os advogados de nível superior é chamado em inglês de "*bar*". A "*bar*" (barra, balaústre) é literalmente a grade na sala do tribunal que separa a tribuna propriamente dita dos assentos abertos ao público, muito semelhante à grade, balaustrada ou tela que delimita a área do altar num templo. As expressões inglesas "*member of the bar*" e "*bar association*" devem-se a essa divisão espacial, que põe advogados e juízes de um lado e o público em geral do outro.

Os profissionais de nível superior eram os advogados – os que tinham direito de audiência no tribunal. Nos tribunais eclesiásticos do século XIV, por exemplo, a separação entre os níveis superior e inferior correspondia à divisão entre advogados e "*proctors*" [procuradores]. Os advogados davam opiniões formais e apresentavam a causa no tribunal. Quanto aos *proctors*, "não se esperava que fossem expertos em direito, por isso dependiam menos de credenciais acadêmicas e mais da capacidade prática de tratar de litígios e orientar bem os litigantes pelos labirintos processuais e administrativos do tribunal"[47]. Os profissionais do nível inferior nos tribunais eclesiásticos ou em outros sistemas forenses realizavam tarefas auxiliares, muitas das quais eram consideradas moralmente repugnantes, enquanto outras eram simplesmente ilegais. Procurar persuadir um funcionário do tribunal a pôr um caso na frente de outros na agenda forense é moralmente inaceitável, mas só seria ilegal onde houvesse regras claras e definidas de distribuição dos trabalhos do tribunal. Subornar um funcionário do tribunal é ilícito em todos os sistemas jurídicos e considerado falta grave em quase todos.

Não devemos esperar que nesses tempos pré-modernos a diferenciação entre os profissionais do nível superior e os do nível inferior fosse mais clara que a própria definição da profissão jurídica. Como disse John Baker acerca da profissão jurídica na Inglaterra do século XV:

Quando observamos os advogados em geral, somos obrigados a nos perguntar se essa diversidade de homens ligados ao direito pode ser considerada propriamente uma única categoria profissional. Alguns viviam dos lucros de um cargo público, outros do exercício privado da profissão; muitos combinavam as duas formas de renda. Alguns eram empregados permanentes de grandes magnatas ou de uma ordem religiosa, outros procuravam trabalho de caráter *ad hoc* entre as pessoas de categoria social inferior; muitos tinham prática profissional mista, a serviço tanto das classes altas quanto das baixas, conforme a oportunidade. Alguns se especializavam na defesa... o que demandava competência para redigir, aconselhar e atuar em arbitragens. Outros limitavam-se às tarefas mais serviçais ligadas à procuradoria, secretaria ou à auditoria. Alguns seguiam as duas carreiras e talvez até cumulassem essas atividades com outras ocupações.[48]

Não obstante, de modo geral é possível distinguir entre profissionais de nível superior e profissionais de nível inferior, mesmo que seja impossível fazer isso com tanta clareza quanto num caso concreto[49]. Os profissionais do nível superior são os advogados convocados a se apresentar perante os tribunais de apelação e os tribunais de primeira instância de jurisdição geral, e não nos tribunais de jurisdição restrita ou local. Ao apresentar-se no tribunal, o advogado de nível superior deveria empregar um discurso técnico e demonstrar comportamento sóbrio, correspondente ao dos juízes dos tribunais superiores. Imitar o estilo dos juízes manifesta consideração para com a autoridade judicial e destaca o papel do advogado como colega subordinado do juiz.

O modelo moderno para o advogado de nível superior é o *barrister* inglês, cuja identificação com os juízes é particularmente forte. Na França, Alemanha, Itália e Inglaterra, por tradição, quando atuam nos tribunais, os advogados vestem uma toga preta semelhante à dos juízes. Mesmo nos

Estados Unidos, os advogados se comportam com certa gravidade e vestem roupas formais e de cor escura. O advogado que representa o governo norte-americano perante a Suprema Corte, o advogado-geral, por tradição usa fraque. Na França, os advogados de nível superior chamavam-se *avocats*. No *ancien régime*, antes da Revolução Francesa, os *avocats* desfrutavam *status* semelhante ao dos nobres, com os consequentes privilégios. Referindo-se à condição deles nesse período, um historiador do direito ressalta que "o advogado era isento do serviço militar; podia expulsar de sua vizinhança qualquer artesão que perturbasse seu trabalho; os membros mais velhos da ordem tinham, assim como os aristocratas, o direito de levar seus casos diretamente às instâncias superiores"[50].

Os advogados de nível superior na França, na Espanha e na Inglaterra nos séculos XVI e XVII consideravam-se pessoas públicas e membros da classe governante dos grandes impérios – uma aristocracia "togada"[51]. Na França e na Espanha havia advogados classificados oficialmente no que se pode chamar de categoria mediana – eram os *avoués*, na França, e os *procuradores* na Espanha. Tinham autorização para representar partes nos tribunais, mas sua estatura profissional era inferior à dos advogados propriamente ditos.

A relação direta com os juízes nos litígios faculta ao advogado um conhecimentio privilegiado do que e de como pensam os juízes e, portanto, de como o tribunal possa vir a decidir um conflito jurídico que ainda não se transformou em litígio. Na medida em que o advogado se identifica com o ponto de vista técnico e cultural do judiciário, torna-se mais provável que sua opinião jurídica se assemelhe ao pronunciamento do tribunal. Essa perspicácia e essa técnica são a base do aconselhamento jurídico prestado por advogados mais experientes, e tradicionalmente se expressam na forma de pareceres por escrito. Esses pareceres podem ser obtidos, embora impliquem pagamento de honorários, com mais rapidez e menor custo que uma decisão judicial, e além disso têm a vantagem de ser privados. Ainda hoje, esse tipo de consultoria é uma importante função dos advogados cujos pontos de vista jurídicos são tidos em alta conta por juízes e outros membros da comunidade de profissionais do direito.

Na Rússia, a divisão era um pouco diferente: havia os *prisiazhnye poverennye* (advogados juramentados) e os *chastnye poverennye* (advogados particulares). Os advogados juramentados tinham formação universitária e concentravam-se nas grandes cidades, enquanto os advogados privados tinham permissão somente para o exercício local e concentravam-se nas cidades pequenas e nas vilas. Havia também os *podpol'nye advokati* (praticantes não autorizados), que assistia as pessoas comuns com serviços jurídicos menos sofisticados[52].

Num sistema judiciário, contudo, como em todo órgão burocrático, há discrepâncias entre o modo pelo qual o sistema deve funcionar e o modo como de fato funciona. Há profissionais que sabem como o sistema realmente funciona e estão aptos e dispostos a aplicar esse conhecimento em benefício dos litigantes. Os que providenciavam esse tipo de assistência na operação dos tribunais constituíam o nível inferior dos operadores do direito. Historicamente, os níveis inferiores de profissionais do direito nos tribunais ingleses eram chamados de *attorneys* ou *solicitors*, em contraposição aos *barristers*. Na Espanha a divisão ocorria entre os *abogados*, do nível superior, e os *procuradores*, do nível inferior. Na Itália, havia diferença entre os *avvocati* e os *procuratori*. Na França, a distinção era semelhante.

Esses profissionais de nível inferior tratavam dos aspectos mais rotineiros e menos atraentes do processo: ajudar os litigantes a preencher documentos, acompanhar de perto os casos durante o curso da ação, apresentar desculpas ao tribunal em caso de atraso ou ausência do cliente ou de seu advogado, servir de intermediário entre advogados, juízes e funcionários do tribunal, transmitindo-lhes as mensagens de uns aos outros. Os profissionais de nível inferior também podiam transmitir informações aos advogados de nível superior acerca do modo como de fato funcionava o tribunal e informar aos potenciais clientes acerca da disponibilidade e do valor dos honorários dos serviços dos advogados. A seguir, a título de exemplo, a descrição das atividades desses funcionários na França:

> O primeiro e mais duradouro contato de um litigante com um profissional do direito era talvez com o profissional do nível inferior. A função desse profissional era distribuir os casos em juízo e cuidar dos desdobramentos processuais... Às vezes, a melhor defesa de um cliente consistia em adiar indefinidamente a decisão. Para tanto, ele podia contar com a habilidade especial do profissional de nível inferior, que tirava da manga sucessivos artifícios processuais.[53]

A função do profissional de nível inferior, o *solicitador*, na Espanha renascentista, é descrita da mesma forma por Richard Kagan:

> Uma das tarefas do *solicitador* era a de atuar como intermediário, distribuindo propinas, ganhos por fora e presentes a fim de que a causa do cliente navegasse pelas rotas devidas entre os tribunais... [O] *solicitador* era uma combinação de representante jurídico e supervisor para os clientes ocupados: ficava de olho nos outros advogados do cliente [o *abogado* ou o *procurador*], auxiliava na preparação dos processos judiciais, pagava taxas e cuidava de todos os detalhes que pudessem garantir que a causa de seu cliente avançasse devidamente.[54]

Os profissionais auxiliares em geral aperfeiçoavam a habilidade de redigir petições de rotina e de preparar outros documentos, como contratos e escrituras. Os mais espertos e mais ambiciosos também davam orientação aos profissionais mais bem-sucedidos do nível superior. Todavia, apesar da competência, os profissionais de nível inferior deparavam com um obstáculo enorme para melhorar seu *status* profissional. Esse obstáculo era o vigoroso e persistente esforço dos profissionais de nível superior para manter sua identidade distintiva e sua afinidade com o judiciário[55]. Os profissionais de nível superior davam muito destaque, por exemplo, à sua integridade e sua independência profissional, a seus escrúpulos quanto aos honorários e ao princípio de que a prática do direito era uma profissão, não um "comércio".

Uma explicação sociológica dessa divisão é que ela permitia aos profissionais de nível superior sustentar suas alegações de probidade e refinamento jurídico num patamar só inferior ao dos juízes – a *honneur* profissional –, ao passo que os profissionais de nível inferior se ocupavam de aspectos menos nobres, porém necessários, no serviço aos clientes. Desse modo, os complicados textos e glosas do direito romano só podiam ser lidos e interpretados por profissionais do nível superior com formação universitária, enquanto os profissionais do nível inferior careciam do conhecimento literário necessário[56]. Na Inglaterra, até o século XVII, uma divisão semelhante separava os profissionais de nível inferior dos juízes e advogados. Estes conheciam o "francês jurídico" arcaico, a língua empregada nos tribunais[57]. Em algumas províncias italianas, particularmente Veneza, Lombardia, Roma e Nápoles[58], vigorava distinção semelhante.

Na democrática era moderna, as distinções formais de todo tipo foram-se enfraquecendo e praticamente desapareceram. Mas a estratificação persiste em muitos campos da atividade humana, como, por exemplo, na academia, no mundo da arte e da cultura e também na profissão jurídica. Logo, na maioria dos sistemas jurídicos modernos, existe igualdade formal entre todos os habilitados para o exercício da advocacia, mas na realidade há distinção entre advogados de nível superior e advogados de nível inferior. Na prática moderna, os advogados de nível superior em geral trabalham nos grandes e prestigiosos escritórios de advocacia dedicados ao direito comercial e empresarial; os advogados que militam no direito penal e no direito de família (divórcios e questões afins) muitas vezes gozam de menor prestígio. Embora imprecisos e injustos, esses estereótipos existem. Nos Estados Unidos, a estratificação é bem do-

ESBOÇO HISTÓRICO DAS PROFISSÕES LIGADAS AO DIREITO   45

cumentada em estudos sociológicos, mas também é evidente na maioria dos demais sistemas jurídicos modernos[59].

A análise deste livro concentra-se no exercício do direito em questões cíveis e não em assuntos penais. Do período medieval até o século XVII, na maioria dos sistemas jurídicos do Ocidente, as pessoas acusadas de crime não tinham direito à assistência de um advogado[60]. Em muitos regimes autoritários da atualidade – como a China, por exemplo –, a instauração de um processo penal ainda é exatamente "o mesmo que provar a culpa do acusado"[61]. No decorrer da história, a função de promotor de justiça foi e ainda é um importante instrumento do Estado e, em muitos sistemas jurídicos, essa função é tradicionalmente diferenciada da dos advogados de defesa do réu penal. Nos sistemas jurídicos do continente europeu, o promotor ainda é considerado membro do tribunal e desempenha um papel quase judicial, como expôs Mirjan Damaska em sua esclarecedora análise[62]. Em alguns sistemas jurídicos, a autoridade que conduz um processo penal é chamada de juiz.

Em todos os sistemas jurídicos, as responsabilidades éticas dos promotores de justiça são praticamente as mesmas dos advogados, com uma ressalva importante, conquanto altamente ambígua. O promotor é considerado um "administrador da justiça" e, portanto, responsável não somente por cumprir o papel de advogado, mas também por garantir a equidade na aplicação da justiça aos acusados[63]. Entretanto, sempre foi pouco claro se essa obrigação poderia ser cumprida por um meio diferente do cumprimento escrupuloso dos deveres impostos aos advogados no que diz respeito à apresentação de provas fidedignas, lisura perante o tribunal e equidade com o adversário[64]. Para expressar a ideia de responsabilidade especial do promotor de justiça, também se pode dizer que o promotor deve olhar o processo tanto através dos olhos do juiz quanto do ponto de vista de um protagonista. Tudo isso equivale a dizer que, na fase de instrução, que antecede a fase de pronúncia do acusado, o promotor deve avaliar as provas por critérios mais rigorosos do que os exigidos de um advogado comum. Por conseguinte, o promotor deve decidir não apenas se há provas suficientes para satisfazer os critérios jurídicos de condenação ("*beyond a reasonable doubt*", "além de toda dúvida razoável", no jargão do *common law*), mas também se ele, analisando as provas como se fosse juiz, está convencido de que o acusado é culpado.

O surgimento da função de advogado de defesa nos processos penais tem história mais recente. Em todos os sistemas jurídicos modernos de nossos dias, o acusado de crime tem direito a um advogado[65]. Os advogados de defesa nos processos penais são advogados comuns, e não uma profissão à parte. As responsabilidades éticas do defensor penal em grande medida são equivalentes às dos advogados de casos cíveis e são contempladas nos códigos modernos de ética jurídica. Consequentemente, os deveres éticos dos advogados criminalistas são praticamente os mesmos que os dos advogados cíveis. Entre esses deveres se encontram: evitar o conflito de interesses (por exemplo, recusar-se a defender, num caso em que haja concurso de agentes, acusados que tenham interesses conflitantes), abster-se de estratégias desonestas para atrasar o andamento do processo e demonstrar o devido respeito para com o tribunal.

Contudo, no que diz respeito à aplicação dessas normas de conduta à prática penal, existem algumas modificações e sutilezas importantes. O código norte-americano de ética profissional, por exemplo, reconhece que o advogado de defesa no processo penal tem liberdade mais ampla para usar de expedientes judiciais que o advogado cível. A norma 3.1 do Estatuto da ABA [American Bar Association] expressa essa diferença do seguinte modo: "Nenhum advogado apresentará ação nem defenderá ninguém num processo... se para isso não tiver um fundamento que não seja leviano ou banal... O advogado do acusado num processo penal... pode, contudo, em sua defesa, exigir que todos os elementos da acusação sejam devidamente estabelecidos e comprovados." A ideia subjacente é de que o réu de um processo penal tem o direito de exigir que a promotoria demonstre sua culpa por meio de provas e seu advogado tenha participação ativa no exercício desse direito seu. Outros sistemas jurídicos reconhecem liberdades muito semelhantes.

Outra sutileza dos deveres éticos do advogado de defesa no processo penal refere-se ao problema do perjúrio por parte do acusado ou de uma testemunha em favor do acusado. Esse problema é muito debatido nas discussões profissionais norte-americanas. A norma aplicável a todos os advogados é que nenhum deles pode apresentar falso testemunho[66]. Todo advogado concorda que essa restrição se aplica em questões cíveis, e em questões penais aplica-se a todos os depoimentos apresentados pela promotoria e pela defesa, *exceto* ao do acusado. Quanto ao testemunho do acusado, a maior parte dos advogados criminalistas e muitos juízes e intelectuais sustentam opinião diferente. De acordo com o ponto de vista desses profissionais, é absurdo exigir que um acusado diante da possibilidade de ser condenado a cumprir uma longa pena na prisão seja obrigado a falar a verdade acerca de sua suposta culpa, e injusto exigir que se abstenha de testemunhar em seu próprio favor. Justamente por isso, acredita-se que é pretensão pouco inteligente exigir que o advogado de defesa imponha essas obrigações a seus clientes[67].

Nos sistemas de *civil law*, evita-se esse absurdo. O acusado pode fazer declarações sem juramento, que não são consideradas provas em sentido pleno. O tribunal deve ouvir e considerar as declarações, mas estas não constituem "testemunho" regido pela mesma obrigação legal de dizer a verdade aplicável a outras testemunhas. (Em muitos sistemas de *civil law*, a distinção entre partes e testemunhas independentes também vale no contencioso civil.)

Nos sistemas de *commom law*, é prática comum entre os advogados criminalistas não pressionar o acusado para "dizer a verdade, toda a verdade e nada mais que a verdade" se e quando este prestar depoimento no tribunal. Para começar, o dever de dar esse aviso ao cliente surge apenas quando o advogado "sabe" que esse cliente dará falso testemunho. Os advogados criminalistas alegam que não podem chegar a esse conhecimento, pelo menos não antes de o cliente ter decidido declarar-se culpado (disposição típica nos processos penais), caso em que não há o dilema[68]. Muitos advogados simplesmente evitam fazer perguntas diretas ao cliente que poderiam gerar respostas embaraçosas.

Na maior parte dos sistemas jurídicos, quando o acusado presta depoimento ou faz alguma declaração em seu favor, presume-se extraoficialmente que, se for indispensável do ponto de vista do acusado, esse testemunho é falso. Quando esse problema surge no sistema norte-americano, o código de ética na verdade transfere a responsabilidade para o juiz[69].

Os profissionais de direito do século XVI ao XX: a prática jurídica clássica

Do século XVI até a consolidação da Revolução Industrial, no período final do século XIX, as características gerais da prática e dos profissionais do direito não sofreram mudanças expressivas. A Revolução Industrial modificou a estrutura da sociedade e consequentemente a organização dos sistemas jurídicos. A antiga ordem socioeconômica baseava-se na vida comunitária local e na produção em pequena escala dos artesões, voltada principalmente para os mercados locais. Gradativamente, esse modelo foi perdendo espaço para a produção em massa, o capitalismo industrial e os mercados globalizados, que se tornaram a característica do século XXI. Em consequência das mudanças socioeconônicas, as exigências relativas ao sistema jurídico progrediram lenta mas inexoravelmente. Com isso, mudaram também as exigências para o exercício eficiente do direito.

O que chamamos período moderno nessa análise começa em 1870. Qualquer data específica para o início desse período seria evidentemente arbitrária. Além disso, as mu-

ESBOÇO HISTÓRICO DAS PROFISSÕES LIGADAS AO DIREITO 49

danças na prática jurídica começaram em tempos diferentes e progrediram em ritmo diferente nos diversos países. Particularmente, o surgimento dos escritórios de advocacia ou sociedades de advogados, em contraposição ao exercício autônomo da profissão, ocorreu primeiro nos Estados Unidos no período anterior à Guerra Civil (1861-65) e só depois disso surgiram os escritórios dos *solicitors* na Inglaterra (os *barristers* ingleses ainda exercem a profissão de modo autônomo, embora nos últimos anos um grande número deles haja-se empregado em sociedades de *solicitors*). Durante um período muito mais longo, na Itália, na França e na Espanha, os profissionais do direito seguiram as tradições estabelecidas de organização e conduta prática[70].

Essas tradições baseavam-se no modelo da prática geral dos profissionais autônomos, que dependiam da reputação pessoal para atrair clientes, e no ideal de independência em relação ao Estado e a interesses inconvenientes de clientes. Não só as sociedades de advogados, em contraposição à prática autônoma, surgiram muito mais tarde na Europa que nos Estados Unidos, como também a mudança das questões tratadas na prática profissional também ocorreu mais tarde na Europa. Além disso, as matérias do exercício profissional passaram de negociações imobiliárias para transações empresariais muito mais tarde nos países cuja economia permaneceu basicamente agrícola que nos países em que a industrialização aconteceu mais cedo. Contudo, até a Primeira Guerra Mundial, mesmo nos Estados Unidos, a prática jurídica tinha muito das características predominantes na Europa. Em todos os regimes, a manutenção das tradições foi mais forte nas cidades e aldeias provincianas que nos grandes centros metropolitanos.

As características da prática jurídica clássica podem ser descritas como se segue. Em primeiro lugar, as funções principais dos advogados relacionavam-se com negociações de propriedades, principalmente as transações de bens imóveis. O foco nos bens imóveis refletia o predomínio da agricultura na economia e manifestava-se tanto nas funções do advogado quanto nas do consultor jurídico. A maior parte dos litígios, fora as matérias penais, implicava negociações de propriedade, como conflitos de limites, direitos de sucessão, obrigações resultantes de hipotecas e reivindicações conflitantes do direito de uso da terra, da água e de outros recursos. As funções de advogado e de consultor jurídico eram desempenhadas por advogados de nível superior bem como de nível inferior, de acordo com a sobreposição e a mudança das divisões. Os advogados de nível superior – os *barristers* e os *avocats* – representavam os clientes de litígios maiores nos tribunais superiores. Os profissionais de nível inferior – os *attorneys* e os *procureurs* – representavam os clientes de litígios menores nos tribunais locais. Os dois níveis de profissionais competiam pelos casos intermediários, e os limites entre suas respectivas esferas de atuação foram mudando no decorrer do tempo.

Entre os consultores jurídicos havia divisão de função correspondente nas questões de transações comerciais. Os representantes do nível inferior, *attorneys, solicitors* e escrivães, tratavam de negociações de rotina. A base de sua prática profissional eram a venda e o arrendamento de terras e a redação de testamentos simples. Esses profissionais também auxiliavam os advogados de nível superior na preparação e acompanhamento das ações judiciais nos tribunais de instância superior. Em alguns sistemas, cuidavam de assuntos no limite da legalidade, como o pagamento de custas e o oferecimento de comissões e "presentes" a funcionários públicos. Também tratavam de várias questões comerciais, como cobrança de aluguéis e fiscalização de locatários.

O nível superior da profissão tratava de questões comerciais que envolviam riquezas maiores e mais complexidade jurídica. A competição pela clientela era constante entre os dois níveis. Nos Estados Unidos e em outros lugares onde não se manteve a divisão formal entre profissionais de nível superior e inferior, os advogados ainda assim se distribuíam em níveis mais ou menos correspondentes[71].

ESBOÇO HISTÓRICO DAS PROFISSÕES LIGADAS AO DIREITO

Em segundo lugar, quase todos os advogados eram autônomos antes do avanço das sociedades de advogados no final do século XIX. Isso se aplica aos *barristers* ingleses e a seus equivalentes de nível superior na Europa continental, bem como aos profissionais do nível inferior. Na Inglaterra passou a ser costume, e em seguida norma, que os *barristers* não podiam trabalhar para escritórios. Na maior parte da Europa era questão de tradição os advogados trabalharem como "autônomos". No que diz respeito ao *status*, atuar como profissional autônomo evidenciava que o direito era uma profissão, não um negócio, como se poderia deduzir se a profissão fosse exercida em sociedades comerciais ou empresas.

Em todos os níveis da profissão, considerava-se que a prática do advogado consistia no produto de seu próprio trabalho num sentido muito pessoal. A incerteza quanto aos rendimentos impedia os advogados de assumir as complicações de atuar por meio de uma sociedade. Por sua vez, isso impediu o êxito da eficiência que se obtém com a especialização interna no trabalho em grupo, ainda que em geral os advogados tivessem um aprendiz para copiar documentos e realizar as tarefas maçantes. Os escritórios de advocacia criados na América do Norte eram bem pequenos comparados aos modernos – eram sociedades de duas pessoas, às vezes três, sem contar os aprendizes[72]. O "ramo inferior" da profissão na Inglaterra (os *solicitors*) adquiriu *status* e respeitabilidade imortalizados no *Solicitors' Act* de 1843[73]. Contudo, até o fim da Segunda Guerra Mundial, os *solicitors* ingleses permaneceram como um conjunto de profissionais autônomos ou como sociedades muito pequenas[74]. Em todas as partes do mundo atual, a maioria dos advogados de pequenas cidades e povoados ainda exerce a profissão de modo autônomo ou com, no máximo, um ou dois sócios. Atualmente, mesmo nos Estados Unidos cerca de metade dos advogados que não trabalham para o governo exercem a profissão como autônomos ou como integrantes de escritórios pequenos.

Embora até o século XX a prática autônoma da maioria dos advogados tenha sido bem-sucedida, em muitos países eles em geral tinham os escritórios em bairros ou setores ocupados por outros colegas de profissão. Isso às vezes era exigência da regulamentação profissional. De fato, na ex-União Soviética, e até há pouco na República Popular da China, os advogados eram obrigados a exercer seu trabalho sob a égide de organizações estatais. (Essas exigências quanto à sede do exercício profissional facilitavam o acompanhamento, pelo governo, das atividades dos advogados, particularmente das tendências em relação à atividade política.) De qualquer forma, a existência de bairros ou setores só de profissionais da área era uma questão de conveniência, muito semelhante ao costume dos comerciantes e dos artesãos de se estabelecerem próximos uns dos outros. Essa é a origem dos *Inns of Court* ingleses – locais em que os advogados residiam quando estavam no exercício da profissão. Em muitos países do continente europeu, as câmaras de advogados – essencialmente um conjunto de escritórios – ficam numa "faculdade" ou numa instituição com propósito semelhante. Esses agrupamentos facilitam a interação entre advogados nas transações jurídicas, na manutenção de uma biblioteca de direito comum ao grupo (os livros de direito durante muito tempo foram um dos principais itens do escritório de um advogado) e na formação dos aprendizes. As câmaras também propiciam um ambiente para conversar sobre assuntos profissionais corriqueiros e para o simples convívio social – a oportunidade de interagir socialmente com os colegas não pode ser desprezada. A desconfiança e o aviltamento por parte do público, que sempre acompanharam a profissão, faz que os advogados muitas vezes encontrem amizade principalmente entre os próprios colegas[75].

Em consequência do exercício autônomo da profissão, a maioria dos advogados de ambos os níveis tradicionalmente não eram especialistas, mas profissionais que atuavam em todos os ramos do direito, tanto em litígios quanto em transações comerciais. Um escritório de advocacia podia tratar de qualquer questão jurídica que um potencial cliente tivesse porque, na qualidade de "pequenos empresários", os advogados não gostam de recusar nova clientela. No amplo espectro de atuação profissional de determinada comunidade, todo advogado estava, de costume, preparado para realizar qualquer trabalho que lhe viesse às mãos. Isso significa que os membros da ordem dos advogados de qualquer comunidade tinham praticamente a mesma experiência e o mesmo conhecimento das técnicas da profissão[76]. A experiência profissional comum resultou em interesses profissionais comuns dos advogados e gerou a solidariedade dos membros da classe diante de juízes e clientes. Por outro lado, também implicou competição entre eles. Acerca dos profissionais de direito da França, John Leubsdorf assinala:

> O profissional autônomo ainda é a norma na França. Apenas um quarto dos *avocats* de Paris, e um décimo desses profissionais no resto da França, exerce a profissão em firmas, embora muitos outros formem associações mais ou menos informais [...] O número de escritórios parisienses aumentou de 113, em 1974, para quase mil, em 1993. Mas em França a profissão põe a [...] proteção de cada *avocat* [...] no centro de seus assuntos importantes.[77]

Para muitos advogados, a imagem da profissão continua sendo a do profissional autônomo ou daquele que trabalha em escritórios pequenos, embora as coisas estejam mudando. Desse modo, um membro de um grande escritório internacional de advocacia ainda pode usar a expressão "pendurar a tabuleta" (alusão à placa que se costuma pôr na porta de um escritório) para referir-se à abertura de um escritório em uma nova localidade. A realidade está mudando lentamente na França e na Itália, mas rapidamente em outros países, em particular os de *commom law*. Como observa Stan Ross, falando da Austrália: "Muito mais advogados estão trabalhando para grandes organizações, firmas de advocacia, para o governo ou para empresas [...] Os números de Nova Gales do Sul [um estado da Austrália] mostram que 46% da categoria eram profissionais autônomos em 1948, caindo esse percentual para 21 em 1985 [...] Em março de 1997, 27% dos *solicitors* atuavam em escritórios com 11 ou mais sócios."[78]

Ser um profissional generalista, preparado para tratar da maioria das questões jurídicas, era possível porque a variedade de assuntos jurídicos era muito menor que nas condições atuais. Entre as matérias tradicionais de litígio havia conflito de reivindicações de propriedade de um mesmo bem imóvel, disputas contratuais, processos de falência, divórcio ou separação judicial, administração de bens de testador e disputas judiciais locais com o governo. As causas tradicionais da prática de um escritório de advocacia eram transferência de bens imóveis, hipotecas de imóvel como garantia de empréstimos, contratos de transações comerciais excepcionalmente complicadas, acordos matrimoniais (composição acerca dos bens dos futuros cônjuges) e disposições testamentárias. A matéria comum da prática jurídica contribuía para que a experiência, a identidade e os interesses dos membros da classe também fossem comuns[79].

O trabalho de um profissional generalista restringia-se a uma única localidade e quase sempre a um conjunto estreito de relações profissionais. A maior parte dos advogados do interior passava a vida inteira numa única cidade. O mesmo valia para advogados de cidades como Londres ou Bristol, na Inglaterra, Paris e Lyon, na França, e Roma e Florença, na Itália. Os *barristers* urbanos e seus auxiliares de vez em quando viajavam ao interior para um julgamento ou outra questão qualquer, sobretudo na Inglaterra, onde os processos periodicamente exigiam que se percorresse um circuito fora de Londres. De modo semelhante, determinado *barrister* urbano prestava na cidade alguns serviços jurídicos para um *solicitor*, o "primo do interior". Contudo, as dificuldades de viagem e de comunicação restringiam o alcance geográfico das transações, com efeito correspondente no alcance geográfico do exercício profissional dos advogados. Isso também gerou um alto grau de compartilhamento da experiência profissional nas associações locais de advogados em qualquer comunidade[80].

Antes do século XX, a maior parte das populações era rural e basicamente ligada, direta ou indiretamente, à agricultura. Até 1900 ainda, mais da metade das populações da Europa ocidental e do hemisfério ocidental morava e trabalhava em áreas rurais. Em alguns países esse número era consideravelmente maior. A economia agrária segue moldes tradicionais e implica relativamente menos transações que a economia urbana. Por outro lado, a economia urbana implica transações mercantis e financeiras que, quando excepcionais, podem gerar negócios para os advogados, como a formação de uma sociedade empresarial ou a documentação de um empréstimo comercial. Além disso e igualmente importante, os tribunais e outras agências do governo, como as coletorias de impostos, concentravam-se nas cidades grandes e médias. Por causa dessas características que geravam a necessidade dos serviços advocatícios, a prática do direito sempre foi e continua sendo uma vocação urbana, mais que o exercício da medicina ou do ministério religioso, por exemplo.

O exercício profissional do advogado sempre implicou interações constantes com colegas, juízes e outros funcionários públicos. Os advogados, portanto, normalmente adquirem muito mais informações "privilegiadas" acerca de assuntos do governo do que o cidadão comum. Os advogados urbanos têm contato imediato e constante com as fontes de informações da cidade, como tribunais, juízes e outros funcionários. Os advogados do interior recebem informações das atividades oficiais da capital por meio de seus contatos na cidade. A posse de informações especiais sobre os negócios públicos é útil no exercício do direito e resulta em disparidade de informações entre os advogados e muitos de seus clientes. Essa disparidade em geral favorece o advogado. Os clientes sempre tiveram receio, e com razão, de que os advogados saibam coisas que eles não saibam.

O trabalho da maior parte dos advogados era e ainda é competitivo por natureza. A prática tradicional do direito era intensamente competitiva, exceto nas cidades pequenas, onde um único advogado podia ter o monopólio. O litígio é por definição competitivo porque, quando uma disputa vai para decisão judicial, há sempre um vencedor e um perdedor. Alguns críticos acadêmicos norte-americanos, compreensivelmente escandalizados com o excesso de competição em grande parte da prática profissional norte-americana contemporânea, creem ou querem crer que o exercício do direito pode ser menos competitivo e sempre mencionam a prática europeia como exemplo. É verdade que no sistema de julgamento do *civil law* o advogado tem papel menos visível e menos ativo que o de seus homólogos no litígio do *common law*. Contudo, esse papel menor não significa que não haja competição intensa na relação entre os advogados, mas, sim, que a incisividade deve manifestar-se de modo mais sutil. Competição semelhante, porém em geral ainda menos visível, permeia a prática do direito nos escritórios quando se trata de casos comerciais. Todo cliente quer o melhor advogado que pode pagar, e todo advogado quer a fama de realizar um trabalho jurídico tão bom quanto o de qualquer outro advogado ou ainda melhor, e mais barato. Os autores deste livro não encontraram até agora nenhum profissional, nem inglês nem dos sistemas de *civil law*, que não estivesse muito interessado em lutar em favor de seus clientes.

Além da competitividade intrínseca do trabalho jurídico existe o fato de que, em geral, o ingresso formal na profissão não tem sido muito difícil. Em determinadas épocas e em alguns países, como o Japão contemporâneo, por exemplo, mantêm-se restrições contra o ingresso na profissão jurídica. Contudo, nunca houve restrição legal eficiente sobre empregos quase-profissionais ou parajurídicos que competem com o exercício da advocacia, principalmente na realização de tarefas jurídicas de rotina. A existência de profissionais de nível inferior em toda parte demonstra a difusão

ESBOÇO HISTÓRICO DAS PROFISSÕES LIGADAS AO DIREITO   57

da competitividade na profissão. Além disso, sempre existiram escriturários e escrivães não licenciados que podiam imitar com eficiência o trabalho do advogado.

A formação mínima de um advogado não requer conhecimento preparatório especial além de muita facilidade no uso da língua. Também não exige outras aptidões psicológicas além de firmeza e teimosia, quando necessário. Formar-se em direito traz a perspectiva de melhorar a administração da justiça e, por conseguinte, a qualidade de vida da sociedade, o que sempre foi um ideal social de muitos. A profissão de advogado sempre teve respeito e honra consideráveis, não obstante a desconfiança do público, e por isso é atraente para quem deseja ascensão social. Muitos advogados conquistaram uma vida confortável e alguns ficaram ricos. Em consequência, muitos jovens sentem-se atraídos para a profissão, principalmente os que querem melhorar a condição de vida e têm a inteligência e o elã para isso[81].

Algumas disciplinas acadêmicas reconheceram a ideia de que a "ordem" foi muito bem-sucedida na criação de barreiras para o ingresso na profissão[82]. Isso é verdade até certo ponto. Exceto em alguns países subdesenvolvidos, o exercício da advocacia exige formação universitária. A exigência de formação universitária para ser advogado é sem dúvida uma barreira ao ingresso plenamente democrático ao exercício da profissão. As dificuldades econômicas enfrentadas pelo jovem advogado, que tem de se estabelecer na profissão mas não tem relações familiares nem histórico acadêmico forte, também são mais uma barreira. Outra barreira é o forte e persistente preconceito contra mulheres e minorias étnicas e religiosas. Contudo, os dados demográficos da profissão permitem entender que a prática da advocacia está relativamente aberta aos novatos determinados e constantemente ameaçada por praticantes de profissões rivais.

Sem dúvida, sempre houve competição incessante no exercício da advocacia, quer dos profissionais de nível inferior entre si, quer entre os níveis profissionais. A competição com profissionais não ligados às profissões jurídicas também tem sido constante, como quer que se defina a profissão em qualquer período histórico. Por exemplo, os *barristers* ingleses modernos apareceram no século XV como concorrentes de *status* inferior e preço menor dos advogados da mais alta ordem, os *sergeants at law*, um grupo muito pequeno e coeso de consultores jurídicos da coroa. Os *attorneys* da Inglaterra, os *procureurs* da França, os *procuradores* da Espanha e os *procuratori* da Itália surgiram como "advogados" de *status* inferior e preço menor, provenientes dos grupos de adidos não oficiais dos tribunais. Boa parte do trabalho disponível para os advogados de cidades pequenas, como a cobrança de aluguéis e as relações com os arrendatários rurais, também podia ser feita por quem não fosse advogado. Nas cidades, as gráficas forneciam formulários de documentos jurídicos, originariamente elaborados por algum advogado. Havia consultores não advogados e lobistas disponíveis para realizar qualquer negócio público dos clientes, menos apresentar-se perante o juiz num tribunal. Os não advogados que sabem ler com atenção e escrever com coerência sempre tiveram a capacidade de executar muitas tarefas que os advogados pertendem seja de sua competência exclusiva.

    O alto grau de competição entre os advogados sem dúvida reflete os costumes comerciais de uma sociedade. O "espírito de corpo" – relações fraternais entre homens empregados no mesmo tipo de trabalho – foi típico dos séculos XVI e XVII. Consequentemente, a competição profissional nesse contexto era menos intensa ou no mínimo menos explícita que é hoje. Os advogados podiam com propriedade considerar-se "cavalheiros" engajados numa vocação nobre, em vez de artesãos lutando por clientela.

    Os moldes da prática geral da profissão permaneceram consideravelmente estáveis, exceto nos países que passaram por uma revolução na era moderna, em particular a China, Cuba, a ex-União Soviética e seus afiliados do bloco comunista. Em todo lugar, os advogados dedicaram-se a acompanhar litígios ou evitá-los, com a documentação jurídica dos negócios e das transações de imóveis. Alguns profissionais passaram a se ocupar de casos criminais à medida que gradativamente o direito ampliou os direitos processuais dos acusados de crime. Os advogados atuavam como profissionais autônomos, realizavam a maior parte das espécies de trabalho considerados atribuição de advogado e competiam constantemente com outros advogados e profissionais de áreas próximas. Ao mesmo tempo, a maioria dos advogados compartilhava elos comuns de identidade e interesses que moderavam a competição dentro da categoria e nutriam a cooperação na tentativa de suprimir ou controlar a competição de fora. Os advogados mantinham empreendimentos coletivos por meio de instituições como os *Inns of Court*, os "colégios" profissionais e os protótipos das ordens de advogados. Tinham afinidades com juízes e outros funcionários públicos, mas também mantinham certa distância deles, e esperavam que o público reconhecesse que sua profissão se dedicava à justiça[83].

A prática jurídica moderna

No atual período democrático, a tendência tem sido eliminar as distinções formais em todos os setores da sociedade. Essa tendência manifestou-se em diferentes períodos históricos nos diversos países. Nos Estados Unidos, no começo do século XIX, deixou de existir a distinção entre advogados, *attorneys* e escrivães. O candidato ingressava na profissão como advogado *simpliciter*. Nesse período, em alguns estados norte-americanos, as restrições para a admissão ao exercício da profissão foram abolidas; qualquer um podia apresentar-se como advogado, desde que assim desejasse e fosse capaz de convencer o cliente a contratá-lo[84]. Na maioria das jurisdições da Comunidade Britânica, a distinção entre *barrister* (o profissional de nível superior) e *so-*

licitor (o profissional de nível inferior) não foi importada da metrópole, embora alguns estados australianos tenham mantido a divisão e *barrister* seja um título honorífico no Canadá[85]. Na década de 1990, na própria Inglaterra, a distinção entre *barrister* e *solicitor* reduziu-se substancialmente, pelo menos no que diz respeito ao direito de apresentar-se perante o tribunal, embora a diferenciação dos títulos tenha continuado[86]. Da mesma forma, na França e no mesmo período, a distinção histórica entre *avocat* e *avoué* foi abolida, bem como na Itália a distinção entre *avvocati* e *procuratori*[87].

Entre os requisitos modernos para adquirir competência em advocacia, encontram-se a graduação numa faculdade de direito, a aprovação no exame da ordem da categoria e, na maior parte dos países, um período de aprendizagem. O exame da ordem, exigido em muitos regimes modernos, é um questionário que versa sobre terminologia, conceitos e análise jurídicos. Em outros sistemas, notadamente em alguns países da América Latina, a aprovação nos exames do bacharelado em direito satisfaz a exigência do exame da ordem. Alguns estados norte-americanos também adotam esse mesmo método. O exame da ordem toma pelo menos um dia, com duração de cerca de seis horas; na maioria dos países toma mais de um dia. Em alguns, o exame escrito é complementado por um exame oral. A porcentagem de aprovação varia amplamente. No Japão, por exemplo, menos de 5% dos inscritos para o exame são aprovados; na China esse número costuma ser um pouco maior que 10%; em muitos países esse índice é de quase 100%.

Hoje os exames da ordem quase sempre são nacionais. Na França, contudo, o exame para certificação de habilitação profissional é administrado localmente, nos limites de cada *barreau,* onde a porcentagem de aprovados é aproximadamente equilibrada com a demanda do mercado de trabalho local. Nos sistemas federativos, como os Estados Unidos e o Canadá, os exames da ordem são prescritos e administrados pelos estados e províncias. O candidato aprovado no exame da ordem tem direito ao exercício profissional em toda a jurisdição que administrou o exame[88]. Modernamente, os sistemas de estágios podem ser formais ou informais. Num sistema formal, todos os candidatos devem seguir um período fixo de aprendizado, que em geral dura um ou dois anos, sob a supervisão de um ou mais orientadores. Entre os orientadores pode haver juízes e promotores (como na Alemanha) ou apenas advogados em prática privada (como na Inglaterra e em Ontário, no Canadá). A admissão ao exercício profissional exige desempenho satisfatório no programa de estágio bem como aprovação no exame da ordem.

Em muitos países, entre eles os Estados Unidos e os da América Latina, predomina o "sistema" de estágio informal. Embora o candidato, depois de aprovado no exame, passe a ser membro licenciado da ordem, o advogado iniciante típico sabe muito pouco sobre a prática jurídica. Em muitos países, a formação proporcionada pelo currículo universitário de direito é teórica e superficial, de modo que, nesses sistemas, os bacharéis da área, apesar de autorizados a praticar a advocacia, têm apenas uma noção fragmentária da profissão. Para adquirir conhecimento prático, o advogado iniciante precisa trabalhar num escritório de advocacia ou num departamento jurídico.

Não há nenhuma garantia de emprego para um advogado recém-aprovado na ordem, e a disparidade de oportunidades de emprego é muito grande. Um jovem advogado dotado de um bom currículo acadêmico, ou de uma boa herança, ou de família influente pode, em geral, obter um cargo de advogado júnior num escritório de advocacia bem estabelecido. Outros aspirantes terão de procurar um lugar onde deverão fazer trabalho "pesado" – isto é, trabalho rotineiro e quase sempre maçante – num escritório de advocacia até aprenderem o suficiente pela experiência e observação para atrair seus próprios clientes. A qualidade desse tipo de experiência varia muito. Em muitos sistemas, a competição por cargos de início de carreira é tão grande que os bacharéis em direito aceitam cargos de secretários ou assistentes de advogados. A mesma situação existe em alguns lugares nos Estados Unidos.

Nos últimos anos, em vários países, tem havido melhor integração entre a educação jurídica formal e a aprendizagem. Alguns criaram programas formais de instrução prática para depois da graduação universitária a fim de substituir os estágios em escritórios de advocacia. O objetivo é complementar a educação jurídica teórica com o treinamento prático e, ao mesmo tempo, proporcionar um aprendizado prático mais intensivo e mais sistemático do que o estágio em escritórios de advocacia. A Itália, por exemplo, instituiu agora um programa desse tipo. Na Inglaterra a ordem dos advogados e a *Law Society* criaram há muito tempo programas semelhantes de aprendizagem para *barristers* e *solicitors* iniciantes. A aprendizagem de um *barrister* é chamada "pupilagem" (*pupilage*) e tem duração de um ano. A aprendizagem de um *solicitor* chama-se "*articling*" (de "*articles*" [cláusulas] do contrato de aprendizagem) e tem duração de dois anos.

Uma discussão constante nos Estados Unidos trata essencialmente do mesmo problema[89]. Advogados e juízes queixam-se de que os bacharéis em direito conhecem a teoria jurídica e social mas são ignorantes das "realidades da prática". Os escritórios de advocacia sólidos e conceituados têm programas internos de treinamento criados para superar essas deficiências. Muitos estudantes de direito norte-americanos adquirem conhecimento prático nos "internatos" de estágios em escritórios de advocacia e tribunais durante as férias de verão do ano letivo. Outros bacharéis em direito têm de aprender pela experiência. Contudo, qualquer que seja o meio de ingresso na profissão, "a curva de aprendizagem" é muito íngreme no primeiro emprego de um advogado.

No início da era moderna, as características da profissão jurídica na Europa e nos países que assimilaram as instituições europeias foram moldadas pelo caráter artesanal-mercantil da economia política que sucedeu à economia agrário-feudal anterior. Nas economias de natureza artesanal-mercantil, as cidades passaram a ser o centro político e dos negócios, entre estes a indústria, o comércio e as finanças. À medida que as cidades se desenvolviam, as transações prosperavam e acabaram por adquirir importância suficiente para justificar a documentação formal que apenas os advogados podiam fornecer. As disputas judiciais não podiam mais confinar-se nas cortes dos senhores locais ou dos burgos e, desse modo, deslocaram-se para tribunais situados numa instância mais alta do governo. A transição da economia agrário-feudal para a economia artesanal-mercantil, que ocorreu em momentos diferentes em lugares diversos, foi acompanhada tipicamente pelo surgimento de escritórios de advocacia compostos de um, dois ou até três advogados, dedicados à prática geral do direito.

O advento da centralização dos governos nacionais e do industrialismo no século XIX gerou um ambiente jurídico, político e econômico diferente. O industrialismo baseia-se em empresas comerciais constituídas e mantidas por investidores financeiros e dirigidas por um administrador contratado. Utiliza maquinário operado em fábricas de produção em larga escala, meios de transporte que empregam equipamentos movidos a energia artificial, como o ferroviário, e a comunicação por telégrafo, mais tarde por telefone e depois pelos meios de comunicação eletrônicos.

A abrangência das atividades do Estado aumentou na mesma proporção. Os governos promoviam e financiavam empresas comerciais e proviam apoio jurídico aos negócios, como, por exemplo, uma legislação empresarial liberal. Num posterior avanço, o governo adotou leis e regulamentações para impedir abusos como a exploração dos trabalhadores. A promoção e o controle das empresas criaram a necessidade de assistência jurídica e abriram novos cargos para advogados no governo. Esses progressos, por sua vez, exigiram que as empresas aumentassem concomitantemente sua capacidade jurídica.

Os advogados empregados pelo governo e os empregados por pessoas jurídicas regulamentadas pelo governo (tanto as comerciais quanto as sem fins lucrativos) continuam mantendo uma relação simbiótica entre si. Em muitos aspectos, os advogados e a equipe jurídica do governo e das empresas estão em posições antagônicas, um lado buscando a mais estrita observância dos regulamentos e o o outro procurando despesas menos onerosas para seus clientes. Os advogados de ambos os lados, porém, empregam as mesmas técnicas jurídicas, a mesma linguagem jurídica e estratégias idênticas. Em alguns sistemas jurídicos, os advogados especializados em áreas reguladoras deslocam-se mais ou menos livremente de um lado a outro da interface reguladora.

A prática do direito na era moderna inclui questões muito mais amplas e mais variadas que a prática tradicional e se realiza em novas formas de organização. Em vez de ocupar o lugar de outras questões, a maior parte dos novos tipos de prática jurídica as amplia. Desse modo, a prática processual mais moderna continua envolvendo as questões tradicionais, como disputas por dinheiro e propriedade, mas agora se estende ao processo de defesa criminal, a pedidos de indenização por danos físicos à pessoa e ao divórcio litigioso. A prática moderna de mediação e consultoria em negócios continua incluindo questões tradicionais, como venda de imóveis, transações comerciais e financeiras, a organização de sociedades ou outras firmas comerciais e a elaboração de disposições testamentárias. Ao lado dessas questões tradicionais surgiram outros campos da prática, a maior parte em consequência do crescimento da ação reguladora do governo e da tributação mais pesada, como a legislação fiscal, a regulamentação de empréstimos e garantias, a legislação ambiental e a legislação antitruste. Na organização da prática do direito, o profissional autônomo e os escritórios de advocacia bem pequenos (dois a três advogados) continuam característicos, mas agora as grandes organizações – os departamentos jurídicos do governo, as empresas comerciais e os grandes escritórios de advocacia – também prestam serviços jurídicos.

Essas mudanças na prática jurídica corresponderam a mudanças de caráter mais geral no ambiente político e econômico dos países desenvolvidos. Na maioria dos países da Europa ocidental o Estado sofreu duas transformações importantes, embora em velocidade e grau diferentes nos diferentes países.

A primeira mudança foi a considerável expansão das atividades do Estado, quer diretamente, quer pelo subsídio a empresas que atuavam nos campos do transporte, das comunicações, da educação, da indústria em geral e da mineração. O transporte se desenvolveu com a melhoria das estradas, a construção de canais, a retificação de rios para navegação e posteriormente pela construção de estradas de ferro. As comunicações melhoraram com o aumento das vias postais e depois com os serviços de telégrafo e o telefone. A obrigatoriedade da educação, a multiplicação das escolas primárias e secundárias, a criação de institutos de formação técnica e a expansão das universidades promoveram o avanço da instrução. A produção industrial se desenvolveu em muitas formas, em particular depois que o vapor e a eletricidade substituíram a água como fonte de energia para a indústria. A expansão correspondente das finanças públicas, nos ramos tributário e financeiro, impôs a ampliação das burocracias governamentais, as quais por sua vez exigiam diretrizes e regulamentações diversas. O resultado foi o aumento do número e da variedade das interações juridicamente definidas com cidadãos e organizações não governamentais, inclusive empresas.

A segunda transformação foi a "legificação" dos fundamentos políticos do Estado moderno. Antes da independência dos Estados Unidos e da Revolução Francesa, no final do século XVIII, a forma básica predominante era a monarquia ou uma combinação de monarquia e aristocracia. A partir dessas revoluções, os *anciens régimes* foram substituídos por regimes ministeriais e parlamentares. Esses novos regimes, por sua vez, dependiam de uma regulamentação jurídica que definisse os seus próprios poderes e a autoridade e responsabilidade dos órgãos que os compunham. A base constitucional do governo e o "Estado de Direito", bem como o princípio da responsabilidade legal dos funcionários públicos, não surgiram tal como são hoje. No início do século XX passou a ser reconhecida a ideia de que os representantes do governo têm apenas a autoridade que a lei lhes confere e podem ser responsabilizados mediante processo legal. A explicação clássica é de Max Weber:

> A ideia básica é que as leis podem ser promulgadas [...] por procedimentos formalmente corretos. O corpo governante é eleito ou nomeado [...] O pessoal administrativo compõe-se de representantes nomeados [...]; as pessoas obedientes à lei são membros do corpo político ("concidadãos").
> A obediência não é devida a um indivíduo particularmente, mas a normas e regulamentos promulgados [...] A pessoa investida de autoridade também obedece a uma regra quando dá uma ordem; essa regra é "a lei" ou "regras e regulamentos", que representam normas abstratas.[90]

Ainda que em menor escala e mais descentralizadas, as mudanças na estrutura das empresas comerciais corresponderam basicamente às mudanças no Estado. Com velocidades diversas e em graus variados, o comércio também cresceu e as empresas maiores passaram a ter organização burocrática[91]. As grandes empresas comerciais se organizaram em companhias em vez de sociedades limitadas, e seu trabalho é realizado por empregados e funcionários da companhia e não por proprietários e aprendizes, como nos primórdios do capitalismo. As complexidades da organização empresarial são controladas por documentos legais, como estatutos sociais, concessões e contratos financeiros com acionistas e credores, e por dispositivos quase-legais na forma de regulamentos internos da companhia e regulamentos departamentais. Mais uma vez, ao contrário dos proprietários menores do período anterior, as grandes sociedades empresariais dedicaram-se a uma imensa variedade de transações e relações com terceiros, como fornecedores e consumidores. Essas relações foram se tornando cada vez mais impessoais e cada vez mais controladas por uma documentação padronizada.

Combinados, esses avanços resultaram na "legificação" do Estado e da atividade econômica. O controle das operações governamentais e empresariais se dá não pela liderança pessoal, mas mediante regras e formas de administração prescritas por leis e regulamentos (no caso do Estado) ou por contratos e regimentos internos (no caso das empresas).

Os países "socialistas" – os antigos regimes comunistas da União Soviética e da Europa Oriental e o atual regime da China – enfrentaram variações do fenômeno da "legificação". Teoricamente, esses regimes funcionavam mediante o controle sistemático de um poder central – isto é, como grandes estruturas burocráticas com regulamentações regionais, locais e departamentais subordinadas. Ficou claro que esses sistemas eram muito rígidos, principalmente diante das mudanças técnicas e econômicas cada vez mais dinâmicas, e por isso amplamente sujeitos ao desvio e à corrupção, que por fim resultam em crise ou caos. O caminho para as reformas a partir dessas condições foi muito difícil. Foi especialmente difícil manter a direção política central e ao mesmo tempo facilitar a descentralização da atividade econômica. Embora se reconheça que é necessário um "sistema jurídico" para implantar essa combinação, ficou comprovado que aperfeiçoar e dinamizar esse sistema e prover-lhe mão de obra é um empreendimento técnico e cultural hercúleo. Conceber o "Estado de Direito" para os antigos regimes socialistas não é difícil do ponto de vista teórico, mas instituí-lo com juízes e advogados reais é um desafio bem maior.

Neste estudo consideramos que em todos os regimes constitucionais modernos as profissões ligadas ao direito são mais ou menos semelhantes. Evidentemente, como se verá, há diferenças entre esses sistemas, como, por exemplo, os da Alemanha, do México e do Canadá. O sistema jurídico norte-americano – e, portanto, a profissão jurídica – pode ser característico pela profundidade do envolvimento nas transações comerciais e em questões jurídicas politicamente controversas. Portanto, surge o problema de saber se os problemas éticos na prática jurídica norte-americana são diferentes em espécie, e não em grau, dos problemas éticos de outros regimes constitucionais.

É certo que a natureza e o raio de abrangência da prática jurídica nos Estados Unidos sempre foram diferentes. Há cento e cinquenta anos, Alexis de Tocqueville fez a famosa declaração: "Não há nos Estados Unidos praticamente nenhum problema que, mais cedo ou mais tarde, não se converta numa controvérsia judicial."[92] Numa comparação sistemática com outros sistemas, observou-se o seguinte:

> Os regimes norte-americanos [os regimes reguladores federal e estaduais] [são] juridicamente mais complexos, mais punitivos e menos previsíveis que seus correlatos em outras democracias economicamente avançadas, e a obediência a eles custa mais caro. Nos Estados Unidos, em muitos campos regulados pelo Estado, [há] [...] um sistema de regulamentos mais fragmentado no aspecto institucional...
> Os cidadãos norte-americanos e os lobbistas [...] em geral têm mais acesso aos processos reguladores e às informações e mais oportunidades de questionar na justiça as decisões das agências reguladoras e das empresas.[93]

O sistema regulador legalista ou de "confrontação das partes" se traduz numa prática jurídica muito mais ampla e mais disseminada. Por sua vez, a prática jurídica muito mais ampla e mais disseminada se traduz em mais processos governamentais legalistas e de confrontação das partes. Nós, porém, acreditamos que o panorama norte-americano vem apresentando menos diferença de algumas décadas para cá, e parece que essa tendência se manterá. Como observa um juiz argentino, colega nosso: "Na Argentina atual, os juízes têm de 'resolver' problemas causados pela má administração. Ordenamos a um hospital público que opere um paciente pobre ou que lhe dê medicamentos; ordenamos a um município que forneça água a crianças de bairros pobres." Prevemos que os regimes futuros venham a convergir para tipos semelhantes. Essa previsão implica fatores complexos e certamente é discutível, mas se apoia nas proposições a seguir.

Em primeiro lugar, como de fato Tocqueville afirmou, o "legalismo" como base da ordenação social relaciona-se funcionalmente com a igualdade social e a democracia política. Os regimes mais modernos baseiam-se na premissa da igualdade entre os cidadãos e na sensibilidade do governo à vontade popular. Um regime assim não pode basear-se na "tradição", por isso precisa ou ser autoritário ou tomar decisões políticas por meio de algum processo parlamentar que resulte em legislação, implantada pela regulamentação executiva burocrática. Legislação e regulamentação são mecanismos distintos do ponto de vista jurídico.

Em segundo lugar, os sistemas reguladores dos regimes modernos, graças aos incrementos incessantes, estão abarcando cada vez mais áreas da existência humana. Os ordenamentos jurídicos internos dos regimes modernos refletem as tentativas de lidar com as novas tecnologias, com as exigências do novo eleitorado e com as forças da mudança econômica e da competição intensas. A "globalização" resultou numa produção contínua de tratados e convenções internacionais e na implementação de regulamentos internacionais. Cada vez mais os países têm-se agregado em blocos comerciais regionais vinculados, como a União Europeia (UE), o Acordo de Livre-Comércio da América do Norte (Nafta) e o Mercado Comum do Sul (Mercosul). Cada vez mais os acordos internacionais controlam os mares, os rios internacionais e a atmosfera. Ao mesmo tempo, ocorre uma constante "restituição de autonomia" dentro de Estados nacionais anteriormente mais unificados, como, por exemplo, a Escócia e o País Gales no Reino Unido, as regiões da Espanha e as províncias do Canadá. Igualmente importantes, os acordos que regem as relações de mercado no comércio internacional vêm ficando mais numerosos, mais complexos e mais relevantes do ponto de vista econômico, à proporção que o comércio global continua se expandindo. Todos esses tipos de acordos são distintos do ponto de vista jurídico.

Em terceiro lugar, a necessidade de procedimentos formais de resolução de conflitos se expandiu juntamente com esses avanços regulatórios. Assim como a forma modal das opções políticas substantivas, também a forma modal do processo de aplicação dessas políticas se expressa em termos jurídicos. Isso não quer dizer que o papel dos tribunais e dos processos judiciais na maior parte do mundo já se compare ao dos Estados Unidos[94]. Contudo, é verdade que em todos os lugares do mundo moderno tem havido o crescimento dos litígios e da arbitragem na resolução de conflitos, tanto como último recurso quanto como pano de fundo para as soluções de conflitos negociadas.

A rápida expansão dos grandes escritórios internacionais de advocacia correspondeu a esses avanços. O modelo original dessas firmas era norte-americano, mas a nova versão é modelada nos escritórios ingleses de *solicitors*. Essas firmas aproveitaram a oportunidade conferida pelas diretrizes da Comunidade Europeia, que abriram todos os países da UE aos profissionais de qualquer país membro. Desse modo, um *solicitor* de Londres, por exemplo, pode abrir um escritório em Roma desde que atenda aos requisitos locais mínimos. Os escritórios ingleses também seguiram os caminhos do Império Britânico, fundando filiais nos países do golfo pérsico, em Cingapura, Hong Kong e em outros antigos entrepostos.

Outra tendência de convergência, talvez menos evidente, que se observa entre os sistemas diz respeito à administração pública. Como se verá na seção seguinte, no modelo europeu, durante dois séculos, os cargos administrativos eram ocupados em grande parte por bacharéis em direito. Esses funcionários normalmente não são considerados advogados porque não fazem o exame da ordem nem se dedicam à prática jurídica. Entretanto, a educação formal e, por conseguinte, o preparo intelectual desses profissionais são iguais aos dos advogados. Esses bacharéis em direito encontram em seu trabalho muitos dos mesmos problemas que enfrentam os profissionais praticantes da advocacia, inclusive problemas éticos.

Nesse mesmo período, o campo de trabalho na administração pública dos Estados Unidos vem-se firmando gradativamente, embora de modo ainda incompleto, como uma profissão respeitável para pessoas competentes, muitas das quais formadas em direito. Tocqueville assinalou que em 1830 a "administração" nesse país era rudimentar. Os funcionários públicos norte-americanos da época eram eleitos ou nomeados de acordo com primitivos sistemas de patrocínio. Desde o ano 2000, contudo, tem-se aperfeiçoado em todos os níveis do governo dos Estados Unidos um serviço público baseado fundamentalmente no mérito, em parte como efeito da reforma do serviço civil, em parte como resposta necessária às exigências cada vez mais complexas das tarefas do serviço público. Esses sistemas administrativos são constituídos por lei, operam por meio de processos muito formalizados e empregam muitos advogados. Na versão norte-americana, muitos funcionários do serviço público são advogados plenamente habilitados (isto é, aprovados no exame da ordem e detentores de licença profissional). Muitos deles acabam se transferindo para a prática privada da advocacia. Entretanto, enquanto desempenham suas atribuições no serviço público, trabalham de modo muito semelhante ao de seus equivalentes nos sistemas europeus.

A nosso ver, essas transformações indicam que a prática do direito nos regimes modernos caminhará inevitavelmente, ainda que de forma gradativa, na mesma direção geral.

Profissões do direito no "Estado Legificado"

A técnica jurídica e os técnicos jurídicos são necessários para otimizar a "legificação" dos procedimentos do governo e das empresas. A técnica jurídica é uma competência profissional dos membros da ordem dos advogados e dos funcionários das administrações estatais e empresariais, que têm o conhecimento jurídico exigido. Entretanto, nos modelos de aquisição da técnica jurídica, desenvolveram-se diferenças nítidas entre a prática europeia e a norte-americana. O modelo europeu foi adotado na América Latina e no Japão e provavelmente acabará sendo adotado na China. A explicação dessa diferença nos modelos profissionais começa no que diz respeito aos sistemas de educação superior.

O sistema educacional europeu provê formação em direito em nível universitário – isto é, depois do ensino médio – diferentemente da formação em nível de pós-graduação dos Estados Unidos. Desse modo, o currículo europeu de direito é semelhante aos currículos de outros cursos, como os de filosofia, história e economia, por exemplo. Os estudantes universitários europeus que seguem um currículo de direito aprendem essencialmente os mesmos conceitos jurídicos que aqueles ministrados aos alunos que depois serão advogados. Portanto, os bacharéis em direito das universidades europeias que não se tornam advogados têm um conhecimento jurídico que os prepara para tratar da maior parte das questões "jurídicas" dos departamentos do governo e das empresas comerciais[95].

Esses graduados universitários com formação em direito encontram emprego nos departamentos do governo e de grandes empresas. Sua formação universitária em direito, juntamente com a fluência e o domínio da língua, são suficientes para realizar muitas das tarefas de especificação e documentação escrita exigidas pela "legificação" do governo e das grandes empresas. Além disso, no sistema de *civil law* os atos dos funcionários do governo nem sempre são su-

ESBOÇO HISTÓRICO DAS PROFISSÕES LIGADAS AO DIREITO   73

jeitos a questionamento nos tribunais comuns. Em vez disso, os atos administrativos podem ser cobertos por jurisdições especiais com tribunais especializados. Isso constitui o que se pode chamar de direito administrativo[96]. Pode-se dizer, portanto, que a Europa desenvolveu um sistema de administração característico, baseado nos regulamentos do governo e sujeito à jurisdição de tribunais administrativos especializados, além de ter-se munido de quadros de pessoal especializado em direito constituídos de indivíduos que não fazem parte da categoria profissional jurídica tradicional. As administrações privadas das empresas comerciais também usufruem de consultoria jurídica por meio de seu quadro de funcionários especializados em direito.

Em alguns países, a condição de advogado "interno" é reconhecida formalmente. Na Alemanha, por exemplo, os bacharéis em direito aprovados no exame da ordem e contratados por uma grande empresa são designados com o título *Syndikusanwalt*. Desse modo, eles têm uma condição jurídica especificada nas normas que regem a profissão. A especificação jurídica inclui o conceito de independência profissional[97]. No Japão, os departamentos jurídicos das empresas privadas são altamente desenvolvidos, tanto em quantidade de pessoal quanto em sofisticação técnica. As companhias japonesas empenham-se muito na formação desse pessoal, inclusive na formação especial em direito comercial internacional. Muitas delas enviam integrantes de seu quadro de pessoal aos Estados Unidos para obter formação jurídica e depois serem admitidos à ordem. Essa solução é um evidente expediente de adaptação à séria limitação do número de *bengoshi,* advogados plenamente licenciados, no Japão.

Todavia, o *status* do pessoal jurídico interno no Japão e na Europa é inferior ao dos advogados que exercem a profissão na condição de autônomos. Em 1982, o Tribunal de Justiça da Comunidade Europeia considerou que um advogado empregado numa empresa comercial não tem a mesma autoridade que um advogado autônomo no que diz respeito a assuntos confidenciais[98].

Na Inglaterra, a maior parte dos programas das universidades incluem um currículo de direito que confere ao estudante uma formação jurídica semelhante à dos bacharéis em direito da Europa continental. Os que concluem a graduação universitária e não vêm a ser *barristers* nem *solicitors* podem, contudo, realizar trabalhos com aspectos "jurídicos" nos ministérios e nas empresas. Por outro lado, os que adquiriram formação para *solicitors* ou para *barristers* podem migrar da prática autônoma para o serviço do governo ou de empresas, tornando-se assim integrantes do quadro de pessoal jurídico interno. Em outros países de *common law* surgiu um modelo mais ou menos semelhante.

O moderno avanço da República Popular da China seguiu por um caminho diferente. O regime queria ampliar seu quadro de profissionais jurídicos rapidamente, mas faltavam-lhe o aparato e o quadro universitários para isso. Desse modo, admitiram-se como profissionais de direito pessoas com formação escolar básica e experiência concreta em atividades práticas de escritório[99]. Essa adaptação demonstra, provavelmente, a importância da experiência, diferentemente da educação formal, como componente da técnica dos advogados.

Nos Estados Unidos, porém, no início do século XX, a formação do advogado deixou de ser a formação universitária mais o estágio de aprendizagem (semelhante à formação da Europa) e transformou-se num currículo de direito oferecido em nível de pós-graduação e em escolas de direito especializadas. As escolas de direito norte-americanas começaram a oferecer um currículo nitidamente profissional: o estudo do direito para potenciais profissionais e não para cidadãos formados em geral. Em consequência, à medida que avançou a "legificação" do governo e das empresas norte-americanas, a consultoria jurídica passou a ser prestada por profissionais que tiveram, além da formação universitária, a graduação numa escola de direito.

Apesar dessas diferenças no desenvolvimento histórico, há um tema comum no fenômeno da "legificação". Falando de modo simples, os serviços jurídicos, em particular a consultoria jurídica acerca de questões de negócios, são necessários ao funcionamento das agências governamentais modernas e das empresas privadas.

Mais ou menos simultâneo à evolução dos departamentos jurídicos do governo e das empresas privadas foi o avanço do escritório de advocacia com múltiplos integrantes. Esse progresso ocorreu em períodos diferentes nos diversos países, primeiro e mais rapidamente nos Estados Unidos, depois em outros países de *common law* e agora na Europa e no Japão. O novo modelo de escritório de advocacia surgido no início do século XX comportava até uns dez advogados. Posteriormente, as grandes firmas de advocacia passaram a ser constituídas de dezenas, depois centenas e agora milhares de advogados, além do apoio do quadro de secretários, assistentes técnicos (parajurídicos) e pessoal administrativo.

O novo modelo de escritório de advocacia é diferente da prática do autônomo e do escritório pequeno não só em tamanho, mas também em organização e economia. Em vez de ter sócios iguais, cada um dedicado a seu próprio trabalho, a firma realiza seu trabalho por meio de pequenas equipes especializadas, coordenadas por sócios-gerentes ou por comissões gerenciais. À medida que os escritórios de advocacia modernos iam ficando maiores, sua estrutura hierárquica ia-se tornando ainda mais complexa, com "departamentos" (um departamento de litígios, um departamento de direito bancário e outros), gerentes de departamento e classificação de advogados de acordo com proficiência, capacidade de ganhos e anterioridade de cada um. Algumas firmas de advocacia relativamente grandes funcionam como um grupo de pequenos escritórios que atuam com um único nome. Esse modelo persiste na Europa continental.

O moderno escritório de advocacia de muitos sócios surgiu primeiro nos Estados Unidos, na década de 1890. A inovação é atribuída à firma Cravath, cujo nome atual é Cravath, Swaine & Moore, mas o conceito provavelmente tem origem anterior[100]. Os principais elementos foram o reconhecimento da importância da habilidade técnica, em particular em questões financeiras complexas; a separação da função de relacionamento com os clientes da função de desempenho do trabalho jurídico técnico; e a especialização de funções internas do escritório.

No pequeno escritório tradicional, cada advogado trata de toda espécie de questões jurídicas, porém, há normalmente uma divisão de função entre trabalho de tribunal e trabalho de escritório. Um advogado que exerce a profissão como autônomo ou numa pequena firma recebe remuneração proporcional aos clientes que traz para a firma e para quem ele executa o trabalho jurídico. Os advogados aprendizes recebem muito pouco ou nenhum lucro porque não têm clientes, não têm clientes porque não têm experiência e não têm experiência porque necessitam de clientes para desenvolver sua experiência. Os advogados principiantes, portanto, dependem necessariamente dos bons relacionamentos da família para obter clientes e desse modo se estabelecerem na prática.

O "sistema Cravath" é muito diferente do pequeno escritório tradicional nesses aspectos. Todos os clientes são clientes do escritório, não clientes de um advogado em particular. Os honorários entram para um fundo comum, e o pagamento dos advogados é distribuído de acordo com uma estimativa sistemática da quantidade e da qualidade dos serviços que eles prestaram à clientela. Esse método de pagamento pressupõe que há diferenças significativas entre a proficiência técnica dos advogados. Logo, a remuneração é baseada no mérito profissional técnico, e não na afinidade com clientes. No escritório Cravath, o sócio principal, Paul Cravath, era de longe o mais bem-sucedido na conquista de clientes, além de ser notável na administração do escritório, circunstâncias que facilitaram o funcionamento do sistema[101]. De fato, Cravath era o empregador de outros advogados, que ele recrutava e avaliava constantemente. Se correspondessem a seus padrões de competência, ele os promovia a sócios. Na forma da lei, contudo, o escritório era uma sociedade tradicional, apesar de maior que as outras.

Uma vez que no novo modelo de escritório de advocacia ou sociedade de advogados a remuneração se baseia na proficiência técnica e não na capacidade de atrair clientes, o recrutamento e a aprendizagem de jovens advogados ocorre de uma forma muito diferente da dos escritórios de advocacia tradicionais. No novo modelo, não é importante se o aprendiz é de família bem relacionada nem se tem outros meios de atrair clientes. Pelo contrário, é essencialmente importante que tenha proficiência técnica e capacidade para desenvolver ainda mais essa proficiência. Essa mudança de foco significa, por sua vez, que os escritórios orientados pelo novo modelo avaliam seus potenciais advogados com base no mérito. O "mérito" se manifesta no desempenho acadêmico sólido na especialização em direito e na formação universitária anterior, e nos traços de personalidade, como alto grau de energia, capacidade de concentração, segurança e capacidade de instilar confiança no cliente.

A organização econômica do novo modelo de escritório de advocacia facilita a especialização dos advogados no escritório. Os advogados do escritório podem concentrar-se em diferentes áreas jurídicas – como, por exemplo, o direito empresarial ou comercial – sem se deixar inibir pelo temor de não participar dos honorários gerados por seu trabalho. No novo modelo de escritório, o advogado também não precisa se preocupar se é capaz de tratar de um problema jurídico fora de sua área de especialização. Quando um cliente com quem o advogado se relaciona apresenta um problema assim, este pode simplesmente encaminhá-lo a outro advogado do escritório que seja especializado no ramo determinado.

O escritório de advocacia do novo modelo é, portanto, uma organização baseada em funções diferenciadas, estrutura hierárquica (os sócios principais orientam e supervisionam o trabalho dos subordinados), especialização em áreas profissionais e quadro de pessoal selecionado e promovido com base na capacidade e no desempenho técnico.

Resumindo, o novo modelo de escritório de advocacia é um sistema administrativo moderno, embora em escala menor que a maioria das administrações do governo ou das empresas. Outra consequência desses avanços é o maior retorno financeiro, em geral, para os advogados dos grandes escritórios[102].

Não por coincidência, o novo modelo de escritório de advocacia é bem adequado para fornecer os serviços jurídicos cada vez mais especializados exigidos por empresas comerciais cada vez mais complexas. É por isso que, na prática jurídica moderna, os grandes escritórios de advocacia se dedicam principalmente à prestação de serviços jurídicos para organizações empresariais relativamente grandes, e não para indivíduos ou pequenas empresas[103].

O novo modelo de escritório de advocacia evoluiu nos Estados Unidos no período anterior à Segunda Guerra Mundial, e a evolução foi ainda mais rápida depois da guerra. Em 1970 já havia escritórios do novo tipo em todas as grandes cidades norte-americanas, e muitos deles haviam aberto filiais na Europa, nos países do leste europeu, na Rússia, no Oriente Médio e no Japão. Os escritórios ingleses de *solicitors* passaram por uma expansão semelhante, que se tornou ainda mais vigorosa na década de 1990, beneficiando-se das diretrizes da Comunidade Europeia que abrem todos os países da União Europeia a advogados profissionais credenciados em qualquer país da União[104]. O novo modelo agora está constituído na Europa continental e na Ásia, principalmente pela fusão de pequenos escritórios que seguiam o estilo antigo[105]. Na América Latina, em particular no Brasil, na Argentina e no México, o padrão de desenvolvimento tem sido um pouco mais lento. Nesses países a transformação da economia agrária para a produção moderna ocorreu muito mais recentemente – a partir de 1950 – e de forma muito mais rápida. As formas "tradicionais" do exercício profissional, portanto, foram engolidas de modo muito mais repentino pelos grandes escritórios de advocacia metropolitanos a serviço da economia nova e vigorosamente progressista desses países.

Inevitavelmente, as diferenças entre as características organizacionais do escritório de advocacia moderno e da clássica prática autônoma ou em escritórios pequenos suscitam problemas especiais de ética jurídica.

Reclamações constantes, normas antigas

Já na Bíblia se encontram reclamações contra os advogados[106]. Nos primórdios da Europa moderna, as queixas foram registradas nos mais antigos anais de assuntos públicos, alguns dos quais datam do século XIII. Na China dinástica, era costume referir-se depreciativamente aos advogados como *songgun* – trapaceiros[107]. Os tipos de reclamações demonstram notável regularidade, uma vez que as queixas de determinado lugar ou período histórico são praticamente idênticas às queixas de outros lugares ou períodos. As queixas constantes podem ser classificadas nas seguintes categorias gerais:

- diversas formas de abuso de técnicas judiciais, inclusive utilização de táticas dilatórias, provas falsas e apresentação de alegações incabidas aos tribunais;
- preparação de documentação falsa, como escrituras, contratos e testamentos falsos;
- abuso da boa-fé de clientes e de outros e apropriação indébita de bens;
- procrastinação no tratamento com clientes; e
- cobrança de honorários excessivos.

Do mesmo modo, as leis que procuram reprimir a conduta imprópria dos advogados também têm assumido formas recorrentes. Um meio de controle é o juramento profissional. O juramento profissional do advogado é uma promessa solene, às vezes minuciosa, de observar as obrigações éticas da profissão. Nos sistemas modernos, os advogados prestam juramento profissional, cujas cláusulas, em algumas circunstâncias, são sujeitas a execução judicial. Um exemplo antigo é o juramento imposto aos advogados nos tribunais eclesiáticos no século XIII. As cláusulas do juramento, conforme a tradução de James Brundage, dão a entender os desvios éticos que se pretendiam controlar:

* Ele [o advogado] compromete-se a cumprir fielmente os deveres da profissão;
* Compromete-se a não prestar serviços a clientes com causas injustas, sem esperança ou irresponsáveis;
* Compromete-se a abster-se de dar continuidade a litígios de má-fé ou simplesmente dilatórios;
* Compromete-se a não prolongar desnecessariamente as ações nos tribunais;
* Compromete-se a não instruir testemunhas, não induzir perjúrio mediante suborno, não apresentar documentos falsos como prova nem apresentar testemunhas que ele sabe que estão mentindo;
* Compromete-se a informar o tribunal caso descubra que seu cliente ou suas testemunhas estavam mentindo, ou que algum de seus documentos era inverídico[108].

Pode-se perceber que as obrigações deste juramento referem-se à função de advogado e não à de conselheiro jurídico. Em geral, as normas éticas para os profissionais do direito têm-se concentrado na função de defesa e não na prática de aconselhamento fora dos tribunais. Esse foco sem dúvida resulta do fato de os juramentos serem prescritos pelos tribunais, que estão naturalmente interessados nas obrigações devidas ao poder judiciário, não importa quais sejam as obrigações que o advogado tenha para com os clientes ou outras partes.

O modelo da Inglaterra medieval é explicado num estudo de Jonathan Rose, que identifica a seguinte lista de delitos num regulamento legal do século XIII, o *Statute of Westminster I* [Estatuto de Westminster I], capítulo 29 (1375):

ESBOÇO HISTÓRICO DAS PROFISSÕES LIGADAS AO DIREITO   81

- logro e conluio da parte de advogados, mediante falsificações, alegações falsas e artifícios semelhantes, cujo objetivo é lograr o tribunal ou a parte contrária;
- suborno de funcionários do tribunal e conluio com eles;
- conspiração com clientes verdadeiros ou falsos para fomentar litígio injustificado (delitos conhecidos no direito inglês como *maintenance, champerty* e *barratry*);
- extorsão mediante ameaça de processo judicial; e
- atuação não autorizada em nome de um cliente, abandono de clientes e os diversos modos de ludibriar os clientes, entre eles a cobrança excessiva de honorários[109].

Da *London Ordinance* de 1280, Rose identifica outras formas de conduta imprópria de advogados nos tribunais da Cidade de Londres, entre elas o conflito de interesses por representar ambos os lados numa disputa, ou representando uma parte e, em seguida, abandonando-a para representar a parte adversária. Nos tempos medievais essa tendência condenável era chamada brejeiramente de "ambidestria". No período medieval e início da Renascença, havia na Itália e em outros países um padrão semelhante[110].

Entre as formas de regulamentação que surgiram no final da Idade Média destacam-se:

- proibição legal de formas específicas de conduta imprópria, imposta por meio de sanções penais;
- controle judicial por meio de sanções a atitudes como contumácia processual;
- restrição ao ingresso de candidatos no exercício da profissão por meio dos requisitos de competência e integridade;
- exercício da autoridade disciplinar pelas organizações profissionais de classe, inclusive do poder de expulsar da categoria um advogado ou de solicitar aos tribunais que fizessem isso (expulsão da ordem); e
- em circunstâncias excepcionais, imputação de responsabilidade por imperícia.

Essas formas de regulamentação continuam sendo empregadas no contexto moderno. Ainda que em menor escala e mais descentralizadas, as mudanças na estrutura das empresas comerciais corresponderam basicamente às mudanças no Estado. Novamente, em ritmos e graus variados, o comércio cresceu em escala, e as grandes empresas comerciais passaram a ter organização administrativa burocrática.

2. O papel de juiz e o de advogado

Diferenças das funções

Embora juízes e advogados sejam interdependentes, há ao mesmo tempo profunda diferença entre as funções que desempenham. Pode-se definir precisamente essa relação como simbiótica, visto que as duas funções têm intensa interatividade. A estrutura dessa relação conflituosa tem mantido notável continuidade na tradição ocidental desde o século XIV. Nesse período, os tribunais eclesiásticos tinham criado um processo judicial altamente sofisticado, que por sua vez serviu de modelo para os tribunais laicos da maioria dos países da Europa. James Brundage enumera os elementos básicos desse processo:

- petição inicial apresentada por escrito pelo querelante;
- citação do acusado para comparecimento em juízo;
- quando do comparecimento do acusado, alegações específicas do querelante;
- objeções jurídicas e debates;
- apresentação de provas pelo querelante e pelo querelado, entre elas testemunhas e possíveis documentos; e
- alegações finais dos advogados[1].

Os mesmos elementos básicos estão presentes no processo moderno. Por exemplo, o relatório de 1994 do projeto de Aproximação das Leis Judiciárias na União Europeia expõe esses elementos fundamentais como se segue: a citação do réu para que compareça; declaração da queixa; apresentação de objeções jurídicas e decisões interlocutórias por elas motivadas; apresentação de provas de ambas as partes; alegações finais; e sentença[2]. Esses elementos são essencialmente os mesmos que os do cânone do processo legal do final do período medieval.

Nesse sistema processual, os advogados tomam as medidas iniciais. Mais precisamente, o advogado do querelante toma as medidas iniciais de consulta com o cliente, deliberação acerca de estratégia e táticas, esboço e apresentação em juízo da petição inicial do querelante e providência para a citação do réu. O réu, se quiser defender-se e tiver meios para isso, consulta um advogado, que delibera sobre a estratégia e as táticas em favor do acusado e apresenta algum tipo de resposta. O juiz entra em ação nesse momento ou, em alguns sistemas jurídicos, num momento anterior, quando se propõe a ação. A partir dessa etapa, o juiz e os advogados interagem para examinar a causa e encaminhá-la para uma resolução. Nos sistemas de *common law*, a iniciativa de fazer que o processo avance tradicionalmente depende dos advogados, que, por exemplo, apresentam moções e protestos contra a parte adversária. Nos sistemas de *civil law*, a iniciativa de fazer avançar o processo repousa principalmente nas mãos do juiz. Em todos os sistemas, contudo, o processo contencioso é uma inter-relação entre três partes.

Num processo com essa estrutura, a interação entre juiz e advog9ados é concebida com o objetivo de produzir uma solução justa. Na busca desse objetivo, entretanto, as funções do juiz e dos advogados são muito diferentes. Elas são cooperativas porque juiz e advogados operam de acordo com normas, convenções e práticas aceitas e compreendidas por todos. Todavia, as responsabilidades desses diferentes profissionais do direito estão em profundo conflito, uma vez que todo advogado almeja a vitória para o seu cliente, o que implica necessariamente a derrota do cliente do outro, enquanto o juiz almeja encontrar a justiça em algum ponto entre os dois.

O juiz consciencioso procura decidir uma disputa de acordo com a avaliação mais precisa possível dos fatos e a interpretação mais precisa da lei. Para proceder a um exame acurado dos fatos, o juiz deve ter conhecimento de todas as provas pertinentes, inclusive de gradações e nuanças que possam ajudar o tribunal a interpretar provas ambíguas ou contraditórias. Para uma interpretação acurada da lei, o juiz deve conhecer não só o texto da mesma, mas também sua história, seu objetivo e suas aplicações anteriores. Em relação ao precedente, os sistemas de *civil law* têm atitude diferente da dos países de *common law*. Nos dois sistemas, entretanto, é importante que o juiz saiba como determinada norma jurídica foi interpretada em casos anteriores. Em essência, o juiz quer chegar a uma solução que esteja de pleno acordo com a lei competente e, se possível, também seja moralmente justa.

O advogado consciencioso tem objetivo diferente. Falando claramente, o objetivo do advogado em uma disputa judicial é obter o melhor resultado possível para seu cliente com base nas provas disponíveis e de acordo com as exigências e limitações da lei. O artigo 7.º do código de ética japonês expõe a responsabilidade do advogado de modo explícito mas indireto: "O advogado não poderá desconsiderar a descoberta da verdade por estar demasiadamente interessado no resultado da demanda." Qualquer que seja o sistema jurídico, nenhum advogado pode "desconsiderar" a descoberta da verdade – para usar a expressão japonesa. Na verdade, ele quer ter plena ciência dos fatos inegáveis e das provas fortemente persuasivas. O advogado não pode fazer "desaparecer" as provas indesejáveis, a não ser que empregue meios antiéticos e ilícitos. Portanto, os fatos indiscutíveis são o limite dentro do qual o advogado deverá atuar. Em qualquer sistema, os advogados estão "interessados no resultado". Aliás, é para chegar a um resultado favorável – o mais favorável que permitam os fatos e a lei – que se contrata um advogado. As normas de alguns países autorizam mais diretamente a tomada de partido do advogado em favor de seu cliente. A norma norte-americana, por exemplo, emprega o termo "empenho"[3]. Vez por outra surgem críticas e apreensão com respeito a essa noção do papel do advogado. Nos Estados Unidos, de algumas décadas para cá, e em outros países eventualmente, a polêmica sobre essa matéria tem sido intensa. Em essência, a crítica é de que o advogado, por estar empenhado em alcançar o melhor resultado possível para o cliente, dedica todos os seus esforços profissionais, e até sua alma, a causas "injustas" ou, ainda pior, a causas que ele "sabe" que são injustas.

Não há dúvida de que alguns advogados obtêm em alguns casos resultados que eles mesmos consideram injustos. É verdade que os advogados em sua maioria já estiveram engajados em algum processo judicial contra um oponente que não conseguiu representar a outra parte com eficiência ou ficou abaixo do mínimo de competência profissional. A maioria dos profissionais se lembra da sensação inconfundível que teve quando o adversário deixou de apresentar as provas contundentes disponíveis que deveriam ter sido apresentadas ou não conseguiu apresentar um argumento jurídico que poderia ter vencido a causa. Essa sensação é um misto de alívio, gratidão e tristeza. O advogado sente alívio porque qualquer caso pleiteado pode resultar em derrota, e aquele que vence por causa da inépcia do adversário compreende que escapou de uma derrota, mas não por mérito próprio. A gratidão é pela boa sorte, mas imerecida, que encontrou pelo caminho. A tristeza acompanha a consciência de que a administração da justiça demonstrou sua imperfeição, não pela primeira nem pela última vez, por descuido de um oponente. O erro do sistema é na verdade um drama social e, para um advogado consciencioso, um drama profissional.

A crítica atual à advocacia partidária tem sido mais intensa nos círculos acadêmicos norte-americanos, em que

O PAPEL DE JUIZ E O DE ADVOGADO   87

às vezes se fazem comparações com o sistema mais "civilizado" ou mais "voltado para a justiça" do *civil law*. Segundo algumas dessas críticas, imagina-se que a justiça nos sistemas de *civil law* seja o fruto do trabalho de juízes conscienciosos, amantes da verdade, perante os quais advogados e litigantes esperam com submissão o discernimento da verdade e da justiça. Imagina-se também que, por outro lado, o sistema de confrontação das partes do *common law* seja um jogo de esconde-esconde em que advogados astutos manobram para enganar o tribunal e um ao outro. Nessa comparação, o sistema de *civil law* é obviamente superior. A administração da justiça nos sistemas de *civil law* pode às vezes se aproximar do ideal imaginado, pelo menos em alguns países. Entretanto, em nossa opinião, essa comparação do procedimento dos sistemas de *civil law* com o procedimento dos sistemas de *common law* é uma comparação equivocada de uma idealização do sistema centrado no juiz com uma grosseira contrafação do sistema de confrontação das partes[4]. A realidade é bem mais complexa.

Em primeiro lugar, na maioria dos sistemas de *civil law* os advogados são tão partidários em favor do cliente quanto os advogados dos sistemas de *common law*. Não têm pudor em reconhecer que o objetivo é ganhar, e o perdedor que se dane. Acham absurdo um advogado preocupar-se se a causa do cliente é justa, desde que seja admissível no aspecto legal. Concordam quase todos com a síntese de Robert Gordon acerca da atitude dos advogados norte-americanos: "uma moralidade própria da função, definida pela fidelidade aos interesses e objetivos do cliente, absolve o advogado de responsabilidade pessoal [...]"[5]. Esses advogados acreditam que no sistema centrado no juiz as questões de verdade e justiça são, de acordo com a lei e a longa tradição, responsabilidade do tribunal. Os juízes em geral têm a mesma opinião. Nos sistemas de *civil law*, os juízes são quase sempre pouco afeiçoados ao papel do advogado. Segundo o ponto de vista judicial dos sistemas de *civil law*, os juízes procuram fazer justiça, mas apenas dentro do contexto da disputa jurídica definida pelos advogados e talvez opondo-se aos obstáculos por eles levantados.

A força dessas atitudes dos profissionais dos sistemas de *civil law* talvez seja ampliada pelo fato de, no procedimento judicial desse sistema, os poderes forenses dos advogados serem limitados. No que se refere aos fatos, o advogado do sistema de *civil law* depende em grande parte da concepção do juiz acerca da pertinência das provas. Em alguns sistemas, notadamente na França, na Alemanha e no tribunal religioso judaico (*Beit Din*), o juiz pode tomar a iniciativa de elaborar tópicos para consideração além daqueles que os advogados apresentaram. Em outros sistemas de *civil law*, contudo, o juiz limita a atenção estritamente às questões pleiteadas e não toma nenhuma iniciativa para estender o interrogatório. Essa responsabilidade judicial limitada é instituída nos códigos de processo civil e reflete no conceito de princípio dispositivo, explicado a seguir, que define as responsabilidades dos advogados.

De acordo com as regras de ética da maior parte dos países de *civil law*, em tese, o advogado não pode procurar nem entrevistar testemunhas antes do julgamento. Em alguns sistemas os advogados obedecem a essa restrição: apenas indicam as testemunhas para a consideração do juiz e sugerem perguntas. Contudo, a intensidade do interrogatório depende do juiz. Em muitos sistemas de *civil law*, os advogados não podem dirigir perguntas diretamente às testemunhas. Se o juiz considerar as perguntas pertinentes, "o direito da parte à prova" exige que a essência das perguntas seja feita. O advogado não tem o direito de exigir que o juiz prossiga o interrogatório para além do assunto tratado na petição. Em alguns sistemas de *civil law*, como o do Japão, permite-se um contrainterrogatório aos advogados. Em outros, eles podem fazer perguntas diretamente às testemunhas, mas a ideia de contrainterrogatório é desconhecida.

Nos sistemas de *common law*, ao contrário, a responsabilidade de pesquisar, organizar e apresentar as provas é dos advogados. (Nos sistemas de *common law* em que há divisão entre *barristers* e *solicitors*, como na Inglaterra, a organização das provas é de responsabilidade dos *solicitors* de cada uma das partes, enquanto a apresentação das provas é de responsabilidade dos *barristers*.) Ao lado dessas responsabilidades, os advogados em geral tomam pronto conhecimento das nuanças e dos pontos fracos e fortes de tudo que pode ser usado como prova. O advogado produz as provas selecionando os documentos e testemunhos que podem ser úteis para sua parte, normalmente determinando a sequência de apresentação das provas e formulando a essência e a ordem das perguntas às testemunhas. O contrainterrogatório das testemunhas da parte oposta pelos advogados é uma questão de direito processual e permite um aprofundamento muito maior. Desse modo, o conjunto de provas em que o tribunal fundamenta sua decisão é o produto de uma interação intensa entre os advogados.

A dinâmica de confrontação das partes do sistema de *common law* tem várias implicações para a justiça. Em primeiro lugar, os advogados compartilham a responsabilidade – na verdade, têm a responsabilidade principal – pelas provas com que o juízo decidirá uma disputa. Essa responsabilidade tem implicações morais individuais. Nenhum advogado do sistema de *common law* pode dizer que determinado resultado foi produto só do juiz ou "do sistema". Em segundo lugar, os advogados dos sistemas de *common law* são, na prática, obrigados a cooperar um com o outro em todas as etapas do processo. No sistema norte-americano de preparação ampla e quase sempre extensa da instrução prévia, a interação entre os advogados das partes é ainda mais longa e mais intensa. Esse modelo de "cooperação involuntária" entre os advogados no sistema de *common law* começa com a troca de documentos e o agendamento dos depoimentos. O modelo também exige que os advogados se encontrem, sem a presença do juiz, para elaborar troca de provas e acertar prazos para resolver as questões preliminares. No sistema de *civil law*, ao contrário, os advogados em geral tratam um com o outro apenas por correspondência e apresentação e contra-apresentação de documentos. Encontram-se diretamente apenas nas audiências presididas pelo juiz.

No que se refere ao direito, o *civil law* presume que o juiz conhece a lei, presunção esta expressa no brocardo latino *iura novit curia*. Em alguns sistemas de *civil law*, essa presunção se transfere para uma dinâmica processual em que os argumentos dos advogados são vistos pelo tribunal como protestos e não como exposições. Os juízes de alguns sistemas de *civil law* muitas vezes consideram excessivos e desnecessários os memoriais apresentados pelos advogados. Em outros sistemas de *civil law*, notadamente o da Alemanha e o da França, os advogados podem, e devem, fazer exposições jurídicas abundantes perante o tribunal no discurso de abertura e, em alguns sistemas, também nas considerações finais.

Os juízes franceses e os alemães em geral mantêm rígido controle do andamento dos casos, ao passo que os juízes italianos e os ibero-americanos atuam de modo mais passivo. Em todo caso, os advogados não podem ter certeza de quais provas o juiz vai considerar particularmente pertinentes, por isso não podem saber que tópicos devem ser enfatizados em sua apresentação do caso. O estilo e a conduta na advocacia também variam nos sistemas de *civil law*. Em alguns sistemas espera-se que os advogados sejam concisos e diretos, enquanto em outros permite-se que eles façam extensos discursos. Essas expectativas refletem atitudes características das culturas dos países.

No sistema de confrontação das partes do *common law*, ao contrário, os memoriais apresentados pelos advogados definem as disputas jurídicas que o tribunal deve considerar, embora o juiz tenha autoridade para analisar e investigar outras questões de direito. Os advogados de ambas as partes têm consciência de que o quadro jurídico que eles apresentam pode ser decisivo.

Todavia, seja nos sistemas de *civil law*, seja nos de *common law*, o advogado escrupuloso e prudente reconhece que a administração da justiça implica o drama de resultados injustos. Alguns advogados contentam-se em ignorar o resultado injusto, considerando-o inevitável ou produto das circunstâncias. Agindo assim, demonstram indiferença moral e falta de compreensão social. Contudo, o fato de muitos advogados serem moralmente insensíveis não significa que estejam errados em concluir que os resultados injustos na administração de justiça são consequências inevitáveis e que o trabalho dos advogados muitas vezes contribui para essas consequências.

Nem todos os advogados têm a mesma competência, e muitos, por infelicidade, são relativamente incompetentes. A verdade contundente é que algumas decisões dos tribunais resultam do fato de que o advogado de uma das partes foi mais inteligente, mais persistente, mais paciente, mais diligente ou apenas teve um dia melhor que o do adversário. Além disso, nos sistemas jurídicos em que o cliente paga os honorários do advogado, é mais provável que os clientes com mais dinheiro – supondo que os outros fatores se mantenham iguais – tenham melhores advogados que os clientes com pouco ou nenhum dinheiro.

O problema difícil na ética jurídica não é se o drama da sentença injusta pode ocorrer. Por certo, todos os dias se prolatam sentenças injustas em todas as partes do mundo. A injustiça na administração da justiça – no trabalho dos juízes e dos advogados – é sistêmica, o que significa que é um aspecto inevitável do sistema. A dificuldade de fato é o que se pode fazer a respeito disso. Em nossa estimativa, infelizmente, os meios de correção são bastante limitados. Mas é justamente por serem parcos os meios de aperfeiçoamento que se deve empreender um trabalho sério e constante para alcançar a melhora possível.

Advocacia fora dos tribunais

A mesma espécie de drama pode ocorrer na prática de escritório. Por exemplo, o advogado de uma das partes numa negociação pode descobrir que a estrutura proposta para uma transação comercial tem consequências fiscais muito favoráveis para seu cliente, mas consequências adversas muito graves para a outra parte; além disso, pode perceber que a outra parte não compreende esses fatos. Noutro exemplo, o advogado do comprador de um lote de terra pode saber que esse lote pode vir a ser muito valorizado se determinado projeto de obras públicas for aprovado e ter conhecimento de que é quase certa a aprovação desse projeto num futuro próximo, mas o vendedor não tem conhecimento desses fatos. O advogado de um cônjuge, por exemplo, pode ter conhecimento de que seu cliente pretende romper o matrimônio e pedir o divórcio, mas o outro cônjuge não tem a menor suspeita disso, enquanto ambos os cônjuges estão planejando decisões financeiras importantes. Um de nós entrevistou um advogado cujo colega oponente estava a ponto de aceitar uma cláusula contratual que parecia favorável a seu cliente, mas o primeiro sabia que a cláusula era inválida. O segundo advogado deveria ser avisado? É pertinente o fato de o outro lado estar sendo muito opressivo nas negociações?

Em cada uma dessas situações, o advogado poderia ter ocasionado uma sequência diferente de acontecimentos se estivesse representando o outro lado da transação. Além disso, o advogado de escritório quase sempre está envolvido em transações cuja parte contrária não está juridicamente representada. Na prática moderna do direito, muitos advogados esboçam modelos de contratos que serão empregados repetidamente em outras transações, como contratos de locação de imóveis residenciais, contratos de venda de automóveis e de aparelhos domésticos e os contratos que regem a forma moderna de dinheiro chamada cartão de crédito. Todo cidadão comum de uma economia desenvolvida participa normalmente desse tipo de transação padronizada. Em geral, os clientes apenas assinam os documentos apresentados pelo funcionário da empresa, que é a outra parte do negócio, às vezes procurando adivinhar qual o significado e a importância das disposições constantes dos documentos. Nos procedimentos empresariais típicos, os empregados que lidam com os clientes não têm autoridade nenhuma para modificar um documento padrão e se recusariam a atender a um pedido de modificação.

O documento padrão é escrito por um advogado para a empresa parte, em geral com as cláusulas mais favoráveis possíveis juridicamente à empresa. Por exemplo, se a lei restringe o total de juros que uma empresa pode cobrar, o advogado pode inserir uma cláusula que preveja uma espécie de tarifa de transação, que em termos econômicos aumenta de fato a taxa de juros pagos pelo cliente. Se a lei dispõe que um comprador insatisfeito pode processar a empresa, o advogado pode inserir uma cláusula que exija que, antes de instaurar uma ação, o comprador faça à empresa uma demanda formal de reparação dentro de determinado tempo depois do negócio, como quinze dias, por exemplo. O advogado e seu cliente sabem que a maior parte dos consumidores não será suficientemente vigilante para cumprir essa "exigência de aviso", e também sabem que o fato de deixar de cumprir a exigência pode ser uma ferramenta de defesa eficaz se o comprador prejudicado impetrar ação judicial.

Naturalmente, o advogado da empresa também tem conhecimento de que foram adotadas regras para combater ou eliminar as cláusulas leoninas dos contratos. Esses regulamentos são chamados de leis de proteção ao consumidor, muitas das quais surgiram no século XX. Regulamentações semelhantes têm o objetivo de proteger pequenos empresários, artesãos e trabalhadores em geral. Os poderes legislativos e as agências de governo projetaram essas normas para promover o equilíbrio em interações constantes com as empresas, que por sua vez formulam novas cláusulas contratuais de proteção.

Os dispositivos que regulam o equilíbrio dessas relações evidentemente são elaborados por advogados empregados pelo governo. O mesmo modelo interativo aparece em outros campos da atividade social, entre eles: o uso da terra por proprietários particulares, por um lado, e a promulgação governamental de restrições ao uso da terra, de outro lado; emissões de efluentes industriais de empresas privadas e, em reação, controle ambiental do governo; manobras de empresários capitalistas na administração societária e, em contrapartida, medidas reguladoras que exigem a publicidade das finanças das empresas. A dialética entre a iniciativa privada e a iniciativa reguladora do governo é constante. Quem planeja as estratégias são os executivos, de um lado, e os políticos, de outro. Entre os que realizam as operações táticas estão os advogados, de ambos os lados.

Há questões complexas e graves acerca da atuação tática dos advogados nessas interações. Questiona-se se esses advogados têm responsabilidade jurídica, profissional e moral pelas consequências de seu trabalho e quais os limites dessa responsabilidade. O debate dessas questões tem sido intenso nos Estados Unidos, por duas razões. Em primeiro lugar, nos Estados Unidos, os advogados são participantes muito mais destacados (em comparação com a Europa e o Japão) da interação reguladora entre governo e empresas por causa da peculiar estrutura "legalista" do governo norte-americano. Nos Estados Unidos, portanto, os advogados serão acusados ou elogiados por suas manobras interativas, ao passo que na Europa e no Japão é muito provável que essa responsabilidade seja atribuída diretamente às empresas e aos ministérios. Em segundo lugar, nos Estados Unidos, particularmente a partir da década de 1960, existe um forte sentimento anticomercial em muitas faculdades de direito. Esse sentimento se expressa largamente nos estudos acadêmicos acerca dos profissionais do direito.

No que diz respeito aos aspectos até agora examinados, vemos que em todos os sistemas juricos modernos a função dos juízes é bastante semelhante, e também o é a dos advogados e consultores jurídicos. Existem, contudo, diferenças nos modelos de carreira profissional entre os sistemas de *common law* e os de *civil law* – diferenças que têm consequências sutis. Em geral, há maior afinidade profissional entre juízes e advogados nos sistemas de *common law*.

As diferenças de carreira entre os sistemas de *common law* e os de *civil law* começam no recrutamento e na formação do histórico profissional dos bacharéis. Nos sistemas de *civil law*, é típico os bacharéis ingressarem na carreira de magistratura logo depois de formados. Na maioria dos sistemas de *common law*, os juízes provêm do meio dos advogados. Por conseguinte, praticamente todos os juízes do *common law* tiveram experiência anterior como advogados. Há variações desses modelos básicos. A Argentina, por exemplo, é um sistema federativo em que a maior parte dos juízes da esfera federal são servidores públicos de carreira, mas os juízes dos tribunais estaduais geralmente chegam à magistratura na maturidade, depois de anos de prática jurídica como advogados. Outros sistemas de *civil law* também têm carreiras que vão do exercício da advocacia à função judicial. Em alguns sistemas, ex-juízes podem atuar como advogados. Essas variações influem no grau de camaradagem entre juízes e advogados em cada sistema.

Em alguns sistemas de *civil law*, a formação de um profissional do direito é intensiva e eficiente. Na Alemanha, por exemplo, a aprendizagem (*Referendariatzeit*) é de dois anos para os candidatos a qualquer área da profissão – poder judiciário, prática autônoma ou em escritórios, cartórios de notas ou serviço público. Desse modo, na Alemanha, o candidato a juiz, antes de vir a ser um juiz recém-ingressado na carreira, deverá fazer estágio no escritório de um promotor ou de um advogado, juntamente com a aprendizagem de ingresso à magistratura. Os aprendizes do sistema alemão recebem uma ajuda de custo, fazem cursos técnicos numa ampla variedade de matérias e precisam ser aprovados num exame final rigoroso. Em outros países existe a proposta de um sistema semelhante, mas ela tem sofrido resistência por causa do custo. Na própria Alemanha, questiona-se o método, considerado subsídio indevido.

Na França o sistema é semelhante, mas impõe uma divisão ainda mais acentuada entre juízes e advogados:

> A magistratura [...] é uma profissão distinta com carreira independente. Ainda que no passado *avocats* bem-sucedidos tenham-se eventualmente tornado juízes [...] hoje a grande maioria dos magistrados começa como juiz, com pouco mais de vinte anos de idade. Em geral, esses jovens cursam a faculdade de direito, mas depois, em vez de juntar-se aos futuros *avocats* nos cursos de pós-graduação, [...] matriculam-se numa escola especial para magistrados, a Ecole Nationale de la Magistrature, em Bordeaux.[6]

No sistema francês, depois da graduação na Ecole de Magistrature, o candidato passa a ser um "juiz sentado" (*magistrat du siège*), que ouve e decide casos, ou um "juiz em pé" ou promotor, como seria chamado em outros sistemas. Os juízes dos tribunais administrativos são formados na Ecole Nationale d'Administration. Em alguns sistemas de *civil law*, como os da Itália e da China, por exemplo, um bacharel em direito pode tornar-se juiz júnior depois de aprovado no exame de qualificação específico para o cargo, sem necessidade de fazer estágio nem de frequentar nenhum instituto especial.

Na maior parte dos sistemas de *civil law*, o juiz, durante toda a carreira, é membro de uma burocracia judiciária estatal que abrange toda a sua vida. Os juízes não costumam ter relações profissionais com os advogados, exceto quando se encontram no tribunal, e raramente têm relações sociais com advogados. Sua relação com a comunidade mais ampla é praticamente monástica. O progresso de um juiz do *civil law* para posições mais elevadas na hierarquia judiciária é determinado por avaliações conduzidas pelos colegas de nível superior do sistema judicial. Em alguns países, o subsídio do juiz tem adicionais com base em sua antiguidade na carreira, qualquer que seja seu posto na hierarquia.

Os juízes do *common law*, ao contrário, provêm das fileiras dos advogados e tornam-se juízes por volta dos quarenta anos de idade, com base num desempenho anterior excelente, ou pelo menos satisfatório, como advogado. Dessa forma, os juízes do *common law* sabem como uma disputa jurídica se apresenta do ponto de vista do advogado e quiçá também do ponto de vista do consultor jurídico. A maioria dos juízes do *common law* mantém laços profissionais com a ordem dos advogados, participando, por exemplo, de reuniões da associação. Na Austrália e nos Estados Unidos, os juízes aposentados podem voltar à prática da advocacia, como muitos de fato voltam[7]. Na Inglaterra, isso não é permitido. Nesses países, os juízes também mantêm relações sociais com os advogados, embora com certas restrições e bastante cautela. A maior parte se lembra do que aprendeu nos tempos de advocacia sobre as contingências e ambiguidades do litígio. Sabem que a principal diferença entre um juiz e um advogado é o lado da tribuna em que se encontram, além do fato de o juiz ter autoridade decisória conferida pelo Estado. Como observou Robert Jackson, juiz da Suprema Corte dos Estados Unidos (que teve ele próprio longos anos de experiência como advogado): "Nós [juízes] não temos a última palavra porque somos infalíveis, mas somos infalíveis porque temos a última palavra."[8]

A diferença entre a função do juiz e a do advogado no *civil law* é exemplificada na história pelo avanço das profissões ligadas ao direito na Prússia, antes da formação da atual Alemanha. No processo judicial prussiano do início do século XVIII, somente o juiz falava na "audiência" de disputas cíveis; os advogados tinham de manter-se calados. Em 1781, permitiu-se que subordinados com conhecimento do direito cooperassem com os juízes na função de "servidores públicos". Cerca de meio século depois, em 1846, o direito prussiano foi reformado e reconheceu a profissão de advogado, mas era uma profissão com poderes e *status* muito limitados. Só em 1878, depois da unificação alemã, a advocacia jurídica, no sentido moderno, foi reconhecida em nível nacional. Esse reconhecimento coincidiu com uma importante reforma do código de processo civil[9].

Na maioria dos ordenamentos de *civil law*, há pouca possibilidade de um advogado de carreira tornar-se juiz, embora alguns países de *civil law* exijam que o candidato a juiz cumpra um estágio como advogado. Em alguns sistemas, como o do Japão, para ingressar na carreira da magistratura é necessário um excelente currículo acadêmico de direito, que continua sendo muito importante nas avaliações profissionais subsequentes de um juiz. Do mesmo modo, é pouco provável que um juiz do *civil law* se torne advogado em etapas posteriores de sua carreira. Logo, na maioria dos sistemas de *civil law* nem os juízes se imaginam como advogados nem os advogados se veem como juízes. A personalidade profissional e o "projeto de vida" deles são irrevogavelmente comprometidos com a área da profissão em que iniciaram a prática jurídica. Os advogados que não foram bem-sucedidos na profissão muitas vezes têm inveja não só dos colegas advogados que obtiveram mais êxito, mas também dos juízes. Por sua vez, a maior parte dos juízes considera os advogados intelectual e moralmente inferiores, com exceção, claro, dos notavelmente bem-sucedidos. Essas restrições e atitudes profissionais contribuem para a sensação de isolamento mútuo entre juízes e advogados no *civil law*.

Conflito de funções

O conflito entre a função de juiz e a de advogado é evidente em todos os sistemas. Quando se apresenta ação em uma vara, o juiz não pode saber tudo o que os advogados sabem. O juiz especialmente não pode estar presente nas conversas particulares entre os clientes e seus respectivos advogados, nem pode ter informações dessas conversas, pois, como veremos, as conversas entre cliente e advogado são protegidas por normas que garantem estrito sigilo entre eles.

Ninguém presumirá que um cliente depondo no tribunal seja mais espontâneo nesse meio do que quando conversou sobre o mesmo problema na sala de seu advogado. Na presença do juiz, o cliente inevitavelmente será muito mais reservado e mais propenso a justificar-se. Além disso, o advogado às vezes pode descobrir, por uma fonte diferente da do cliente, informações importantíssimas que não haviam sido descobertas pela parte adversária – por exemplo, uma testemunha independente numa negociação ou um relatório científico pertinente para as questões em disputa.

Exceto em alguns casos, o advogado tem o dever de manter todas essas informações em segredo. Reciprocamente, o advogado não tem dever algum de informar o tribunal nem o advogado da outra parte, a não ser que as normas processuais exijam a revelação depois de começado o litígio. Essa postura reservada é inerente à função do advogado tanto nos ordenamentos de *civil law* quanto nos de *common law* e talvez seja mais acentuada nos ordenamentos de *civil law*. Nesses sistemas o advogado têm poderes relativamente débeis na condução do litígio; logo, o poder negativo do sigilo profissional é tanto mais importante. De qualquer forma, tanto nos ordenamentos jurídicos de *civil law* como nos de *common law*, a consequência é que faltarão ao juiz algumas informações, talvez muito importantes, que um dos advogados poderia ter apresentado mas reteve.

A mesma disparidade de informações pode surgir entre o tribunal e um advogado consultor – isto é, um advogado que formalizou a documentação jurídica de uma negociação. A disparidade neste caso pode ser ainda maior que num processo judicial. O advogado consultor às vezes pode estruturar uma transação para evitar a aplicação de leis que normalmente se aplicam. Por exemplo, o advogado de um vendedor de mercadorias pode estruturar uma operação de vendas de modo que a concretização formal da venda ocorra em outro país e, portanto, seja regida pelas leis mais favoráveis desse país. O contrato pode conter uma cláusula exigindo que as disputas sejam resolvidas no foro de outro país ou por arbitragem[10]. O juiz local, isto é, que tem jurisdição sobre a sede da empresa comercial, nem sequer vê a transação e não tem oportunidade de descobrir que a essência da transação ocorreu em sua jurisdição.

A diferença entre o que o juiz pode ver e o que o advogado sabe é inerente às respectivas funções, e os efeitos dessa diferença são muito amplos. Espera-se que o juiz encontre a verdade nas apresentações das partes. Dos advogados, por sua vez, espera-se que façam a apresentação mais unilateral e mais favorável ao respectivo cliente, sem negar os fatos incontestáveis e as conclusões inequívocas. Todavia, tanto juízes quanto advogados entendem que a possibilidade de descobrir a verdade é limitada, muitas vezes severamente limitada. As limitações resultantes do sistema de confrontação das partes do *common law* são evidentes e têm sido estudadas com frequência[11]. As limitações dos sistemas do *civil law* concentradas no juiz talvez sejam menos óbvias, mas sem dúvida existem.

Nos ordenamentos jurídicos de *civil law*, o objetivo do juiz não é "toda a verdade", mas a "verdade processual" ou *verità processuale*. A expressão se refere à "verdade" que surge do processo judicial: o magistrado busca a verdade, mas somente a verdade que se pode discernir pela observância da regularidade processual. A verdade processual é reconhecida na melhor das hipóteses como uma imitação ou aproximação da verdade real. O acesso pleno do juiz à verdade é dificultado pelas restrições de tipos e fontes de provas que ele pode buscar dentro das normas processuais; pela disparidade na competência dos advogados; pela disparidade na capacidade dos litigantes de contratar um advogado competente; por simples acidentes na preparação e apresentação das provas; por outros acidentes, como a data do julgamento (uma das partes pode estar num dia ruim, por exemplo). Num regime constitucional, o discernimento do juiz é obstaculizado pelos preceitos legais da relação privilegiada entre cliente e advogado e do dever de sigilo profissional. Além disso, o reconhecimento do conceito da *verità processuale* por parte de uma cultura jurídica pode transformar-se numa profecia que se cumpre por si só e numa justificativa para a indiferença em relação a procedimentos que poderiam aproximar-se da verdade real[12].

Os advogados dos ordenamentos de *civil law* julgam ter o direito e a obrigação de empregar os meios processuais legítimos para resistir a qualquer inquérito que possa revelar provas adversas a seus clientes. Esse é o *principio dispositivo* (italiano), *principe dispositif* (francês), *Dispositionsprinzip* (alemão) ou princípio dispositivo em português. Em sentido estrito, a ideia é que a corte tem a responsabilidade de resolver a questão somente com base nas provas apresentadas pelas partes conforme a lei processual. Na interpretação dos advogados, contudo, a ideia do princípio é que eles não têm nenhuma responsabilidade no que diz respeito à verdade, a não ser cumprir seus deveres processuais. Além disso, esses deveres são interpretados de forma estreita e por isso podem justificar algo que é de fato obstrução do inquérito. O exercício da iniciativa judicial para analisar novas provas é considerado intromissão na esfera de responsabilidade do advogado. Reciprocamente, o conceito estreito de responsabilidade judicial liberta o juiz da obrigação de ir além dos termos da discussão tal como apresentada pelos advogados. Muitos juízes e advogados do *common law* têm atitude semelhante.

Em decorrência dessas atitudes, os juízes de ambos os sistemas quase sempre encontram resistência dos advogados de ambas as partes – afirmações dogmáticas e negativas intransigentes, demonstrando que nenhum dos lados está disposto a fazer a mínima concessão, com medo de que seja fatal. Nos tribunais do júri do *common law*, é ao júri que cabe resolver as narrativas contraditórias sobre matéria fática. Nos sistemas de *civil law* e nos julgamentos sem júri do *common law*, os juízes podem deparar com versões diametralmente opostas dos fatos em questão. Nessas circunstâncias, podem recorrer a um fundamento de decisão que não foi alegado por nenhuma das partes. Essa *terza via* (terceira via) foge das alegações feitas pelas partes e, portanto, é uma subversão indireta do direito de audiência.

Contudo, essa válvula de escape do magistrado é compreensível quando as alegações dos advogados não contemplaram as dificuldades e incertezas das provas.

Limitações como essas podem dificultar o convencimento do juiz e prejudicar a aplicação das normas jurídicas competentes. A experiência e a precisão jurídicas dos juízes variam. Para falar claro, alguns juízes não são particularmente perspicazes, criteriosos ou diligentes. Em algumas situações, um juiz pode ser convocado para decidir um caso em que o advogado de uma parte ou os advogados de ambas as partes são especialistas com maior conhecimento do direito pertinente. Essas e outras deficiências podem limitar a capacidade do juiz de aplicar as normas jurídicas apropriadas. Nós, porém, acreditamos que essa limitação é muito menos grave que a diferença entre juízes e advogados no que diz respeito ao acesso às provas.

Desse modo, num litígio tanto o juiz quanto os advogados podem estar longe da justiça ideal. O juiz está distante porque não consegue discernir plenamente as discrepâncias entre a verdade e meros indícios nem entre a justiça ideal e o simples direito legal. Os advogados estão distantes porque não têm condições de saber (embora muitas vezes suspeitem) que há discrepâncias semelhantes na outra parte e por causa do dever de lealdade e sigilo para com seus respectivos clientes.

A distância de juízes e advogados em relação à justiça ideal talvez seja maior em muitos ordenamentos de *civil law* que na maioria dos de *common law*, pelas razões já mencionadas. A principal delas é a magistratura de carreira e a situação de distanciamento e relativa impotência dos advogados. Outra razão, mais fundamental e mais difícil de captar e de definir, é a atitude cética de certas culturas locais em relação às ideias de "justiça" e "verdade". Em muitos sistemas "latinos" de *civil law* (os da Itália, Espanha e América Latina), juízes e advogados são profundamente céticos quanto à possibilidade de realização da justiça por meio do processo legal. De qualquer modo, todos os sistemas de justiça deste mundo sempre deixarão a desejar no que diz respeito a chegar a uma decisão que um Deus onisciente tomaria. A humanidade é simplesmente incapaz de realizar a justiça divina.

Muito mais importante que a ênfase na carreira profissional ou nas normas de ética é a relevância prática da "força de trabalho jurídico" disponível num sistema – o número de juízes e advogados, principalmente a proporção entre juízes e advogados. Uma vez que o sistema de *civil law* é "centrado no juiz", não é de surpreender que a proporção de juízes para advogados em muitos sistemas de *civil law* seja grande em comparação com os de *common law*. Existe contraste também entre os sistemas jurídicos dos países ocidentais ricos – por exemplo, França, Alemanha e Itália –, onde há um juiz para cada seis advogados, e os dos países mais pobres, onde a proporção é semelhante, mas o número tanto de juízes quanto de advogados é menor. Nos sistemas de *common law* dos países ricos, como Inglaterra e Estados Unidos, a proporção correspondente é da ordem de um para cinquenta[13]. Nos sistemas jurídicos carentes de quadros de advogados, a importância dos juízes é obviamente ainda maior. Em 1998 na Rússia, por exemplo, havia aproximadamente 15 mil juízes, mas apenas cerca de 32 mil advogados[14]. Não há dúvida de que a razão de juízes para advogados é ainda maior nos regimes menos desenvolvidos do ponto de vista econômico.

Essa diferença quantitativa é uma importante influência "do ambiente" no estilo de funcionamento do sistema judicial desses países. É praticamente indiscutível que o poder judiciário da Alemanha, por exemplo, tem maior responsabilidade no aperfeiçoamento e na solução de disputas jurídicas que o poder judiciário da Inglaterra. Como observou o Juiz Posner: "A alta proporção de juízes para advogados permite que os juízes atuem mais em comparação com os advogados – confere-lhes mais capacidade de ação e investigação nos casos"[15].

Entretanto, poder fazer é uma coisa, realizar é outra bem diferente. Em muitos ordenamentos de *civil law*, muitos juízes trabalham como burocratas cansados e indiferentes, como fazem alguns juízes dos sistemas de *common law*, claro. Os juízes dos sistemas de *civil law* tradicionalmente trabalham em turmas de três, prática que reduziu o número de casos que cada juiz pode assumir. Nos últimos anos, contudo, os custos de manutenção do poder judiciário levaram a Alemanha e vários outros sistemas de *civil law* a destinar apenas um juiz para cada caso, exceto em casos de excepcional importância. Contrastes semelhantes de "recursos jurídicos" existem em outros sistemas de *civil law* e de *common law*.

O contraste é mais marcante nos países economicamente menos desenvolvidos, quer nos de *civil law*, quer nos de *common law*. Esses países têm sérios problemas de finanças públicas, e essas dificuldades financeiras exercem influência debilitante sobre os sistemas judiciais[16]. Um colega nosso, falando sobre o sistema judicial de um país pobre da África, lembrou com tristeza que eles simplesmente não têm "infraestrutura" – não têm escrivães, livros de direito, nem sequer máquinas de escrever. E nenhuma perspectiva de melhora. A consequência da falta de recursos financeiros pode exacerbar a diferença entre a justiça acessível ao rico, que pode contratar advogados, e a justiça acessível aos cidadãos comuns, que só podem recorrer a tribunais atolados de trabalho e com falta de pessoal. Um de nós, autores, assistiu a um julgamento num país subdesenvolvido: um homem foi condenado à prisão por um tribunal que tinha apenas um escrivão, nenhum advogado, um juiz sem formação em direito e, nos autos, apenas a denúncia.

A diferença de responsabilidade de juízes e advogados na administração da justiça reflete-se nas diferenças correspondentes de conceitos e normas éticas que regem a atuação dos juízes e o procedimento dos advogados. Este livro trata da ética dos advogados, mas devem-se considerar também as normas de ética dos magistrados[17]. As diferenças entre a ética dos magistrados e a ética dos advogados são arroladas na forma de antinomias na Tabela I.

TABELA I

Comparação entre as responsabilidades éticas dos juízes e as dos advogados

Juiz	Advogado
É imparcial para com as partes	Representa uma das partes
É independente de influências	É leal ao cliente
Manifesta imparcialidade	Manifesta compromisso com o cliente
Recusa-se a julgar uma causa em que sua imparcialidade possa ser razoavelmente questionada	Recusa-se a aceitar um caso em que sua lealdade ao cliente possa ser razoavelmente questionada
É funcionário público	É advogado de particulares ou promotor público, neste caso é tanto advogado do Estado quanto oficial do tribunal
Distribui seu empenho entre os vários deveres oficiais de juiz	Dedica todo o empenho profissional aos clientes
Só leva em conta as informações submetidas ao juízo por meio de procedimentos regulares	Atém-se a toda informação pertinente para a causa do cliente, qualquer que seja a fonte
Mantém em sigilo as informações não reveladas publicamente em audiência	Mantém sigilo de todas as informações que dizem respeito ao cliente
Abstém-se de usar em proveito próprio as informações adquiridas como juiz	Abstém-se de usar em prejuízo do cliente as informações adquiridas na condição de advogado

  Pode-se fazer um resumo das características funcionais do juiz e do advogado dizendo que a imparcialidade é o preceito ético fundamental na função do magistrado, enquanto o preceito correspondente para o advogado é a lealdade ao cliente. O juiz deve ser subjetivamente imparcial, isto é, deve exercer o autodomínio para evitar favorecer o rico em detrimento do pobre, os poderosos (inclusive funcionários do governo) em detrimento dos fracos e os cidadãos locais em detrimento dos estrangeiros; além de evitar o favoritismo baseado em etnia, sexo ou religião. Contudo, por ser impossível saber pelas provas objetivas se o juiz é subjetivamente imparcial, os parâmetros jurídicos de imparcialidade necessariamente referem-se ao comportamento observável. É possível analisar o comportamento do juiz para verificar se há indícios de favoritismo ou parcialidade – por exemplo, amizade com um dos advogados ou com uma das partes da disputa, ou familiaridade com os fatos em discussão.

É preceito universal o juiz não poder presidir um litígio que envolva membros de sua família ou parentes próximos. Também não pode julgar causas que envolvam pessoas com quem ele já teve relações particulares consideráveis e recentes, ou ex-clientes seus ou de algum escritório a que esteve ligado (nos países onde os juízes podem ter sido advogados antes de ingressar na magistratura). O juiz não deve presidir uma causa se uma das partes é alguém que contribuiu para sua nomeação (em países onde as nomeações são feitas por uma autoridade externa ao poder judiciário). É lamentável, mas inevitável, que não se possam relacionar de fato as manifestações externas de parcialidade com a parcialidade real. Por um lado, há juízes que abrigam ocultamente fortes preconceitos e, por outro, há juízes que seriam completamente desinteressados mesmo tendo algum tipo de associação com um dos litigantes.

O conceito de imparcialidade relaciona-se com o de independência do juiz. Isso significa liberdade em relação a influências externas, em particular a influência dos ramos políticos do governo e de grupos poderosos de interesses econômicos e políticos. A ideia também inclui a influência imprópria de outros juízes, quer sejam membros do mesmo tribunal, quer de um tribunal de jurisdição análoga, quer de instância superior. O caso extremo de parcialidade judicial é a possibilidade de se oferecerem e se aceitarem subornos ou incentivos de qualquer espécie. Há também a preocupação acerca de ser adequado ou não o suporte financeiro e institucional aos tribunais em geral[18]. A erosão dos vencimentos causada pela inflação pode permitir que juízes vulneráveis caiam na tentação de aceitar subornos e, num prazo mais longo, dificultar o recrutamento de juízes suficientemente competentes e íntegros[19].

O dever da imparcialidade pode ser imposto por normas que exijam a declaração de impedimento ou suspeição do juiz. Isto é, o próprio juiz deve declarar-se impedido ou suspeito e declinar de julgar determinada causa. O impedimento e a suspeição podem ser voluntários (o juiz se retira do caso) ou involuntários (por petição ou outra iniciativa processual, exige-se que o juiz saia do caso). Por exemplo, um juiz a quem coube julgar uma causa em que um seu parente próximo seja parte age corretamente quando, por livre iniciativa, declara-se impedido e ordena que se designe outro juiz para o caso. Quando uma das partes crê que o juiz é suspeito, mas este não se declara como tal, a parte pode tomar a iniciativa de obrigar a saída do juiz.

O procedimento da exceção de impedimento ou suspeição varia de um sistema jurídico para outro. Às vezes ocorre por exigência de uma autoridade judicial de instância superior (típico dos sistemas de *civil law*), outras vezes mediante petição dirigida ao próprio juiz (típico dos sistemas de *common law*)[20]. Nos sistemas de *common law*, o procedimento aceito em geral é o encaminhamento, a outro juiz, de uma moção em que se pede que o juiz atual se retire do caso. Nos tribunais federais dos Estados Unidos, o juiz alvo da moção declara o próprio impedimento ou suspeição em primeira instância. Em qualquer sistema, porém, o juiz normalmente saberá de onde partiu a iniciativa de obrigá-lo a sair do caso. A consequência pode ser a degradação das relações entre o juiz e o advogado, quer no caso em pauta, quer numa futura demanda em que ambos estejam implicados. A situação nos faz lembrar do conto da assembleia dos camundongos. Os camundongos decidiram pôr um sino no pescoço do gato para saberem quando este se aproximava. O plano é perfeito, mas: "Quem vai pôr o sino no pescoço do gato?"

Alguns ordenamentos jurídicos têm códigos bastante elaborados que prescrevem as circunstâncias em que um juiz deve ser declarado impedido ou suspeito[21]. Por exemplo, o Artigo 23 do Código de Processo Civil do Japão apresenta especificações detalhadas de fundamentos para questionar a imparcialidade do juiz, e o Artigo 24 dispõe ainda que "qualquer das partes pode questioná-la [...] quando houver circunstâncias [...] que possam obstar a imparcialidade da decisão do juiz". Em Israel há uma extensa jurisprudência sobre a questão da imparcialidade judicial[22]. A maioria dos sistemas jurídicos, contudo, opera com regras muito gerais ou apenas com princípios baseados na tradição. De todo modo, os casos em que o princípio da imparcialidade é aplicado formalmente são poucos e raros[23]. Sem dúvida é porque o princípio que rege a questão é bem compreendido e honrado. Em alguns sistemas jurídicos, infelizmente, alguns juízes indiferentes ou corruptos são exceção a essa regra.

Corrupção judicial

Os juízes têm consciência de que a corrupção, mesmo que seja de apenas alguns membros da magistratura, resulta em desrespeito e ceticismo em relação à integridade de todo o poder judiciário. Em alguns países, a maioria dos juízes goza de confiança e proteção a esse respeito, mas em outros é de conhecimento geral que muitos juízes são suscetíveis a influências indevidas[24].

A influência indevida mais grosseira é sem dúvida o suborno. Em alguns países, mal se esconde o segredo de que o suborno judicial é prática largamente disseminada. Os juízes honestos sabem que há suborno, os advogados também sabem, e o público em geral tem fortes suspeitas. O suborno é semelhante a um câncer, pois tende a autorregenerar sua própria estrutura e a enfraquecer a capacidade do sistema de identificar, investigar e processar casos específicos de corrupção. Predomina a mentalidade de "todo mundo faz".

Uma forma menos evidente de corrupção consiste no favoritismo ou na hostilidade demonstrada pelos juízes em relação a alguns litigantes ou classes de litigantes, ou em relação a alguns advogados. Em qualquer sistema jurídico, os juízes necessariamente exercem o juízo e a discricionariedade em inúmeras funções – agendamento de audiências, concessão de adiamento, nomeação de funcionários subordinados especiais como árbitros ou agentes fiduciários. Essas decisões podem ser tomadas de modo sistemático e imparcial, mas também podem ser tomadas segundo padrões especiais de dispensação. Outra forma de corrupção é o exercício de influência indevida na seleção e promoção de juízes. Nos sistemas de *civil law*, é de esperar que os juízes sejam indicados, avaliados e reconhecidos para promoção depois da avaliação desinteressada por uma autoridade de instância judicial superior. Em alguns sistemas, contudo, essa avaliação pode ser influenciada pela "política judicial" e por pressões políticas externas ao poder judiciário.

O problema da corrupção na magistratura foi tratado em profundidade numa pesquisa do Open Society Institute. Em suma, a pesquisa afirma que "é amplamente disseminada a opinião de que a corrupção é endêmica no poder judiciário da [...] Bulgária, da República Tcheca, da Letônia [e outros países] [...] mas os mecanismos de supervisão para garantir a imparcialidade dos juízes – como a declaração de bens e regras claras para exceção de suspeição – [...] são débeis [...]" Acerca de um dos países a pesquisa afirma: "A corrupção dos tribunais é amplamente visível e o suborno atinge não só os tribunais como também os demais profissionais do direito."[25] Temos informações confiáveis de que condições semelhantes existem em muitos sistemas jurídicos, em particular dos países com poucos recursos financeiros. Infelizmente, a fraqueza fiscal muitas vezes se traduz em privação financeira para os tribunais, bem como para a promotoria pública e a polícia, o que os faz suscetíveis à corrupção.

Outra forma de corrupção é a lentidão que resulta da indolência, da insegurança ou da indiferença dos juízes. Há uma máxima antiga e verdadeira segundo a qual "justiça adiada é justiça negada". Pois o problema da lentidão judicial é tão velho quanto essa máxima. As causas do atraso são muitas e sutis, nem todas em consequência direta da culpa dos juízes. Alguns juízes são simplesmente preguiçosos; muitos desanimam em virtude da quantidade esmagadora de causas ou ficam paralisados por atrasos causados pelos advogados; outros não conseguem lidar com o fardo psicológico de ter de tomar decisões. Qualquer que seja a dinâmica dos atrasos, contudo, para os advogados e seus clientes o atraso é uma forma comum de injustiça, da qual os primeiros têm nítida consciência, mas que os últimos muitas vezes são incapazes de compreender. A culpa do atraso judicial muitas vezes é atribuída aos advogados. Infelizmente, muitos advogados têm nesse aspecto o mesmo defeito dos juízes. Os advogados preguiçosos e ineficientes culpam os tribunais.

Nos Estados Unidos, a escolha da maioria dos juízes é um processo francamente político. A maior parte dos juízes norte-americanos ou é nomeada pelo executivo com a aprovação do legislativo (o Presidente e o Senado para os juízes federais, os governadores e as câmaras legislativas estaduais para os juízes de tribunais estaduais) ou é eleita pelo voto popular direto. As considerações políticas são quase sempre levadas em conta e muitas vezes determinam as escolhas. Por essa razão, o público, os meios de comunicação e os profissionais do direito muitas vezes suspeitam que o favoritismo político é um fator decisivo na escolha de alguns dos escolhidos para juízes. Um exemplo flagrante dessa espécie de suspeita é a reação de muitos observadores à decisão da Suprema Corte dos Estados Unidos no caso *Bush vs. Gore,* a disputa acerca do resultado da eleição presidencial de 2000[26]. Foi dito, e em alguns lugares se acreditou, que a decisão da Suprema Corte refletiu a filiação política originária dos juízes.

Nos sistemas em que os juízes são eleitos por voto popular, as contribuições financeiras para as campanhas eleitorais são uma necessidade prática. Os advogados têm conhecimento especial acerca dos candidatos ao posto e por isso estão em situação estratégica para ajudar a angariar fundos e fazer publicidade eleitoral. A ajuda de advogados a um candidato numa eleição judicial resulta no mínimo no sentimento de apreço por parte do candidato vencedor, o que pode afetar o exercício das funções judiciais em favor dos apoiadores. Os juízes conscienciosos tentam excluir esses fatos da memória, mas não obtêm êxito completo na tentativa. O público, os meios de comunicação e alguns profissionais do direito suspeitam dessas relações ou pelo menos incomodam-se muito com elas. Na prática, entretanto, é inevitável algum tipo de relação política nos sistemas que escolhem juízes por eleição popular.

Nos Estados Unidos, a American Bar Association [Associação Americana da Ordem dos Advogados] (ABA) recomendou uma regra que pode limitar as contribuições financeiras dos advogados para as campanhas eleitorais de juízes e de outros funcionários do judiciário. Entretanto, tal como foi promulgada, essa norma é praticamente letra morta. Proíbe os advogados de fazer contribuições financeiras quando *o objetivo* da doação é obter a preferência do candidato vencedor[27]. Os advogados são extremamente habilidosos em imaginar outras finalidades para estimular uma contribuição política – por exemplo, o desejo de que vença o melhor candidato. Nos debates acerca dessa norma prognosticou-se que, por causa desse contorcionismo verbal, as violações não poderiam ser comprovadas. Noutros sistemas jurídicos, em que os juízes não são eleitos, não é preciso condescender com tais sofismas.

A corrupção judicial, seja ela induzida por suborno, seja motivada por filiação política ou relação pessoal, contradiz a premissa básica de um sistema jurídico constitucional segundo a qual as disputas devem ser julgadas de acordo com a lei, não de acordo com a identidade ou o *status* do litigante. O favoritismo judicial, comprovado ou suspeito, é uma fonte de inquietude crônica entre os membros da ordem em muitos sistemas jurídicos. Uma vez que se sabe da existência de corrupção em alguns sistemas judiciais, a questão essencial nesses sistemas é como um advogado honesto pode trabalhar com eficiência.

A esse respeito, a lei e as normas oficiais de ética que regem as relações dos advogados com os juízes são essencialmente as mesmas em todos os sistemas jurídicos: o advogado deve abster-se de suborno, fraude, declaração falsa e da exploração de favoritismo judicial. Entretanto, o advogado escrupuloso que insiste em ser ético num sistema judicial corrupto em geral atrairá menos clientes e poderá ter de reduzir muito sua prática jurídica. Até onde pudemos perceber, os advogados em sua maioria gostariam de ser honestos e procuram ser o mais honestos possível dentro de seu ambiente profissional. Como um advogado que está disposto a permanecer honesto pode lidar com uma situação em que ser honesto é uma grave desvantagem?

O problema enfrentado por um advogado honesto que tenta lidar com um poder judiciário corrupto é um exemplo específico do problema ético tratado no título clássico de Reinhold Niebuhr, *Moral Man and Immoral Society*[28]. Dessa perspectiva mais ampla, deve-se reconhecer que na maior parte das sociedades muita gente não se comporta de acordo com os padrões éticos em geral professados na comunidade. Desse modo, as crianças com inclinações éticas se chocam ao descobrir que fora de seu ambiente familiar encontrarão trapaceiros, mentirosos e oportunistas de duas caras, além de muita gente que declara ideias e valores em que não acredita e faz acordos que não tem intenção de cumprir. Muitas pessoas continuam revoltadas e desiludidas na idade adulta por esse tipo de experiência. Todo adulto aprende que há discrepâncias entre a ética declarada de uma sociedade – honestidade, responsabilidade etc. – e o que as pessoas de fato fazem, principalmente quando enfrentam escolhas difíceis.

O conflito entre pretensão ética e realidade ética é nítido e imediato para os advogados. Os clientes procuram um advogado quando percebem conflito entre seus direitos e suas obrigações, ou quando anteveem a ocorrência futura desse conflito. O processo judicial é o meio essencial e definitivo de que a sociedade dispõe para administrar a justiça corretiva. Um processo judicial corrupto, entretanto, deixa de administrar a justiça corretiva e, pelo contrário, favorece os que facilitam a corrupção ou praticam-na. O trabalho da maior parte dos advogados exige interação direta com o sistema. Desse modo, quando o sistema judicial é indolente ou corrupto, os advogados têm de operar dentro dele apesar disso.

O regime fascista é um bom exemplo de uma forma sistêmica de corrupção. Os regimes fascistas da Itália de Mussolini e da Espanha de Franco, bem como o regime nazista da Alemanha, apoiavam formalmente o sistema tradicional de propriedade privada, de negócios firmados por contrato e do primado do direito. No entanto, subverteram o sistema tradicional mediante a vigilância secreta, o controle e a intervenção generalizados em assuntos que consideravam ameaça à ordem. Os advogados que procurassem exercer a profissão nesses regimes enfrentariam a corrupção retratada como uma "nova ordem". Acerca do exercício da profissão na Espanha franquista, um advogado experiente observou: "Os advogados podiam praticar normalmente, mas tinham de ser cautelosos com clientes e causas que pudessem perturbar o regime." São muitos os clientes e causas que podem perturbar um regime autoritário vigilante. Todo regime autoritário eficiente descobre com facilidade o litígio que pode "perturbar a ordem", assim como os negócios potencialmente ameaçadores, mesmo aqueles que se realizam sob o escudo do sigilo. Os advogados são por natureza cautelosos, e num regime como esses a prática profissional normal é consideravelmente restringida.

Um meio de enfrentar a corrupção e a indolência judicial é abandonar a profissão jurídica ou, desde o início, escolher outra carreira. Muitas pessoas com sensibilidade moral apurada rejeitam a ideia de vir a ser advogadas e muitos bacharéis em direito abandonam a profissão por desgosto, afugentados pela indolência e pela corrupção sistêmicas ou pelos sofismas improvisados para tratar dessas deficiências. Outra saída é encontrar um porto relativamente seguro no mundo profissional, por exemplo como funcionário do quadro jurídico de um departamento do governo ou de uma empresa, ou em algum ramo da profissão afastado das fontes de poluição ética[29]. Uma estratégia às vezes possível para os advogados de elite é contratar outros advogados para fazer o "trabalho sujo" necessário[30]. Para a maioria dos advogados, porém, essas opções não existem. Por vários motivos – como, por exemplo, obrigações para com a família, dívidas, imaginação limitada, amor ao direito, esperança de um mundo melhor no futuro –, esses profissionais permanecem em atividade. Alguns simplesmente se amoldam ao sistema.

Ao deparar com contradições morais e éticas que não podem resolver, muitas pessoas recorrem à "negação" – conservando uma convicção otimista apesar das fortes evidências em contrário. Os advogados também agem dessa forma. Por isso, quando se veem diante da corrupção do sistema judicial, muitos se convencem de que o sistema "não é assim tão mau" ou alegam que "nenhum sistema é perfeito". Outra reação é entregar-se ao ceticismo profundo, muitas vezes verbalizado por alguns advogados tanto a clientes como a colegas. Dizem: "A decisão do juiz depende do que ele comeu no café da manhã"[31], ou "Nunca se sabe o que eles decidirão; a lei não significa nada para eles"[32]. Essas expressões muitas vezes são um mecanismo de autodefesa. Com elas, os advogados procuram explicar para si mesmos e para os clientes por que não conseguiram obter resultado mais favorável. Mas esses sentimentos também refletem verdades desagradáveis acerca do poder judiciário. É de conhecimento geral no meio jurídico que o resultado dos litígios muitas vezes pode ser forte ou decisivamente afetado pelo juízo perante o qual foram apresentados. Diferenças de dialeto e cultura locais, por exemplo, podem influir significativamente nesse aspecto. Uma estratégia importante pode ser apresentar o litígio perante um fórum considerado amistoso para garantir a vantagem de "jogar em casa", como se diz no mundo dos esportes. Do ponto de vista moral, é repugnante recorrer a essa manobra; do ponto de vista prático do advogado, é uma questão de dever profissional.

A maioria dos advogados aprende a conviver com a sociedade como ela é, sem negação nem ceticismo incapacitante e com o mínimo de cumplicidade possível. A experiência pode gerar laços fortes entre os profissionais e estimular o empenho conjunto para reformar o sistema. Também pode causar vários tipos de reflexão e afiliação religiosa.

Justificativa ética para a advocacia

Em muitas sociedades tradicionais, considera-se que os juízes prestam contas a uma autoridade religiosa superior e que o ofício de juiz está estreitamente ligado à autoridade divina. Esse é o conceito de justiça nos sistemas islâmicos, e também predominava na Europa antes da era moderna. Hoje não se deposita mais a confiança na orientação divina para garantir a imparcialidade e o discernimento dos juízes. Em vez disso, as normas processuais funcionam como um substituto secular da garantia religiosa de justiça. Entre as normas processuais mais importantes está a norma de que as partes de um litígio ou de um processo penal podem ter a assistência de advogados para representá-las. A tese é que a vigilância e a intervenção dos advogados de ambas as partes estimulam o adequado cumprimento do papel judicial. Nos sistemas jurídicos mais modernos, o direito a um advogado de defesa é uma garantia constitucional. O direito a essa assistência talvez seja o direito processual mais importante, pois o advogado tem conhecimento e condições de insistir para que o tribunal reconheça outros direitos processuais.

O juiz que procura ser justo pode ter a consciência tranquila, mesmo quando decide casos difíceis. Em geral não é tão fácil ao advogado ter a consciência tranquila. A clássica pergunta moral para o advogado é: Como você pode defender alguém que você sabe que é culpado? A pergunta é dirigida principalmente contra o advogado de um acusado de crime hediondo, como assassinato ou estupro. A crítica mais comum aos advogados é que estes devem buscar a justiça e não apenas a vitória de seus clientes[33]. Uma versão mais leve dessa crítica afirma que o advogado não deve buscar a vitória "a qualquer preço".

Isso nos leva ao cerne da diferença entre a responsabilidade profissional dos juízes e a dos advogados. A origem do problema é a incerteza que implicam as ações de interpretar corretamente a lei, organizar as provas e fazer as inferências pertinentes permitidas pelas provas judiciais. Não há como elaborar normas jurídicas tão completas e precisas que tratem de toda eventualidade que possa surgir nos casos concretos. Além disso, as provas muitas vezes são imprecisas e conflitantes. Os fatos que resultam em litígio quase sempre surgem por acaso, e as testemunhas em geral não se lembram bem deles. O litígio normalmente chega ao tribunal muito tempo depois dos fatos em disputa. Sempre implica conflito de interesses entre os litigantes, que acreditam (ou fingem acreditar) que a sua causa é justa. As decisões dos juízes, portanto, podem basear-se em algum erro. Os advogados, por sua vez, têm plenas condições de ter ciência de que se está comentendo um erro.

A fim de lidar com o fato de que os advogados escondem informações acerca das causas de seus clientes, em estágios diferentes da história e em diversas sociedades tem sido proposta uma solução simples: os juízes devem investigar os fatos diretamente, sem a intervenção dos advogados. Essa norma vigeu outrora na maior parte da Europa para os casos criminais, bem como para as investigações de heresia realizadas tanto pela Igreja Católica quanto por algumas denominações protestantes. O procedimento padrão dessas investigações exigia que o acusado se apresentasse perante o tribunal sem advogado e respondesse às perguntas sob juramento, muitas vezes sob ameaça de tortura. Na Inglaterra, a expressão "procedimento da *Star Chamber*" é um pejorativo moderno para designar esse sistema. Diz respeito a determinada sala em que uma alta comissão conduzia inquéritos de crimes de traição. Uma restrição menos grave do direito de defesa em casos criminais era permitir a representação puramente formal ou nominal: o advogado de defesa podia assistir ao julgamento, mas não podia tomar nenhuma iniciativa e devia permanecer em silêncio quando do terminasse a acusação. Uma versão moderna eram os julgamentos do Estado soviético, em que o objetivo era induzir o acusado a reconhecer os seus "erros".

Uma expressão genérica para designar esses procedimentos é justiça *ex parte* – isto é, o processo em que somente um lado pode fazer representações ao tribunal, enquanto o outro (em geral o acusado num processo criminal ou quase criminal) nada pode fazer. A explicação fundamental para esse procedimento era a preservação da integridade e da segurança do regime – como reação ao medo de que traidores ou subversivos escapassem de ser identificados e punidos graças a estratagemas e manipulações de advogados astutos. Essa justificativa é forte, e muitas vezes convincente, quando o regime está fraco ou dividido internamente. Contudo, os regimes que se consideram estáveis politicamente reconhecem que a justiça *ex parte* implica custos sociais altos: invasão da privacidade individual, governo intimidatório, abuso de acusação e quase sempre julgamentos injustos. Evitar ou mitigar esses males é a justificativa para a função do advogado.

O direito do réu penal a um advogado agora é garantido pela Constituição em praticamente todos os sistemas políticos modernos. O dispositivo japonês é típico. O artigo 37.3 da Constituição japonesa diz: "o acusado terá sempre a assistência de advogado competente, que lhe será designado pelo Estado, caso seja incapaz de garantir essa assistência por seus próprios meios".

A explicação do papel do advogado nos processos criminais e quase criminais não justifica o papel do advogado no contencioso cível nem o de consultor jurídico (dos escritórios de advocacia). A justificativa para essas funções é mais complicada e, pelo menos superficialmente, mais fraca. O direito à assistência jurídica em matéria cível está estreitamente ligado ao sistema social e político de propriedade privada e de livre negociação e contrato – o capitalismo em suas diversas formas. O problema é muito amplo, e propor-lhe uma explicação completa exigiria um estudo da civilização europeia desde a Renascença. Todavia, para o fundamento constitucional e político do exercício da advocacia é necessária uma justificativa. A explicação fundamental consiste em que os advogados particulares concorrem para a manutenção do Estado de Direito e lhe são indispensáveis na prática.

A prática da advocacia consiste em grande medida em facilitar a aquisição de bens, a elaboração de documentos de transferência de bens e investimentos e o tratamento de disputas acerca de propriedades e transações financeiras. Às vezes esse serviço é prestado por um funcionário público neutro. Em muitos sistemas de *civil law*, entre eles França, Alemanha e Japão, muitos negócios relativos à propriedade, notadamente a venda de propriedades imóveis, eram por tradição atribuídos a um ramo distinto da profissão jurídica, os notários ou tabeliães.

No direito francês, o *notaire* (notário) é um particular que desempenha função neutra de importância pública, concluindo e documentando os contratos de modo formal e sistemático, principalmente os de transferência imobiliária e as disposições testamentárias. A intervenção do *notaire* é obrigatória em algumas transações e opcional em outras. Os *notaires* têm o monopólio da transferência de bens imóveis, do mesmo modo que os *solicitors* na prática inglesa, e da documentação de acordos matrimoniais e de testamentos. No direito francês, o certificado de um *notaire* atestando que a transação foi concluída adequadamente é a prova incontestável da boa-fé da transação, na ausência de provas claras de corrupção da parte do *notaire* (quase impossível de demonstrar)[34]. Muitos outros sistemas de *civil law* têm uma função equivalente. O equivalente espanhol é o *notario*.

Nos sistemas de *common law*, as técnicas para demonstrar conclusivamente a boa-fé de transações de propriedade evoluíram de modo diferente, mas em geral implicam a participação de advogados. Em alguns sistemas é comum um advogado comercial cuidar da documentação desse tipo de transação para ambas as partes envolvidas. Noutros tipos, há os *solicitors* de ambos os lados. O objetivo de qualquer acordo é firmar uma transferência incontestável. Em qualquer caso, os direitos de propriedade e os direitos gerados por contratos são a essência do sistema de propriedade privada; o Estado de Direito é o mecanismo essencial para dar validade a esses direitos; e o processamento de trocas de propriedade à luz do Estado de Direito é o interesse profissional dos advogados. As complexas transações comerciais e financeiras tratadas pelos advogados modernos são essencialmente versões (muito) elaboradas das transferências de propriedade e das hipotecas.

O debate referente à relação entre propriedade privada e Estado de Direito pode ser expresso de modo simplificado como segue[35]:

Um sistema político que honra o Estado de Direito tem de reconhecer um sistema de direitos privados. Os direitos privados por definição incluem direitos contra o governo, bem como direitos contra outras partes privadas. A manutenção eficiente dos direitos privados contra o governo exige, na prática, que as partes privadas tenham recursos econômicos para fazer valer seus direitos. Logo, um sistema de direitos privados tem de incluir o direito de propriedade. No que diz respeito à teoria política clássica, pode-se dizer que essa é a justificativa dada por John Locke para um regime definido por Thomas Hobbes[36]. Um sistema viável de propriedade privada necessariamente implica a existência de limitações constitucionais coerentes e sérias que protejam o particular contra a transgressão do direito de propriedade por parte de outras pessoas e contra intervenções excessivas do governo sobre o uso e o desenvolvimento de recursos como terra, trabalho e tecnologia. Os transgressores típicos são vizinhos, caçadores clandestinos e rivais comerciais. As típicas intervenções excessivas do governo são a desapropriação, a tributação opressiva e a legislação sufocante. Fazer valer esses direitos contra essas intrusões, como aprendemos pela experiência, depende de uma autoridade independente no governo, especificamente um poder judiciário independente. A independência do poder judiciário se sustenta na independência dos profissionais do direito, que, por sua vez, vigiam o judiciário.

A proteção da propriedade privada em geral é inconveniente para o governo (que pode usar ele próprio o dinheiro) e muitas vezes também é impopular. Existe a crença popular amplamente divulgada de que a acumulação privada dos excedentes (portanto, a riqueza) é egoísmo e deve ter envolvido práticas desonestas. Por isso, ao longo da história, tem sido difícil manter regimes que protegem os donos de propriedades contra intervenções. A dificuldade se torna ainda maior porque os proprietários sucumbem reiteradamente à tentação de manipular as intervenções do governo em seu próprio benefício. O "capitalismo de compadres" existe em toda parte e é um persistente companheiro de viagem do empreendedorismo honesto. Entretanto, é necessário algum grau de cooperação entre governo e empresa, porque a manutenção de um regime político exige fluxo constante de dinheiro. Logo, um regime constitucional viável implica um equilíbrio delicado, em constante risco de instabilidade, entre a inviolabilidade da propriedade privada e a sua sujeição à tributação e outras formas de regulamentação para finalidades públicas.

O equilíbrio entre privacidade e regulamentação da propriedade pode-se manter com normas jurídicas que governem a relação do público com o privado, normas aplicadas e fiscalizadas por juízes imparciais. O princípio de que os direitos de propriedade devem ser julgados por um poder judiciário imparcial firmou-se em diferentes períodos nos vários países europeus, mas pode-se afirmar que atingiu amplo reconhecimento, se não implementação regular, no século XV[37].

Do ponto de vista histórico, a proteção jurídica dos direitos humanos individuais aperfeiçoou-se pouco depois da implantação da soberania da lei no que se refere ao direito de propriedade. A proteção dos direitos humanos individuais tem seu exempo típico nos padrões legais de justiça e equidade nos processos criminais – o direito de saber especificamente do que se é acusado, de confrontar as testemunhas contrárias, de apresentar provas de defesa e de receber a assistência de um advogado. Esses direitos foram amplamente reconhecidos nos regimes ocidentais nos séculos XVII e XVIII[38]. No contexto moderno, os direitos humanos são corretamente reconhecidos como superiores ao direito de propriedade. No entanto, num regime constitucional fundado no Estado de Direito, parece evidente que a proteção efetiva do direito de propriedade é decorrência da proteção efetiva dos direitos humanos[39]. É preciso dinheiro privado (isto é, propriedade) para empregar os meios de resistência pacífica à desapropriação de empresas pelo governo e aos processos do governo contra indivíduos. Ao mesmo tempo, numa era democrática, a proteção jurídica dos cidadãos comuns talvez seja quase que por definição um complemento necessário, quem sabe um equivalente político, da proteção da propriedade empresarial.

Um poder judiciário independente é essencial para o regime constitucional porque as normas referentes às violações de direitos humanos e ao exercício dos direitos de propriedade têm de ser aplicadas com competência técnica e imparcialidade. Os advogados das partes em disputa são extremamente úteis nesse regime, se não absolutamente essenciais. Além da função de fiscalizar os juízes, os advogados atuam como mediadores de disputas. A possibilidade de acordo por concessões mútuas pode aumentar se cada uma das partes conta com a avaliação especializada de um advogado acerca do resultado provável no caso de a disputa transformar-se em litígio. Nas transações a um passo de se tornarem litigiosas, as partes podem chegar a resultados mais previsíveis quando a transação é regida por um contrato cuidadosamente elaborado.

Desse modo, não é por acaso que a ascensão da profissão jurídica é decorrência da ascensão do capitalismo, ou que a prática da advocacia seja uma profissão mais evidente nos regimes capitalistas ou que a maior parte dos advogados se dedique principalmente à prática do direito empresarial. Também não é por coincidência que os elementos básicos da prática jurídica privada sejam o direito de propriedade, a invasão, o contrato e a regulamentação e tributação do governo.

Um dos elementos mais importantes do Estado de Direito é a classe média, ou burguesia – isto é, os habitantes dos centros urbanos com boa formação escolar e técnica. Entre eles estão não apenas os industriais e os comerciantes, mas também artesãos com capacidade suficiente para manter empresas independentes, os operadores de mercados e restaurantes e outros estabelecimentos de serviços, os funcionários públicos de baixo escalão e a população urbana em geral. Portanto, também não é por acaso que a ascenção da profissão jurídica seja decorrência da evolução da burguesia urbana letrada e liberal. Historicamente, os habitantes das cidades obtinham "liberdades" em troca da submissão limitada ao governo e do acordo de pagar impostos definidos, segundo acertos de transigência recíproca com a autoridade feudal vizinha. Esses pactos amistosos consubstanciaram-se nas cartas de direitos e liberdades das cidades renascentistas. "O ar das cidades é livre", para citar a frase clássica. Em escala política maior, havia acordos semelhantes entre a igreja e os governos seculares.

Esses acordos e cartas de direitos eram documentos jurídicos complexos que podem ser considerados os antepassados jurídicos das constituições escritas modernas. Seus dispositivos continham caracteristicamente restrições à tributação e à regulamentação comercial, garantias de autonomia local em determinadas questões e estipulações acerca de jurisdição. Para fazer valer esses dispositivos, era necessário o conselho técnico dos advogados. Por isso, não é coincidência nenhuma que a prática do direito implicasse caracteristicamente essa espécie de "direito municipal", isto é, a interpretação de regulamentações intergovernamentais.

Charles Taylor apresentou um bom resumo da tese que acabamos de expor[40]. Entre os elementos de um regime constitucional encontram-se:

o Estado de Direito;
advogados, tribunais e normas processuais;
associação voluntária para participação política;
separação de poderes, entre estes um sistema judicial
    independente;
equilíbrio entre a autoridade política central e a autonomia local. (Este último pode ter a forma tanto de descentralização da autoridade governamental quanto de transferência de poder à autoridade privada na forma de municipalidades e outras associações.)

Na era democrática moderna, as proteções ao Estado de Direito se estenderam de forma mais plena aos cidadãos comuns. Pode-se dizer que essa era começou no período de cem anos em que foram redigidos a Declaração de Direitos inglesa (1689), o *Discurso sobre a origem e os fundamentos da desigualdade entre os homens*, de Rousseau (1754), a Declaração da Independência dos Estados Unidos da América

(1776) e a Declaração dos Direitos do Homem, na França (1789). Proclamar os direitos individuais com base democrática é uma coisa, mas cumprir essa proclamação é muito mais difícil. Num sentido amplo, desde o começo do século XIX a administração da justiça enfrenta este dilema fundamental: como garantir aos cidadãos comuns a igualdade perante a lei e ao mesmo tempo permitir que as empresas e os ricos tenham a liberdade de contratar a melhor assistência jurídica disponível.

Justiça social e assistência judiciária

Quando as empresas e os ricos podem escolher livremente a sua assistência jurídica, eles procuram e em geral encontram os melhores talentos jurídicos disponíveis, assim como garantem para si o melhor de outras categorias de serviços, como moradia e saúde. A variação de competência entre os advogados é muito grande. Disso decorre necessariamente que os clientes com mais dinheiro muitas vezes têm advogados mais competentes e os menos privilegiados do ponto de vista econômico muitas vezes têm advogados não tão competentes – ou mesmo não têm advogado. Uma vez que a assistência jurídica pode melhorar a situação de um cliente envolvido em ação judicial, a consequência inevitável dessa situação é a desigualdade perante a lei.

Há uma importante ressalva ao truísmo econômico que se acabou de mencionar: muitas pessoas competentes formam-se em direito porque querem ajudar os outros a obter justiça e permanecem na prática jurídica ajudando as pessoas comuns, mesmo quando poderiam ganhar mais dinheiro e, quem sabe, alcançar um *status* mais elevado caso se pusessem a serviço de empresas. Não há nenhum cálculo econômico para determinar a extensão desse fenômeno, e muitos economistas acham que ele é um mito. Todavia, lembramo-nos de uma velha anedota cujo final é: "Eu já vi isso." Conhecemos advogados que se encaixam nessa descrição.

O PAPEL DE JUIZ E O DE ADVOGADO

Alguns "idealistas" trabalham para a assistência judiciária, outros se dedicam à prática privada em troca de modesta remuneração, outros ainda trabalham em departamentos jurídicos do governo. Muitos advogados que trabalham para empresas gostariam de poder fazer o mesmo.

De qualquer modo, não dá para contestar que os indivíduos de média e baixa renda obtêm apenas uma quota relativamente modesta dos serviços advocatícios. As pesquisas dão provas substanciais dessa situação nos Estados Unidos[41]. Há poucas informações sistemáticas sobre outros países, mas o nosso conhecimento da prática jurídica nos permite supor que a situação é essencialmente a mesma em todo o mundo. Os indivíduos de renda média, ou menor, só contratam advogado quando se veem perante uma emergência jurídica, como o divórcio, por exemplo, ou quando são acusados de um crime, e em certas transações de rotina, como a transferência de imóveis e preparação de testamentos. Além disso, as pessoas de baixa renda podem ter direito a assistência judiciária, sobretudo quando acusadas de crime. Mas a maior parte dos serviços dos advogados em todo o mundo se presta a empresas ou a indivíduos substancialmente ricos.

Os profissionais do direito, no entanto, declaram que "qualquer pessoa que necessite de assistência jurídica pode ter um advogado". Essa declaração arrefece a crítica e justifica a reivindicação de autorregulamentação dos profissionais, mas abre caminho para outras críticas, não só sobre a baixa qualidade da assistência judiciária aos cidadãos comuns, mas também sobre a hipocrisia política. A baixa qualidade da assistência judiciária às pessoas comuns por sua vez é a implicação moral e política da exigência "de igual acesso à justiça", principalmente a assistência aos cidadãos de renda média e aos pobres subsidiada pelo poder público.

Muito já se escreveu sobre esse assunto, mas, em nossa opinião, com bem pouca clareza de pensamento. Sugerimos a análise seguinte:

126 ÉTICA JURÍDICA

(1) Os advogados têm habilidades valiosas (dentre as quais a facilidade verbal, a capacidade de concentração e a firmeza psicológica) que podem ser aplicadas não só na prática do direito, mas também em serviços como transações bancárias, de seguros, administração de empresas e pública. O "preço" dos serviços jurídicos, portanto, é determinado principalmente não pelo que os advogados estão acostumados a cobrar, mas pela renda que a maior parte dos advogados poderia obter em outros empregos.

(2) Por isso, a assistência jurídica é relativamente cara. Embora algumas normas profissionais aumentem o custo de alguns serviços, principalmente daqueles que parecem complicados mas na verdade são rotineiros, o preço dos serviços não rotineiros não é "cartelizado".

(3) O custo dos serviços jurídicos não rotineiros (por exemplo, a representação em litígios) não pode ser muito reduzido porque a realização competente desses serviços exige habilidades complexas. Por isso, uma sociedade respeitável deve subsidiar substancialmente os serviços jurídicos.

(4) A estratégia básica para mitigar os problemas jurídicos dos indivíduos com menos recursos é padronizar e simplificar as transações jurídicas mais comuns e mais frequentes. A legislação moderna fez progresso nessa direção, como, por exemplo, o divórcio consensual, o financiamento padronizado de hipotecas para os proprietários de imóveis residenciais e os sistemas simplificados de aposentadoria. Outro componente são os "birôs de aconselhamento" ou instituições semelhantes, nos quais a inteligência e a força de vontade de funcionários experientes são aplicadas em benefício dos pobres. Outro avanço é o conceito de "ombudsman", ou ouvidoria, entidade mediante a qual as burocracias administrativas reagem ao próprio mau funcionamento interno.

(5) Por isso mesmo, uma estratégia voltada para o fornecimento de "acesso igual" aos sistemas jurídicos tal como eles existem deve ser considerada um ideal moral, não um curso concreto de ação política[42].

Na era democrática, contudo, essa abordagem pode ser criticada por ser antidemocrática, negativa e até "elitista". Muitos sistemas jurídicos criaram programas de assistência judiciária em que oferecem advogados aos pobres necessitados dessa assistência. Em geral, a assistência jurídica oferecida por esse meio é de qualidade melhor do que a que poderia ser obtida por uma pessoa de baixa renda contratando um advogado da esfera privada. Desse modo, pode ocorrer que os melhores advogados sirvam tanto a clientes ricos e empresas quanto a alguns pobres, enquanto os clientes de renda média em geral só conseguem assistência menos competente ou menos dedicada. Essa distribuição peculiar resulta de um desejo social de atender às necessidades dos pobres, pelo menos de alguns deles, mas com o constrangimento de não se proporcionar a todos os serviços jurídicos de alto nível que os ricos podem pagar.

O difícil dilema político é como diminuir essa desigualdade. O problema é mais grave nos países em que a economia e a tradição cultural ocasionam disparidades gritantes na distribuição da riqueza. É escandaloso que os ricos escapem da responsabilidade perante a justiça enquanto os pobres vão para a cadeia. Podem-se imaginar medidas extremas para prevenir esse tipo de coisa. Por exemplo, podem-se impor restrições rígidas ao direito de acesso à assistência judiciária, como exigir que todos tenham assistência jurídica de uma agência do governo de acordo com o critério de ordem de chegada, isto é, quem chegar primeiro é atendido primeiro, como num ambulatório médico público. Na verdade, era mais ou menos assim que funcionava o sistema oficial da União Soviética no regime comunista. Todavia, nenhum regime constitucional está disposto a impor tais restrições. Elas contradizem a premissa fundamental dos regimes constitucionais, a de liberdade em matéria de propriedade e contratos. Além disso, tais medidas poderiam ser privadas de efeito por estratagemas de evasão e corrupção.

Em termos gerais, buscaram-se duas outras estratégias. Uma é a estratégia de ampla melhoria da administração pública por meio de medidas de justiça social; a outra é uma estratégia mais restrita de melhoria na concessão de assistência judiciária. Entre as medidas de justiça social encontram-se a educação pública, que reduz as desigualdades na relação com as complexidades da vida moderna; o transporte público e a comunicação, que reduzem a desigualdade no acesso às oportunidades econômicas e sociais; e os projetos habitacionais e serviços de saúde. Esses benefícios são comuns na Europa ocidental, e muitos norte-americanos acreditam que sistemas semelhantes devam ser mais plenamente desenvolvidos nos Estados Unidos. Um aspecto jurídico desses serviços sociais são os processos para julgar o mérito das queixas acerca de injustiça na sua administração. Nos sistemas de *civil law*, esse aspecto legal consiste num ramo distinto do direito, o *droit administratif**. Os sistemas de *common law* têm procedimentos mais ou menos equivalentes de "audiência justa".

O *droit administratif* dos sistemas de *civil law* e os procedimentos de "audiência justa" dos sistemas de *common law* podem ser considerados sistemas decisórios centrados no juiz. Nesses sistemas, as disputas referentes à distribuição ou administração de benefícios públicos são decididas por funcionários judiciais ou quase-judiciais que administram os programas de benefícios sociais – dentre estes, educação, serviços policiais e médicos. Esses funcionários às vezes são chamados de juízes e sempre atuam sob a égide de normas jurídicas que lhes definem a autoridade e os procedimentos. Muitas de suas decisões são semelhantes às decisões judiciais dos tribunais.

A justiça e a eficiência de um sistema como esse dependem necessariamente da competência e da integridade dos funcionários que o administram. Na maioria dos países

---

* O qual não deve ser confundido com o "direito administrativo" brasileiro, ramo do direito que estuda e regula a administração pública em sua integralidade. O *droit administratif* é um sistema judicial inteiramente dependente do Poder Executivo. (N. do E.)

europeus e no Japão, esses sistemas estão bem consolidados e têm muito boa reputação. Em grande parte, pode-se dizer o mesmo dos sistemas do Canadá e de outros países economicamente desenvolvidos. Nos Estados Unidos, os sistemas variam muito de uma localidade para outra. Na ausência de uma tradição forte de competência e integridade administrativas, esse sistema tem todas as limitações dos processos em que as partes não podem ter advogados. No entanto, sistemas como esses têm um custo relativamente baixo e estão sujeitos à fiscalização e à crítica por meio da atividade parlamentar.

Contudo, o problema da desigualdade na justiça social continua existindo nos tribunais comuns, no processo civil e penal e nas ocasiões em que o cidadão comum precisa de assistência jurídica. Nesses casos, a assistência judiciária mitiga o problema. Referimo-nos à assistência judiciária subsidiada para pessoas desprovidas de meios para contratar um advogado. Essa assistência implica as defensorias públicas, nos Estados que as têm; a indicação de um advogado pelo tribunal; auxílio jurídico gratuito ou de baixo custo de agências públicas ou organizações de caridade; e serviços gratuitos de advogados que servem *pro bono publico*. Para os processos penais, todos os sistemas jurídicos modernos fornecem assistência judiciária gratuita aos que não podem pagar. Nos processos civis, as disposições são mais variadas e quase sempre menos abrangentes[43].

Em tese, a assistência judiciária deveria ser desnecessária nos sistemas de *civil law*, centrados nos juízes. Nesses sistemas, o juiz é responsável pelo resultado justo e por realizar as diligências necessárias para obter a justiça. Acredita-se que esse ideal está solidamente concretizado na Alemanha e, talvez em menor grau, na França. Em muitos outros sistemas de *civil law*, entretanto, a assistência judiciária não passa de um ideal formal. Teoricamente, nos sistemas de *common law* os juízes têm responsabilidade semelhante nos casos em que os litigantes se apresentam sem advogados. Quando um litigante que representa a si próprio comparece perante o tribunal, diz-se que ele se apresenta *in propria persona*, ou *"pro per"*, no jargão do direito. Quando o litigante não tem advogado, a responsabilidade passa em certa medida para o juiz, que deve garantir consideração adequada na disputa a essa parte sem advogado. Esses casos são característicos dos tribunais de jurisdição sobre causas menores, que quase sempre estão sobrecarregados. Pelas razões já explicadas, os juízes sobrecarregados ou indolentes podem não compreender um caso apresentado por um cidadão comum, principalmente se este for pouco instruído e tiver baixa escolaridade. Em muitos sistemas jurídicos, os juízes têm ainda outras dificuldades para tratar de modo justo os casos em que não há advogados para assistir as partes. Em todos os sistemas, sempre há alguns juízes que tendem a dar tratamento superficial a esses casos.

Nos processos penais, tanto nos sistemas de *civil law* quanto nos de *common law*, é princípio universal que o promotor é um "administrador da justiça" e não apenas um advogado de acusação. Nos sistemas de *civil law*, os promotores são de fato considerados membros do judiciário[44]*. A maioria dos promotores na maior parte dos sistemas jurídicos leva muito a sério a responsabilidade de agir com justiça para com um suspeito de crime. A análise criteriosa da suficiência e aceitabilidade das provas num processo penal é uma proteção sólida para o acusado. Mas todos os sistemas jurídicos modernos providenciam advogado para o acusado de crime que não possa pagar um advogado de defesa.

A qualidade da assistência judiciária nos casos criminais varia muito. A assistência judiciária pode ser administrada mediante uma "avaliação socioeconômica", isto é, mediante critérios e procedimentos que distinguem os candidatos realmente pobres daqueles que estão tentando evi-

---

* No Brasil, o Ministério Público tem o papel de "fiscal da lei". Isto é, ele é defensor da ordem jurídica, do regime democrático e dos interesses sociais e individuais indisponíveis. Contudo, não é membro do poder judiciário. (N. da R. T.)

tar gastar seu dinheiro com a contratação de um advogado. Os testes de avaliação socioeconômica sempre são arbitrários de alguma forma e em geral não dão conta de identificar circunstâncias em que a necessidade é muito grande. Sem esse mecanismo, porém, os sistemas poderiam ser explorados por indivíduos com condições de contratar um advogado. Alguns países e administrações locais fornecem recursos razoavelmente satisfatórios de assistência judiciária. Isto é, todos aqueles cuja pobreza é atestada recebem assistência jurídica, consultoria nas negociações e, se necessário, um advogado para os representar num processo judicial. Entretanto, os sistemas de assistência judiciária em muitos países sofrem grave falta de pessoal e recursos.

Os profissionais do direito em muitos países reconhecem a ideia de que os advogados têm o dever de representar os pobres *pro bono publico*. As normas da profissão na Itália, por exemplo, determinam que o "advogado deve representar um cliente quando as autoridades judiciais o ordenam a fazer isso de acordo com as leis competentes"[45]. A maioria dos sistemas de *common law* impõe o dever análogo de acatar as indicações judiciais e impõe a obrigação moral aos advogados de reservar voluntariamente uma quantidade de tempo para dar assistência judiciária aos pobres[46]. No Japão, o dever é imposto à ordem dos advogados. O Artigo 88 dos "Artigos da Associação" da Federação Japonesa da Ordem dos Advogados estabelece que "a ordem dos advogados prestará auxílio e consultoria judiciais a pedido do indigente". Entretanto, o cumprimento dessa obrigação é meramente nominal em muitos países. Os tribunais tiveram de aceitar a relutância dos governos quanto ao fornecimento de serviços de assistência judiciária plenamente satisfatórios e fazem o melhor que podem para garantir a justiça para os litigantes que não podem pagar advogado.

Todo sistema jurídico tem de ter um conceito de boa representação jurídica com base no qual decida se um litigante recebeu assistência abaixo do padrão profissional adequado. Nesse caso, a solução pode ser a anulação de uma sentença obtida de modo injusto. No entanto, o processo para anular uma sentença quase sempre implica procedimentos complexos e a assistência de um advogado, em geral um advogado dotado de tenacidade e habilidade incomuns. Os processos de anulação baseados em assistência judiciária imprópria são pouco frequentes em todos os sistemas jurídicos e têm êxito somente em casos muito graves. Portanto, os que não podem pagar os serviços de um advogado correm o risco de ser injustiçados, e muitos de fato sofrem injustiça, enquanto os que podem pagar assistência jurídica de alta qualidade se saem muito melhor. Essa ainda é uma grande tragédia em muitos países.

Desde o início do século XIX, a alternativa idealizada que se apresenta ao capitalismo é o socialismo, que reflete convicções utópicas ainda mais antigas da sociedade humana. Os ideais do socialismo são a propriedade coletiva dos bens, o trabalho cooperativo, a justa distribuição do produto do trabalho e ausência de coerção, quer por parte do governo, quer de particulares. Segundo essa visão, no socialismo a harmonia prevaleceria e, portanto, o governo organizado seria desnecessário; e o ordenamento jurídico, os juízes e os advogados seriam supérfluos. Karl Marx predisse que o Estado "definharia" até desaparecer e com ele desapareceriam as instituições coercitivas inerentes a um regime jurídico. No século XX, a União Soviética, a China e Cuba alegaram que seus regimes eram precursores de uma sociedade marxista harmoniosa. Contudo, se é possível construir uma sociedade assim, esses regimes não conseguiram. A realidade foi bem diferente. A alternativa socialista tal como de fato se estabeleceu foi profundamente frustrante e sombria para todos os idealistas políticos. Diante disso, também é possível entender por que um sistema jurídico com juízes e advogados desempenha funções úteis e por que o sistema de propriedade privada é a base necessária para o Estado de Direito. A análise concreta da "prática jurídica socialista" dá uma visão mais clara das virtudes relativas do regime capitalista e do sistema de propriedade privada a ele inerente, por mais desagradável que esse sistema pareça quando visto sob outros aspectos.

O sistema de propriedade privada, todavia, não é condição suficiente para o Estado de Direito. O compromisso sério e constante com os direitos humanos e as liberdades civis também é essencial[47]. Na história moderna, o exemplo mais nítido do que falamos é o regime nazista. O nazismo se autodenominava socialista (nacional-socialismo), mas manteve em grande medida o sistema capitalista preexistente e o decorrente direito à propriedade privada; ao mesmo tempo, excluiu, expropriou e quase exterminou os judeus, além de suprimir qualquer oposição política. Os nazistas criaram uma administração especial para exterminar os judeus e impuseram um sistema de tribunais de exceção e processos especiais para lidar com os dissidentes, que tinham negados seus direitos mais elementares tanto nos tribunais nazistas quanto na vida cotidiana[48]. Na Itália fascista e na Espanha franquista, criaram-se sistemas semelhantes, embora menos invasivos. Essas experiências demonstram que a proteção dos direitos individuais, do ponto de vista moral e político, é prioritária em relação aos direitos de propriedade.

De qualquer modo, nos regimes socialistas – em que a propriedade privada não é importante e os negócios privados são praticamente inexistentes – a base da prática jurídica é muito diferente da que analisamos aqui[49]. Em termos simples, nos regimes socialistas não existe a prática do direito "empresarial" nem "financeiro", nem sequer uma prática jurídica considerável nas questões ligadas a transações imobiliárias e disposições testamentárias. A ausência desses ramos da advocacia é consequência da inexistência das formas correspondentes de atividade econômica. Na ex--União Soviética, nos países do antigo bloco soviético e em Cuba, os recursos econômicos fundamentais não constituem "propriedade", são antes objeto da administração governamental. Por exclusão, a advocacia no regime socialista consistia, portanto, somente na representação em processos penais e decorrentes de infrações praticadas por crianças ou adolescentes, quer por promotores representando o Estado, quer por advogados de defesa representando o réu, além da representação jurídica das partes em casos de divórcio e guarda de menores e em pequenos litígios entre vizinhos, como disputas sobre muros e cercas.

Em muitos países do bloco soviético não havia sequer o direito legal de obter plena propriedade de imóveis residenciais nem de pequenas hortas, ainda que a Polônia e alguns outros países reconhecessem a propriedade privada de fazendas e residências. Reconhecia-se a propriedade de bens pessoais, como roupas e automóveis, mas não de ações empresariais nem de sociedades de negócios ou algo dessa ordem. Na ausência dos direitos de propriedade de imóveis, o ocupante de um apartamento ou de uma área de cultivo recebia uma licença renovável de residência e, em alguns regimes, a capacidade jurídica de designar membros da família como sucessores do direito de ocupação quando ele morresse. Em nenhum desses países as empresas – fábricas, companhias fornecedoras de água, energia elétrica e transporte, e outras – eram juridicamente autônomas em relação ao Estado. Ao contrário, eram divisões ou subdivisões dos ministérios em várias jurisdições. O fato de não haver autonomia jurídica para as empresas, por sua vez, significava que a tarefa de coordenar a produção e a distribuição era realizada por meio de outras soluções, diferentes de contratos ou relações jurídicas desse tipo.

As empresas comerciais dos países capitalistas operam por meio de uma complexa rede de contratos baseados no direito de propriedade e no direito do indivíduo de vender o próprio trabalho. São contratos de compra e venda, contratos de prestação de serviços, acordos sobre salários e jornadas de trabalho com os empregados, contratos para aumentar o capital por meio de empréstimos, investimentos de acionistas, e outros tipos de contratos. Todos esses acordos são firmados por meio de relações jurídicas e em geral são registrados em documentos de valor jurídico. Esses contratos, portanto, implicam os serviços de advogados, pelo menos para redigir os termos iniciais do acordo, que depois assume forma padronizada. As relações entre as empresas comerciais e a autoridade governamental nos sistemas capitalistas são administradas por normas jurídicas, constituídas pela legislação e pelas regulamentações específicas de cada setor. As normas jurídicas tradicionais dão à empresa o direito de possuir e administrar seus imóveis e outros bens, contratar funcionários e governar-se a si mesma – isto é, administrar-se. A legislação moderna permite formas de organização mais elaboradas, particularmente as sociedades anônimas, o que por sua vez facilita os empreendimentos comerciais de grande escala, característicos das economias modernas. A legislação moderna impõe limites às empresas, como, por exemplo, leis trabalhistas e regulamentações ambientais, além de exigir que as empresas auxiliem na administração de programas sociais, como assistência médica, e no recolhimento de impostos que incidem sobre a própria empresa e sobre a renda de seus funcionários. Os mecanismos de controle e as regulamentações do governo por sua vez são administrados por estruturas burocráticas complexas que são elas mesmas definidas por normas jurídicas e sujeitas a supervisão por meio de procedimentos legais.

A situação dos regimes socialistas era formalmente semelhante à situação dos regimes capitalistas, pois suas empresas tinham nome e estrutura moldados nas formas capitalistas. Esses regimes também tinham um sistema judicial administrativo semelhante na forma aos dos sistemas capitalistas de *civil law*. Teoricamente, esses tribunais podiam resolver disputas entre as unidades das empresas socialistas, de modo análogo aos procedimentos de arbitragem entre empresas nos sistemas capitalistas. A experiência concreta, contudo, mostrou que os tribunais administrativos eram na maior parte ineficazes, funcionando apenas para disputas relativamente pequenas. A solução de disputas que implicassem questões de peso tinha de ser encaminhada à autoridade superior, em geral ao nível mais alto do governo.

Semelhanças formais à parte, as forças propulsoras do regime socialista são muito diferentes das do regime capitalista. No capitalismo, as forças motrizes de um empreendimento comercial são a esperança de recompensa e o temor de não obter lucro para os investidores. No regime socialista, a força motriz é o cumprimento (ou não cumprimento) das ordens da autoridade governamental, provenientes em última instância do conselho governante do Estado. Desse modo, a estrutura do capitalismo é intrinsecamente descentralizada, enquanto a estrutura do socialismo é intrinsecamente centralizada. As normas jurídicas, impostas mediante procedimentos regulares, são o mecanismo de coordenação básico do capitalismo, ao passo que no socialismo o mecanismo fundamental de coordenação é a orientação administrativa baseada em planos que abrangem todo o sistema[50]. O direito e os advogados ou seus equivalentes funcionais são indispensáveis no regime capitalista. No regime socialista, o direito e os advogados são a antítese dos interesses econômicos e políticos essenciais da sociedade.

Um livro publicado na China em 1990 dá uma explicação notavelmente reveladora da profissão jurídica num regime socialista:

> Com base na propriedade comum socialista, a promotoria está a serviço da sociedade e da economia socialista. Os advogados da China são funcionários públicos que se especializam em questões jurídicas. São diferentes de seus equivalentes nos países ocidentais. As unidades de trabalho dos advogados da China prestam contas à liderança unificada, à supervisão e à administração das instituições administrativas de justiça do Estado. Exercem a profissão num sistema de trabalho coletivo e, nesse aspecto, são muito diferentes dos escritórios de advocacia que operam livremente no Ocidente.
> A função dos advogados chineses é fornecer às pessoas jurídicas e aos cidadãos assistência judiciária com o objetivo de garantir a perfeita aplicação da lei e preservar os interes-

ses do Estado, das comunidades e os direitos e interesses legítimos dos cidadãos.[51]

O sistema chinês tem passado nos últimos anos por modificações que tendem a aproximá-lo de um sistema jurídico no sentido próprio, mas ainda está moldado tanto por uma versão da ideologia marxista quanto pela tradição cultural da China:

> Ao contrário do universalismo da filosofia moral formal, [a cultura chinesa] ressaltou o particularismo e o tratamento pessoal... Essa preferência tradicional pela informalidade e pelo particularismo foi reforçada mais tarde pelo pensamento maoista-marxista-leninista, que, na administração da justiça, enfatizava uma abordagem ["das massas para as massas"] [...]
> Ainda hoje, o litígio em tribunais públicos é visto com olhar desfavorável na China, pois representa uma ruptura dos relacionamentos [...][52]

O regime da extinta República Democrática Alemã – a Alemanha Oriental – exemplifica a discrepância entre os ideais socialistas e a realidade do sistema jurídico. Inga Markovits apresentou um estudo detalhado e esclarecedor do sistema jurídico da Alemanha Oriental antes da absorção desse regime pela Alemanha Ocidental[53]. O sistema da antiga Alemanha Oriental parece ser bastante representativo dos sistemas dos antigos regimes comunistas, exceto na eficiência, que estava provavelmente bem acima da média dos regimes socialistas.

No sistema da Alemanha Oriental a localização física dos escritórios dos advogados era importante em si. Nesse e em outros regimes dos sistemas socialistas, os advogados que não eram funcionários do governo tinham de instalar seus escritórios em "coletivos" ou "colégios", ou seja, em grupos. O coletivo era supervisionado por um advogado sênior escolhido pelo governo. A função do membro sênior era análoga na forma à do *batonier* francês (um profissional sênior de âmbito local). No aspecto físico, esses agrupamentos eram semelhantes aos escritórios dos *barristers* ingleses nos *Inns of Court*. Mas eram arranjos compulsórios do ponto de vista jurídico e serviam para manter os membros da ordem dos advogados sob cerrada vigilância.

Os juízes e advogados da Alemanha Oriental dedicavam-se principalmente a mitigar os conflitos que surgiam de disputas interpessoais, não de litígios sérios referentes a reivindicações de direitos jurídicos. A resolução pacífica de conflitos tem um lugar próprio e importante na preservação de uma comunidade. Mas as pessoas que demandam direitos legais não são "antissociais" quando suas reivindicações se justificam. Da mesma forma, a mitigação de conflitos pode ser uma máscara para esconder a recusa de direitos legais: "Os juízes da Alemanha Oriental... deviam investigar a fundo o contexto social das disputas... e toda a história social do réu desde a infância"[54]. A solução por meio de debates não polêmicos se transformou na base definitiva da solução de disputas, em vez de ser uma alternativa à decisão alcançada por meio de sentença judicial apoiada na lei. Num regime baseado no ajuste social, as disputas podem se transformar numa forma de chantagem, e a solução pode depender de uma acomodação considerada prudente pelo árbitro oficial. Se uma disputa tem implicações políticas graves, o árbitro pode até recusar-se a "mitigá-la" e, em vez disso, encaminhar o problema à autoridade governamental superior: "As ofensas que tocavam em questões políticas não eram denunciadas perante o tribunal local, mas na capital da região."[55]

No regime socialista, as demandas judiciais eventualmente levantavam questões que envolviam a própria legitimidade do sistema econômico desse regime. Do mesmo modo, podem surgir questões de natureza semelhante nas disputas judiciais de regimes capitalistas. Um conjunto fundamental de questões tanto do regime socialista quanto do capitalista envolve os aspectos jurídicos do emprego. Uma boa parcela dos litígios no sistema socialista envolvia casos de empregados, mas em linhas de disputa completamente opostas das disputas trabalhistas dos regimes ocidentais. Nos regimes capitalistas, as disputas entre empregados e empregadores quase sempre implicam reclamações dos empregados acerca de salários, condições de trabalho ou benefícios trabalhistas. No sistema da Alemanha Oriental, ao contrário, "a imensa maioria dos casos não era [...] apresentada por empregados contra os empregadores, mas pelos empregadores contra seus empregados negligentes ou indisciplinados"[56]. Outros problemas econômicos diziam respeito à prioridade de suprimentos, serviços, níveis de produção, preços e controvérsias sobre qualidade. No regime socialista, esses problemas eram resolvidos por negociação burocrática interna entre as empresas estatais, e não por consulta às leis comerciais, contratuais e de propriedade. O mecanismo "autônomo" para a rejeição de produtos e serviços, disponível num regime contratual, não existia no sistema socialista. A ideia era de que "a lei não devia interpor-se entre o Estado socialista e seus cidadãos. O direito da Alemanha Oriental, portanto, desconhecia o controle judicial das decisões administrativas"[57].

A queda do muro de Berlim acelerou a dissolução do regime da Alemanha Oriental. Quando as duas Alemanhas se juntaram, os advogados socialistas do extinto regime oriental depararam de imediato com uma verdadeira revolução em seu meio político e profissional. Faltavam-lhes os conceitos e as técnicas para tratar de litígios de propriedade e contratos e de disputas jurídicas sérias com agências governamentais – isto é, o repertório profissional básico dos advogados da tradição ocidental. Na Alemanha Oriental reincorporada ao lado capitalista, alguns advogados conseguiram emprego nos escritórios de firmas da Alemanha Ocidental recém-inaugurados, graças ao profundo conhecimento que tinham das estruturas políticas locais. Para muitos outros, entretanto, a mudança resultou na obsolescência profissional e, consequentemente, numa profunda tragédia pessoal. A profundidade da tragédia indica que há uma discrepância fundamental entre o sonho utópico de uma sociedade sem advogados e uma sociedade em que existe um conceito razoavelmente claro de normas jurídicas.

Acesso à justiça para os cidadãos comuns

Os objetos principais da prática jurídica moderna, como vimos, são transações de propriedades e contratos, além de litígios e outras formas de solução de disputas relativas a essas transações. A maior parte das transações contratuais é relativamente rotineira e segue um padrão de redação formal. As transações de maior complexidade restringem-se a um grupo pequeno de indivíduos. A maior parte do trabalho profissional na maioria dos escritórios de advocacia consiste, portanto, em transações comerciais e negócios de clientes individuais ricos. Abraham Lincoln, talvez o modelo de advogado na mente do cidadão norte-americano comum, recebeu a maior parte de seus honorários representando empresas ferroviárias[58].

Todavia, a prática do direito implica muito mais que os negócios de empresas comerciais e de pessoas ricas. O ramo do direito mais visível para o público em geral talvez seja o direito penal. Sem dúvida, boa parte do público comum, quando pensa em advogados, imagina-os no contexto de processos criminais[59]. A consciência pública da profissão jurídica atualmente é moldada em grande parte pela televisão e pelo cinema. A "prática jurídica da mídia" em geral envolve litígios, normalmente processos penais ou problemas de direito de família (divórcio, guarda de filhos e prestação de alimentos). Essas disputas implicam por definição direitos e deveres de indivíduos, e não questões comerciais.

O novo vocabulário do cidadão comum para os problemas jurídicos começa com as expressões "direitos humanos" e "acesso à justiça". "Direitos humanos" refere-se à ideia de que as necessidades humanas fundamentais devem ser claramente expressas nas normas jurídicas e por estas garantias. "Acesso à justiça" alude à ideia de que a proteção garantida pelas normas jurídicas deve poder ser implementada por procedimentos judiciais.

O conceito de direitos humanos fundamentais, inclusive a ideia de direito natural, tem uma longa tradição jurídica na cultura ocidental e uma tradição política que remonta no mínimo às revoluções inglesa, americana e francesa. Dentre as declarações modernas importantes destacam-se a Carta do Atlântico, proclamada pelo presidente norte-americano Franklin Roosevelt e pelo primeiro-ministro britânico Winston Churchill, na Segunda Guerra Mundial, e a Convenção dos Direitos Humanos, adotada sob os auspícios das Nações Unidas, em 1947[60]. Na esfera política tem havido evolução na garantia dos direitos individuais, como direitos trabalhistas, defesa do consumidor, proteção contra ações arbitrárias de órgãos do governo e proteção contra a discriminação por causa de religião, raça e sexo. Um exemplo típico dessas disposições é a Décima Quarta Emenda à Constituição dos Estados Unidos, que garante o direito ao devido processo legal e a igualdade de proteção. Cada vez mais disposições semelhantes a essas têm sido incorporadas nos dispositivos constitucionais e nos tratados firmados na esfera do direito internacional público, por meio de acordos internacionais como a Convenção Europeia dos Direitos Humanos[61]. Entre as realizações modernas na esfera econômica, estão o compromisso dos governos com um padrão de vida digno, plena oportunidade de emprego e assistência de saúde.

Em geral, essas garantias são exigíveis judicialmente. Isto é, são cumpridas pelo mecanismo de ação nos tribunais comuns ou nos tribunais constitucionais especiais ou administrativos, e não por imposição administrativa. Muitas dessas garantias constitucionais funcionam principalmente contra a administração pública. Desde a dissolução dos regimes comunistas, muitos países do leste europeu têm sido particularmente receptivos à proteção jurídica de direitos contra o Estado, sob o amparo dos novos dispositivos constitucionais[62].

A efetivação dos direitos humanos constitucionais por meio de ação judicial gera um problema que passou a ser nomeado "acesso à justiça"[63]. As garantias constitucionais judicialmente exigíveis requerem não só caminhos processuais para o andamento do processo, mas também assistência para percorrer esses caminhos com competência profissional e habilidade estratégica. Contudo, a maioria dos indivíduos que procuram reivindicar seus direitos não tem recursos financeiros suficientes. Desse modo, a ideia mais acertada para a exequibilidade do acesso à justiça é aparentemente simples: o aperfeiçoamento da "assistência judiciária" – ou seja, subvenção pública da assistência judiciária para indivíduos que não possam arcar com os custos necessários[64].

Em todo o mundo, a consciência popular em relação às "garantias dos direitos fundamentais" tem-se aprimorado, o que aumenta a demanda por assistência jurídica. O conceito de "garantia de direitos" expandiu-se de modo que passou a incluir matérias como garantia contra discriminação em virtude de raça ou sexo, garantia de direitos de imigração e direitos dos deficientes. A noção atual de processo judicial justo se aperfeiçoou, tornando todo caso de assistência judiciária gratuita potencialmente mais complicado do que teria sido uma ou duas gerações atrás. Qualquer que seja a definição de direito a assistência jurídica gratuita que se estabeleça, sempre haverá candidatos que não se enquadram na definição, mas mesmo assim necessitam da assistência gratuita. A triste experiência da Inglaterra com o programa de assistência judiciária ilustra essas dificuldades. A administração de Margaret Thatcher e os subsequentes governos trabalhistas, alegando que a demanda por esse serviço era praticamente infinita, conseguiram justificar uma substancial redução do subsídio para essa assistência. A prestação de auxílio jurídico "adequado" é um problema muito mais alarmante do que em geral se reconhece.

Em muitos sistemas, presume-se que a prestação de assistência judiciária digna seja responsabilidade profissional da ordem dos advogados. Esse senso de responsabilidade expressa-se na "*cab rank rule*" (regra da fila do táxi) adotada pela ordem dos advogados na Inglaterra vitoriana e é uma questão de honra profissional em muitos outros países. A ideia dessa regra é: "Os advogados são as peças principais do sistema jurídico porque têm o monopólio dos serviços advocatícios. Sem a assistência deles, muita gente não poderia exercer seus direitos […] os causídicos, assim como os motoristas de táxi, devem dar prioridade de atendimento a quem chegar primeiro"[65].

Outra consequência é que todo advogado deve aceitar qualquer caso legalmente defensável, sem considerar se seus honorários serão ou não pagos. Essa ideia há muito tempo faz parte da afirmação de independência e autorregulamentação da ordem dos advogados. A categoria se autoimpõe: "Nós controlamos os serviços judiciais e reconhecemos que esse controle implica a obrigação de assistir qualquer um que precise de advogado." A ideia de que os advogados de uma comunidade estão prontos, dispostos e capacitados a servir qualquer pessoa dessa comunidade que necessite de assistência jurídica foi enunciada por Thomas Erskine no final do século XVIII: "No momento em que um advogado puder dizer que […] não se porá entre a Coroa e um súdito acusado perante a […] corte […] as liberdades na Inglaterra terão chegado ao fim."[66]

Esse nobre sentimento, entretanto, era um mito na época, como ainda é hoje. A ideia de que os advogados como categoria têm a capacidade e o dever de suprir as necessidades jurídicas do público é, no contexto moderno, enganadora. Ninguém afirmaria que a categoria dos médicos deve providenciar um sistema nacional de saúde nem que a categoria dos professores deve providenciar um sistema de educação pública. O apego à ideia de que a ordem dos advogados é "responsável" pela prestação de assistência judiciária digna para os pobres continua desconcertando os profissionais do direito. Essa ideia também encobre os difíceis e onerosos problemas políticos implicados caso se venha a fazer um empenho sério para garantir o "acesso universal à justiça".

3. As "virtudes" profissionais: competência

Virtudes profissionais essenciais

Alguns preceitos éticos elementares norteiam o advogado no exercício da profissão. Esses preceitos podem ser entendidos como virtudes profissionais, comparáveis às virtudes pessoais mencionadas na terminologia grega clássica e por autoridades da Antiguidade como Cícero. Entre as virtudes pessoais clássicas estão a coragem, o patriotismo e a amizade[1].

Na linguagem profissional contemporânea, principalmente na Europa, emprega-se com mais frequência o termo "valores". A *American Bar Association* passou a usar a expressão "valores fundamentais". De todo modo, o objetivo é referir-se às normas éticas que devem orientar o advogado no cumprimento de sua função profissional. As virtudes profissionais do advogado são: competência; independência; lealdade ao cliente; sigilo quanto às declarações do cliente; responsabilidade para com os tribunais e os colegas; e conduta honrosa tanto nas questões profissionais quanto nas pessoais. Neste capítulo vamos tratar da competência; as outras virtudes serão abordadas nos capítulos subsequentes.

As virtudes profissionais se expressam de forma mais ou menos diferente nos vários sistemas jurídicos, e de acordo com prioridades também diferentes. Por exemplo, os profissionais do direito da França, da Itália e da Espanha, no que diz respeito à retórica profissional e ao conceito de si mesmos, dão prioridade e muito destaque à independência, tanto em relação aos clientes quanto em relação ao Estado[2]. Na Inglaterra, os *barristers* consideram-se parceiros dos juízes, com responsabilidades correspondentes, mas os advogados da Inglaterra também são advertidos de que "o cliente é livre para... insistir que os casos sejam levados a litígio"[3]. O código de ética profissional japonês, assim como o direito japonês de modo geral, expressa as normas éticas mais como ideais e objetivos do que como obrigações estabelecidas com precisão. Ao contrário, a advocacia alemã tem normas muito específicas e ressalta a responsabilidade dos advogados para com os tribunais, uma prioridade que se origina historicamente na ideia que os alemães têm do profissional do direito como servidor do Estado[4]. Os profissionais norte-americanos dão muita ênfase à lealdade ao cliente[5]. Trata-se de diferenças importantes de ênfase e por certo também diferenças de prioridade. Todavia, em essência as mesmas virtudes são reconhecidas desde quando a profissão jurídica foi identificada como tal na tradição do Ocidente, no século XII aproximadamente.

Desde muito cedo, essas virtudes foram expressas como máximas da profissão e constituíram uma tradição oral de profissionalismo. Na história mais recente, os mesmos conceitos se refletem nas normas positivadas – leis, decisões judiciais e regulamentos da ordem dos advogados. Por exemplo, a proibição de um advogado ser "ambidestro", isto é, tentar representar um cliente numa questão mas opor-se a ele nessa ou noutra, tem tradição antiga e expressa a virtude de lealdade ao cliente. As regulamentações da profissão impostas pelos tribunais ou pela legislação correspondem basicamente aos preceitos éticos e às aspirações expressas pela própria categoria[6].

Nem todos os advogados, é evidente, sempre seguiram esses preceitos éticos. Em quase todas as sociedades, alguns advogados agem profissionalmente de forma reprovável.

AS "VIRTUDES" PROFISSIONAIS: COMPETÊNCIA 147

Em algumas comunidades, muitos membros às vezes se corrompem. A tomada de partido e a dissimulação são inerentes à prática jurídica. Tais comportamentos criam oportunidade para a conduta inescrupulosa e fraudulenta. O partidarismo e a dissimulação também são incompatíveis com a maioria dos padrões éticos comuns[7]. A prática do direito inevitavelmente enseja ocasiões em que se pode ludibriar o cliente e as outras partes, além de explorar processos legais que infligem prejuízo ao cliente e a outros. Por causa desses estímulos, ínsitos à prática jurídica, e dos desvios inevitáveis, os preceitos éticos que ao longo da história sempre regeram o exercício profissional refletem, como o espelho, ideias completamente opostas às oportunidades de abuso. Os abusos éticos cometidos pelos advogados contribuem para a exploração e a negação de justiça em determinados casos, a deficiência na administração da justiça e a desconfiança da população em relação aos advogados e ao sistema jurídico. Também corroem a própria ordem jurídica, da qual depende a subsistência da profissão.

Contudo, as expressões verbais das virtudes da profissão funcionam pelo menos como exortações pelas quais os advogados se orientam acerca da ética de sua vocação. Como todas as exortações, essas expressões evocam ideais – buscar a verdade, garantir a justiça para todos e manter imaculada a integridade da profissão – e apelam para que seu público os cumpra. A expressão da ética profissional, entretanto, contempla não só a definição das virtudes profissionais, mas também o exercício dessas virtudes na atividade de trabalho do advogado. A prática do direito não é uma existência teórica nem uma vocação que se realiza num claustro. É uma atividade que se realiza num mundo real, que implica incertezas e riscos, tanto para clientes quanto para advogados, além de ser desempenhada por seres humanos falíveis empenhados em trabalhar para viver.

Esse "limite da realidade" torna-se muito evidente quando as formulações éticas se traduzem em normas de conduta impostas por lei. Dessa perspectiva, os conceitos da ética profissional envolvem tensões e contradições semelhantes às do discurso moral comum. Por exemplo, no discurso moral comum é correto exortar as pessoas a dizer sempre a verdade. Mas afirmar que deveria ser ilegal faltar com a verdade para um oficial nazista a fim de não revelar o esconderijo de alguém como Anne Frank é algo completamente diferente[8]. Nos conceitos éticos que regem a prática jurídica existe uma tensão semelhante entre, de um lado, as aspirações morais e, de outro, as normas éticas que levem a sério as condições do mundo real. As declarações de ética dos advogados quase sempre ocultam a tensão entre o ideal e as exigências da realidade. Dois exemplos ilustram essa tensão.

O primeiro refere-se ao dever profissional do advogado de ser Leal ao cliente. Uma declaração desse dever que se tornou famosa no mundo do *common law* foi feita no século XIX por Lorde Brougham, um *barrister* inglês (mais tarde *Lord Chancellor*). Com ela, Brougham procurou justificar uma manobra estratégica que empreendera ao representar a ré num caso célebre, o julgamento da rainha Caroline. A cliente de Brougham era a rainha da Inglaterra, acusada pelo marido, o rei da Inglaterra, de infidelidade conjugal; com base nessa alegação, a rainha enfrentava um processo de divórcio. O processo terminou com ganho de causa de Caroline, graças à argumentação de Brougham. Em defesa da rainha, o causídico fez a seguinte ameaça à promotoria: se, para favorecer o rei, a promotoria se empenhasse em provar conduta adúltera por parte da rainha, ele, Brougham, apresentaria provas de que o rei, quando jovem e antes de se casar com Caroline, havia contraído núpcias com uma católica. A prova não somente demonstraria que o rei era culpado do crime de bigamia, mas também o destronaria, porque nessa época era proibido aos membros da sucessão à coroa inglesa casar-se com católicos. A acusação contra a rainha foi retirada, mas Brougham foi duramente criticado por ter feito ameaça de chantagem[9]. Brougham respondeu:

Um advogado no cumprimento de seu dever só conhece uma pessoa no mundo inteiro, e essa pessoa é seu cliente. Livrar o cliente usando de todos os meios e expedientes, sem se importar com os riscos e custos dos outros, inclusive os próprios, é seu dever primeiro e único. Ao realizar esse dever, ele não deve importar-se com o alarma, os tormentos nem com a destruição que possa causar a outros. Separando o dever de patriota do dever de advogado, deve prosseguir a despeito das consequências, ainda que seu triste destino seja envolver seu país em confusão.[10]

De acordo com os padrões da ética profissional, reconhecidos tanto na época quanto hoje, a estratégia de Brougham nos parece correta. A prova do casamento anterior do rei era tecnicamente pertinente no processo de divórcio, pois mostraria que o rei já era casado na época em que pretendia casar-se com Caroline. Desse modo, não havia casamento válido entre eles e portanto também não havia base para um processo de divórcio. Como advogado, Brougham teria o dever de apresentar essas provas se o processo continuasse, a não ser que a rainha o instruísse de modo contrário[11]. Todavia, a revelação de um casamento preexistente do rei causaria uma catástrofe política para o rei e "confusão" para o Reino Unido, o que indiscutivelmente constitui no mínimo violação dos deveres de Brougham como cidadão.

O conflito entre a responsabilidade do advogado em relação ao cliente e sua responsabilidade como cidadão é frequente nos processos modernos de espionagem e traição. O acusado de tais crimes é julgado num tribunal nacional e assistido por um advogado cujo empenho é frustrar a promotoria e com isso enfraquecer os mecanismos jurídicos de defesa de seu próprio país contra a traição. De forma um pouco mais atenuada, o mesmo conflito existe para o advogado que defende alguém acusado de crime. A absolvição nesse caso impõe na prática um limite ao mecanismo de controle social representado pelo código penal. O mesmo se aplica ao advogado que representa uma empresa que se opõe ao cumprimento de uma determinação do governo.

A declaração de lorde Brougham sobre a posição do advogado é um exagero. O advogado não deve usar "de todos os meios e expedientes" quando representa o cliente. Por exemplo, é ilegal e incorreto do ponto de vista profissional subornar uma testemunha ou apresentar documentos forjados como prova. Brougham usou corretamente provas que acreditava serem verdadeiras, mas não poderia usar provas que soubesse serem falsas[12]. Tampouco poderia ameaçar apresentar provas inadmissíveis por nada terem a ver com o caso. Ao advogado certamente não se exige nem se permite "livrar o cliente [...] sem se importar com os riscos de outros [...] inclusive os próprios". O advogado pode, por exemplo, chamar a polícia se for ameaçado de morte pelo cliente. Também não se exige que nenhum advogado leve adiante uma negociação fraudulenta[13]. Pelo contrário, o advogado deve encerrar sua participação numa negociação quando descobrir que se trata de negócio doloso e pode ter a obrigação de tomar as devidas providências para que o negócio não se concretize[14].

Todavia, não há exagero na declaração de Brougham de que o dever do advogado de lealdade ao cliente tem prioridade sobre o risco de que a causa desse cliente "gere confusão para o país". Sobre isso, vale a pena lembrar que a nova regulamentação da profissão jurídica da Rússia pós-comunista, a Lei da *Advokatura*, tem um texto bastante semelhante à declaração de Brougham. De acordo com essa lei, o advogado tem o dever de "usar de todos os métodos e meios permitidos pela lei para defender os direitos e interesses legítimos" de seus clientes[15]. A norma russa aplica-se somente ao exercício da advocacia processual, mas se reconhece que o princípio é aplicável também à representação em negociações.

O risco de causar uma situação difícil para o governo e seus funcionários decorre do Estado de Direito e das responsabilidades do advogado para com o cliente. Esse risco se concretizou em exemplos famosos, como o caso Dreyfus, na França[16], o caso Profumo, na Inglaterra[17], e as investiga-

AS "VIRTUDES" PROFISSIONAIS: COMPETÊNCIA 151

ções dos presidentes Nixon e Clinton, nos Estados Unidos[18]. A investigação de funcionários públicos de alto escalão e a probabilidade de serem processados e condenados são consequências necessárias da tese de que, no regime constitucional, esses funcionários estão sujeitos à lei.

Outro exemplo de exagero relativo à ética profissional encontra-se num discurso público de Kenneth Starr, promotor especial na investigação do presidente Clinton. Starr, referindo-se às responsabilidades dos advogados, disse: "De fato, pretende-se que a verdade seja o principal objetivo de nosso sistema jurídico, pois, sem ela como fundamento, não se pode esperar alcançar a justiça [...] A verdade, e não a assistência ao cliente, é o valor definitivo do sistema jurídico."[19] Essa afirmação é correta na medida em que se aplica ao sistema jurídico considerado como um todo funcional. É correta quando se aplica ao papel dos juízes, como se mostrou no Capítulo 2. Também é correta, embora com algumas ressalvas, no que diz respeito aos promotores de justiça, pois é princípio universalmente reconhecido que o promotor – isto é, o advogado que representa o Estado num processo criminal – tem o dever de discernir a verdade, e não simplesmente apresentar provas que indiquem a culpa do acusado. A declaração de Starr também vale para os advogados que atuam em processos civis, ainda que com outras ressalvas importantes.

A assertiva, contudo, é incorreta e de uma falácia grosseira no que tange à representação jurídica de quem é alvo de investigação ou processo criminal – exatamente o caso a que se referia Starr. O advogado de um acusado de crime não pode usar táticas ilegais, como, por exemplo, apresentar documentos forjados ou tentar subornar ou intimidar o juiz. Mas pode aconselhar seu cliente a não se apresentar à polícia na fase do inquérito nem testemunhar no julgamento. O efeito evidente do silêncio de um cliente é a frustração das investigações e, com isso, a possível ocultação da verdade[20]. Manter silêncio diante de uma investigação criminal é um direito constitucional nos regimes jurídicos modernos. Nos regimes em que o cliente pode recusar-se a testemunhar, o advogado de um suspeito tem o direito e o dever de invocar esse direito e assisti-lo na ocultação de fatos importantes[21]. Vale a pena observar o contraste entre esse direito e a Lei dos Advogados da República Popular da China, artigo 45. De acordo com esse dispositivo, é proibido ao advogado "revelar segredos de Estado" e "ocultar fatos importantes".

Assim, os princípios da ética jurídica às vezes contradizem os princípios comuns da moralidade cívica. Contrariam também princípios defendidos por alguns filósofos da moral e princípios manifestados na "ética popular", isto é, aquilo que as pessoas comuns consideram certo ou errado. Por exemplo, a ética popular exige que sejamos leais para com nossos amigos, mas também exige que observemos a lei. Mas e se um amigo meu violou a lei e procura se esconder na minha casa? Na vida cotidiana, é inevitável deparar com dilemas que resultam de indicações contrárias de proposições éticas gerais que aceitamos plenamente. Ainda assim, não hesitamos em afirmar que devemos ser leais aos amigos (como proposição geral) e também (em geral) obedecer à lei.

Os preceitos da ética jurídica implicam tensões semelhantes entre as proposições gerais, com as quais todos os advogados concordam, e situações específicas em que as proposições gerais indicam tomadas de atitudes conflitantes. A maioria dos advogados gosta de pensar que sua categoria profissional segue as proposições éticas gerais, como o dever de lealdade ao cliente e o dever de sinceridade nos tribunais. Ainda que afirmadas como obrigações universais, essas proposições devem ser entendidas como aspirações, não como declarações precisas de normas reguladoras. Considere-se, por exemplo, a afirmação: "A responsabilidade fundamental do advogado é garantir a correta administração da justiça." Essa declaração com certeza não leva em conta que os advogados individualmente não podem oferecer essa garantia e que o sistema jurídico muitas vezes deixa de fazer isso. Em consequência, é inevitável a tensão entre a aspiração ética e a obrigação ética vista de forma sóbria e leiga, assim como também é inevitável a tensão entre a moral religiosa (os padrões cristãos, por exemplo) e as normas de comportamento que as pessoas apresentam na vida cotidiana[22]. Este livro trata das aspirações éticas na ética profissional, mas também se concentra particularmente nas tensões que as obrigações éticas implicam quando analisadas sóbria e concretamente, de um ponto de vista não religioso.

A primeira das virtudes profissionais é a competência.

A competência é por si só importante, além de ser a base das outras virtudes: a incompetência de um advogado pode ser tão grande que o impossibilite de identificar seus outros deveres profissionais. Não se pode contar com um advogado incompetente para levar a cabo as tarefas profissionais que assumiu. Um advogado incompetente normalmente realiza o trabalho com medo e, por isso, quase sempre tende a cometer erros. Assim como um cirurgião, um carpinteiro ou uma enfermeira incompetente comete erros que têm consequências graves, o advogado incompetente comete erros danosos, embora nem sempre visíveis.

A competência na prática jurídica exige o conhecimento da lei. No mundo moderno, a rede de leis é ampla e complexa. O direito moderno emana de muitas fontes – locais, nacionais, internacionais e de uma multidão de autoridades reguladoras em cada um desses níveis. Nos sistemas federativos, como o Canadá, a Alemanha e os Estados Unidos, as fontes do direito moderno são ainda mais complexas. A União Europeia também está avançando na direção de uma condição semelhante ao sistema federativo, no qual os Estados constituintes são membros subordinados. Além disso, a administração da lei por parte das diversas burocracias depende do juízo e da discrição de funcionários públicos de todo tipo, um fator que deve ser entendido e levado em conta. O direito passa por contínuas mudanças; por isso, o conhecimento que os advogados têm dele pode tornar-se obsoleto rapidamente. Essas condições do ambiente jurídico praticamente exigem que os advogados modernos se especializem de um modo ou de outro. Um aspecto importante da competência jurídica de um advogado hoje é o reconhecimento dos limites de sua competência. Um advogado competente para lidar com uma fusão de empresas, por exemplo, pode muito bem ser incompetente para tratar de um caso de divórcio.

A competência profissional, contudo, vai além do conhecimento das leis e das circunstâncias de sua administração; abrange a técnica de saber empregar o conhecimento do direito. Conforme afirma o Código Canadense: "A competência [...] vai além da qualificação formal do advogado para o exercício da profissão [...] compreende o conhecimento, a técnica e a habilidade de usá-la com eficiência no interesse do cliente"[23].

A competência do profissional do direito implica uma consciência realista das possibilidades e limitações de recorrer aos tribunais e das possibilidade e limitações do processo legal. A competência do advogado inclui também consideração constante pelas outras virtudes exigidas no exercício da profissão. Neste ponto, é conveniente fazermos uma breve revisão dessas outras virtudes.

A segunda virtude é a independência profissional, que compreende a autonomia em relação ao domínio ou à influência inconveniente de outros clientes ou do Estado e à interferência de outros interesses que possam afetar o advogado[24]. Nos sistemas jurídicos da Europa continental, em particular da França, Itália e Espanha, a independência é considerada a virtude principal. Como disse um respeitado colega espanhol: "A independência é [...] a característica constitucional da função judicial e [...] a missão [dos] que participam de um processo judicial. Para mim, portanto, a independência é a virtude primeira do advogado".

Um corolário do princípio de independência é a virtude da lealdade ao cliente. O conceito de lealdade ao cliente se expressa em regras que impedem o conflito de interesses e indica que o advogado tem de estar em condições de dar assistência ao cliente sem ser inibido por compromissos com outros. O conflito de interesses existe quando um cliente se torna parte contrária num litígio, mas também pode surgir em questões não litigiosas. Desse modo, o artigo 26 do Código de Ética do Japão refere-se a situações em que "a parte contrária é ao mesmo tempo representada pelo advogado em outras causas" e "os interesses de um cliente estão em conflito com os de outro em outra causa [...]". O Código de Conduta dos Advogados da Comunidade Europeia (CCBE) assim formula esse dever:

> 3.2.1 O advogado não pode aconselhar, representar nem defender dois ou mais clientes na mesma questão se houver conflito, ou risco significativo de conflito, entre os interesses desses clientes.
> 3.2.2 O advogado deve deixar de agir em nome de ambos os clientes quando surgir algum conflito de interesses entre esses dois, sempre que houver risco de violação do sigilo ou quando sua independência puder ser prejudicada.
> 3.2.3 O advogado também deve abster-se de atuar em nome de um novo cliente nos casos em que houver risco de violação do sigilo confiado ao advogado por um antigo cliente ou quando o conhecimento que o advogado tem dos negócios do antigo cliente puder proporcionar vantagem indevida ao novo cliente.[25]

Deve-se observar que o dever de lealdade se aplica tanto a representações concorrentes (representação simultânea de dois ou mais clientes) quanto a representações consecutivas (representação de um segundo cliente, depois de terminada a representação de um cliente anterior, que pede ao advogado que se oponha ao antigo cliente na mesma questão). É preciso notar também que o dever de lealdade se expressa em parte na preservação do sigilo profissional. Logo, o dever de lealdade e o de sigilo coincidem parcialmente, mas não em toda a extensão.

A terceira virtude profissional básica é a guarda de sigilo de informações confidenciais recebidas do cliente ou relativas aos negócios do cliente. O dever de sigilo profissional obriga o advogado a impedir que os segredos de um cliente sejam conhecidos de outros clientes, do governo, de terceiros e até do próprio cônjuge do advogado. Esse dever recai sobre os ombros do advogado a partir do primeiro encontro com o potencial cliente e continua depois de concluída a representação do cliente[26]. O dever de sigilo profissional do advogado é prescrito nos códigos civis dos sistemas de *civil law*[27]*. É portanto uma norma legal, e não simplesmente de conduta profissional. A Regra 1.6 do código de ética da ABA assim estabelece o princípio: "O advogado não revelará informações relacionadas à representação de um cliente a não ser depois de consultá-lo e receber seu consentimento. Excetuam-se as revelações autorizadas implicitamente a fim de se efetuar a representação [e algumas outras exceções]".

A estipulação japonesa está no artigo 20 do Código de Ética Japonês: "O advogado não revelará nem utilizará, sem motivo justificável, informações confidenciais do cliente obtidas no decorrer de seu exercício profissional". O dever do advogado de manter sigilo dos negócios de um cliente recai direta e imediatamente sobre o advogado. Exige-se sigilo fora dos tribunais, por exemplo, ao tratar de outros assuntos ou em conversas informais, bem como em relação a processos judiciais.

O dever do advogado de guardar os segredos a ele confiados pelo cliente é apoiado por normas que proíbem os tribunais e outras agências governamentais de investigar o conhecimento do advogado. No *civil law*, essa regra baseia-se no fato de que o advogado é membro de uma categoria profissional. Por conseguinte, nos sistemas de *civil law* ela em geral é conhecida por "sigilo profissional" e refere-se

---

* No Brasil, esse preceito é previsto no Estatuto da Advocacia, Lei 8.906, de 4 de julho de 1994. (N. da R. T.)

tecnicamente ao advogado e seu exercício profissional[28]. Nos sistemas de *common law*, o dever do advogado de não revelar nos tribunais nem em qualquer outra instância os segredos comunicados pelo cliente é chamado de relação privilegiada entre advogado e cliente (*attorney-client privilege*). A relação privilegiada entre advogado e cliente dos sistemas de *common law* é classificada como direito do *cliente* (não do advogado) de não tornar públicas revelações feitas a seu advogado[29]. Tanto o direito profissional de manter sigilo, previsto no *civil law*, quanto o dever profissional de recusar-se a divulgar confidências, estabelecido na relação privilegiada entre advogado e cliente dos sistemas de *common law*, dão origem a um princípio mais geral: o advogado tem o direito e o dever de não revelar assuntos que descobriu durante o exercício de sua profissão[30].

A quarta virtude profissional é a responsabilidade. Como dissemos anteriormente, em alguns sistemas jurídicos os advogados consideram a independência a principal virtude. De qualquer modo, o sentido mais restrito de responsabilidade é que, na relação com os tribunais e com outros advogados, o advogado não pode enganar os juízes nem os outros advogados e deve ater-se aos compromissos dessas relações. As normas do CCBE declaram, por exemplo:

> 4.2 O advogado deve sempre ter a devida consideração pela conduta correta nos processos…
> 4.3 O advogado, ao mesmo tempo que mantém o devido respeito e a cortesia para com o tribunal, [deve] defender com honradez os interesses de seu cliente […] dentro dos limites da lei.
> 4.4 O advogado jamais deve dar conscientemente informações falsas ou enganosas ao tribunal.
> 5.1.1 O espírito corporativo da profissão requer um relacionamento de confiança e cooperação entre os advogados para o bem de seus clientes e para evitar litígios desnecessários.

Essas declarações do CCBE são formuladas em termos bem discretos, mas encontra-se a mesma discrição em outras versões da ética profissional. A discrição reflete o equilíbrio complexo e ambíguo entre os deveres do advogado para com o cliente (lealdade), os tribunais (ser estritamente verdadeiro nas declarações que faz ao juiz) e os outros advogados (cooperação profissional). Logo trataremos dessas ambiguidades.

A quinta virtude é a honra, ou conduta honrosa, que tem dois aspectos. Um diz respeito à conduta formal correta, ou etiqueta adequada, que o advogado deve ter na relação com os tribunais e com os colegas de profissão. Esse critério é reconhecido universalmente, embora às vezes transgredido em alguns sistemas, sobretudo nos Estados Unidos. Alguns estados dos Estados Unidos têm-se empenhado para mitigar essas violações por meio de "códigos de civilidade", que proíbem o uso de epítetos e outras descomposturas semelhantes[31]. O artigo 88 do Código Italiano de Processo Civil, embora em linguagem mais geral, visa ao mesmo fim: "As partes e os advogados têm o dever de se comportar com [...] correção no decorrer do processo"[32].

O outro aspecto da "honra" é mais concreto e também mais difuso. É o princípio de que o advogado deve ser honesto e agir dentro da lei em todas as suas condutas. As normas norte-americanas, características pela especificidade nessas questões, dispõem que é conduta profissional imprópria para um advogado:

- cometer ato criminoso que tenha efeitos adversos na honestidade, e na confiabilidade do advogado ou não condiga com o exercício da profissão;
- envolver-se em atividade que implique desonestidade, fraude, engodo ou falsidade ideológica;
- envolver-se em atividade prejudicial à administração da justiça;
- declarar ou dar a entender que tem meios de influenciar de forma ilícita um funcionário público ou agência governamental;
- deliberadamente auxiliar um juiz ou funcionário do poder judiciário em conduta que constitua violação das normas competentes, da conduta judicial ou de outra lei.[33]

As formulações do Canadian Bar Association Code of Professional Conduct (Código Canadense) e do CCBE são mais genéricas, mas visam ao mesmo objetivo[34]. A "honra" é uma virtude particularmente ressaltada no Japão. É costume referir-se a ela com palavras e expressões como "dignidade", "integridade" e o dever do indivíduo de "refinar-se [...] e aprimorar seu nível de [...] cultura". A ideia subjacente no Japão é incorporar advogados e juízes num compromisso profissional comum.

Um exame mais completo da competência

Quem se denomina advogado declara com isso que é competente na prática jurídica. As formulações dos códigos de ética são simples, mas não muito informativas. *The Guide to the Professional Conduct of Solicitors,* da Inglaterra, por exemplo, dispõe: "O *solicitor* não pode atuar, nem continuar atuando, quando o cliente não puder ser representado com competência e diligência."[35]

Implicitamente, o padrão é o nível de competência predominante na localidade em que o advogado exerce regularmente a profissão. Esse padrão pode vir a ser explicitado numa ação cível por imperícia profissional, ocasião em que o tribunal deve expressar o critério de avaliação para atribuição de responsabilidade[36].

A ideia de "localidade" do exercício da profissão reflete uma acomodação da lei à necessidade prática. Um profissional de atuação geral de uma cidade do interior não precisa ter o mesmo nível de conhecimento técnico em campos tão específicos quanto, por exemplo, direito tributário ou direito ambiental, que tem um profissional de um escritório de advocacia urbano, cujos advogados são todos especialistas. Da mesma forma, seria imprudente um advogado de cidade grande procurar tratar de uma causa importante numa cidade pequena (por exemplo, tentar obter aprovação para um plano de desenvolvimento imobiliário) sem a assistência de um advogado local que sabe como as coisas se fazem em sua cidade.

A regra reflete, portanto, a imensa diversidade de conhecimento e aptidões entre os advogados que atualmente exercem a profissão. A amplitude da diversidade fica ainda maior à medida que as comunidades interagem cada vez mais umas com as outras – "a globalização" – e os regimes jurídicos do mundo aumentam em complexidade e profundidade. Existem muitas "histórias de terror" sobre incompetência no exercício da profissão jurídica. Um caso de destaque nos Estados Unidos, que resultou em litígio (questionando a competência de um advogado), foi o de uma viúva que consultou um advogado acerca da possibilidade de mover uma ação de negligência médica contra o hospital em que seu marido falecera. Depois da consulta, o advogado deu a entender que ia analisar se a ação poderia ter mérito. Mas depois, ao que parece, ele se esqueceu do assunto durante meses, até que expirasse o prazo (prescrição) para apresentar a demanda. Desse modo, a viúva moveu uma ação de negligência profissional contra o advogado, exigindo como indenização a quantia que ela deveria receber do médico na ação por negligência médica[37]. Outro exemplo dos Estados Unidos é o caso de uma negociação (implica, portanto, a competência de um advogado que trabalha como consultor). Trata-se de um importante escritório de assessoria em direito empresarial que, numa transação financeira complicada, não notou que a quantia envolvida havia sido registrada incorretamente na documentação. Quem efetuou o registro omitiu três zeros. O descuido mudou a quantia de U$ 92.885.000 para U$ 92.885[38].

Sem dúvida, inúmeros erros crassos como esses foram cometidos por advogados ao longo da história e no mundo todo. Alguns são lapsos momentâneos de advogados competentes, mas outros são falta de competência de advogados que tentaram dar um passo maior que as pernas – isto é, assumiram responsabilidade em casos que exigiam mais aptidão ou experiência de que dispunham.

Todos os advogados e escritórios de advocacia, contudo, constantemente enfrentam dilemas que põem em questionamento se seu nível de competência é suficiente para a prática profissional. Se uma nova matéria é muito simples ou corriqueira demais para seu nível, eles podem se ver obrigados a recusá-la. Seria um desperdício de talento do advogado ou do escritório e poderia exigir que se cobrasse do cliente um valor maior que o conveniente. Do mesmo modo, uma causa pode ser complexa ou específica demais para um advogado tratar com um grau adequado de autoconfiança. Nesse caso, o profissional terá de recusá-la, encaminhar o cliente a um colega, ou dedicar tempo e trabalho pouco compensadores do ponto de vista econômico para familiarizar-se com o assunto.

Ao mesmo tempo, nenhum advogado gosta de recusar novos negócios. Pouquíssimos advogados ou escritórios têm certeza de que seu trabalho será bem-sucedido. Não sabem, por exemplo, se terão novos casos suficientes para pagar as despesas e as necessidades da família no mês seguinte. Além disso, rejeitar um novo caso é também rejeitar um cliente que manifesta o desejo de contratar um advogado. Esse tipo de rejeição em geral é, na prática, negação da justiça para o potencial cliente, que, além disso, talvez jamais volte.

Os escritórios de advocacia de médio porte, assim como os de grande porte, resolvem esses problemas por meio de uma comissão de "novos casos". A comissão analisa as novas contratações importantes, levando em conta a oportunidade apresentada e a demanda de pessoal que o caso vai exigir do escritório. Também se avaliam questões de conflitos de interesses reais ou potenciais, seja por essa comissão, seja por outro procedimento. Os advogados autônomos e os escritórios pequenos fazem a mesma estimativa de modo informal. Em alguns casos, qualquer decisão apresenta riscos.

A norma jurídica que define a competência se expressa em termos muito gerais. No American Restatement of the Law Governing Lawyers, por exemplo, a regra jurisprudencial diz simplesmente que o advogado deve "agir com competência e diligência razoáveis". O padrão de competência pode ser definido com mais precisão, mas só até certo ponto. Um padrão mais específico teria de tratar de tarefas jurídicas específicas, como preparar um testamento ou uma petição em determinado tipo específico de litígio. As especificações teriam necessariamente de ser mecânicas e por isso não conseguiriam penetrar nos aspectos mais sutis da competência. A mesma dificuldade se apresenta na definição de competência de qualquer outra profissão. A dificuldade é explicada com uma analogia: a diferença entre uma receita culinária (análoga a uma norma jurídica) e uma refeição preparada por um *chef* talentoso e experiente (produto de conhecimentos complexos).

Os regimes modernos estabeleceram padrões reguladores de competência. Desse modo, só pode reivindicar o título de "advogado" (ou, dependendo do sistema jurídico, *avocat, barrister* ou outro) o indivíduo que tem o reconhecimento oficial de sua profissão jurídica. Na maioria dos sistemas, entretanto, parte-se do princípio de que, se o candidato cumpriu as exigências de admissão ao exercício da profissão de advogado, isso lhe confere o direito de realizar qualquer espécie de serviço jurídico.

Todavia, na verdade existem diferenças enormes de capacitação profissional entre os que são aprovados para a prática do direito. Portanto, há discrepância entre a igualdade formal dos advogados, segundo as normas que regem a profissão, e a desigualdade real manifesta nas diferenças de conhecimento e discernimento entre os diversos profissionais. Um problema grave e sempre presente observado pelos potenciais clientes é o fato de que, apesar de formalmente habilitados e por conseguinte autorizados a tratar de matérias jurídicas, os níveis reais de aptidão dos advogados são muito variados.

Para ingressar na profissão jurídica, o candidato deve preencher os requisitos prescritos pelo regulamento. Como se observou, entre os requisitos necessários encontram-se a formação em direito, determinada idade mínima em alguns países, estágio ou prática semelhante de aprendizagem em vários países e, na maioria dos países, aprovação num exame de qualificação (o "exame da ordem"). O candidato típico à admissão preenche esses requisitos ainda relativamente jovem e adquire licença plena para o exercício da profissão. Na França, na Alemanha e na Itália, os advogados são habilitados para o exercício da profissão em geral por volta dos 30 anos, em parte por causa do período de estágio exigido, mas também por levarem a vida universitária em ritmo folgado. Nos Estados Unidos e na Inglaterra, a idade média de habilitação é 25 anos, mas muitos candidatos mais velhos também se qualificam (por exemplo, mulheres que ingressam nos cursos de direito depois de terem filhos).

Também existem diferenças de características pessoais entre os advogados das várias faixas etárias como, por exemplo, eficiência e capacidade para o trabalho contínuo. Essas diferenças individuais aumentam as diferenças entre os advogados de mesma idade e mesma experiência. Além disso, a maior parte do conhecimento e das técnicas de um advogado bem-sucedido é adquirida com a experiência do exercício profissional. Logo, a natureza e a duração da experiência prática do advogado também podem resultar em consideráveis diferenças de competência. Um fator muito importante no progresso da experiência prática de um advogado é o ambiente em que ele começa sua carreira. Alguns principiantes assumem cargos em escritórios de advocacia ou em departamentos jurídicos altamente competentes onde recebem treinamento de alto nível. Outros começam em escritórios relativamente mais fracos, como estagiários ou por si mesmos. A porta de ingresso na profissão tem efeito considerável e duradouro nos tipos de trabalho que o advogado realiza, na orientação e na supervisão profissional que ele recebe de advogados mais experientes e na sua "rede de contatos" para oportunidades. A influência cumulativa da experiência prática inicial é um elemento fundamental na verdadeira diferenciação da eficiência e capacitação dos advogados.

Em alguns países em desenvolvimento, os advogados jovens podem enfrentar outra dificuldade no período inicial da carreira. Por um lado, a experiência e o melhor aprendizado devem ser adquiridos na filial local de um escritório internacional. Por outro lado, as autoridades locais podem ver com desconfiança o emprego numa dessas firmas ou podem mesmo proibir os advogados iniciantes de empregar-se nelas, reservando esse direito apenas para advogados mais experientes. Uma "solução" para o novato pode ser trabalhar no escritório internacional, mas evitar tornar pública sua relação com o escritório.

Em alguns contextos, notadamente nos escritórios de advocacia de "elite" dos Estados Unidos, os principiantes são contratados com base em suas realizações acadêmicas no curso de direito. As relações familiares e a "boa origem" (isto é, classe social e boa rede de relacionamentos) certamente ajudam o iniciante a obter uma boa colocação, mas em geral não bastam no mercado atual, que é altamente competitivo. Em outras sociedades, contudo, como a Itália e muitos países ibero-americanos, o desempenho acadêmico é em geral muito menos pertinente. Pelo fato de quase sempre as universidades estarem superlotadas e o exame ser mera formalidade, é difícil identificar os bacharéis mais capacitados. Nessas circunstâncias, o primeiro cargo num escritório de advocacia quase sempre se deve às relações familiares do candidato. Por certo, um iniciante bem empregado que venha a demonstrar evidente incompetência não progredirá num escritório de advogados capacitados. Alguns, entretanto, conseguem sobreviver, usufruindo assim dos benefícios profissionais de suas relações do início da carreira.

Há três "modelos" para determinar o nível inicial de competência profissional: o europeu continental, o inglês e o norte-americano.

O modelo europeu continental

Conforme expuseram os capítulos 1 e 2, a formação em direito na Europa continental baseia-se numa combinação de educação universitária e estágios supervisionados pelo governo. O currículo universitário segue os moldes do direito romano e ensina conceitos jurídicos clássicos, com ênfase no direito material, ou substantivo (direito da propriedade, dos contratos e direito penal, delitos civis e outros quejandos). Os conceitos de direito processual, ou adjetivo (que abrange processo civil e processo penal, competência, direito internacional privado e avaliação de julgamentos), só são introduzidos no estágio mais avançado do currículo e são apresentados de modo mais formal que prático. Em alguns currículos, uma disciplina muito importante é a teoria do direito, a exposição dos fundamentos teóricos da ciência jurídica, entre eles o direito natural.

As aulas da grade curricular de direito da universidade europeia são essencialmente teóricas e conceituais e ministradas por professores doutos e especialistas nessas áreas. Em geral, as aulas consistem em exposição das normas jurídicas tal qual se apresentam nos códigos e nos compêndios, análise das normas dos pontos de vista histórico e teórico e em comentários acadêmicos acerca das normas e das relações entre elas. Portanto, o direito é apresentado do ponto de vista do jurista ou do juiz, e não da perspectiva do advogado. O método pedagógico transmite a ideia de que a lei é clara e categórica. Muitos professores europeus também são praticantes do direito e por isso compreendem que da perspectiva dos advogados e de seus clientes a lei muitas vezes é bem obscura e portanto não categórica. Todavia, na formação jurídica europeia considerava-se inoportuno, na verdade irrelevante, comparar os conceitos teóricos expostos nas aulas universitárias com o "direito na prática", vivido no dia a dia da profissão. Os docentes consideram-se professores doutores de uma ciência humana, e não instrutores de preparação profissional, a ponto de normalmente excluírem do estudo os aspectos práticos do direito e da administração da justiça[39].

Na tradição erudita da educação universitária europeia, portanto, o currículo fornece base filosófica e histórica para o entendimento e a avaliação do direito como elemento basilar da civilização ocidental. Essa postura é transmitida tanto aos alunos que vão se dedicar a outras profissões quanto aos futuros advogados. É uma atitude de respeito, quase reverencial, completamente diferente da avaliação realista do direito tal como é administrado na prática[40].

Na maioria dos países em desenvolvimento, tanto nos de tradição de *civil law* quanto nos de tradição de *common law*, o formalismo superficial da educação jurídica é piorado pela carência de recursos pedagógicos das universidades. As salas de aula têm muitos alunos, as aulas são monólogos, e espera-se que os alunos aprendam pela repetição. Por conseguinte, há pouca oportunidade para a reflexão ou discussão do texto da lei, muito menos das complexidades de aplicação da lei no exercício concreto da profissão. Ao mesmo tempo, do ponto de vista das finanças públicas, não há alternativa prática para um país em desenvolvimento que esteja tentando modernizar seu sistema jurídico. Uma formação jurídica formalista é melhor que nada; e criar novos quadros com advogados e juízes formados precariamente é sem dúvida melhor que encher os tribunais com gente sem nenhuma formação jurídica.

A tradição europeia permanece tanto na parte ocidental quanto na parte oriental do continente. Foi absorvida pelos países ibero-americanos por influência de Portugal e Espanha, e pelo Japão e pela China por meio do modelo germânico[41]. A ideia de estudantes como "plateia" na formação acadêmica em direito é coerente tendo em vista a carreira profissional futura da maioria dos estudantes que optam por um currículo de direito. A maior parte dos estudantes universitários europeus que opta pelo currículo de direito não ingressa na profissão jurídica, nem como juiz, nem como advogado. Antes, muitos ingressam nas profissões de colarinho branco da administração pública ou de empresas, carreiras em que o conhecimento geral das leis e a capacidade de pensar e de se expressar de forma criteriosa e atenta são aptidões muito preciosas. Essa ideia dos alunos como uma plateia também sustenta a apresentação do direito de forma lógica e teórica, do mesmo modo que os currículos universitários de economia, engenharia e contabilidade, que em geral são relativamente teóricos. A grade curricular universitária de direito não trata do "lado obscuro" do direito, que se expõe numa abordagem "realista" da educação jurídica[42].

A concepção do direito como uma ciência baseada na lógica e na história clássica manifesta-se não só nos currículos universitários, mas na literatura acadêmica e profissional do direito. Nas tradições europeia e japonesa, o estudo acadêmico do direito consiste em exposições e comentários do texto formal da lei, e não das circunstâncias concretas de aplicação e administração da lei. Os estudiosos do direito têm enorme influência na forma de elaborar a expressão da lei, principalmente através dos tratados sobre questões jurídicas[43].

Uma parcela significativa dos bacharéis em direito segundo o estilo europeu de currículo acadêmico torna-se profissional do direito – alguns juízes, outros advogados e uns poucos notários. A essência do direito para esses futuros profissionais são a especificação e a articulação filosóficas e históricas das normas jurídicas. A essência da técnica jurídica consiste num discurso harmonizado com esse modo de pensar. A concepção formal do direito é, portanto, uma profecia que constantemente se cumpre por si mesma. O direito "é" o sistema de normas formais analisado do ponto de vista filosófico e histórico, exposto por professores especializados na tradição universitária e transmitido aos alunos que conquistam honras acadêmicas por demonstrar competência semelhante. Se esse tipo de formação é adequado para advogados, ou para juízes, é outra questão.

Para aqueles que pretendem ingressar nos quadros da carreira jurídica no sistema de *civil law*, o passo seguinte consiste na combinação de exames de qualificação e estágio profissional. O conteúdo, a sequência e o rigor desses elementos varia nos diversos países de *civil law*. Alguns sistemas aplicam um exame no término da formação universitária e outro no término do estágio; outros aplicam somente um exame, antes ou depois do estágio. Alguns países têm apenas o sistema de estágios, que serve igualmente para futuros juízes e futuros advogados; outros instituem caminhos separados desde o início dos estágios. Em alguns sistemas, os estágios são controlados e regulamentados rigorosamente e contém considerável instrução formal sobre questões "práticas". Em outros sistemas, os estágios podem consistir tão somente na obtenção de um cargo de assistente num escritório de advocacia cujas atribuições são copiar textos e transmitir recados. Os países do norte da Europa – notadamente a França e a Alemanha – tradicionalmente mantêm altos padrões de estágios profissionais. Em alguns outros países os padrões são nominais e, em outros, são uma farsa[44]. Na Itália, a supervisão reguladora do sistema tem sido relaxada, e a qualidade real dos estágios, muito desigual, mas recentemente houve importantes reformas[45].

Na maioria dos países que adotam o sistema europeu continental exige-se um exame de admissão profissional. Até algum tempo atrás, bastava a graduação num curso universitário de direito para obter permissão de ingresso na carreira jurídica. Esse sistema ainda é válido em alguns países europeus e na maior parte dos países latino-americanos. Onde se exige o exame de admissão, este consiste em perguntas, que devem ser respondidas por escrito, sobre as normas jurídicas. O exame característico compreende uma prova escrita, que é aplicada durante alguns dias e recebe nota de acordo com um gabarito previamente elaborado, seguida de uma prova oral[46]. A maioria dos sistemas exige ainda uma declaração de antecedentes do candidato para averiguar se existem fatores impeditivos, notadamente condenações criminais[47].

Satisfeitas essas exigências, o candidato é admitido provisoriamente como profissional, seja como juiz, advogado ou membro de uma profissão jurídica especializada, como a dos notários. Em muitos países da Europa, a admissão à carreira de advogado é concedida pela ordem dos advogados da cidade ou da província, o que nos faz lembrar do histórico caráter local da profissão de advogado. Na França, por exemplo, os *Centres régionaux de formation profissiennelle des avocats* (CRFPA) estão ligados aos tribunais regionais de apelação. A admissão na ordem de uma localidade em geral permite obter a licenciatura válida para todo o país[48]. Os admitidos na carreira judicial ingressam num sistema muito bem estruturado de avaliação e potencial promoção, começando pelos tribunais inferiores e culminando com nomeação para os tribunais superiores do sistema.

Em muitos sistemas, a admissão à carreira de advogado está sujeita à exigência de mais experiência prática ou de estágio sob a orientação de um profissional experiente. Pode-se exigir que os admitidos ao exercício da profissão completem um certo período probatório para se tornarem membros plenos da ordem dos advogados. Na França, por exemplo, o candidato tem de completar um programa de treinamento de um ano, depois mais um período de dois anos de admissão condicional, em que exerce a profissão sob a supervisão de um advogado experiente e reconhecido; só depois disso é que recebe a admissão plena. Até há pouco tempo, em muitos países europeus conservavam-se as distinções entre os diferentes ramos dos profissionais do direito como, por exemplo, entre o *avocat* e o *avoué* na França. Contudo, a tendência moderna é eliminar essas distinções.

Depois que um advogado é admitido ao exercício da profissão nos sistemas de *civil law*, seu sucesso profissional depende do reconhecimento não oficial: sua "reputação". Alguns sistemas jurídicos mantêm distinções formais baseadas nas conquistas posteriores à admissão. Por exemplo, na França a administração da categoria profissional em cada cidade é supervisionada por um membro preeminente da ordem, o *batonier*, cuja nomeação é efeito de sua elevada reputação. Além disso, muitos profissionais também são professores de direito, de modo que o *status* deles entre os colegas origina-se em parte da posição que têm no mundo acadêmico.

Em decorrência dessas exigências para a admissão à profissão, os advogados na maioria dos sistemas jurídicos da Europa continental têm a competência intelectual necessária, alto nível cultural e capacidade de atenção continuada a problemas intelectuais. Esses importantes elementos de competência para as profissões do direito e para os vários tipos de prática são suficientes para o exercício competente da profissão. Todavia, outros atributos são importantes na prática jurídica, a saber: imaginação, ousadia, poder de persuasão e uma visão realista e fria das fraquezas humanas, inclusive as fraquezas de juízes e de outros funcionários públicos. Essas aptidões se manifestam no curso da prática profissional e resultam em níveis diferentes, mas "invisíveis", de proficiência entre os profissionais mais experientes.

O modelo inglês

Desde o século XVII, a categoria dos profissionais do direito na Inglaterra distingue-se entre *barristers* e *solicitors*, distinção essa que atualmente vem desaparecendo[49]. Desde os primórdios, o ingresso na condição de *barrister* exigia do candidato um programa de formação completo, inclusive um período de aprendizagem, sob a orientação e ensino da própria ordem dos advogados[50]. A admissão na condição de *solicitor* foi formalizada em 1843. A Law Society, organização que administra esse ramo da profissão, ficou encarregada de supervisionar a admissão de *solicitors*. O ingresso na profissão como *solicitor* também exige um estágio tutelado. Não se exige grau universitário dos *barristers* nem dos *solicitors*, e até há pouco tempo muitos profissionais não tinham frequentado universidade. Na segunda metade do século XX, porém, a maioria dos que passavam a exercer a profissão de advogado tinha diploma universitário, que atualmente é obrigatório[51]. Entretanto, o fato histórico da não exigência de formação universitária para o ingresso no exercício da profissão teve influência importante e duradoura no conceito de formação para a categoria na Inglaterra. A ideia essencial na tradição inglesa é preparar o candidato pelo aprendizado no estágio[52]. Na Inglaterra do início do Renascimento, os aspirantes a *barrister* adquiriam alguma formação prática nos *Inns of Court* com os processos judiciais simulados (*moots*), que ofereciam tanto a técnica quanto conhecimentos sólidos[53]. O *barrister* aprendia a prática jurídica principalmente "trabalhando muito duro" no escritório de outro *barrister*. O aprendizado do *solicitor* se dava do mesmo modo com um *solicitor* bem estabelecido. Atualmente, a formação profissional foi sistematizada em currículos profissionais organizados oferecidos em institutos patrocinados pelas categorias profissionais. O programa preparatório desses institutos consiste em um ano de ensino intensivo de técnicas profissionais, como elaboração de documentos, no caso dos *solicitors*, e preparação e desenvolvimento de argumentos jurídicos, no caso dos *barristers*. O programa acontece depois da formação universitária, vindo em seguida um período de estágio em escritório de advocacia, de um ano para *barristers*, e dois para *solicitors*[54].

Essa evolução histórica também ajuda a explicar por que os currículos universitários tradicionalmente cursados pelos advogados ingleses – anteriores ao programa preparatório e aos estágios – não têm uma relação obrigatória com o direito. As universidades inglesas oferecem currículos de direito muitos semelhantes aos das universidades da Europa continental – históricos e filosóficos, baseados tanto no direito romano quanto no *common law*. A maior parte dos estudantes que prosseguem para a carreira profissional jurídica terá feito um curso de direito, mas os que tiverem tido um curso superior diferente podem habilitar-se por meio de aprovação num exame da categoria[55]. Os advogados ingleses dos dias atuais podem ter feito tanto um curso de humanidades – história, filosofia, política ou ciências – quanto um curso de direito. Na concepção de um advogado inglês praticante, o "direito" é uma profissão técnica que se aprende depois da faculdade. Esse modelo também ajuda a explicar a atitude típica dos advogados ingleses perante a profissão: pragmática, sem pretensão ou arcabouço teórico. No sistema inglês, hoje se exige em todos os ramos da profissão um exame de ingresso. Depois de completar as fases de preparação de aprendizagem e estágio e de passar no exame, o jovem advogado está legalmente habilitado para o exercício da profissão. Contudo, para adquirir competência no sistema inglês, como em qualquer outro, o candidato precisa ganhar experiência suficiente. Os *barristers* como tais não podem associar-se a escritórios de advocacia, têm de exercer a profissão como autônomos[56]. Por conseguinte, o *barrister* novato adquire experiência principalmente recebendo indicações do tribunal para casos criminais e processos de assistência judiciária e conseguindo encaminhamento de *barristers* mais experientes e de amigos *solicitors*[57]. Os *solicitors* iniciantes podem ingressar nos escritórios de advocacia, e é isso que fazem. Os que têm credenciais ou relações importantes costumam ir para os escritórios maiores, e os que têm credenciais e relações de menor importância em geral ingressam em escritórios menores de *solicitors* autônomos[58].

Como em qualquer outro lugar, a partir desse ponto, a carreira profissional é uma progressão cíclica: aquisição de competência pela experiência, a experiência atuando como base necessária da competência, e reputação – favorável ou desfavorável – determinada conforme a competência.

O modelo inglês foi transferido para os países do antigo Império Britânico, dentre os quais Austrália, Canadá, Índia, Nova Zelândia, Nigéria, Cingapura e Republica da África do Sul. O sistema de formação inglês sem dúvida ainda é seguido por muitos estudantes desses países. O sistema inglês foi importado pelo Canadá anglófono (Ontário e mais oito províncias), mas o Quebec seguiu a tradição continental francesa. Ultimamente, contudo, os sistemas canadenses absorveram elementos do modelo estadunidense.

Como em outros lugares, muitos que ingressaram na prática do direito na Inglaterra deixam a carreira por outras profissões e desse modo passam a ser *ex-profissionais* do direito. Os que completaram o curso de direito mas deixam a profissão jurídica – para se dedicar aos negócios, ao jornalismo ou à carreira acadêmica – são um elemento importante, mas quase sempre não observado, da classe média moderna. Esses ex-profissionais do direito constituem uma importante comunidade não profissional que interpreta e avalia os profissionais do direito em geral e alguns advogados em particular – por meio de boatos e folclore, pelos meios de comunicação e, com muita frequência, como intermediários entre advogados e clientes.

O modelo norte-americano

O modelo norte-americano para habilitação profissional exige formação universitária, um programa de três anos de pós-graduação em direito, exame da ordem dos advogados e, em alguns estados dos Estados Unidos e no Canadá, um período de estágio. Esse modelo está sendo adotado atualmente no Japão[59]. O elemento diferencial é que o currículo de direito é acessível somente aos estudantes que já obtiveram uma formação universitária.

Esse sistema desenvolveu-se no final do século XIX sob a liderança da Harvard Law School e se consolidou na década de 1920. Antes disso e até depois da Guerra Civil dos Estados Unidos, a formação em direito não era sistemática e praticamente não havia regulamentação. Em muitos Estados, para ser admitido na carreira jurídica bastava apenas que um juiz local, às vezes reunido com os membros da ordem local, se convencesse de que o candidato era "apto para a prática jurídica". (Em muitos lugares o próprio juiz era de competência profissional duvidosa.) Adquiria-se capacitação para o exercício da profissão com a leitura de livros de direito. No começo do século XIX liam-se talvez só os *Commentaries on the Laws of England* [Comentários sobre as leis da Inglaterra], de Blackstone[60], que servia de manual básico para o profissional. Além da leitura, observavam-se os processos nos tribunais e ouviam-se as conversas informais acerca da profissão[61]. Em algumas regiões havia institutos preparatórios dirigidos por profissionais experientes[62].

Na primeira metade do século XIX, algumas universidades norte-americanas ofereciam cursos de direito, em geral baseados no modelo europeu clássico[63]. Os programas eram planejados de modo que fornecessem um fundamento liberal e filosófico em direito e, em segundo lugar, servissem de base para a futura prática jurídica. Todavia, não se exigia formação universitária dos advogados, e o currículo não tinha ligação direta com a criação de competências.

O currículo de pós-graduação da Harvard Law School teve início na década de 1870 e por imitação de outras instituições produziu gradualmente uma mudança revolucionária. Tinha como base o "método casuístico" – isto é, o estudo do direito pela análise de decisões judiciais. O sistema do método casuístico apoiava-se em duas ideias: a primeira, que o direito, o exercício profissional inclusive, é uma ciência, como, por exemplo, a biologia; e a segunda, que a ciência jurídica se ensina corretamente pelo estudo de decisões judiciais, do mesmo modo que na biologia se estudam espécimes biológicos[64]. Os livros didáticos desse método consistiam, portanto, em compilações de decisões judiciais organizadas por assuntos (como contratos ou propriedade) e por uma suposta ordem de exposição lógica dentro desse contexto. No método casuístico de Harvard, havia pouca ou nenhuma referência à legislação e nenhuma referência ao direito processual ou administração da justiça nem aos antecedentes históricos e sociais mais amplos[65].

Foi em protesto contra essa abordagem de Harvard que Oliver Wendell Holmes formulou suas mais memoráveis opiniões sobre o direito. Em *The Common Law* [O direito comum], publicado em 1881, Holmes afirmou: "A vida do direito não é a lógica: é a experiência. As necessidades da época, as teorias morais e políticas predominantes, as intuições de políticas públicas […] até os preconceitos a que, como seres humanos, estão sujeitos os juízes."[66] Alguns anos depois, Holmes observa outra vez: "É perfeitamente cabível considerar e estudar o direito como um excelente documento antropológico."[67]

As ideias subjacentes ao método casuístico de Harvard – de que o direito era uma ciência classificatória semelhante à biologia, como se entendia no final do século XIX, e de que deveria ser estudado exclusivamente com exemplos de decisões judiciais – sem dúvida eram equivocadas. No entanto, essas ideias modelaram, até boa parte do século XX, o currículo de Harvard, que serviu de modelo para a formação jurídica em muitas outras instituições.

Essas mesmas ideias tiveram duas consequências práticas muito importantes. Em primeiro lugar, a formação jurídica devia ser obtida em nível de pós-graduação, depois da graduação num curso universitário. Nesse aspecto, o diploma de uma escola de direito dos Estados Unidos é semelhante ao doutorado em ciências humanas ou exatas. Manter a formação jurídica como programa de pós-graduação distanciava-a do currículo das faculdades e, com o tempo, levou as faculdades de direito a funcionar isoladamente do resto da universidade. Outra implicação é um corpo discente cujos membros tinham formações acadêmicas diversas antes de ingressar no curso de direito. Os estudantes de direito norte-americanos podem ter cursado engenharia ou música no bacharelado, antes do curso de direito, ou ter-se graduado em cursos mais típicos, como história, filosofia, letras ou economia.

A segunda consequência prática do modelo de Harvard foi o fato de o currículo de direito, embora concebido como uma ciência, tratar o direito como uma questão de vocação profissional, e não como um ramo das ciências humanas. O foco nas decisões judiciais concentrava-se nos precedentes do *common law*, deixando de lado a jurisprudência romana clássica. Também tratava dos casos concentrando-se nos fatos de uma disputa judicial, em vez das normas e dos princípios gerais do direito. Uma apreciação crítica das decisões judiciais pela pedagogia jurídica norte-americana podia revelar confusão, incoerências e contradições, e não um todo coerente e sistemático[68]. Desse modo, a educação jurídica norte-americana passou a ser ao mesmo tempo matéria de "aprendizagem superior" para a pós-graduação, matéria de técnica para os futuros profissionais e, como às vezes é ensinada, uma crítica do direito e do raciocínio jurídico. Isso tudo acabou resultando num currículo intelectualmente sofisticado, mas ensinado por um corpo docente separado – na verdade, muitas vezes isolado – dos outros campos de estudo e pesquisa universitários.

O modelo de Harvard de um curso profissional de pós-graduação em direito foi considerado responsável pela elevação do direito a um nível de destaque acadêmico e profissional. Por isso, o método casuístico de Harvard se tornou o programa modelo para a reforma da educação jurídica norte-americana. Nas primeiras décadas do século XX esse modelo era praticamente obrigatório em todo o território dos Estados Unidos.

O curso jurídico de formação profissional em nível de pós-graduação dos Estados Unidos estava desligado não só dos outros cursos universitários de graduação, mas também dos parâmetros e procedimentos para admissão ao exercício da profissão. Todavia, as normas para ingresso nos quadros profissionais foram reformadas mais ou menos na mesma época em que se adotou o método casuístico. Entre as novas exigências estavam uma prova escrita da ordem e um exame mais sistemático do caráter pessoal do candidato[69]. Essas exigências ganharam vida tanto do desejo de garantir um nível mínimo de competência dos ingressantes na profissão quanto da animosidade para com os elementos "indesejáveis" do grupo que pleiteava admissão, principalmente os imigrantes e filhos de imigrantes, como judeus e italianos[70]. Conclusão do curso de direito, aprovação no exame da ordem e satisfação de um critério mínimo de "caráter e aptidão" passaram, portanto, a ser as condições necessárias, e suficientes, para o exercício das profissões jurídicas nos Estados Unidos. Alguns estados impunham além disso algum tipo de estágio ou de período probatório. No entanto, o estágio e o exame de caráter quase sempre operavam em favor dos filhos ou sobrinhos de profissionais destacados, à custa da exclusão ou desvantagem de dissidentes, mulheres e minorias étnicas[71]. Houve questionamentos semelhantes em relação ao exame da ordem e à própria educação jurídica[72], mas foram rejeitados.

O Canadá desenvolveu uma combinação dos sistemas inglês e norte-americano. Atualmente, exige-se um curso de direito em nível de pós-graduação mais ou menos semelhante ao curso de Harvard, assim como aprovação no exame da ordem e em uma avaliação de caráter. Além disso, exige-se um período de um ano de estágio – o "*articling*", pois tradicionalmente se realiza de acordo com os *articles* (cláusulas) do contrato de aprendizagem.

Nos Estados Unidos e no Canadá, a satisfação desses requisitos certifica formalmente que o advogado formado está preparado para o exercício competente da profissão. Os critérios de admissão são "democráticos", uma vez que sua satisfação se baseia num desempenho médio, às vezes um pouco aquém do médio, e não em algum sistema de exclusão. Por isso, os níveis de competência técnica dos advogados recém-habilitados dos Estados Unidos e do Canadá podem variar amplamente. Alguns advogados iniciantes com pouquíssima experiência na verdade podem desempenhar com muita competência a representação em diversas questões. Isso talvez se deva à formação, que é mais ampla e mais longa que nos modelos europeus. Por outro lado, talvez seja consequência do fato de que, nos Estados Unidos e no Candá, a prática do direito tem um âmbito material imenso: envolve não somente especialidades tradicionais, como a prática de audiência e a intermediação de negócios, mas também especialidades novas, como o direito da informática, o direito ambiental e o direito da saúde. Em qualquer campo de atividade, a impetuosidade juvenil e uma formação educacional recente podem ser mais vantajosas que a longa experiência.

Competência prática

Os mecanismos de avaliação inicial de competência – requisitos acadêmicos, exame da ordem, estágios – são relativamente imprecisos. A maior parte das habilidades atinentes à profissão só pode ser adquirida pela experiência como advogado ou, cada vez mais na prática moderna, pela experiência reforçada e prolongada pela formação jurídica constante com palestras e seminários. O jovem advogado adquire experiência nas habilidades práticas observando advogados mais experientes, "tentando agir como eles", imitando-os, adaptando a técnica e o "estilo" deles, procurando autoavaliar-se e, às vezes, submetendo-se às avaliações de outros. Entre outras, as habilidades práticas são:

- atenção constante, renovada e aprofundada aos textos jurídicos concernentes aos campos em que o advogado atua;
- observação dos padrões de comportamento e das motivações visíveis de juízes, escreventes, oficiais de justiça e dos advogados da parte adversária com os quais interage;
- aperfeiçoamento do senso estratégico para lidar com as questões dos clientes;
- domínio da técnica de conduzir entrevista com os clientes, pessoalmente e por telefone, aprender a "ouvir o que

não foi dito", e a equilibrar simpatia e objetividade ao lidar com os problemas dos clientes;
- domínio da técnica de lidar com as partes adversárias e seus advogados, inclusive os mal-informados, os mal-educados e os desarrazoados;
- capacidade de ocultar a surpresa diante do inesperado;
- capacidade de organizar as prioridades, concentrar os esforços e aprender quais formalidades podem ser desconsideradas sem ocasionar problemas nas diversas circunstâncias;
- capacidade de avaliar a importância do momento e o senso de oportunidade para fazer as tarefas e realizar manobras em nome dos clientes;
- capacidade de calcular os custos em jogo para o cliente e quanto este pode gastar;
- capacidade de apresentar as contas sem constrangimento e de persuadir o cliente a pagar.

Um advogado relativamente bem-sucedido deve ter alcançado uma combinação adequada dessas aptidões práticas. Alguns advogados conseguem atingir uma combinação perfeita dessas habilidades e são brilhantes e bem-sucedidos, como um atleta de elite, que combina diversas habilidades práticas de seu esporte. Alguns profissionais descobrem, depois de terem ingressado na prática advocatícia, que lhes falta a combinação correta, ou que empregar essa combinação lhes é desagradável ou até incompatível, e partem para outra profissão. Muitos, porém, continuam, sobrevivendo com níveis de competência diversos.

Contudo, uma vez que o candidato tenha sido admitido ao exercício profissional, é difícil "excluí-lo", mesmo que ele se demonstre relativamente incompetente. Os membros estabelecidos da categoria sentem-se pouco estimulados para elevar o nível de qualidade com a exclusão dos quase incompetentes depois de os terem admitido aos quadros da profissão. É difícil provar as diferenças de competência acima do nível mínimo e é desagradável denunciá-las; isso destrói as relações de coleguismo. Um advogado acusado por outro de incompetência pode, enquanto o processo de descredenciamento da ordem está pendente, surgir do lado oposto num litígio ou numa negociação. De uma perspectiva mais materialista, quando o nível da prática profissional é medíocre, os advogados com capacidade superior são bem-sucedidos.

Na verdade, a mediocridade – literalmente, a "média" – é o padrão predominante na prática jurídica, como também é sem dúvida em outras profissões e carreiras. As críticas graves desse nível de exercício profissional normalmente provêm de fora da categoria, notadamente de acadêmicos, e de profissionais altamente competentes e bem-sucedidos que se escandalizam com o baixo nível predominante na profissão deles[73].

A crítica de que vários advogados medianos não são muito competentes e de que muitos advogados são prática ou completamente incompetentes é, em nossa opinião, correta e trágica, mas em grande parte inútil. Em primeiro lugar, essa crítica é persistente na história, o que faz pensar que a deficiência é um aspecto da humanidade, não um fenômeno de determinado sistema jurídico ou período histórico. Em segundo lugar, metade dos advogados de qualquer sociedade de qualquer época por definição está abaixo da média. Se, como se presume, a competência efetiva no exercício do direito representa um amplo leque de graus de proficiência, isso significa que muitos clientes têm de lidar com advogados não muito competentes. Também presumimos, com base em princípios econômicos e políticos, que os clientes ricos e poderosos têm mais facilidade para encontrar um advogado competente do que os clientes desprovidos de riqueza e poder. Em terceiro lugar, uma vez que a prática da advocacia interage com o sistema de justiça, a incompetência do advogado quase sempre resulta em injustiça para o cliente.

A incompetência dos advogados, assim como dos juízes, tem de ser vista como um mal social grave. Entretanto,

AS "VIRTUDES" PROFISSIONAIS: COMPETÊNCIA

remediar esse mal social implica escolhas difíceis de pôr em prática, escolhas que em geral encontram resistência por parte dos profissionais do direito e da sociedade em geral. Acima de tudo, é difícil medir a competência em qualquer ramo profissional[74]. Por outro lado, é possível identificar a incompetência grosseira. O mecanismo disciplinar poderia identificar e descredenciar os advogados muito incompetentes ou pelo menos os que agem repetidamente como incompetentes. Não há dados estatísticos confiáveis sobre a eficiência da vigilância da ordem sobre a incompetência, e é difícil, até impossível, estipular a quantidade de incompetentes na profissão. Acreditamos, porém, que a reação disciplinar à incompetência dos advogados é fraca em qualquer lugar do mundo. Por exemplo, o sistema disciplinar para os *solicitors* da Inglaterra, que talvez seja tão bom quanto qualquer outro sistema disciplinar, trata quase que exclusivamente dos casos de desonestidade, em vez de tratar da incompetência[75]. No Canadá e nos Estados Unidos, raramente se corrige a incompetência em si nos processos disciplinares[76]. Nesses países, os casos de incompetência grave não são tratados e só chamam a atenção das autoridades disciplinadoras quando o advogado, além de errar por incompetência, ainda oculta seus erros do cliente e mente para ele. Nossas informações indicam que essa situação é a mais comum na maioria dos sistemas jurídicos.

Os mesmos defeitos são característicos dos mecanismos disciplinares de outras categorias profissionais[77]. Como grupo, as categorias profissionais incentivam a autoestima e as relações públicas para anunciar a necessidade de padrões elevados, mas incentivam muito pouco os membros a se organizarem para elaborar uma vigilância eficiente contra a incompetência. Os advogados sempre têm interesse em contratar bons estagiários e manter um alto nível de competência em seus escritórios, mas quase não têm interesse prático de fortalecer a competência de outros escritórios. No âmbito pessoal, uma vigilância eficaz implicaria investigações, contestação de processos e descredenciamentos de profissionais; essas coisas arruinariam as esperanças e o sustento profissional dos que estivessem em falta. A vigilância eficiente seria, portanto, dispendiosa, controversa, causaria dissensões e seria muitas vezes ocasião para ressentimentos ou remorso. Os registros históricos informam que sempre foi assim. A melhoria da competência técnica dos advogados pode ser alcançada a longo prazo com melhor educação básica, melhor formação nas faculdades de direito, melhor treinamento prático e acompanhamento da evolução profissional nos primeiros anos de exercício do jovem advogado. Nós, os autores, dedicamos boa parte de nossa vida a alguns desses objetivos. Todavia, não esperamos grande retorno a curto prazo.

Quando se presume que os mecanismos disciplinares da categoria são relativamente ineficientes e que as eventuais respostas judiciais à incompetência não são melhores, surge uma questão: os tribunais devem providenciar um remédio por meio de ação por danos e imperícia? Até há pouco tempo, a resposta a essa pergunta era negativa. Em alguns sistemas jurídicos essa solução não era sequer reconhecida e em outros era reconhecida apenas nos casos em que havia responsabilidade por dolo, não por negligência. Em toda parte, os tribunais eram pouco receptivos às ações de imperícia dos profissionais, e os advogados eram extremamente relutantes em mover ação contra colegas de profissão.

Essa atitude ainda persiste em graus diversos. Muitos sistemas não preveem indenização por danos decorrentes da negligência do advogado, por mais grave que esta seja. Nos Estados Unidos, por outro lado, reconhece-se o remédio para a imperícia, e a defesa desse tipo de ações tem aumentado. Há um conjunto de doutrinas jurídicas bem aceito, análogo às leis referentes à imperícia médica[78]. A responsabilidade pela imperícia pode ser declarada não só em favor de clientes, mas também em favor de categorias muito bem definidas e delimitadas de terceiros diretamente prejudicados pela incompetência de um advogado. Estão nessa cate-

AS "VIRTUDES" PROFISSIONAIS: COMPETÊNCIA

goria de "terceiros", por exemplo, membros da família que teriam recebido uma herança pelo testamento, mas a perderam porque o testamento foi mal redigido. Outra categoria compreende as partes de uma transação comercial diretamente afetada pela opinião de um advogado, como, por exemplo, um banco que tenha emprestado dinheiro ao cliente do advogado. Além disso, os clientes lesados podem processar o advogado que deixou de lhes revelar um conflito de interesses, argumentando que o advogado com isso gerou vantagem para o outro cliente. Essa ação pode até levantar uma questão de fato, isto é, se o advogado representou o cliente eficientemente.

Na Inglaterra, há uma espécie de meio-termo. Os *barristers* e os *solicitors* não podem ser processados por negligência de conduta nos tribunais, mas podem ser responsabilizados pela consultoria e assistência que prestam fora dos tribunais. De qualquer modo, provar a negligência de conduta no tribunal é muito difícil. Em primeiro lugar, porque nos processos judiciais existe a parte contrária, cujo compromisso é exatamente opor-se. Desse modo, é questionável se uma abordagem diferente daquela que o advogado acusado adotou seria bem-sucedida. Em segundo lugar, todas as manobras processuais implicam (em tese) discernimento profissional quanto à estratégia e à tática. Certamente há fundamento para a acusação de imperícia quando foram ignoradas provas cruciais ou quando uma reivindicação possível contra a outra parte passou despercebida ou foi menosprezada. Fora isso, o advogado acusado pode defender-se com base no fato de estarem em jogo o discernimento e a estratégia profissionais.

Hoje, porém, as decisões na Inglaterra ampliaram um pouco o alcance do conceito de "fora do tribunal", e com isso ampliaram-se os fundamentos possíveis de uma ação judicial de imperícia[79]. Numa decisão paradigmática, a Câmara dos Lordes reviu a evolução das normas inglesas de responsabilidade por imperícia do advogado, o avanço das leis na Austrália, no Canadá e na Nova Zelândia e o direito vigente na Europa continental e nos Estados Unidos. Nessa ocasião, o Lorde Bingham of Cornhill, C. J.*, disse:

> Salvo quando a ação diz respeito a atos ou omissões de um advogado que trata de um caso contencioso numa sessão pública, a imunidade forense não deve ser consagrada [como] norma sem exceções [...] Certas formas de consultoria (como, por exemplo, decisões tomadas com base profissional ou estratégica acerca de que testemunhas devem ou não ser chamadas, ou que alegações e linhas de defesa devem ou não ser apresentadas) são protegidas pela imunidade forense [...] Não podemos [...] aceitar que imunidade semelhante se aplique a decisões supostamente negligentes tomadas fora do tribunal...[80]

Em nossa opinião, os tribunais não deveriam hesitar para conhecer de ações por imperícia jurídica, do mesmo modo que não hesitam em apreciar ações, por exemplo, de imperícia contábil ou de engenharia. Para tanto, existem padrões consagrados da prática advocatícia, provas periciais relativas ao cumprimento desses padrões e técnicas para avaliar os danos resultantes. O seguro de responsabilidade profissional é bem acessível hoje e, na verdade, muitos países exigem que os advogados contratem esse tipo de seguro. Às vezes, a ideia de que permitir ações judiciais contra a imperícia de advogados pode enfraquecer os laços das relações entre cliente e advogado é apresentada como justificativa para limitar ou negar essa responsabilidade. Essa explicação nos parece absurda. De todo modo, muitos clientes não se sentem à vontade com seu advogado, principalmente um cliente que está tratando com um advogado pela primeira vez. As ações de imperícia têm base na conduta de um advogado que (supostamente) não se conduziu adequadamente na relação com o cliente. Essas ações em geral são apresentadas apenas quando o profissional tratou mal a questão material ou posteriormente lidou mal com a re-

---

* *Chief Justice.* (N. da R. T.)

lação advogado-cliente. Além disso, reconhecer esse remédio dá ao cliente prejudicado com o erro do profissional uma solução independente dos recursos disciplinares locais, que a nosso ver quase sempre são imprevisíveis ou débeis.

Como encontrar um bom advogado

Em qualquer comunidade, as diferenças de competência entre os membros da ordem dos advogados refletem-se em sua "reputação". A reputação profissional é a avaliação de um advogado na opinião coletiva e informal de seus pares e, de modo menos preciso, a opinião de um público mais amplo. A opinião coletiva informal é um extrato não sistemático das avaliações profissionais, observações informais, daquilo que se ouviu dizer, dos atributos de caráter pessoal, de estereótipos e outros elementos de naturezas diversas. Todo advogado tem algum tipo de reputação profissional[81].

Os possíveis clientes só podem diferençar o advogado medíocre do advogado altamente competente com base na fama desse profissional. A reputação profissional é difundida pelos caminhos das relações sociais e de negócios. Os clientes potenciais que têm dinheiro ou *status* em geral conseguem, graças a sua rede de relacionamentos de mesmo *status* social, identificar os advogados competentes com muito mais facilidade que as pessoas de outros círculos. Pelo quadro registrado a seguir, acreditamos que a situação do cidadão britânico comum que procura um advogado é semelhante à situação dos cidadãos comuns de outros países.

> Numa pesquisa com casais que estavam para se divorciar, o método mais comum para a escolha [de um *solicitor*] de longe era buscar recomendação de familiares ou amigos. Em segundo lugar, vinha o grupo dos que escolhiam um *solicitor* que já haviam contratado antes – em muitos casos, para a compra da casa. Cerca de um sexto dos participantes do estudo apenas avistou um escritório de *solicitor* na rua e entrou, ou escolheu um escritório pela lista telefônica de classificados.[82]

No sistema inglês, dividido em duas classes profissionais – *barristers* e *solicitors* –, um litígio grande em geral é encaminhado pelo *solicitor* a um *barrister* para que este o apresente no tribunal. O encaminhamento por um *solicitor* dá alguma garantia de que a representação ficará nas mãos de um advogado com a competência necessária. A distinção entre *barristers* e *solicitors* propicia uma garantia de competência, porém essa garantia está se perdendo com a tendência moderna de redução ou eliminação da divisão. Todavia, não existe um mecanismo equivalente de triagem para o que os ingleses chamam de casos "não contenciosos" – isto é, as transações realizadas nos escritórios –, trabalho que pertence ao domínio do exercício profissional dos *solicitors*. Esse mecanismo de avaliação também não opera nas questões litigiosas que os *solicitors* agora têm autorização para tratar. Nessas questões, os clientes ingleses sem relações anteriores com o mundo da prática jurídica talvez estejam tão perdidos quanto os clientes em outros países.

Quando o cliente procura um advogado competente, quase sempre também está presente outro fator: as expectativas não realistas dos clientes inexperientes em relação ao que o advogado e o sistema jurídico podem fazer por eles. Muitos imaginam que os tribunais aceitarão sua versão acerca da disputa e se esquecem de que a outra parte tem uma interpretação diferente e consequentemente dará um depoimento diferente. Essa atitude é reforçada pela crença popular de que os ricos e poderosos sempre usam o advogado para manipular a lei a seu favor, e que portanto o advogado deles pode ajudá-los da mesma maneira. Boa parte do aconselhamento a clientes inexperientes consiste em diminuir suas expectativas. Mas essa espécie de aconselhamento pode deixar o cliente com sérias dúvidas sobre a competência do advogado: "Como vim parar nas mãos de um advogado que me diz que eu posso perder?"

Por estar relacionada à condição socioeconômica do cliente, a diferença de acesso a um advogado razoavelmente competente significa que a contratação de um advogado é um risco para o cidadão comum. Como afirma o *Código Canadense*: "Quem quase não tem contato com advogados ou é estranho na comunidade pode ter dificuldades de encontrar um profissional com a aptidão necessária para o caso específico."[83] Por sua vez, essa "distância social" afeta de maneira desfavorável a distribuição de serviços jurídicos para os pobres e as classes sociais mais baixas – além dos efeitos por si importantes das diferenças de capacidade de pagamento. Portanto é inevitável, porém cruel, que a distribuição de serviços jurídicos seja essencialmente injusta[84].

O sistema tradicional em que os clientes conheciam os advogados pela reputação pode ter funcionado em comunidades pequenas (embora tenhamos dúvidas), mas nas circunstâncias atuais esse sistema não é mais praticado nem é confiável. Essas deficiências tornam-se cada vez mais evidentes à medida que a sociedade moderna se concentra cada vez mais em grandes comunidades metropolitanas. Nesses locais, as redes de relacionamento que transmitem a reputação do indivíduo são cada vez mais desconexas umas das outras. Numa sociedade de massas, impessoal, como alguém pode encontrar um advogado competente sem que já conheça esse advogado?

Um recurso é a publicidade dos serviços profissionais. A publicidade pode substituir ou complementar a reputação ou pode, na verdade, criar uma reputação "artificial".

Tradicionalmente, os advogados eram proibidos de fazer qualquer tipo de publicidade. Podiam usar cartões de apresentação profissional e, na maioria dos países, podiam ter o nome na porta do escritório, isto é, podiam colocar uma "tabuleta". Fora isso, os advogados limitavam-se a mencionar seus escritórios nos catálogos jurídicos – grossas listas formais organizadas por região e por ordem alfabética. Nos últimos anos, essas restrições foram relaxadas e se permitem alguns tipos de publicidade[85]. Em qualquer localidade dos Estados Unidos hoje se encontra anúncio publicitário de advogados nas "páginas amarelas", e muitas vezes na televisão.

A divulgação publicitária dos advogados veio a ser permitida em muitos outros sistemas jurídicos, embora em ritmo mais lento e com menos intensidade que nos Estados Unidos. O CCBE mostra que há variações no que é permitido na publicidade de advogados nos países europeus: "O advogado não deve anunciar nem procurar publicidade pessoal onde isso não é permitido."[86] O Código Italiano diz: "O advogado pode informar o público com fidelidade e honestidade acerca de sua atividade profissional [...] com folhetos, papel timbrado, anúncio em catálogos profissionais e outras listas [...] [e] pode informar as áreas em que atua [...]"[87] Hoje na Inglaterra, tanto *barristers* quanto *solicitors* têm ampla liberdade para fazer publicidade, mas esta deve ser, segundo as normas dos *solicitors*, "adequada e não ofensiva"[88].

Na França, de acordo com um decreto promulgado em 1991, a publicidade dos serviços jurídicos é permitida, mas rigidamente regulada. O tamanho e o estilo do anúncio publicitário são limitados. Esse anúncio deve ser aprovado previamente pela associação local da ordem dos advogados e deve ser feito "criteriosamente". Não é permitido anunciar nos noticiários dos meios de comunicação. A discussão do Código Canadense sobre o assunto afirma que a regulamentação da publicidade dos advogados no Canadá, assim como em alguns países, é descentralizada. O *Código Canadense* também traz considerações sobre as fortes reservas referentes à publicidade que predominaram tradicionalmente no meio profissional jurídico em todo lugar[89]. Na China, o advogado é completamente proibido de fazer publicidade.

Nem toda publicidade é bem-sucedida, ou seja, nem todas geram uma clientela suficiente para pagar os gastos envolvidos. Os escritórios de advocacia dos Estados Unidos, por tentativa e erro, adquiriram algum grau de aprimoramento na técnica publicitária. Os escritórios dedicados ao direito comercial, por lidar principalmente com clientes cultos, fazem publicidade dirigida, especializada, principalmente em folhetos, mencionando litígios e questões comerciais e financeiras de que trataram. Os escritórios de advocacia

AS "VIRTUDES" PROFISSIONAIS: COMPETÊNCIA

que representam pessoas físicas concentram-se em campos de atuação como divórcio, ações por danos à pessoa, insolvência e defesa contra acusações de infrações no trânsito.

A publicidade dos advogados certamente aumenta a consciência pública de que os problemas pessoais podem ter aspectos jurídicos importantes e que a assistência de um advogado pode ajudar a lidar com esses aspectos. A publicidade da prestação de serviços jurídicos continua sendo vista com pesar por muitos observadores conscienciosos, tanto do meio profissional quando de fora dele. O que preocupa esses críticos é sobretudo o fato de clientes com baixa escolaridade poderem ser explorados, principalmente quando têm direito a grandes somas nos casos de indenização por danos.

Os escritórios de advocacia que continuam fazendo publicidade evidentemente consideram o gasto compensador. Os escritórios que podem manter-se até se colherem os frutos da publicidade em geral são razoavelmente competentes. Desse modo, por um processo de sobrevivência darwiniano, a publicidade dos escritórios de advocacia talvez resulte na prestação de serviços jurídicos pelo menos medianamente competentes para o cidadão médio.

A publicidade é uma técnica relativamente nova. Uma restrição muito mais antiga ao empenho dos advogados para angariar clientes é a proibição do apelo.

A definição tradicional de apelo compreendia qualquer empenho proativo do advogado para atrair clientes que não sejam o cartão de apresentação profissional, a placa na frente do escritório e, depois do advento do telefone, a inscrição nas páginas comuns da lista telefônica. Em linguagem coloquial, a proibição procurava combater os "advogados de porta de cadeia" e os que "correm atrás de ambulância". O costume desse tipo de profissional é, entre outros, ligar para vítimas acidentadas ainda no hospital, procurar parentes de falecidos para tratar da sucessão dos bens ou vagar pelas delegacias e fóruns à procura de acusados de crime. Uma forma moderna desse tipo de apelo para angariar clientes é "cair de paraquedas" no local de catástrofes, como uma queda de avião, por exemplo, para supostamente "investigar", mas também para travar contato com potenciais clientes. Todas essas formas de apelo para angariar clientes são proibidas em qualquer lugar por normas semelhantes. A norma inglesa é que os *solicitors* "não podem anunciar seus serviços [...] em visitas ou telefonemas não solicitados"[90]. A norma italiana é que "o advogado é proibido de oferecer seus serviços profissionais a terceiros e, de modo geral, de realizar qualquer atividade para promover contato com possíveis clientes..."[91] As Normas Japonesas sobre a Publicidade de Advogados em Exercício, adotadas em 2000, decretam em seu artigo 5º que o advogado não deve procurar clientes "por meio de visitas ou telefonemas". A norma norte-americana é mais complicada: "O advogado não pode solicitar, por contato pessoal ou telefônico, a contratação de seus serviços a um possível cliente com o qual não tenha relações familiares nem profissionais anteriores, quando o motivo relevante [...] é o ganho pecuniário do próprio advogado"[92]. Essa norma permite mensagens telefônicas gravadas e talvez mensagens por *e-mail*, além do contato direto com parentes e clientes atuais ou antigos. A norma norte-americana também isenta os contatos em que o motivo *não* é ganho pecuniário para o advogado. Essa isenção cobre o trabalho das organizações de direitos civis e de outras organizações ativistas de procurar pessoas que talvez precisem de assistência jurídica ou estejam dispostas a participar de litígios em *"test case"**[93].

Nos Estados Unidos há alguns casos flagrantemente repreensíveis de apelo grosseiro de advogados para angariar clientes. Trata-se de atos como, por exemplo, ir ao local de um acidente trágico à procura de clientes com direito a

---

* *Test case* é, no *common law* americano, uma causa que visa a saber de que modo o Judiciário pretende aplicar determinada lei, e que pode vir a se tornar paradigma para a resolução de outras causas semelhantes. (N. da R. T. e do E.)

ação de indenização por danos físicos. Outra artimanha diz respeito a advogados que vão a asilos de aposentados procurando idosos com bens; em seguida, esses advogados se autodesignam como testamenteiros (inventariantes) dos bens ou até beneficiários do testamento. Essas condutas reprováveis são proibidas em todo o mundo, mas as violações podem passar despercebidas. Praticamente nenhum advogado competente pratica esse tipo apelativo de conduta para angariar clientes. Os profissionais competentes preferem as formas clássicas, como ir jogar golfe com potenciais clientes, por exemplo.

Na intersecção da publicidade com o serviço público há o problema das relações entre os advogados e os meios de comunicação. Criar e fortalecer laços com os meios de comunicação pode, na prática, ser publicidade. A norma consagrada universalmente era de que o advogado não devia ter nenhum contato com os meios de comunicação. A 20ª regra dos Cânones de Ética Profissional da ABA de 1908, por exemplo, determinava que: "As declarações em jornal de um advogado acerca de processos pendentes ou previstos podem interferir na imparcialidade do julgamento [...]. Em geral, esses pronunciamentos devem ser condenados." A norma que ainda hoje rege os *barristers* ingleses ainda visa ao mesmo efeito:

> Em relação a qualquer processo em que atue, atuou ou venha a atuar como advogado, o *barrister* não deve manifestar na imprensa nem em outros meios de comunicação sua opinião pessoal sobre fatos ou questões relativos ao processo.[94]

Em alguns países, todavia, essa norma foi totalmente desgastada. Nos Estados Unidos, o princípio constitucional de liberdade de expressão, constante da Primeira Emenda, interfere em todas as limitações à comunicação. Os meios de comunicação norte-americanos insistem que os litígios são assunto público e como tal são matéria que a mídia tem o direito e o dever de investigar. Nos processos penais, os promotores, principalmente os que chegaram ao cargo por eleição, têm fortes motivos para dar publicidade aos processos, sobretudo os que tratam de crimes violentos. Os advogados de defesa, por sua vez, têm necessidade equivalente: procuram neutralizar a publicidade da promotoria, dando sua própria versão dos fatos.

A American Bar Association [Associação Americana da Ordem dos Advogados] (ABA) tem procurado manter um relacionamento cordial com os representantes dos meios de comunicação, tentando ao mesmo tempo preservar a posição tradicional da profissão em relação à publicidade dos julgamentos. Com esse objetivo, a ABA promulgou normas que visam a manter um equilíbrio entre "liberdade de imprensa e julgamento imparcial". O artigo 3.6 da ABA, intitulado "*Trial Publicity*" [Publicidade dos processos], estabelece protocolos bem elaborados e claros para as declarações públicas dos advogados, entre eles os promotores e os advogados de defesa em processos penais. No entanto, a Suprema Corte dos Estados Unidos recusou-se a confirmar o artigo 3.6. Numa decisão dividida, com uma cacofonia de votos concorrentes e divergentes no caso *Gentile* vs. *State Bar of Nevada*, o tribunal não conseguiu esclarecer o artigo e deixou atônitos e confusos quase todos os analistas[95]. Na prática, sem dúvida, a norma norte-americana consiste em permitir as declarações, desde que não corrompam os conceitos dos potenciais jurados. Isso quer dizer que vale quase tudo.

Por causa disso, as "relações com os meios de comunicação" passaram a ser uma forte preocupação, não só para promotores e advogados de defesa, mas também para outros "participantes constantes" de litígios. Entre estes, empresas comerciais e os advogados de demandantes em processos referentes a defeitos de produtos (por exemplo, ações contra fabricantes de automóveis), causas trabalhistas (por exemplo, ações contra discriminação por raça ou sexo) e ações ambientais ou de consumidores em geral. A bem dizer, as relações com a mídia no que tange aos litígios se transfor-

AS "VIRTUDES" PROFISSIONAIS: COMPETÊNCIA

maram numa subespecialização do campo das relações públicas. As empresas e seus advogados são estimulados, por exemplo, a "serem os primeiros a vir a público com a verdade", enquanto muitos advogados de demandantes tornaram-se mestres em difundir notas de declarações à imprensa e dar "conferências" nas portas dos fóruns.

Em quase todos os outros países, os processos judiciais permaneceram mais velados. Todavia, os processos sempre despertaram o interesse do público, pelo menos regionalmente e nas conversas informais. Afinal, os juízes itinerantes ingleses chegavam às cidades vestidos de toga vermelha e acompanhados de um séquito de servidores. Os procedimentos seguintes não poderiam permanecer secretos. Mas a cobertura dos processos pela mídia hoje em dia é outra coisa. Por um lado, na sociedade de massas os meios de comunicação constituem a única fonte de informação do público acerca do que está acontecendo no tribunal. Os processos judiciais podem ter muita importância prática e política. Por outro lado, os relatos dos meios de comunicação são necessariamente incompletos, muitas vezes são "vulgarizados" para o consumo popular e às vezes distorcem as provas e os problemas do caso. Essas deficiências, porém, não são diferentes das coberturas de outros eventos pela mídia – política parlamentar, atividades comerciais e eventos esportivos, por exemplo.

A nosso ver, o mundo jurídico tem apenas de se acostumar com a presença e a influência da "mídia". Os corpos de jurados podem ser devidamente orientados a desconsiderar o que ouviram antes da apresentação das provas (a maioria dos jurados não ignora as distorções dos meios de comunicação). Os juízes há muito aprenderam a dar menos importância às afirmações que não venham acompanhadas de provas. A vida continua.

Uma influência mais insidiosa, em nossa opinião, é a pressão dos meios de comunicação sobre o judiciário com respeito a assuntos públicos polêmicos apresentados aos tribunais, como questões jurídicas acerca do financiamento de campanhas políticas, da confiabilidade de determinados produtos e do controle da própria imprensa. Esse problema é ainda mais difícil nos Estados Unidos, uma vez que muitos juízes são eleitos pelo povo; algumas eleições de juízes de tribunais de apelação norte-americanos tornaram-se altamente politizadas[96]. O problema da política nas eleições judiciais ficou mais crítico ainda depois de uma decisão da Suprema Corte no caso *Partido Republicano de Minnesota* vs. *White*. Essa decisão sustentava que o candidato a um cargo judicial tinha o direito de expressar-se livremente sobre questões jurídicas que pudessem vir a ser apresentadas ao tribunal – por exemplo, aborto ou o procedimento em casos de pena de morte. A liberdade dos juízes de fazer discursos sobre questões judiciais é um desafio à independência do judiciário, discutida no capítulo seguinte. Todavia, proteger a liberdade de imprensa (e não a liberdade dos próprios juízes para fazerem discursos) nas questões de atuação judicial parece-nos tão importante quanto proteger a independência do judiciário. É possível uma *détente* aceitável quando os meios de comunicação são "responsáveis" e o judiciário é convicto e inflexível do ponto de vista profissional. Mas isso são padrões de comportamento, não passíveis de ser transformados em normas jurídicas.

4. Independência

Independência profissional

A segunda regra da ética profissional, e para muitos advogados a primeira, é a independência. A ideia essencial é que, ao realizar suas funções profissionais, o advogado tem de pensar e agir profissionalmente e não deve ser subserviente à direção ou ao controle de outros. Essa norma é expressa no Código Italiano assim: "No exercício da atividade profissional, o advogado tem o dever de preservar sua independência e de defender sua liberdade diante de qualquer pressão imposta por restrições externas."[1] A norma norte-americana correspondente dispõe: "Ao representar um cliente, o advogado deve exercer um juízo profissional independente e dar conselhos francos."[2]

O conceito de independência é essencial para a noção de ética profissional e ao mesmo tempo é necessariamente ambíguo. Por um lado, expressa uma aspiração comum a todas as profissões, em particular aquelas conhecidas na Europa como "profissões liberais". Entre essas estão a medicina, o direito, a pedagogia tanto de nível superior quanto de nível primário e, mais recentemente e de um modo mais geral, o exercício profissional da ciência, a contabilidade, a consultoria financeira, a psicologia e outras. A origem do vocábulo, *professio* (latim), significa "ação de afirmar, declarar uma convicção" e é empregada para designar o compromisso religioso do noviço que se torna sacerdote. A definição de profissão se refere a vocações que requerem alto nível de conhecimento e aptidões especiais. Também está ligada ao dever profissional de lealdade aos clientes e de manter sigilo das informações do cliente[3]. Na tradição do *civil law*, a ideia também se associa ao direito do profissional de se recusar a revelar essas informações a outros, inclusive aos tribunais[4].

A relação entre independência e lealdade ao cliente consiste evidentemente em que o advogado não pode ser totalmente leal ao cliente se houver comprometimentos conflitantes com terceiros, inclusive o Estado. A relação entre independência e sigilo profissional diz que o advogado não pode ser independente se lhe for exigido que revele assuntos do cliente à promotoria ou à polícia, por exemplo. A obrigação de sigilo também dá ao advogado independência intelectual para avaliar os fatos e as circunstâncias de uma matéria e deliberar acerca das recomendações sem temer que revelações posteriores venham a causar constrangimento.

O conceito de independência profissional pode ser estudado pela resposta à pergunta: Quais são as influências "contaminantes" em relação às quais o advogado deve ser independente?[5] As fontes de má influência sobre o advogado podem ser classificadas em quatro categorias: independência em relação ao Estado, inclusive em relação aos tribunais; independência em relação à influência inconveniente dos relacionamentos que o advogado possa ter com terceiros, inclusive outros clientes e colegas de profissão; independência em relação ao cliente; e independência em relação à influência inoportuna de suas próprias opiniões pessoais acerca da política, da moral e da sociedade.

As fontes da temida influência inconveniente são identificadas de modo um pouco diferente em tradições jurídicas diversas. A categoria dos profissionais de direito na França, por exemplo, ressaltava a independência em relação ao Estado, atitude compartilhada com outros países "latinos", como a Itália e a Espanha. Essa política e essa atitude remontam ao tempo da poderosa dinastia Bourbon, nos séculos XVII e XVIII, em que a possibilidade de a profissão ser sufocada pelo Estado era uma ameaça concreta[6]. Na Itália, a virtude da independência "profissional" foi expressa com mais veemência no regime de Mussolini, talvez como uma mensagem cifrada em defesa de liberdade política mais ampla[7]. Na Alemanha do pós-guerra, a afirmação da independência profissional teve importância óbvia como argumento em favor da retomada do governo constitucional depois da catástrofe nazista[8]. Os *barristers* ingleses por tradição consideram-se aliados dos tribunais e têm para si que seu papel é fundamental no governo da nação.

Ao contrário, na República Popular da China, a responsabilidade do advogado para com o Estado supera sua responsabilidade para com o cliente. Além disso, nesse país o advogado pode sofrer sanção disciplinar por questionar de modo inconveniente a autoridade dos funcionários do Estado[9]. O risco da interferência do Estado na autonomia profissional é muito menos evidente na consciência profissional dos Estados Unidos, porque o próprio conceito de "Estado" é alheio à experiência norte-americana. Mas muitos advogados norte-americanos consideram as restrições legais ao que podem fazer pelo cliente interferência na independência profissional[10].

Nos sistemas em que há duas categorias de profissionais da advocacia, como na Inglaterra (com *barristers* e *solicitors*) e em alguns estados da Austrália, há uma complicação a mais na questão da independência. Já se disse que "a subsistência do *barrister* depende muito dos *solicitors* e do que estes pensam do *barrister*. Do ponto de vista do *barrister*, o objetivo [...] não é necessariamente ganhar a causa [...] [mas] sim [impressionar] os *solicitors* de ambas as partes para causas futuras"[11].

O fundamento do interesse dos advogados na independência em relação ao Estado, ou ao governo, é evidente. (Na tradição do *common law*, o Estado em geral é chamado de "governo".) A profissão jurídica é um conjunto de pessoas especializadas em direito e no sistema de governo, mas a maioria deles não são funcionários públicos nem estão plenamente alinhados com os interesses do Estado. Pelo contrário, a maior parte dos advogados exerce a prática privada. A função desses advogados muitas vezes é opor-se ao trabalho dos representantes do Estado, por exemplo quando representam um réu de processo penal ou indivíduos e empresas sujeitos a medidas punitivas ou investigações governamentais.

Manter a devida "distância" entre o aparato burocrático do Estado e os profissionais do direito é um elemento essencial de qualquer regime constitucional moderno. A contestação da autoridade do Estado em geral se realiza com assistência jurídica, o que por sua vez exige que o advogado seja independente do Estado. Houve ataques do governo à independência profissional da ordem dos advogados na Alemanha nazista, na Rússia comunista, na Itália fascista e na Argentina peronista. Houve um ataque mais difuso, mas muito real, aos advogados do sul dos Estados Unidos que contestaram a segregação racial desde a década de 1950 até meados da de 1970. Ataques semelhantes ocorreram contra os advogados que contestaram o *apartheid* na África do Sul e, mais recentemente, os que contestaram as ditaduras em outros países africanos[12].

O exercício da profissão jurídica nesse aspecto é semelhante à "oposição leal" praticada pelos partidos políticos minoritários no governo parlamentar. Assim como a oposição leal na política, a profissão jurídica reconhece a estrutura constitucional do regime, mas, dentro dessa estrutura, ao representar o cliente, o advogado é uma voz dissidente. Assim como a oposição leal na arena política, a voz do advogado pode atrair para si a antipatia do regime e às vezes também da opinião pública. A importância constitucional da independência política da ordem dos advogados é análoga à importância da liberdade de imprensa: ambas são meios de questionar a política do governo e de defender e apoiar a liberdade de afiliação e a prática religiosa.

Promover a atitude de independência é um elemento muito importante de socialização profissional na tradição do Ocidente. Esse trabalho começa no treinamento do novato e é reforçado pelo folclore e pelas "histórias" da profissão que exemplificam a virtude e remetem para as controvérsias com o Estado. Todavia, a independência não é uma atitude "natural" nem é aceita com facilidade. Muitos advogados dos antigos regimes comunistas, por exemplo, tiveram dificuldade para reorientar sua posição de quase suplicantes para a de destemidos defensores no novo regime constitucional.

A independência profissional, contudo, em algum grau de intensidade do seu exercício, pode transformar-se em obstrução e subversão, assim como a oposição política num regime constitucional pode tornar-se destrutiva. Esse risco é particularmente grave quando os recursos à disposição dos clientes da advocacia privada e os recursos disponíveis para as autoridades reguladoras e as partes adversárias privadas são díspares. No regime da Rússia pós-comunista, por exemplo, as oligarquias privadas enriqueceram com as privatizações, em parte com a ajuda de seus advogados, e com isso superaram em muito a eficiência das agências reguladoras do governo, mal equipadas e sem recursos humanos. Situação semelhante se encontrou em países do Terceiro Mundo cujos governos eram "cleptocracias". Mesmo nos países do "Primeiro Mundo" os advogados podem arrastar investigações e outros procedimentos judiciais a ponto de poderem garantir imunidade de fato a seus clientes. Da mesma forma, o trabalho dos governos para detectar a "lavagem de dinheiro" muitas vezes é obstruído por advogados que invocam o sigilo profissional para proteger seus clientes. Ainda assim, a proteção do sigilo profissional dos advogados tem lugar obrigatório no regime constitucional.

O delicado equilíbrio entre a independência da ordem dos advogados e sua responsabilidade pública talvez seja exemplificado na relação entre essa categoria e o Estado russo, antes e depois da queda do regime soviético. O regime soviético exigia que os advogados fossem membros de escritórios coletivos, que se chamavam "colégios". Em tese, o sistema seguia o modelo dos *colegios* dos sistemas ocidentais, como o da Espanha, em que a vida profissional e a identidade coletiva mantinham a independência da ordem dos advogados. Na Rússia, contudo, o sistema era um meio de manter os advogados sob vigilância e controle. O sistema de colégios e a obrigatoriedade de afiliar-se a eles continuam em vigor depois da queda do regime soviético. Alguns desses colégios têm hoje boa reputação entre os profissionais por atuarem como fonte de auxílio técnico e de solidariedade profissional[13]. Os colégios russos reconstituídos podem tornar-se semelhantes às associações correspondentes do mundo ocidental, combinando aspectos da ordem de advogados com aspectos de um escritório de advocacia, o que constitui apoio para a verdadeira independência profissional.

O equilíbrio adequado entre a independência profissional em relação ao Estado e a responsabilidade profissional é difícil de definir e talvez seja ainda mais difícil de sustentar. O que para um litigante é um posicionamento firme contra a autoridade opressora para outro é obstrução à justiça. Os negócios particulares e privados de um cliente são operações financeiras ilegais para outro. Na conjuntura atual, em que as transações podem estar sediadas em países que são paraísos fiscais e em instituições financeiras cujos registros são inacessíveis, as dificuldades se agravam. Agravam-se ainda mais à medida que aumenta o número de membros das ordens de advogados e os profissionais tornam-se mais dispersos, menos visíveis ao olhar público e compartilham um conjunto cada vez menor de valores e atitudes comuns. Entretanto, o empenho para definir e declarar os valores comuns das profissões jurídicas além das fronteiras de cada país, como, por exemplo, o Código de Conduta para os Advogados da Comunidade Europeia (CCBE), caminha na direção da independência profissional responsável.

"Autorregulamentação" da profissão

A independência da ordem dos advogados em relação ao Estado só pode ser mantida de fato com a ação coletiva dos advogados. Agindo de forma individual ou em seus escritórios, os advogados permanecem relativamente fracos do ponto de vista político. Encontrar abrigo atrás de clientes poderosos é uma forma de proteção, mas apenas enquanto esses clientes continuam poderosos, além do que, depender da proteção de clientes implica risco de comprometer a independência profissional sob outro aspecto. Por isso, desde os primórdios, os advogados se reuniram em associações de ordem. Evidentemente, alguns interesses da categoria eram egoístas, como o empenho para manter o nível dos honorários e excluir a concorrência de outros nas funções consideradas pelos advogados como seu exclusivo domínio profissional. Conservar a autonomia política da ordem dos advogados em relação ao Estado também é um motivo egoísta, mas na mesma medida em que são egoístas os meios de comunicação ao exigir a liberdade de imprensa e os professores universitários ao exigir autonomia acadêmica.

O conceito que dá forma institucional à independência da categoria é o de que os profissionais do direito devem se autorregulamentar, ou pelo menos ter um papel considerável na regulamentação da profissão. A autorregulamentação implica que a ordem dos advogados como grupo defina e administre seus padrões de conduta profissional, como competência e lealdade aos clientes. As profissões autorregulamentadas ocupavam posições importantes de autoridade na constituição pluralista do Antigo Regime – juntamente com a Igreja, o clero, a alta e a baixa aristocracia e as guildas de artesãos e comerciantes[14]. A ideia de que uma categoria profissional como a dos advogados deve estar fora do alcance da regulamentação governamental é muito mais difícil de justificar nos tempos atuais, em que vige o governo democrático.

A estrutura administrativa da ordem dos advogados em alguns sistemas jurídicos é de âmbito nacional, enquanto em outros é regional. Por exemplo, o *English Bar Council* é a organização que rege os *barristers* na Inglaterra e no País de Gales; já os *avocats* franceses estão organizados em associações locais (*barreaux*), cada qual com seu conselho administrativo (*conseil de l'ordre*) e ligada ao tribunal regional de apelação. O *Conseil National du Barreau*, um organismo nacional francês, envida esforços para harmonizar os padrões locais e representa a profissão nas negociações com o governo. Nos Estados Unidos, a base de organização da ordem dos advogados é de nível estadual (p. ex., a Ordem dos Advogados do Estado da Califórnia, a Ordem dos Advogados do Estado de Nova York). Cada ordem está ligada ao sistema judicial do respectivo Estado, e uma organização de âmbito nacional (a *American Bar Association*) visa a harmonizar padrões e representar a profissão nas negociações com o governo federal.

A tese de autorregulamentação da ordem dos advogados afirma que o regulamento dos advogados não pode sofrer interferência ou modificação substancial por parte dos setores políticos do governo. Defender esse direito com termos ousados só é necessário quando a independência da profissão jurídica sofre ataque grave, o que em geral ocorreu na história como parte de um ataque mais abrangente contra partidos políticos minoritários, a liberdade de imprensa, a Igreja e o clero e outros. O direito dos Estados Unidos prevê uma proposta modificada de independência. No sistema judiciário norte-americano, os tribunais (cujos juízes foram antes advogados) reivindicam para si, excluindo o poder legislativo, a autoridade principal na regulamentação da ordem dos advogados. Com base nisso, o Supremo Tribunal Estadual de muitos estados da federação considerou inválidas as tentativas do poder legislativo de regulamentar a profissão jurídica e ao mesmo tempo confirmou a autoridade do próprio tribunal sobre os membros da ordem[15].

INDEPENDÊNCIA

A independência da ordem, pelo menos a independência real em relação ao poder legislativo, é um princípio mais ou menos bem estabelecido e firme em todos os sistemas jurídicos modernos. Além de proteger os advogados da opressão política, a noção de independência tem efeitos na concepção das normas que governam o exercício da profissão. As normas éticas que governam a prática do direito em geral não são consideradas direito positivo, mas uma norma especial interna à profissão[16]. Nesse aspecto, a reivindicação dos profissionais do direito é análoga à que tradicionalmente fazem os médicos e, de maneira um pouco diferente, o clero e os acadêmicos. Por conseguinte, as normas éticas que regem a profissão tradicionalmente foram consideradas, pela ordem e pelos tribunais que as aplicam, costumes ou praxe. Vistas como tal, essas regras há muito foram consideradas objeto de estudo da sociologia, ou uma questão de filosofia moral, mas não matéria para análise jurídica.

A premissa de que a ética jurídica está fora do domínio das obrigações legais é amplamente reconhecida pelos advogados. A maioria considera que a "ética profissional" são tradições da profissão, não normas jurídicas[17]. Encontram-se vestígios dessa abordagem em decisões judiciais arcaicas, de que o advogado não deve ou não pode mover ação por inadimplemento de seus honorários[18], não pode ser processado por imperícia[19] e que as regras de ética não impõem obrigações definidas aos advogados[20]. Desse ponto de vista, segue-se que os procedimentos disciplinares devem ser aplicados pelos colegas e estão fora do campo de atuação dos tribunais, exceto as acusações disciplinares de evidente injustiça ou fraude. A premissa é que a consideração judicial das regras da ética profissional seria inconveniente, ou mesmo incoerente, uma vez que o exercício profissional é regido por costumes estabelecidos pelo consenso entre os pares e não por normas jurídicas aplicáveis por meio de processos judiciais.

Esse ponto de vista tradicional, entretanto, está mudando rapidamente. No nível mais abstrato, começa-se a reconhecer que o "direito" é uma categoria mais ampla do que a legislação promulgada por uma nação. O controle efetivo por normas jurídicas também é exercido por outros centros de poder, que vão desde as companhias multinacionais até as organizações internacionais, como a Organização das Nações Unidas. Num nível mais baixo de generalização, a elaboração e a aplicação de normas em todos os setores da sociedade estão cada vez mais "legificadas" – isto é, codificadas em leis formais e aplicadas por meio de procedimentos burocráticos. Por exemplo, a regulamentação ambiental hoje é feita por normas específicas e detalhadas, e não por leis referentes ao uso da propriedade; e as relações de consumo são regidas por exigências específicas, não pelas normas do direito contratual.

Transformação semelhante está ocorrendo nas normas éticas das profissões jurídicas. Em 1970 foi promulgado o American Code of Professional Responsibility [Código Norte-americano de Responsabilidade Profissional] e, em 1974, o Canadian Code of Professional Conduct [Código Canadense de Conduta Profissional]. Entre 1984 e 1996, vários estados da Austrália adotaram códigos formais; a Nova Zelândia fez o mesmo em 1989[21]. Na Inglaterra atual, a *Law Society* e o *Bar Council* exercem autoridade delegada para regular os *solicitors* e os *barristers*, respectivamente. A *Law Society* tem um código mais elaborado, enquanto o do *Bar Council* é mais sucinto[22]. As Normas Chinesas de Ética Profissional e Prática Comercial dos Advogados foram adotadas em 1996, depois que a Associação Nacional de Advogados da China foi autorizada a promulgar as normas reguladoras. Adotaram-se medidas semelhantes na Índia de acordo com a autoridade da Lei dos Advogados (*Advocates Act*), de 1961[23]. Muitos países europeus adotaram códigos de ética, como o *Codice Deontologico Forense* italiano, CDF, adotado em 1997, por exemplo. O CCEB da Comunidade Europeia é igualmente um corpo de critérios codificados. Atualmente, muitos países têm leis específicas referentes à contabilidade dos advogados, em vez de depender das normas de obrigação fiduciária[24].

A formalização da ética jurídica teve um efeito benéfico claro: reduziu a possibilidade de os líderes da ordem virem a punir ou excluir advogados não ortodoxos com base em supostas violações da ética. A história registra muitos exemplos de advogados corajosos que defenderam pessoas injustamente acusadas de crimes. A história foi menos fiel em seus registros no que diz respeito a alguns desses advogados, que posteriormente sofreram nas mãos das instituições profissionais locais por terem contestado o consenso político vigente. Esse tipo de castigo talvez seja mais difícil de ser infligido depois que as normas de conduta profissional foram formalizadas.

A transformação da ética profissional de costumes e tradições informais em códigos jurídicos sistemáticos não é, porém, benéfica em todos os sentidos. Nem sempre a lei é melhor que o costume e a prática como meio de ordenamento social. A formalização legislativa de normas consuetudinárias debilita em certa medida a força moral dessas normas, desviando a atenção dos princípios normativos e seu espírito para a definição legalista. A formalização também transfere a exigência do cumprimento das regras pelo mecanismo de pressão social dos colegas de profissão para a exigência de seu cumprimento exercida pela autoridade estatal. É certo que a codificação inspirou maior consistência das normas e maior regularidade na sua aplicação; todavia, conservar a independência profissional e ao mesmo tempo ser governado pela autoridade jurídica do Estado implica um equilíbrio difícil[25].

Um aspecto particular da independência dos advogados em relação ao Estado é sua independência do poder judiciário. A função do advogado, como já vimos, é apresentar a posição do cliente de um modo que em geral encontrará oposição dos advogados da outra parte. Ao decidir uma causa, o juiz vai necessariamente rejeitar a apresentação do advogado de uma parte ou do da outra. Se o advogado dependesse do favor do juiz, poderia moderar sua apresentação a fim de preservar sua relação com o juiz, ainda que agindo assim pudesse enfraquecer sua defesa da posição do cliente. Esse é o fundamento lógico da clássica afirmação de Lorde Brougham citada anteriormente, de que o advogado não tem "nenhum outro dever" além do que tem para com seu cliente[26].

Nos sistemas de *civil law*, as relações entre os advogados e o judiciário sempre foram mais distantes que nos sistemas de *common law*. O fato de, nos sistemas de *civil law*, os juízes seguirem uma carreira completamente independente da dos advogados gera distância entre a magistratura e a ordem dos advogados, e isso facilita a independência da ordem. De fato, nos países de *civil law* as relações entre juízes e advogados são de afastamento e muitas vezes até um tanto hostis. Nos países de *common law*, onde os juízes são recrutados dentre os advogados, muitos juízes conservam algumas ligações sociais e profissionais com a ordem dos advogados, principalmente em questões cerimoniais.

Ao mesmo tempo, o judiciário tem autoridade e responsabilidade significativas no que diz respeito à conduta dos advogados que apresentam causas perante os tribunais. O juiz tem autoridade para anular manobras jurídicas que violem as normas processuais e, na maioria dos sistemas, pode impor penalidades pelos abusos graves. O juiz tem autoridade para encaminhar ao conselho disciplinar competente o advogado que se comportou de forma indevida. Além disso, os juízes têm uma autoridade invisível mas decisiva, que lhes permite não acreditar nas alegações de um advogado em que perderam a confiança, e rejeitá-las.

Essas formas de autoridade judicial podem apresentar problemas à independência da ordem. Como exemplos podem-se citar a recusa do advogado a cumprir uma instrução do juiz, ou o advogado que faz declarações críticas ao juiz fora do tribunal. Essas relações contenciosas são raras na maioria dos sistemas jurídicos, mas são recorrentes nos Estados Unidos. Em muitas ocasiões, advogados norte-

-americanos invocaram dispositivos constitucionais a título de justificação ou de imunidade perante sanções judiciais[27]. Todavia, em todos os sistemas jurídicos o sentimento que predomina entre a magistratura e a ordem dos advogados é de deferência e respeito mútuos.

Outros clientes e os interesses do próprio advogado

Outra fonte de interferência na atuação profissional independente do advogado em nome de um cliente é a preocupação do advogado com os interesses dos outros clientes. Praticamente todos os advogados autônomos e os escritórios de advocacia (ao contrário dos advogados funcionários do governo ou de organizações empresariais) têm muitos clientes. Ter muitos clientes é na verdade um aspecto importante da independência do advogado, pois isso reduz a dependência em relação ao patrocínio de um único cliente. O advogado autônomo típico terá, portanto, alguns clientes em determinado momento e muitos ao longo de sua carreira. Contudo, o advogado tem de manter a devida lealdade para com cada um de seus clientes. O dever de lealdade normalmente se expressa de modo negativo, como o dever de evitar conflitos de interesses. (Trataremos das normas relativas aos conflitos de interesses no Capítulo 5.) O princípio geral é que o advogado não deve assumir uma representação que implique adotar postura adversa a um cliente atual, nem deve assumir representação adversa a qualquer ex-cliente em assunto de que tenha tratado anteriormente.

A independência do advogado e sua lealdade ao cliente também lhe exigem que não ponha seus interesses pessoais ou financeiros acima dos interesses do cliente. Falando explicitamente, o advogado tem de ser honesto com o cliente quando tiver de lidar com os bens deste e fixar o valor de seus honorários. Entretanto, a relação entre o dever de lealdade e os interesses legítimos do advogado exige que se façam algumas distinções sutis.

Na prática, o advogado tem de se ocupar tanto de seus próprios interesses quanto dos de seus clientes. Todo advogado escrupuloso quer evitar, na condição de representante do cliente, negociações que o possam envolver em conduta ilícita ou fraudulenta[28]. A maioria dos advogados não se dispõe a assumir causas que venham a exigir táticas muito agressivas contra a outra parte[29]. Os advogados sabem que a reputação da clientela de um advogado pode transferir-se para o próprio advogado, pois, como diz o ditado popular, "cada qual com seu igual". Por isso, os advogados não gostam de representar clientes "indesejáveis". Todo advogado e todo escritório, porém, dependem de uma série de clientes e de um fluxo de honorários para sobreviver e continuar no exercício da profissão. A pressão econômica é uma tentação para o profissional assumir tarefas que talvez estejam além de sua competência ou impliquem negociações que beirem o ilícito.

O recebimento constante de honorários é uma necessidade prática (a não ser para alguns advogados que têm outra fonte de renda). O advogado autônomo tem direito ao pagamento por seu trabalho, exceto nos casos em que concordou em servir *pro bono*, isto é, sem cobrar honorários. Chegar a um valor adequado de honorários implica necessariamente um certo conflito de interesse com o cliente, mesmo quando o cliente está ansioso para contratar o advogado e o advogado está igualmente ansioso para aceitar a causa. Os honorários, resumindo, são uma questão particularmente delicada para tratar com o cliente; e, por sua vez, esses honorários estão sujeitos a variados graus de controle.

Outro problema da independência profissional resulta da tendência cada vez maior de absorção de profissionais pelos escritórios de advocacia, principalmente os escritórios grandes, o que reduz a prática autônoma ou nos escritórios pequenos. Os escritórios de advocacia são uma espécie de burocracia; são regidos por normas, hierarquias e procedimentos internos. Muitos deles, praticamente todos os grandes inclusive, hoje têm normas escritas e políticas formais, procedimentos para analisar as decisões dos advogados do escritório, além do regime de hierarquia interna. Os escritórios precisam ter procedimentos sistemáticos para analisar novas causas potenciais a fim de saber se há conflito de interesses. Se uma provável nova causa for grande ou for prolongar-se no tempo, o escritório precisa avaliar se dispõe de pessoal adequado para tratar dela; se o escritório não tem certeza se receberá os honorários finais de uma causa, tem de decidir se vale a pena correr o risco da inadimplência; se a nova causa implicar controvérsias políticas ou censura social, o escritório tem de decidir se vai ou não aceitá-la. Muitos escritórios têm a regra dos "dois sócios" no que diz respeito à emissão de opiniões por escrito: a opinião escrita de um advogado do escritório tem de ser avaliada e aprovada por pelo menos mais um sócio.

As decisões referentes a conflitos de interesses, aos termos de uma opinião e a outras questões têm de ser tomadas também pelos profissionais autônomos. No caso destes, as decisões são tomadas por uma só pessoa, que assume sozinha, por conseguinte, o risco e a oportunidade. Num escritório, ao contrário, as decisões sobre essas questões são tomadas por um advogado ou por uma comissão que trata das oportunidades de outros advogados, o que acarreta possibilidades de desacordo, de imenso desacordo às vezes. A solução dos problemas levantados nessas situações afeta a independência profissional dos advogados individualmente.

O processo de deliberação e decisão de um escritório de advocacia às vezes é extremamente complexo. Como muitos outros aspectos das relações humanas, é mais fácil vivê-lo que analisá-lo ou explicá-lo. Um prestigiado sociólogo europeu assinalou que o processo exige "uma técnica política que permita [aos membros do escritório] participar de um jogo de poder que desestimula a imposição de força unilateral e estimula o aprendizado e propostas mútuas na negociação". E acrescenta: "As restrições estruturais são múltiplas e por vezes contraditórias. Os membros precisam aprender e assimilar um sistema de regras, normas e valores subjacentes que contribua para que estas [normas] sejam relevantes e aplicáveis, ou pelo menos devem comprometer-se em aprender e assimilar tal sistema."[30] Sem dúvida, esses procedimentos burocráticos têm um aspecto muito positivo: em geral resultam em decisões mais prudentes e mais moderação na análise de riscos. A análise sistemática de problemas éticos típica dos escritórios de advocacia explica pelo menos em parte o fenômeno, universal ao que parece, da menor ocorrência de discussões de problemas éticos entre advogados de escritórios do que na prática autônoma da profissão. Por definição, o profissional autônomo está envolvido pessoalmente em qualquer questão ética que surge em seu "escritório". Uma máxima antiga diz que o advogado que se autorrepresenta tem como cliente um tolo. Essa máxima é verdadeira pelo menos no que diz respeito ao fato de o advogado em geral não poder ser completamente objetivo em relação a sua própria conduta profissional. A objetividade, contudo, é tão necessária para resolver problemas éticos quanto para resolver os outros problemas jurídicos.

Outra espécie de problema ético surge na formação ou na dissolução de um escritório de advocacia. No mundo jurídico atual é comum, por exemplo, que dois profissionais autônomos se associem para constituir uma firma, ou que uma firma já existente se encerre e seus sócios sigam carreira individual. Entre os problemas imediatos surgidos na formação ou na dissolução de um escritório de advocacia encontram-se a responsabilidade pelos clientes atuais, a distribuição de tarefas e a divisão dos rendimentos. (Pode haver também problemas mais triviais, como o aluguel das salas do escritório.) Na formação de um escritório, a regra de costume é que cada advogado continue responsável pelas causas que já vinha tratando, até que se combine uma nova atribuição de trabalhos do escritório. Quando se dissolve um escritório, a regra costumeira é que todos os seus advogados continuem responsáveis por todos os clientes até que se acorde uma nova distribuição. A vasta experiência com esse problema nos Estados Unidos tornou amplamente reconhecida a ideia de que o cliente é cliente tanto da firma quanto do advogado que está tratando pessoalmente do caso, e que o cliente pode escolher qual advogado deve continuar representando-o. Todavia, a dissolução das firmas de advocacia tem gerado fortes disputas[31].

Para a sobrevivência de um escritório de advocacia, é necessário que os problemas éticos sejam solucionados de forma harmoniosa, ou pelo menos pacífica. Entretanto, a solução harmoniosa pode ser impossível. Os problemas de conflito de interesses costumam ser causa de dissolução de sociedades. Ocorre esse conflito, por exemplo, quando um dos advogados ou algum departamento deseja representar um novo cliente cuja causa conflita com os interesses de um atual cliente representado por outro advogado do mesmo escritório. Algumas disputas internas tornaram-se públicas e notórias. Como exemplo, podem citar-se os debates internos de alguns escritórios acerca de continuar ou não representando empresas produtoras e comercializadoras de tabaco. Um dos autores deste livro foi sócio de um escritório que decidiu deixar de representar um cliente evidentemente envolvido em fraudes sistemáticas contra seus consumidores. Em consequência, um dos advogados do escritório perdeu uma oportunidade de trabalho, o que se pode interpretar como intromissão na independência profissional desse advogado.

Independência em relação ao cliente

Por definição, a função do advogado é proteger os interesses jurídicos de seu cliente. O advogado não teria sido contratado se o cliente não tivesse necessidade de sua assistência, quer como consultor, quer como promovente ou defensor em litígio ou acusação perante um tribunal. Um aspecto importante da lealdade ao cliente, paradoxal até, é dar conselhos que talvez o cliente não esteja disposto a ouvir. Muitos anos atrás, um ilustre advogado norte-americano falou sobre isso de forma bem incisiva: "Quase a metade do trabalho de um advogado decente consiste em dizer a potenciais clientes que estão agindo como imbecis e precisam parar com isso."[32] Menos contundente, mas igualmente verdadeira, é a declaração do dever do advogado de aconselhar representantes de grandes empresas, inclusive os diretores executivos: "Por mais difícil que seja, é imperativo que alguém avise o rei de que ele está nu, isto é [...] da existência de um problema grave [...] que tem de ser resolvido."[33]

Conforme se estudará mais especificamente no Capítulo 5, quando se trata com um representante de uma grande empresa há complexidades especiais que não existem quando se lida com um cliente individual. Todavia, permanece a questão essencial: a forma mais sublime de lealdade ao cliente pode ser dar-lhe conselhos que não sejam bem-vindos. Baldassare Castiglione disse há quase 500 anos que o constituinte (cliente) que procura conselho "deve escolher os mais nobres e mais sábios e dar-lhes permissão e autoridade plenas para expressarem, sem hesitação, seu parecer acerca de qualquer assunto e comportar-se de tal modo com eles que todos entendam que quer saber a verdade sobre tudo [...]"[34]. "Opinar [...] sem hesitar" é a conduta pertinente para a prática da advocacia e exige a devida dose de independência em relação ao cliente.

Dar conselhos indesejados implica reconhecer que o cliente tem obrigações jurídicas para com outros, entre estes o governo. Os direitos de terceiros determinam o contexto em que o advogado poderá prestar a devida assistência ao cliente: o advogado não pode auxiliar o cliente a violar a lei nem lhe dar conselhos que o incentivem a isso. Como observou Robert Gordon, o advogado "tem *status* oficial de vigilante dos interesses públicos e o dever de estimular o cumprimento das normas jurídicas"[35]. Portanto, o advogado não pode ajudar o cliente a cometer fraude contra terceiros, a preparar falsa declaração de renda, a explorar de modo ilícito uma relação de confiança e assim por diante. Pela mesma razão, o advogado também não pode orientar o cliente na realização de um negócio que engane a outra parte. A Regra 1.2 (d) da ABA expressa esse princípio: "O advogado não aconselhará o cliente a envolver-se em conduta que saiba ser criminosa ou dolosa, nem lhe prestará assistência nesse caso". O dispositivo do Código Canadense é mais copioso em palavras, mas talvez também mais preciso: "Ao aconselhar o cliente, o advogado jamais deve conscientemente ajudá-lo, tampouco incentivar, a cometer espécie alguma de desonestidade, fraude, crime ou conduta ilícita, nem o deve ensinar a violar a lei ou evitar a sanção devida. O advogado deve ser vigilante para não se tornar instrumento ou joguete de um cliente inescrupuloso [...]"[36] Esse mesmo princípio é declarado ou apenas presumido nas normas éticas de outros sistemas[37]. Outra maneira de expressar o mesmo preceito é dizer que o advogado não tem imunidade nem recebeu isenção especial alguma dos deveres que a lei impõe a todos os cidadãos.

Esse princípio, todavia, é permeado de ambiguidades consideráveis. Boa parte da ambiguidade deriva das imprecisões da própria lei. Por exemplo, é ilícito uma empresa publicar demonstrações financeiras "enganosas", mas pode-se elaborar demonstrações financeiras otimistas demais, capazes de iludir, mas não evidentemente falsas. Por isso é possível questionar se o conteúdo de uma demonstração financeira é falacioso ou simplesmente otimista demais. Nesse mesmo exemplo, se um advogado prestou consultoria acerca dessa demonstração financeira, pode-se igualmente questionar se ele violou ou não a lei. O advogado não é obrigado a esclarecer todas as dúvidas que possam recair sobre seu cliente e, por conseguinte, recomendar que a demonstração financeira seja excessivamente cautelosa. Por outro lado, ele também não pode aprovar um demonstrativo manifestamente enganoso.

Outro exemplo: de acordo com as leis tributárias, é ilícito reivindicar deduções ou isenções imotivadas na declaração do imposto, mas existem deduções e isenções cuja justificativa depende da interpretação que se faz da lei. Os advogados podem ser bastante liberais na interpretação das normas que regem as deduções e isenções. Assim também, a lei pode proibir emissões tóxicas das fábricas, mas pode-se discutir se determinado nível de emissão é ou não "tóxico". E assim por diante.

Na verdade, todas as normas jurídicas são inevitavelmente imprecisas em algumas aplicações. As normas são constituídas de palavras, e as palavras são símbolos, não "coisas". (Deixando de lado a questão epistemológica acerca de as coisas serem coisas.) Por causa disso, o texto de uma norma jurídica não necessariamente indica coisas específicas (como, por exemplo, as ações de um cliente), mas apenas sinalizam ou dão a entender possíveis ações. Os advogados conhecem muito bem as normas jurídicas e suas aplicações. Por conseguinte, têm percepção especial de suas ambiguidades. Determinada interpretação da lei pode permitir que o cliente obtenha vantagem econômica, enquanto uma interpretação mais restritiva pode advertir o cliente de que não tente obter vantagem econômica.

Ao emitir seu parecer sobre essas questões, o advogado põe sua opinião pessoal no lugar da hipotética decisão do tribunal. O cliente pode prosseguir no negócio com base na opinião do advogado. Se a legalidade do negócio for questionada posteriormente, poderá alegar que o concluiu com base na consultoria do advogado. Nesse caso, a opinião do advogado será submetida à reavaliação de alguém de fora da situação, seja um particular do lado adversário, seja um funcionário público, seja, no caso de litígio, um juiz. A reavaliação da parte adversária privada ou de um representante do Estado pode resultar no reconhecimento de que a opinião do advogado estava correta. Nesse caso, o cliente consegue alcançar seu objetivo dentro dos limites da lei e sem passar por um processo jurídico completo. Se, porém, a reavaliação for discordante da opinião do advogado, as partes em disputa terão de recorrer a alguma autoridade

INDEPENDÊNCIA

superior, como a do tribunal, para resolver o conflito acerca da interpretação cabível da lei. Nesse caso, o cliente pode perder a demanda e ainda ter de arcar com os custos do processo. Se o advogado não alertar o cliente de que a interpretação aconselhada é discutível, o cliente poderá decepcionar-se e ficar indignado. Entretanto, o fato de ter agido com base nos "conselhos do advogado" pode resguardar o cliente de certas penalidades jurídicas, principalmente aquelas relacionadas à má-fé, mesmo que se considere o negócio inválido.

Existe ainda uma terceira possibilidade. Pode ser que ninguém questione o negócio, nem outro particular, nem nenhuma agência reguladora. Nesse caso, o negócio permanecerá discreto e o cliente terá alcançado seu objetivo com a salvaguarda da opinião do advogado. Essa talvez seja a sequência de fatos mais frequente. Não há, porém, meio de calcular a frequência estatística das diversas possibilidades porque os detalhes que subsidiam o processo decisório da maior parte das negociações são confidenciais.

Por certo, o cliente, ainda que de modo tácito, quase sempre pressiona o advogado para obter um parecer que lhe permita atingir seu objetivo com o mínimo de custo e complicação. Algumas vezes, a opinião do advogado dá ao cliente o benefício da dúvida quanto à interpretação das normas jurídicas cabíveis. Em outras situações, o advogado pode sugerir um procedimento ou uma conduta diferente da que o cliente propôs, mas que leve essencialmente ao mesmo objetivo. Por exemplo, o cliente pode propor a venda de um produto a um consumidor, mas desejar manter o direito de retenção ou de garantia sobre o produto até que o preço da compra tenha sido completamente pago. O advogado pode recomendar que, em vez de vender o produto, o cliente o arrende de modo que os pagamentos do arrendamento constituam o preço de venda. Desse modo, um negócio de arrendamento pode ser o equivalente econômico de uma venda, mas ser juridicamente mais seguro que a venda em muitos ordenamentos jurídicos. Além disso, em alguns sistemas, o arrendamento pode evitar a publicação oficial do negócio, o que seria necessário se se tratasse de uma venda. Numa outra situação, o cliente pode estar considerando a ideia de emprestar dinheiro a um empreendimento de risco. O advogado pode sugerir que o dinheiro seja liberado em parcelas a ser entregues quando se cumpram certas condições específicas, ou que fique em custódia de um terceiro neutro (depositário) para ser desembolsado segundo condições especificadas, ou, ainda, sugerir qualquer outra forma de proteção que reduza o risco de inadimplemento do empréstimo.

Mais um exemplo de "advocacia criativa" tornou-se comum no globalizado comércio contemporâneo. Nos países islâmicos não se empresta dinheiro a juros por norma jurídica e por obrigação religiosa, mas pode-se investir o dinheiro. (A mesma norma vigorava nos países ocidentais até o século XV.) Muitos países islâmicos produtores de petróleo desejam investir as enormes somas de dinheiro que acumularam em condições economicamente equivalentes a um empréstimo. Advogados engenhosos criaram documentos financeiros que não são "empréstimos", mas em essência implicam os mesmos mecanismos econômicos que um empréstimo.

A maior parte das interpretações jurídicas e das condutas alternativas propostas pelos advogados é inofensiva. A alternativa recomendada pelo advogado implica tão somente realizar a negociação de modo correto do ponto de vista técnico. Em alguns casos, porém, as interpretações e as alternativas jurídicas podem implicar considerável risco de que a abordagem do advogado mais tarde seja considerada inválida. Se isso ocorrer, a abordagem do advogado não só não atingirá o objetivo, mas também sujeitará o cliente a um processo civil ou penal.

É nessas situações de risco que a independência do advogado em relação ao cliente pode se ver prejudicada. Na pior das hipóteses, o advogado pode dar um parecer favorável, mas simplesmente falso. Uma opinião tão descabida pode mais tarde ser considerada fraude da parte do advogado[38]. Longe desse extremo, alguns advogados são bastante ousados nas interpretações favoráveis ao cliente, outros são mais conservadores. Além disso, os clientes mais cultos sabem distinguir o grau de risco que cada advogado se dispõe a correr e, consequentemente, procuram um ou outro tipo de consultoria jurídica. Existem advogados dispostos a correr riscos grandes. Evidentemente, os advogados que se expõem a esses riscos não se manteriam na profissão se não houvesse os clientes que se dispõem a correr riscos.

A análise dos possíveis riscos jurídicos implicados num negócio geralmente envolve um diálogo entre cliente e advogado em que a decisão final é do cliente. As discussões e estimativas entre cliente e advogado são confidenciais e, a não ser que impliquem dolo, não podem ser investigadas pela justiça. Desse modo, o advogado escrupuloso assume o pesado ônus da responsabilidade de dar assistência e pareceres que vão além do simples endosso do desejo do cliente.

O cumprimento dessa responsabilidade é reforçado por retribuições de ordem prática. O advogado promíscuo no trabalho de consultoria arrisca sua reputação, pode ser submetido a sanções disciplinares pela ordem e ser responsabilizado por imperícia. O advogado que segue um padrão conservador cria reputação favorável entre os outros advogados e os representantes do governo, e os negócios que ele orientou dificilmente são questionados. Para os advogados que trabalham em escritórios de advocacia existe um fator complicador, isto é, alguns integrantes do escritório são mais propensos a correr riscos do que outros. De tempos em tempos, alguns escritórios de advocacia se dissolvem por causa desse tipo de diferença.

Os procuradores do Estado ou os advogados que trabalham para o governo ou seus órgãos teoricamente desempenham papel semelhante. A autoridade de um representante do governo é concedida e definida pela lei, cujos termos muitas vezes não são muito claros. Um fiscal do governo, por exemplo, pode querer saber se a lei permite usar verbas destinadas a determinado fim em outra finalidade relacionada, como empregar fundos destinados ao museu de artes para construir um estacionamento para o museu. O procurador do Estado pode fornecer a análise jurídica necessária. Da mesma forma, a polícia e os inspetores de agências de vigilância precisam de orientação acerca dos limites de sua autoridade para entrar em residências e empresas privadas ou para confiscar contrabando. A resposta pode ser mais liberal ou mais conservadora, da mesma forma que na consultoria ou assistência prestada a particulares.

Num outro nível de análise, a maioria dos cidadãos de uma sociedade civilizada obedece à lei, mas esta não se aplica automaticamente. A aplicação da lei requer empenho das autoridades públicas e das pessoas cujos direitos foram violados. Os advogados estão acostumados com o tipo de trabalho necessário nas diversas circunstâncias e com a possibilidade de aplicação efetiva da lei.

A exigência legal nesse aspecto pode-se resumir na ideia de "desconto" (ou desconsideração) na aplicação da lei. Desconto é a diferença entre os padrões de conduta estabelecidos por lei e a probabilidade de que determinada conduta seja questionada. Uma ideia semelhante é designada na jurisprudência pelo termo "desuetudo"*, isto é, a desconsideração generalizada de uma norma jurídica. Um exemplo bem conhecido é o limite de velocidade divulgado nas rodovias: muitos motoristas o interpretam como mera sugestão. Uma expressão mais vulgar para se referir à probabilidade de aplicação da lei contra determinada conduta é: É possível safar-se dessa lei?

Praticamente todas as normas jurídicas estão sujeitas a algum grau de desconto, e muitas caem em desuso ("desuetudo"). Logo, quando o cliente pergunta se pode "safar-se" da norma, muitas vezes a resposta realista é "sim". Isto é, objetivamente é possível que as autoridades não intervenham se as violações da lei não forem flagrantes nem repe-

---

* O mesmo que "costume *contra legem*". (N. da R. T.)

INDEPENDÊNCIA

tidas, ou que a parte prejudicada não reaja se a lesão não for grave. Seja qual for a área em que atue, o advogado em geral pode fazer estimativas bastante confiáveis do grau de desconsideração (desconto) na aplicação das normas jurídicas de sua área. Esse conhecimento especializado gera dilemas morais para os profissionais conscienciosos e oportunidades de abuso por parte daqueles que carecem de escrúpulos morais. O conhecimento técnico do advogado inescrupuloso pode ajudar um cliente a atingir objetivos antissociais ou que beirem a ilegalidade.

Em que medida o advogado deve prestar consultoria ou assistência que promova os interesses do cliente em detrimento da fidelidade objetiva à lei é, portanto, uma questão essencial na ética da advocacia. O contraste pode ser definido como a diferença entre a perspectiva objetiva ou judicial e a perspectiva do advogado. Conceitualmente, essa distinção é clara. Interpretação objetiva da lei é aquela que um juiz faria diante dos fatos e circunstâncias apresentados ao advogado que aconselha o cliente. Pode haver, é claro, alguma imprecisão no conceito de perspectiva judicial, pois os juízes não têm uma compreensão perfeitamente uniforme da lei. Mas a noção de perspectiva judicial é bem clara para os advogados. Na verdade, é uma perspectiva que o advogado estuda hipoteticamente quando avalia o risco implicado num negócio ou numa conduta proposta pelo cliente. O oposto da perspectiva judicial é a perspectiva do advogado. Com base em seu ponto de vista, o advogado procura resolver as ambiguidades dos fatos e da lei aplicável em favor dos interesses do cliente, sem dar nenhuma opinião que o constranja profissionalmente. (Não é fácil constranger alguns advogados.) A perspectiva judicial sem dúvida implica uma margem de exploração de ambiguidades bem menor que a da perspectiva do advogado.

O problema da independência em relação ao cliente gira em torno dessa distinção entre a perspectiva objetiva e a perspectiva do advogado. O advogado verdadeiramente independente aconselha ou assiste o cliente de acordo com a perspectiva judicial ou muito próximo dela. O advogado que se sujeita de forma inaceitável aos interesses do cliente o aconselha ou assiste com pareceres tão descabidos que beiram a falta de profissionalismo.

No que se refere à distinção de perspectivas, é necessário notar a diferença entre a situação do advogado que segue sua interpretação da lei quando atua como defensor no tribunal e a situação do advogado que segue sua interpretação quando representa o cliente numa negociação. Quando atua no tribunal, o advogado apresenta sua versão da lei e dos fatos num foro público, perante o juiz e o advogado da parte contrária. Numa negociação, o advogado representa seu cliente no foro particular de seu escritório. A margem de interpretação da lei pode ser mais ampla nesse foro particular. Além das ambiguidades na interpretação da lei, há ambiguidades na interpretação dos fatos pertinentes. Nesse caso verificam-se igualmente diferenças de perspectiva. O advogado enxerga os fatos do negócio do cliente pela perspectiva crítica do juiz, mas em geral os organiza segundo a perspectiva mais amigável de advogado.

Desse modo, no exercício da profissão o advogado trata de situações que podem implicar uma complexa mistura de ambiguidade intrínseca da lei, diferenças de interpretação da lei conforme determinada perspectiva e diferenças na interpretação dos fatos. Em muitas circunstâncias a ambiguidade não é grave. Nesses casos, a responsabilidade do advogado de permanecer dentro dos limites da lei é clara. Em situações como essas, que acreditamos ser a norma, o advogado serve ao interesse público dando ao cliente orientações que promovam o cumprimento da lei. Esse serviço justifica o sigilo que protege a relação entre advogado e cliente. A Suprema Corte dos Estados Unidos declarou numa importante decisão que a finalidade da relação privilegiada entre advogado e cliente "é estimular a comunicação plena e franca entre os advogados e seus clientes e com isso promover o interesse público mais amplo na observância da lei e administração da justiça"[39].

Não temos dúvida de que, na consultoria aos clientes, a maior parte dos advogados não se limita a procurar brechas, mas, sim, orienta para que os negócios se mantenham dentro dos limites pretendidos pela lei. Os advogados em geral costumam tratar o texto da lei com seriedade. Acreditamos que a assistência e a consultoria dos advogados de fato "promovem o interesse público mais amplo na observância da lei", como afirmou a Suprema Corte dos Estados Unidos. Todavia, sempre houve e ainda há suspeita do público de que os advogados em geral são subservientes aos interesses de seus clientes. Na tradição marxista, ainda viva em alguns círculos políticos e acadêmicos, a premissa é que os advogados de empresas sempre agem desse modo. E, na prática, muitos advogados de fato são extremamente subservientes aos interesses dos clientes. Entretanto, também é claro para nós que não existe nenhum método de investigação para determinar o grau de objetividade e independência ideal na relação com o cliente para os advogados de qualquer regime.

A ambiguidade da lei e os ideais éticos

Como vimos, atualmente as normas éticas da profissão passaram a ser "legificadas", isto é, estão formuladas em códigos de regras em vez de serem transmitidas como um conjunto de costumes. As vantagens dessa mudança são as mesmas que existem na própria lei – objetividade, clareza, universalidade e maior equidade na aplicação. Contudo, a transformação da ética profissional em normas jurídicas resultou na transferência da ambiguidade inerente às normas jurídicas para as normas da ética profissional. Um advogado com tendência conservadora, por exemplo, pode concluir que há conflito de interesses numa provável representação, enquanto um advogado mais liberal pode concluir que não há conflito algum ou pelo menos o conflito não é bastante grave para causar preocupação. Um advogado pode achar que algumas comunicações que seu cliente lhe faz interferem em seu juízo profissional, enquanto outro advogado trata as advertências do cliente como parte do "ruído" implicado no exercício do direito.

Em todos esses exemplos – frequentes na prática diária –, a decisão inicial acerca de como proceder é do advogado. Em quase todos os casos essa decisão é conclusiva. Ou seja, o problema que o advogado resolve não é apresentado para nenhuma outra autoridade, e na verdade o cliente e outros envolvidos em geral nem ficam sabendo que o problema existiu. O advogado, portanto, é obrigado a fazer um "julgamento independente" acerca de seus próprios julgamentos, inclusive os que se referem a sua própria independência.

A maior parte dos advogados é relativamente conservadora. Ser advogado implica reconhecer a legitimidade do regime em que se pratica a advocacia, aceitar a legitimidade dos procedimentos do regime e aceitar o corpo de leis vigentes. Os revolucionários e a maior parte dos radicais rejeitam esses pressupostos, apesar de alguns famosos revolucionários terem tido formação em direito, como Mohandas Gandhi e Fidel Castro. Muitos advogados têm atitudes críticas veementes em relação ao sistema econômico e social; do ponto de vista político, uns tendem para a esquerda, outros para a direita. A maioria, entretanto, guarda suas reflexões críticas para si. A profissão de advogado exige que se mantenha pelo menos a postura externa de compromisso com o sistema jurídico e o reconhecimento, se não a aprovação, de seu funcionamento.

A visão de mundo de alguns advogados é "quadrada", a de outros é iconoclasta. Os advogados têm opiniões não apenas sobre questões políticas abstratas, mas também sobre questões sociais e individuais, como religião, responsabilidade dos pais, aborto e divórcio. As opiniões sobre esses assuntos podem ser relevantes no trato com os problemas jurídicos encontrados na prática cotidiana do direito. Nas áreas do direito que apresentam aspectos delicados do ponto de vista moral, o significado atribuído a um termo jurídico inevitavelmente reflete o ponto de vista pessoal sobre questões políticas e sociais. Os advogados reconhecem que a sensibilidade de um juiz pode influenciar na decisão de um caso "limite", seja no campo dos direitos trabalhistas, seja num caso de divórcio, seja em qualquer outra questão social polêmica. O mesmo se aplica aos advogados. Um advogado católico convicto, por exemplo, talvez tenha dificuldade de empenhar seu entusiasmo profissional em casos de divórcio. Algumas histórias de heroísmo profissional referem-se à relação positiva entre ideologia política e independência profissional. Pietro Calamandrei, advogado e destacado jurisconsulto italiano, posicionou-se contra o regime fascista de Mussolini e exerceu considerável influência na busca de preservar a integridade do processo legal na Itália, agindo discreta e indiretamente para evitar a interferência do regime[40]. Andrew Hamilton, advogado norte-americano do século XVIII, defendeu um editor acusado de difamar a administração colonial britânica[41]; como se mencionou, Henry Brougham, um *barrister* inglês, defendeu a rainha Caroline no processo de divórcio movido contra ela pelo rei; Lewis Powell, posteriormente juiz da Suprema Corte dos Estados Unidos, quando advogado ajudou os estados do sul a chegar a um acordo pacífico para a abolição da segregação racial[42].

Nessas controvérsias, o advogado deve cumprir seu dever profissional mesmo que seus sentimentos pessoais pela causa do cliente sejam contrários. Esse princípio básico se expressa no Estatuto da ABA: "A representação do cliente, inclusive a representação por nomeação, não constitui endosso, por parte do advogado, das atividades e opiniões pessoais, econômicas, sociais e morais do cliente."[43] A regra que rege os *barristers* ingleses vai ainda mais longe. Um *barrister* "não pode negar seus serviços com a alegação de que a natureza do caso é condenável para ele ou para qualquer segmento do público"[44].

Essa regra e as normas éticas em geral são um mecanismo mediante o qual os profissionais do direito procuram manter sua independência em relação ao Estado, aos interesses dos clientes e a outras fontes de interferência. São declarações coletivas dos advogados e dirigem-se não somente a eles, mas também ao Estado e à sociedade de modo geral. Expressam a perspectiva dos profissionais do direito acerca de seus deveres e a concepção do papel particular do advogado na ordem constitucional.

Outro mecanismo para manter a independência da profissão é a atividade das ordens de advogados nos campos de educação profissional, de troca de informações sobre progressos jurídicos e no campo da disciplina, formal e informal. Nos países latinos, costuma-se referir à associação de classe como *confraternité*. Nos países de *common law*, emprega-se uma denominação semelhante quando os advogados se referem à "fraternidade" entre os membros da classe profissional. Qualquer que seja o termo, na maioria dos sistemas jurídicos o sentimento corporativo é bem forte.

Em muitos sistemas jurídicos, as ordens de advogados têm autoridade jurídica para reger e disciplinar a profissão, inclusive para advertir e expulsar seus membros. Mesmo nos países em que a ordem dos advogados não tem existência oficial, ela exerce bastante influência nas questões disciplinares e na análise de problemas de regulamentação da profissão. Em muitos países em desenvolvimento, os profissionais do direito têm sido uma força articuladora nos debates constitucionais fundamentais[45]. A história da ordem dos advogados mostra disputas recorrentes entre os profissionais do direito e o Estado.

Em todas essas polêmicas, uma força importante a favor dos advogados tem sido a solidariedade deles como organização. A ação isolada dos advogados pode ser decisiva nas pequenas disputas que surgem na prática jurídica, mas seria insignificante contra o Estado. Agindo coletivamente, entretanto, a ordem dos advogados é uma força significativa.

Por questão de ordem prática, os advogados têm seus interesses próprios na manutenção do Estado de direito, assim como os jornalistas têm profundo interesse na liberdade de imprensa. O Estado de direito é o ganha-pão do advogado.

"Ganha-pão" é maneira de dizer. Os advogados precisam ter renda suficiente para ter uma vida decente e manter a independência. Esperamos ter sido convincentes quando afirmamos que a independência dos advogados autônomos é um elemento do governo constitucional. A renda suficiente para os advogados autônomos provém de honorários. Os honorários advocatícios, portanto, e a despeito do incômodo que possam causar a alguns clientes (e alguns advogados), são uma parte inevitável do sistema constitucional.

O ideal é que o advogado, em assistindo o cliente, não sinta nenhum constrangimento em virtude de suas relações com o governo, com os tribunais, com os sócios do escritório, com os colegas da ordem, com quem paga seus honorários (em geral, mas nem sempre, o cliente) ou com o próprio cliente. O ideal é que o advogado confie em que seus colegas se empenham para manter a independência da profissão. O ideal é que os tribunais administrem a justiça com discernimento e imparcialidade; que o advogado possa se sustentar de maneira digna de sua vocação.

A vida profissional de muitos advogados fica aquém desse ideal, quase sempre muito aquém. Mas essa constatação não diminui a atratividade do ideal. O ideal atrai a maior parte dos advogados à sua vocação e os sustenta nela.

5. Lealdade

Lealdade para com o cliente: conceitos fundamentais

A ideia de um advogado sem cliente é contraditória. Os advogados praticantes são profissionais que dão assistência a clientes. O próprio objetivo do cliente ao buscar um advogado é obter o benefício da assistência de uma pessoa informada e competente em matéria de direito.

Nos sistemas de *common law*, entende-se que o advogado é um agente ou representante do cliente. Nos sistemas de *civil law*, a contratação é *locatio conductio operarum*, isto é, um contrato de prestação de serviços. Reconhecendo o *status* característico do advogado como profissional, a ideia do *civil law* lhe dá maior alcance de autoridade do que aquela implicada na relação cliente e advogado do *common law*. (A abrangência normal da autoridade de um advogado no *common law* pode ser aumentada por acordo especial.) Em todos os sistemas a relação entre cliente e advogado implica o dever de lealdade e o correspondente dever de sigilo da parte do advogado. Os deveres de lealdade e sigilo do advogado são muito semelhantes aos de outros profissionais, como os consultores financeiros ou os corretores imobiliários ou de ações. A função do advogado, entretanto, não se rege apenas pelas regras de agenciamento, mas também por muitas outras normas profissionais específicas.

O dever de lealdade ao cliente é a principal diferença entre o papel do advogado e o do juiz na administração da justiça, como se viu no Capítulo 2. O advogado que representa o cliente num litígio toma partido a favor do cliente, não é uma parte neutra, responsável por resultados justos para as outras partes envolvidas, enquanto o juiz tem a responsabilidade de fazer justiça com imparcialidade. O advogado contratado para uma negociação tem o dever semelhante de dar consultoria e assistência que protejam os interesses do cliente. Como foi tratado no Capítulo 2, o maior fundamento para a lealdade ao cliente no litígio é que ela serve como teste da retidão e da capacidade do juiz. O maior fundamento para a lealdade na consultoria privada é o direito do cliente de cuidar de seus negócios com o mínimo de complicações e obstáculos legais.

O dever de lealdade ao cliente está sujeito a importantes ressalvas. O advogado só pode dar consultoria e assistência para a realização de objetivos legítimos e é expressamente proibido de dar assistência em empreendimentos criminosos ou fraudulentos[1]. O advogado tem o dever de expressar a verdade em declarações e documentos apresentados como palavra do advogado (diferentemente da palavra do cliente). Esse dever se aplica às declarações aos tribunais, aos representantes do governo e terceiros, ainda que o dever de declarar a verdade seja prejudicial ao cliente. Por conseguinte, o advogado pode recusar-se a trabalhar para finalidades que considere inescrupulosas, mesmo que estejam dentro dos limites da lei, e pode retirar-se de uma negociação que a princípio lhe parecia aceitável, mas cujo desenrolar se mostre inescrupuloso[2].

O dever de lealdade também é restringido pela necessidade prática do advogado autônomo de ter mais que um cliente. Teoricamente, a regra da lealdade poderia exigir que um advogado servisse somente a um cliente durante toda sua carreira. Isso levaria a regra bíblica "ninguém pode servir a dois senhores"[3], frequentemente citada em declarações sobre o dever de lealdade do advogado, às últimas consequências. Muitos advogados realmente têm só um cliente: os advogados funcionários do governo e os empregados dos departamentos jurídicos das grandes empresas. A maioria, porém, trabalha como autônomo, prestando serviço a diversos clientes. Se as normas que regem a lealdade proibissem de ter mais de um cliente, a dependência em relação a esse cliente comprometeria completamente a independência do advogado, independência que, como se viu no Capítulo 3, é uma virtude ética fundamental. A limitação da prática a um só cliente também inibiria gravemente a capacidade do advogado de enxergar os problemas jurídicos de mais de uma perspectiva, o que é um elemento de independência intelectual e de discernimento profissional. Os clientes que tivessem necessidades modestas ou eventuais de assistência jurídica teriam dificuldade de contratar um advogado, pois o contrato impediria o advogado de cuidar de qualquer outro compromisso simultâneo. Ao longo da carreira, o advogado autônomo em geral têm muitos clientes com os mais diversos problemas jurídicos.

O princípio da lealdade também se aplica à contratação por clientes sucessivos. Existe representação sucessiva quando o advogado concluiu a representação de um cliente e em seguida tem oportunidade de representar outro cliente. E se as duas representações envolvem o mesmo assunto? A regra é que o advogado que representou primeiro um cliente está a partir de então proibido de assumir compromisso profissional com outro cliente que implique atacar o trabalho que ele mesmo fez pelo primeiro cliente ou de fazer uso de segredos que lhe foram confiados quando a serviço do primeiro cliente.

Portanto, o dever de lealdade não é absoluto, mas é cercado de restrições. Algumas dessas restrições protegem o público, principalmente a proibição de assistir um cliente em operações ilícitas. Outras restrições protegem os interesses de outros clientes e de potenciais clientes, particularmente as normas referentes ao conflito de interesses quando o advogado tem vários clientes. As normas relativas à lealdade, portanto, permitem "servir a dois senhores", mas em condições planejadas para evitar prejudicar a eficiência do advogado na representação de cada cliente.

O dever de lealdade nas outras profissões regidas pela lei de representação ou suas equivalentes no *civil law* – contadores, consultores financeiros, empregados – está sujeito a restrições semelhantes às impostas aos advogados no que se refere a atividades criminosas ou fraudulentas e ao dever de falar a verdade para as autoridades. O dever de lealdade dos advogados, entretanto, é peculiarmente delicado. O trabalho do advogado consiste em orientar negócios para fins privados e muitas vezes egoístas do cliente, mantendo-se atento às exigências legais concebidas exatamente para limitar ou regrar as finalidades egoístas. Na discussão acadêmica contemporânea da ética profissional, critica-se severamente esse partidarismo do papel do advogado. Evidentemente, a crítica se justifica nos casos de advogados que, ao representar o cliente, violam as normas jurídicas da ética profissional. Em outro nível, a crítica é fundamentada no fato de os ricos terem assistência jurídica altamente competente e os cidadãos pobres ou de classe média terem pouco ou nenhum meio de contrabalançar essa vantagem. Algumas críticas acadêmicas, contudo, vão ainda mais longe e alegam que o partidarismo em questões de justiça é errado em si, mesmo que a função de defesa se conforme perfeitamente ao direito e à ética profissional. Segundo esse ponto de vista, o advogado deve buscar a justiça individual e diretamente, atuando de modo unilateral, e não apenas participando do processo jurídico interativo com representantes do governo ou perante o juiz.

William Simon chegou ao ponto de defender que o advogado deve seguir sua concepção de justiça sem avisar o cliente que assumiu essa missão[4]. Simon não afirma diretamente que o advogado deve enganar o cliente. Entretanto, diz que o advogado poderia, em circunstâncias apropriadas, revelar "anonimamente" os segredos que o cliente lhe confiou. Dá o exemplo de um advogado empregado por uma grande empresa que discorde da abordagem da administração numa disputa trabalhista. O advogado, diz Simon, "tem de formar seu próprio juízo acerca da solução material e tomar medidas cabíveis para concretizá-la"[5]. Essa declaração cautelosa dá a entender, pelo menos para nós, que o advogado pode revelar os segredos do cliente ou tomar medidas desfavoráveis a seus interesses (como o cliente entende esses interesses), sem avisar-lhe.

Essas medidas, se entendemos corretamente, implicariam a violação de deveres jurídicos e morais reconhecidos universalmente – implicariam mentir ao cliente (recebendo informações que o cliente presume serem confidenciais) e traí-lo. Sem dúvida, o advogado tem o direito, e às vezes o dever, de dizer ao cliente qual é a medida certa a tomar e orientá-lo a tomá-la. Como disse Elihu Root, citado no Capítulo 4: "Quase metade do trabalho de um advogado decente consiste em aconselhar [...] [os clientes] a parar de fazer o que estão fazendo". O advogado pode formar "seu próprio juízo acerca da solução material" e *abertamente* adotar as "medidas cabíveis", por exemplo, tentando convencer o cliente ou desistindo da representação. Essa atitude implica o risco de ganhar a inimizade do cliente, perder o emprego, talvez perder prestígio e, quem sabe, passar por constrangimentos profissionais. Para o bom advogado, entretanto, isso faz parte do trabalho.

No debate acadêmico, presume-se que as medidas que se exigem do advogado são legítimas e visam a realizar os objetivos que o cliente tem o direito legítimo de buscar. (Às vezes, para sustentar a argumentação, fazem-se referências a práticas ilegítimas que alguns advogados de vez em quando adotam, mas isso é outro assunto.) O debate diz respeito em geral à representação em empreendimentos comerciais e evoca implicitamente a hostilidade ao capitalismo disseminada nos meios acadêmicos.

Se essa subversão dos propósitos do cliente é aceitável na representação comercial, é razoável que também seja aceitável na representação de clientes ricos, por exemplo no que diz respeito a suas estratégias de evitar impostos. Se é aceitável nesse caso, por que não também na representação de acusados criminais, como um acusado de estupro que confessa o crime ao advogado ou um dos acusados do "Onze de Setembro"? Ao que nos parece, o Estado de Direito opera em todas essas circunstâncias, e as leis se destinam a pôr as questões polêmicas do ponto de vista moral ou político acima das chicanas do advogado que assumiu uma representação. Como diz o personagem Thomas More em "Um homem para todas as horas": eliminando-se a lei, o que sobrará senão o Diabo?

Além disso, mesmo nas grandes empresas, o que está em jogo são pessoas reais. Em geral, a consultoria jurídica para as grandes empresas é prestada a indivíduos comuns que ocupam cargos comuns na empresa e querem tão somente cumprir suas responsabilidades de acordo com a lei. Apesar disso, alega-se que o conceito pessoal de justiça do advogado deve se impor de modo unilateral, inclusive enganando o cliente. No mesmo espírito, Duncan Kennedy, de Harvard, endossava técnicas para minar a representação de grandes empresas e recomendava que fossem "astuciosas [...] manipuladoras [...] conspiratórias, ardilosas e traiçoeiras..."[6]. No entanto, como observou Detlev Vagts, também de Harvard, do ponto de vista puramente pragmático essa estratégia "tem pouca probabilidade de funcionar [...]. E certamente não funcionará uma segunda vez"[7].

Acreditamos que em qualquer lugar do mundo nenhum profissional atuante nem estudioso responsável algum levariam a sério esses argumentos. Enganar o cliente é transgressão moral e jurídica. O advogado normalmente tem informações críticas que o cliente lhe transmitiu presumindo que o dever de lealdade e de sigilo serão honrados. A ideia de que o advogado use de engodo e traição para com o cliente a fim de atingir seu conceito pessoal de interesse público é sem dúvida perversa. O advogado não é obrigado a aceitar representações que impliquem objetivos ou meios que ele considere imorais. Qualquer advogado pode insistir, explícita ou implicitamente, que não aceitará representação em causas que desaprova. Na verdade, muitos advogados se recusam, por exemplo, a aceitar trabalhos de defesa criminal, litígios excessivamente agressivos ou casos que envolvem a influência do poder econômico. Exatamente por isso, muitos advogados procuram o serviço público ou se especializam em ramos do direito que não envolvem negociações que consideram moralmente preocupantes.

Indo à raiz do problema, as normas da ética permitem que o advogado se retire de um caso que considere contrário a seus princípios, com ou sem o consentimento do cliente. As normas francesas de ética profissional, por exemplo, contêm uma *clause de conscience*, que permite ao advogado abandonar o caso por razões de consciência. A Regra 1.6 da ABA permite que o advogado se retire quando o cliente "insiste em buscar um objetivo que o advogado considera contrário a seus princípios". É claro que o advogado quase sempre reluta muito antes de retirar-se por esse motivo, pois isso quase sempre afetará negativamente sua reputação. Além disso, perderá honorários e correrá o risco de sofrer ação por danos ou por negligência. Mas o direito de se retirar deixa claro que não existe nenhuma obrigação incondicional de aceitar a representação de um cliente. O compromisso profissional do advogado não é semelhante ao de um servo obrigado a cumprir um tempo de serviço.

Existem muitas manobras legítimas – medidas que o cliente acertadamente espera que seu advogado tome – que o advogado talvez considere desagradáveis ou censuráveis. O exemplo clássico é um cliente querer defender-se de uma ação por dívida alegando prescrição. Isto é, alega que a ação foi movida tarde demais, mesmo que a dívida tenha sido contraída legalmente. Alguns clientes talvez queiram renunciar às leis de prescrição de direitos e proceder a uma defesa com base apenas no mérito da dívida alegada. É possível que um advogado tenha a mesma tendência se ele próprio for réu numa ação por dívida. Em nossa opinião, todavia, é ingenuidade dizer que fazer uso da defesa "técnica" baseada na prescrição seja imoral de alguma forma. Nos negócios humanos, o tempo tem várias funções, e a ideia de prescrição é uma delas. Como diz o povo, o que passou, passou. Além disso, quando válida, a defesa com base na prescrição aplica-se rápida e peremptoriamente e pode poupar o cliente do custo e dos incômodos implicados numa defesa baseada em testemunhos controversos acerca do mérito. De forma mais geral, o tribunal não é um lugar conveniente para muitos tipos de discurso moral – se não por qualquer outra razão, pelo menos porque, ao ser aplicada nos casos particulares, a lei não opera por força moral, mas por ordem oficial do Estado.

As pretensões e alegações que o advogado pode interpor em nome do cliente muitas vezes estão no limite de uma lei criada para proteger o interesse público. Um exemplo disso é o instituto da prescrição. Antes de decorrido o período de tempo determinado, a prescrição não tem efeito sobre a obrigação pretendida e, portanto, é irrelevante do ponto de vista legal. Entretanto, um dia depois de expirado o prazo legal, a prescrição torna inaplicável a alegação juridicamente defensável. Outro exemplo é a lei do voto da maioria, cuja aplicação ocorreu por ocasião das eleições presidenciais de 2000 dos Estados Unidos. De acordo com a lei do voto da maioria, alguns votos – teoricamente, até um único voto – resolve a decisão constitucional de toda a comunidade, na verdade, de todo o país. Ainda outro exemplo é o limite territorial como, por exemplo, o de dois países em que o regime de um lado é totalmente diferente do regime do outro. Não faz a menor diferença para os peixes se eles estão em Miami ou em Cuba, na Coreia do Norte ou na do Sul, mas pode fazer uma enorme diferença para as pessoas. Todavia, uma fronteira nacional nada mais é que um artifício humano (e jurídico).

O direito é constituído de um labirinto de fronteiras como essas. Existe uma fronteira jurídica entre uma sociedade anônima e seus proprietários, entre o empregador e o empregado, entre um empréstimo e uma doação e assim por diante. O conselho do advogado pode facilitar o cumprimento da letra da lei, evitando desse modo uma ação contrária ao espírito dessa lei. A assistência do advogado ao cliente não é uma expressão de amizade "verdadeira", assim como não é a assistência do médico, de um empregado, de um corretor ou de um funcionário público servindo o cidadão. Antes, a assistência do advogado é profissional e lhe garante seu sustento. Na terminologia aristotélica clássica, a relação profissional é uma "amizade por interesse", em que ambas as partes obtêm benefícios das respectivas contribuições, para os respectivos interesses[8].

Até que ponto, e com quais restrições, pode ser cumprido o dever de lealdade numa amizade profissional "por interesse"? Esse é o aspecto mais problemático da ética jurídica. É questão tratada nas leis que especificam os limites da assistência do advogado ao cliente. No que diz respeito à ética e à moral, entretanto, a questão da lealdade é muito mais profunda. Do ponto de vista moral, o problema não é simplesmente que limites a lei impõe ao advogado, mas, sim, que limites o advogado deve impor a si mesmo por questão de identidade e de escolha de caminho de vida. Ninguém é obrigado a ser advogado. Nenhum advogado é obrigado a permanecer na profissão. Infelizmente, muitos lidam com os problemas morais do exercício profissional simplesmente ignorando-os.

Quem manda?

Nos aspectos político e econômico, a relação entre cliente e advogado é um pouco semelhante a uma sociedade temporária ou uma *joint venture*. O empreendimento é o "caso" a ser tratado na duração do contrato. Essa interpretação da relação é incômoda para os advogados de perfil tradicional. Ela não contempla o fato de que um dos empreendedores, o advogado, está sujeito a restrições especiais e deve fidelidade ao país como representante da justiça. Os adeptos do realismo jurídico, em particular os norte-americanos, arraigados à abordagem economicista do direito, talvez tendam a desqualificar esta restrição. Nós, porém, acreditamos que ela é um fator relevante, que se revela, por exemplo, na diferença entre os produtos típicos de um curso de administração e os de um curso de direito.

O empreendimento cooperativo entre o cliente e o advogado implica um acordo geral acerca do que deve ser feito e de como deve ser feito. Esse acordo quase sempre é tácito. Todavia, em qualquer ação cooperativa podem surgir desacordos sobre os fins ou os meios do empreendimento. A pergunta que surge, portanto, diz respeito a qual dos participantes do empreendimento tem autoridade final para decidir o curso de ação a ser seguido.

A lei de representação, que rege as relações entre contratantes e contratados, prevê que, se a ação proposta não é ilegal, o contratado tem de seguir as determinações do contratante. Consequentemente, na relação entre cliente e advogado nos regimes de *common law*, o advogado tem essa obrigação. Nos regimes de *civil law*, em questões litigiosas, costuma-se dizer que o advogado é o "senhor do argumento" – é a autoridade final sobre as alegações a serem apresentadas perante o juiz. Conceito análogo rege o exercício da profissão nas negociações comerciais dos regimes de *civil law*. Em qualquer regime, porém, o advogado é um tipo especial de contratado por ser um "representante da justiça". Nas Normas de Conduta Profissional da ABA, o advogado é definido de modo mais genérico como "representante do sistema jurídico". Essa expressão, por vaga que seja, significa que o advogado, em certos aspectos e em certa medida, é um representante do interesse público. Não é possível definir com precisão a abrangência dessa responsabilidade pública a não ser em termos igualmente vagos. No entanto, ela implica que o advogado, especialmente ao lidar com o tribunal e com as outras partes, tem responsabilidades que determinam as medidas a serem tomadas em favor do cliente.

Os deveres específicos para com os tribunais se inserem num contexto maior de definições de autoridade entre cliente e advogado. O contexto fundamental é o próprio direito. Neste, há diferenças significativas entre os sistemas jurídicos, além das diferenças definidas pelo próprio caso: um litígio, que implica interação com os tribunais, ou uma questão de negociação comercial.

Nos sistemas de *civil law*, a responsabilidade pela estratégia e pelas táticas empregadas num litígio recai sobre o advogado[9]. Este tem autoridade para se recusar a seguir uma tática pedida pelo cliente e para insistir em adotar uma medida que o cliente desaprova. Presume-se que o advogado discuta as questões processuais importantes com o cliente. No sistema de *civil law*, quando um litígio é resolvido por acordo, exige-se que o cliente assine um termo formal de acordo, chamado "termo de conciliação" do litígio. Os sistemas de *civil law* não explicitam de quem é o comando nas negociações comerciais realizadas pelos escritórios de advocacia, mas o cliente tem autoridade sobre as condições finais de qualquer negócio.

Na maioria dos sistemas de *common law*, ao contrário, a autoridade máxima é sempre do cliente. Mas há variações significativas entre os sistemas de *common law*. O Código Canadense, por exemplo, observa que "o advogado não deve jamais preterir nem abandonar os direitos legais do cliente (como uma possível defesa por prescrição de direitos, por exemplo) sem o consentimento expresso deste..."[10]. A versão norte-americana pende ainda mais para o lado do cliente, tendo como regra geral que "o advogado deve ater-se às decisões do cliente no que se refere aos objetivos da representação... e deve consultá-lo quanto aos meios para atingir esses objetivos"[11]. No sistema inglês, nos litígios em que se contrata um *barrister*, este deve rejeitar as instruções (do *solicitor*) que "visem a limitar sua autoridade e seus critérios normais na condução do processo..."[12]. Essa norma é ampliada no Princípio Fundamental n.º 306 do Código de Conduta, Normas Gerais e Padrões, que afirma que o *barrister* é "individual e pessoalmente responsável por sua conduta e por seu trabalho profissional; tem de exercer seu próprio juízo pessoal em todas as suas atividades profissionais". O *Law Society Code for Advocacy*, que rege a atuação dos *solicitors* como advogados de defesa em juízo, é semelhante[13].

No que se refere a quem tem a autoridade final em questões de negócios comerciais, as diferenças entre os sistemas de *civil law* e os de *common law* talvez sejam mínimas ou imperceptíveis na prática. Em primeiro lugar, não há distinção clara entre os objetivos da contratação e os meios pelos quais aqueles devem ser atingidos[14]. Em segundo lugar, quase sempre é o cliente que escolhe o advogado, e ele geralmente escolhe um profissional cuja reputação pela ousadia e proatividade corresponda a suas próprias inclinações. Além disso, em geral é o cliente que paga os honorários e pode dispensar o advogado que se recuse a adotar as medidas que ele considere necessárias. Ao mesmo tempo, como se disse anteriormente, as normas éticas permitem que o advogado se retire do caso se o cliente insistir no emprego de táticas que o advogado considere muito impróprias. Quando cliente e advogado desfazem o contrato por diferenças quanto à abordagem adequada, em geral há inconveniências consideráveis e, em alguns casos, prejuízo real para ambos.

Por todas essas razões, a relação entre cliente e advogado costuma continuar mesmo diante de desacordos graves, como um casamento infeliz. No caso de "divórcio", porém, a norma que rege a atribuição de autoridade é muito importante. Se em última análise é o advogado que decide, mas se recusou a seguir a orientação do cliente e por isso foi demitido, o advogado tem direito aos honorários ou a indenização de acordo com a lei. Se a autoridade máxima cabia ao cliente, e o advogado se recusou a seguir sua orientação e por isso foi despedido, o advogado pode não ter nenhum direito aos honorários ou pode ter direito apenas a uma indenização muitíssimo reduzida. Num típico divórcio entre cliente e advogado, talvez o mais importante do ponto de vista prático seja o fato de que cada um se recordará dos acontecimentos de forma completamente diferente da do outro. O cliente achará que está com a razão, e o advogado, por sua vez, também se julgará certo. As discussões sobre esses problemas não são raras nos limites do escritório, mas raramente são levadas a público.

O dever de lealdade para com o cliente, portanto, é muito claro como conceito geral, mas quase sempre complexo na prática.

Representações simultâneas diversas

O dever de lealdade é formalizado nas normas que regem o conflito de interesses. O conflito de interesses nada mais é que a imagem invertida do dever de lealdade. Existe conflito de interesses para o advogado quando ele não pode ser leal no serviço a um cliente por causa de obrigações para com outras pessoas (inclusive para com outros clientes) ou por interesses pessoais próprios (por exemplo, o advogado é proprietário de um bem que pode ser afetado pela negociação do cliente). Nem todas as representações simultâneas implicam conflito de interesses. Ao contrário, em geral é vantajoso para duas ou mais partes do mesmo lado de um litígio empregar o mesmo advogado ou duas partes de uma negociação terem um só advogado, mesmo quando seus interesses não são exatamente os mesmos. O advogado se vê diante de um conflito de interesses quando os interesses de dois ou mais de seus clientes são antagônicos e o trabalho em favor de um dos clientes prejudica os interesses de outro.

O conceito de conflito de interesses é claro: o advogado não deve assumir representação jurídica se não puder firmar um compromisso profissional sem reservas, e não pode comprometer-se sem reservas com o cliente se tiver de ocupar-se simultaneamente de outros interesses como, por exemplo, os de outro cliente. Entretanto, tal como estão elaboradas nos códigos e como são na prática, as normas que dizem respeito ao conflito de interesses são muito mais complexas. Essa complexidade é consequência de fatores contextuais do mundo real, fatores que estão apenas implícitos na formulação do conceito. Um fator contextual mencionado anteriormente é a necessidade do profissional independente ou do escritório de advocacia de ter mais de um cliente ao mesmo tempo e muito mais clientes ao longo do tempo.

Um segundo fator é a grande diferença de competência entre os advogados. Os profissionais excepcionalmente competentes são procurados por muitos clientes potenciais. Se o dever de "lealdade total" não tivesse restrições, a contratação de um advogado muito competente seria uma questão de "quem chegou primeiro é atendido primeiro" e, desse modo, impediria outros clientes de contratar os serviços de um advogado que eles precisam e querem contratar. De modo geral, essa é a justificativa para o corolário de que os clientes podem consentir num conflito, ou "deixá-lo de lado", que de outro modo seria inadmissível.

Um terceiro fator contextual é o fato de que as normas relativas ao conflito de interesses têm de ser formuladas de modo que se apliquem à representação em todos os campos do direito – litígios, direito empresarial, direito de família, direito penal e os demais. Tentar formular regras de conflito de interesses diferentes para os diversos ramos da prática jurídica seria quase impossível, pois a prática do direito não se divide em campos rigorosamente distintos. Além disso, definir normas diferentes para os diversos ramos do direito, com normas mais liberais para uns ramos e menos liberais para outros, geraria um debate interminável dentro da categoria profissional e resultaria em infindáveis disputas na aplicação das normas. A inevitável generalidade das normas sobre conflito de interesses deixa amplo espaço para interpretação.

Os diversos códigos de ética procuram conciliar essas complicações. A regra fundamental do Código Canadense declara:

> O advogado não deve aconselhar nem representar os dois lados de uma disputa e não deve atuar nem continuar atuando num caso em que haja ou possa haver interesses conflitantes, a não ser depois de revelar o conflito ao cliente ou potencial cliente e obter o seu consentimento. Interesse conflitante é aquele capaz de afetar adversamente o discernimento do advogado acerca do que é melhor para... o cliente ou potencial cliente, ou aquele a que o advogado possa dar preferência em detrimento do interesse do cliente, atual ou potencial.[15]

No código italiano, esse dever está formulado tanto de modo afirmativo quanto de modo negativo. Afirmativo: "O advogado tem o dever de conduzir sua atividade profissional com lealdade ao cliente". O modo negativo diz:

> O advogado não deve aceitar contratação que possa criar conflito com os interesses do cliente.
> Haverá conflito de interesses se a aceitação de um novo cliente resultar em violação do sigilo das informações fornecidas por outro cliente; se os conhecimentos que o advogado tem acerca dos negócios de um atual cliente criarem vantagens injustas para o novo cliente; e se a representação do cliente atual limita a independência do advogado na condução da nova representação.[16]

Essas formulações expressam alguns elementos. Primeiro, o advogado não pode representar partes opostas num litígio. Os motivos dessa proposição são evidentes. Uma das explicações é de fato óbvia, pois o advogado não pode ser partidário eficiente de dois lados contrários na mesma causa. Uma segunda razão talvez não seja tão óbvia: a representação de ambas as partes por um único advogado pode privar o tribunal de apresentações plenamente convincentes das duas posições em disputa e, com isso, prejudicar o entendimento do juiz acerca das questões em jogo. Conforme expressa o *Restatement of the Law Governing Lawyers*:

> [O] tribunal deseja acertadamente garantir que seus processos não sejam comprometidos por um exercício débil de

advocacia [...] se um advogado representasse clientes de lados opostos [...] o interesse público na condução ordeira do litígio poderia ser seriamente ameaçado. Portanto, o mesmo advogado não pode representar o querelante e o querelado[...][17]

Um caso curioso na Califórnia ilustra esse princípio no que se refere a litígios[18]. Um advogado serviu de mediador na negociação de um acordo entre um casal que se divorciava e não tinha advogados diferentes para cada um. A pertinência dessa representação dual foi questionada. O tribunal considerou que a representação na negociação do *acordo* não era imprópria porque o advogado tinha atuado como mediador neutro, mas advertiu que o advogado não poderia continuar representando as duas partes se alguma questão do acordo fosse levada a julgamento.

Segundo, as normas de conflito de interesses têm aplicação um pouco diferente nas negociações comerciais ou na prática dos escritórios. Um advogado pode assumir a representação de dois ou mais clientes numa negociação quando a ajuda na realização dos interesses de um cliente não implicar prejuízo dos interesses do outro cliente. Entre os exemplos típicos de potencial conflito em negociações, encontram-se a representação simultânea do vendedor e do comprador numa transação imobiliária; a representação de dois ou mais empreendedores que querem formar uma sociedade ou tornar-se diretores de uma sociedade de capital fechado; a representação de um empregado de uma empresa e da própria empresa, por exemplo, num contrato de benefícios de aposentadoria para o empregado; a preparação do plano de administração de bens para cônjuges casados no regime de separação de bens.

Nessas situações, quase sempre é problemático definir se há um conflito de interesses impeditivo. Normalmente, há vantagens evidentes em contratar um só advogado. Do ponto de vista dos clientes, é menos dispendioso e mais eficiente. A representação de ambas as partes pelo mesmo advogado permite coordenação mais precisa dos propósitos dos clientes e evita as barreiras causadas pelas atitudes defensivas ou agressivas que alguns advogados se acham obrigados a demonstrar em negociações. Ao mesmo tempo, há riscos igualmente evidentes em ter um só advogado representando as duas partes de uma negociação, por mais amigáveis que essas sejam. O advogado pode consciente ou inconscientemente favorecer uma das partes em detrimento da outra – por exemplo, o sócio sênior em detrimento do júnior, ou o funcionário da empresa em detrimento da empresa.

Quando se assume uma representação conjunta desse tipo, os clientes devem ser informados do potencial conflito de interesses e dar consentimento para ignorá-lo. A maioria dos leigos é francamente inclinada a dar esse consentimento, às vezes inadvertidamente. Os clientes talvez não compreendam o rigor da regra de conflito de interesses e alguns talvez pensem que essa norma foi criada para criar oportunidades de trabalho para um número maior de advogados. Os clientes envolvidos no estabelecimento de objetivos coordenados costumam, compreensivelmente, ter uma visão otimista de seu empreendimento e menosprezar o risco de eventuais desacordos em seus propósitos. Entretanto, seria absolutamente errado negar a um grupo de clientes o direito de contratar um só advogado para realizar seu propósito. Por conseguinte, deve haver equilíbrio entre as vantagens de empregar um só advogado e os riscos decorrentes dessa escolha. Esse equilíbrio se expressa no conceito de "consentimento esclarecido", discutido a seguir.

A norma contra o conflito de interesses também se aplica a interesses pessoais do advogado. Por exemplo, o advogado pode ter envolvimento financeiro ou pessoal numa transação imobiliária, o que pode afetar sua lealdade ao cliente. Do mesmo modo, se o advogado for um dos investidores num empreendimento de negócios que ele mesmo está documentando, sua avaliação pessoal dos riscos pode afetar o modo com que ele redigirá as disposições do acordo.

As tradições profissionais acerca do envolvimento dos advogados em transações comerciais com clientes divergem.

Em muitos sistemas, considera-se errado o advogado ter qualquer relação financeira ou comercial com clientes. Nos Estados Unidos e um pouco menos no Canadá, entretanto, é frequente os advogados se envolverem nos negócios de seus clientes. Na verdade, nesses países tornou-se comum advogados consultores prestarem serviços jurídicos a empresas recém-constituídas sem cobrar honorários de imediato, e em vez disso preferem receber uma fração de ações da empresa – uma "parte no negócio", como se diz coloquialmente. Esses acordos implicam evidente conflito de interesses, mas também permitem às novas empresas ter uma assistência jurídica de boa qualidade no estágio inicial. Muitas empresas de tecnologia do Vale do Silício, na Califórnia, tiveram assistência jurídica inicial com esse tipo de acordo.

Existe outra prática norte-americana comum que no aspecto econômico é semelhante a entrar numa transação comercial com o cliente. São os honorários *ad exitum* da representação de queixosos em litígio, especialmente em ações de reparação por danos à pessoa. O advogado que trabalha por honorários *ad exitum* só recebe se houver determinação judicial ou acordo de indenização, caso em que o profissional tem direito a uma porcentagem do valor indenizatório, em geral um terço. Os honorários *ad exitum* em geral alinham o interesse do advogado com o do cliente. Esses interesses, entretanto, podem divergir, principalmente diante de uma proposta de acordo que o cliente e o advogado avaliam de modo diverso um do outro. Um deles, o cliente ou o advogado, pode querer aceitar o acordo, acreditando que "mais vale um pássaro na mão do que dois voando", enquanto o outro pode querer rejeitá-lo, convencido de que a ação vale muito mais do que o valor oferecido. A regra diz que o cliente tem a palavra final para aceitar ou não o acordo, mas há muitos casos em que cliente e advogado entraram em desacordo sobre essa questão.

A regra que proíbe o conflito de interesses tem uma importante consequência aplicável aos escritórios de advocacia. Essa consequência pode ser denominada "presunção de conflito". Em geral, o conflito de interesses que afeta um dos advogados do escritório é presumido de todos os outros. Essa norma é declarada expressamente na Regra 1.10 da ABA e no Artigo 32 do Código de Ética dos Advogados do Japão. Em muitos outros sistemas, ela é implícita.

Se o advogado A de um escritório de advocacia, por exemplo, representa uma das partes numa negociação, o advogado B, do mesmo escritório, não pode representar a outra parte, a não ser com o consentimento esclarecido dos dois clientes. Desse modo, pode acontecer de um advogado da filial londrina de um escritório de advocacia ter um conflito de interesses que seja igualmente atribuído, desta vez por presunção, a outro advogado do mesmo escritório em Cingapura. A regra de presunção de conflito não se aplica aos *barristers* da Inglaterra, que têm de trabalhar como autônomos. Assim, os *barristers* ingleses que dividem a mesma sala podem representar partes opostas da mesma causa, tanto em questões penais quanto em questões civis.

A regra de presunção de conflito obriga os escritórios de advocacia a fazer uma cuidadosa "verificação de conflitos" – revendo todas as representações existentes e antigas que possam estar ligadas à nova representação. Esse procedimento deve ser repetido constantemente, pois sempre há mudanças na pasta de casos pendentes de um escritório de advocacia. Alguns escritórios verificam a lista de casos duas vezes por dia e alertam todos os advogados. Nos grandes escritórios, que têm muitos clientes e realizam uma imensa variedade de negociações, os procedimentos para a verificação de conflitos precisam ser muito bem elaborados e detalhados. Na prática contemporânea, isso se faz com o auxílio de programas de computador.

O problema do conflito de interesses presumido ficou muitíssimo mais complicado com a proliferação dos grandes escritórios de advocacia e com a velocidade cada vez maior das transações comerciais modernas. Os grandes escritórios têm literalmente milhares de questões pendentes e centenas de ex-clientes. Um escritório pode receber a proposta de uma transação que exija um trabalho técnico considerável a ser realizado num prazo de poucos dias, às vezes poucas horas. Contudo, os advogados dos escritórios muito grandes dificilmente têm conhecimento do que estão fazendo os outros advogados da firma – a não ser quando alertados pelo sistema de verificação de conflitos. Claro está que alguns grandes escritórios desconsideram muitos conflitos presumidos, na esperança de poder apaziguar os clientes afetados se surgirem problemas, ou talvez de simplesmente ignorar os problemas. As normas são aplicadas com maior rigor nos sistemas em que há muito tempo existem grandes escritórios de advocacia. Vários observadores acreditam, entretanto, que a regra de presunção deva ser modificada a fim de permitir que um escritório conduza representações que envolvam conflito, desde que sejam feitas por advogados diferentes (embora do mesmo escritório) e estes sejam isolados um do outro.

Um caso bem conhecido na prática norte-americana demonstra o efeito da regra de presunção de conflito e as dificuldades que ela pode causar. Trata-se de um grande e prestigiado escritório com sede em Chicago e uma filial em Washington. O escritório de Washington assumiu a representação de uma associação comercial do ramo petrolífero, que o contratara para fazer uma campanha mostrando a intensidade da concorrência nesse ramo. O escritório de Chicago, por seu lado, assumiu a representação de uma empresa que fazia negócios com empresas do ramo de energia e alegava conluio entre as empresas energéticas em vista do aumento de preços – com a participação das companhias petrolíferas. O escritório não identificou a existência do conflito de interesses entre essas duas representações até o dia em que foi apresentada a ação antitruste. As companhias petrolíferas protestaram e pediram ao tribunal que excluísse o escritório do julgamento da ação antitruste. A decisão do tribunal, que afastou o escritório de advocacia das representações conflitantes, foi um doloroso lembrete da necessidade de procedimentos eficientes de verificação de conflitos pelos escritórios de advocacia[19].

Isolar diferentes equipes de advogados no mesmo escritório pode resolver esse tipo de conflito, mas apenas quando os clientes afetados dão consentimento. O isolamento é chamado coloquialmente de "muralha da China". A ideia é que o advogado A e o advogado B do mesmo escritório podem tratar de questões que implicam conflito de interesses presumido – desde que esses advogados não conversem entre si, o escritório mantenha arquivos separados e o pessoal de apoio seja exclusivo para cada caso. As medidas de isolamento constituem a "muralha". Na verdade, esse mesmo tipo de arranjo é comumente empregado em outros tipos de empresas, como bancos, financeiras e companhias de seguros. Muitos escritórios de advocacia internacionais procuram demonstrar que suas filiais nos diversos países são empresas separadas no que diz respeito a conflitos de interesses presumidos. A prática da "muralha da China" tem sido cada vez maior nos escritórios de advocacia, mas também tem havido vigorosa oposição a qualquer relaxamento do conceito de presunção de conflito.

Contrariedade de interesses

A ideia central das normas que regem o conflito de interesses é a "contrariedade de interesses". A expressão refere-se à relativa probabilidade de divergência entre os interesses dos clientes envolvidos e à intensidade do conflito caso ele ocorra. Existem casos claros. O advogado não pode representar um cliente numa transação e ao mesmo tempo processá-lo em questão correlata. Na outra extremidade da faixa de possibilidades, o advogado não é proibido de fazer a minuta de um testamento para um cliente que anteriormente tenha sido parte contrária de uma transferência imobiliária. (Na verdade, às vezes novos clientes procuram um advogado que os impressionou quando estava "do outro lado da mesa" numa negociação anterior.) O conceito de adversidade ou contrariedade, portanto, é inevitavelmente impreciso, uma vez que em qualquer representação pode-se imaginar todo tipo de eventualidades futuras.

Embora se reconheça universalmente que um advogado não pode representar partes adversárias, os litígios muitas vezes envolvem mais que duas partes: por exemplo, quando dois ou mais demandantes são arrolados como autores ou duas ou mais partes são arroladas como denunciadas. Pode acontecer que alguns membros de uma família sofram lesão num acidente e sejam coautores de uma ação que vise à reparação. Da mesma forma, nos litígios comerciais as partes denunciadas podem incluir um devedor principal e um fiador ou alguém que de outro modo seja subsidiariamente responsável pela obrigação alegada pelo autor da demanda. Muitas vezes os corréus podem ser uma empresa e alguns de seus funcionários. Às vezes o litígio pode começar contra um acusado que posteriormente procura reparação contra outra pessoa, chamando-a ao processo como terceiro denunciado.

Em todas essas situações, o problema é se o advogado ou o escritório de advocacia pode representar devidamente todas as partes de um lado da relação judicial, ou se existem entre elas interesses conflitantes que exijam sejam representadas separadamente. Raramente os interesses de duas partes quaisquer estão em perfeita harmonia. Contudo, em geral é mais econômico e mais vantajoso do ponto de vista estratégico que as partes com interesses semelhantes defendam uma "frente comum". Por exemplo, num acidente de automóvel todos os membros de uma família que querem reparação do motorista do outro veículo em geral têm forte interesse em apresentar uma frente comum. Todavia, o acusado pode não ter recursos (inclusive o seguro de responsabilidade) para cobrir totalmente a quantia exigida por todos os demandantes. Desse modo, pode entrar em questão a divisão da quantia disponível, e esse problema pode resultar em conflito entre os reclamantes. No lado da defesa, os interesses de um empregador e de seus empregados em geral são coerentes, de modo que lhes é vantajoso formar uma frente comum contra o autor da demanda. No entanto, o empregador pode querer, por razões financeiras ou estratégicas, jogar a responsabilidade principal sobre o empregado, caso em que os interesses de ambos entrarão em conflito. Nas disputas comerciais e financeiras, os litígios quase sempre podem implicar alguns interesses diferentes que se imbricam, entre eles os interesses de credores preferenciais, proprietários de títulos e outros.

Os sistemas jurídicos diferem na aplicação do conceito. Enquanto a declaração italiana do conceito aborda o conflito de interesses tendo em vista as influências que possam afetar a lealdade do advogado, o Código Canadense o expressa destacando o efeito adverso resultante sobre o "juízo do advogado". A abordagem canadense é portanto mais ampla e menos definida. As *Model Rules of Professional Responsibility* [Normas Exemplares de Responsabilidade Profissional] da ABA são muito mais elaboradas. A Regra 1.7 das Normas da ABA tem proibições de representação de ambos os lados de um litígio e uma proibição de representações múltiplas em que o trabalho para um cliente possa ser "materialmente restringido" pelas responsabilidades para com outro cliente ou para com terceiros, ou quando "os interesses do próprio advogado" possam interferir na representação. Além disso, a Regra 1.8 das *Model Rules* da ABA tem mais previsões que tratam de problemas de "conflitos" específicos, entre eles: transações comerciais entre o advogado e o cliente; recebimento, sem o consentimento expresso do cliente, de compensações de terceiros para realizar a representação; contrato com um cliente que exclua a responsabilidade por imperícia; e relações sexuais indevidas com cliente[20]. A versão norte-americana, portanto, leva em conta tanto as circunstâncias que causam ou ameaçam causar conflito de interesses quanto seu efeito sobre a independência do juízo do advogado.

As normas do *civil law* referentes ao conflito de interesses são tipificadas nas formulações italianas e declaradas em termos mais gerais, mas os conceitos básicos são os mesmos: proteção do sigilo, prevenção contra vantagens injustas, proteção da independência intelectual do advogado. O artigo 37 do Código Italiano prevê:

> O advogado não deve aceitar contratação que possa criar conflito com os interesses do cliente.
>
> Haverá conflito de interesses se a aceitação de um novo cliente resultar em violação do sigilo das informações fornecidas por outro cliente; se os conhecimentos que o advogado tem acerca dos negócios de um atual cliente criarem vantagens injustas para o novo cliente; e se a representação do cliente atual limitar a independência do advogado na condução da nova representação.

O CCBE é um pouco mais sucinto, mas visa aos mesmos efeitos e concentra-se nos mesmos fatores. Como afirma a Regra 3.2:

> O advogado não deve aconselhar dois ou mais clientes, representá-los nem atuar no interesse deles na mesma questão se houver conflito, ou risco significativo de conflito, entre os interesses desses.
>
> O advogado também deve interromper a atuação [...] sempre que houver risco de violação do sigilo ou quando sua independência puder ser prejudicada.
>
> O advogado também deve recusar-se a representar um novo cliente se houver risco de violação dos segredos a ele confiados por um cliente anterior ou se o conhecimento que o advogado tem dos assuntos de um cliente anterior puder dar ao novo cliente vantagem indevida.

As especificações dos códigos de ética, contudo, nem sempre são conclusivas. Em suas diversas decisões, os juízes formulam as normas de conflito em termos diferentes. Os tribunais, principalmente os dos sistemas de *common law*, às vezes são vagos ou prolixos na formulação de suas decisões e, desse modo, deixam o direito desnecessariamente ambíguo. Fazem isso em todas as áreas do direito, mas a pedra vai direto para o sapato do advogado quando a decisão diz respeito à ética profissional. Um exemplo é uma decisão da Suprema Corte do Canadá que foi malvista pela ordem dos advogados canadense. No caso *Regina* vs. *Neil*, a corte mencionou uma longa lista de fontes e por fim citou parte de uma decisão de um tribunal de instância inferior que dizia: "O *solicitor* tem uma relação de confiança com o cliente e deve evitar situações que resultem, ou possam resultar, em conflito de interesses..."[21] Pode-se chamar isso de "cânone vago". A proposição de que o advogado "deve evitar situações que resultem em" conflito de interesses não apresenta nenhuma dificuldade. Mas é impossível saber o que significa a frase "ou possam vir a resultar" em conflito. Praticamente todas as relações "podem resultar em conflito". Sócios podem dissolver a sociedade, cônjuges podem se divorciar, diretores de empresas podem ser excluídos da diretoria. Esse linguajar ambíguo traz à mente o uso da expressão "aparência de impropriedade" por alguns tribunais norte-americanos como padrão para determinar a existência de conflito de interesses. A "impropriedade" está na mente do observador, e "aparência" está um nível acima em matéria de abstração e ambiguidade. E, no meio disso, o advogado tem de trabalhar para ganhar a vida[22].

Uma norma com limites largos proporciona ao advogado, se assim quiser, maior amplitude para determinar que não existe conflito de interesses e, portanto, patrocinar mais um cliente. Em contrapartida, se houver mecanismos eficientes pelos quais o cliente possa questionar se houve conflito de interesses, a norma com limites largos dará a esse cliente uma base potencialmente mais ampla para fundamentar sua possível alegação de conflito. Em geral, o mais importante não é a precisão da linguagem que proíbe o conflito de interesses, mas, sim, a sensibilidade com que os advogados aplicam o conceito a si mesmos e a disponibilidade de remédios eficientes de aplicação da norma. Em todas as comunidades profissionais, reconhece-se a existência de situações recorrentes que implicam conflitos inadmissíveis, enquanto outras situações são consideradas permissíveis, pelo menos com o consentimento esclarecido dos clientes. Mais do que de diferenças nos textos das normas, as diferenças na sensibilidade aos conflitos de interesses resultam principalmente de forças culturais subjacentes, presentes nas comunidades profissionais dos diferentes países e na sociedade em geral desses países. Não existem dados sistematizados sobre esse problema, pois a maior parte dos conflitos não é detectada.

Conflito consentido

Em algumas situações, fica evidente que os interesses das partes do mesmo lado são tão divergentes que elas têm de ser representadas por profissionais diferentes, mesmo com o custo extra que isso acarreta e o risco de possíveis discrepâncias entre as posições que eles defendam contra o adversário comum ou a parte contrária. No jargão profissional, isso se chama "conflito inadmissível". Alguns sistemas éticos especificam algumas situações que por si só são inadmissíveis. Em alguns países, por exemplo, é inadmissível o advogado ter transações comerciais com o cliente. O *Guide to Professional Conduct of Solicitors* [Guia de conduta profissional de *solicitors*], da Inglaterra, dispõe que o cliente deve procurar a consultoria de outro advogado "nos casos em que o *solicitor*, atuando em nome próprio, lhe vende algo, compra, empresta ou lhe toma emprestado"[23]. Em alguns estados dos Estados Unidos foi criada uma regra semelhante pela jurisprudência[24]. A Regra 1.8 (a) da ABA exige que, numa "transação comercial" com o cliente, as cláusulas devem ser justas e plenamente esclarecidas para este último, que deve ter a "oportunidade razoável de procurar a opinião de um advogado independente" e em seguida dar seu consentimento por escrito. Na prática, essa regra permite que praticamente toda transação entre advogado e cliente seja anulada se o cliente depois se arrepender. Nos Estados Unidos, muitos advogados conscienciosos não fazem transações comerciais com clientes.

Excluindo-se essas proibições, as partes podem reconhecer que as vantagens de manter uma posição de comum acordo superam a proteção de seus interesses jurídicos individuais. Esse reconhecimento pode ser levado a efeito pelo "consentimento" (muitas vezes chamado de "tolerância" de conflito) das partes cujos interesses estão em jogo. No jargão profissional, às vezes se chama essa situação de conflito de interesses "admissível".

Ao discutir um acordo para construir um *shopping center*, por exemplo, o proprietário do terreno onde o *shopping* será construído pode ter em comum com o incorporador o interesse de obter as autorizações necessárias do governo, mas os interesses deles quanto aos acordos financeiros entre eles podem ser conflitantes. O problema portanto é se um único advogado pode representar os dois para obter as aprovações do governo, mas ao mesmo tempo cada um ter seu próprio advogado para negociar o acordo financeiro. Os sócios de um pequeno comércio em geral têm os mesmos interesses em relação a terceiros, ocasião em que podem usar o mesmo advogado, mas podem ter conflitos no que se refere à divisão da responsabilidade e à partilha dos lucros do negócio.

Existem milhares de variações possíveis. Tanto em litígios quanto em negócios, em muitas situações o conflito é evidente e o advogado não pode assumir satisfatória e adequadamente a representação simultânea de ambas as partes. Em outras situações, o consentimento do cliente é conveniente, embora o profissional deva analisar as circunstâncias com muito cuidado e ter uma boa dose de discernimento. Uma observação prática diz respeito ao caráter e à personalidade dos clientes. Os advogados sabem que algumas pessoas tendem a se ressentir com qualquer possibilidade do que lhes pareça deslealdade, enquanto outras encaram essa possibilidade com muito mais tranquilidade.

O ato de consentir no conflito de interesses chama-se coloquialmente de "consentimento esclarecido" ou "renúncia ao conflito". Na regra canadense é previsto como "esclarecimento adequado do conflito, acompanhado de consentimento dos clientes afetados"[25]. No Japão, somente é permitido consentir num conflito de interesses se os "fatos materiais" envolvidos nas demandas forem diferentes, de modo que o mesmo advogado não pode representar as duas partes de uma mesma negociação nem com o consentimento delas[26]. Em algumas jurisdições, o consentimento dos clientes tem de ser dado por escrito[27]. Mesmo onde não se exige o consentimento por escrito, os advogados escrupulosos confirmam o acordo por escrito, formalidade que é mais segura para o cliente e mais prudente para o advogado. O principal, porém, não é o consentimento em si, mas a pertinência do esclarecimento em que tal consentimento se baseia. O *American Restatement of the Law Governing Lawyers* prevê essa exigência como se segue: "O consentimento esclarecido exige que o cliente [...] tenha informações razoavelmente corretas sobre os riscos materiais implicados"[28].

O consentimento num conflito de interesses pode ser de abrangência geral ou restrita. Um cliente, por exemplo, pode consentir numa representação conflitante em uma questão, mas não em outra, ou consentir desde que determinados advogados do escritório (ligados à outra parte) sejam separados por uma parede divisória. Também se reconhecem consentimentos muito amplos e gerais, desde que o cliente esteja devidamente esclarecido. Por exemplo, para facilitar a cooperação entre os advogados de defesa nos litígios do amianto nos Estados Unidos, as empresas acusadas fizeram acordos de consentimento que permitiam aos advogados que cuidavam das demandas do amianto aceitar qualquer tipo de representação contrária em outras questões. Esses acordos tinham duração indefinida e chegaram a ser invocados até vinte anos depois de firmados. Na prática, esse tipo de consentimento exige que os clientes consultem outros advogados para avaliar se as condições são aconselháveis. No direito empresarial, em geral é o departamento jurídico interno do cliente que analisará a pertinência do consentimento. Na representação moderna de clientes empresariais complexos, as próprias cartas de "consentimento" podem ser documentos complicadíssimos.

Conflito de interesses em representações sucessivas

O dever de lealdade, consignado nas normas referentes ao conflito de interesses, continua vigente, com certas limitações, mesmo depois que o advogado terminou a representação de um cliente. Não é proibido ao advogado assumir uma representação contrária a um cliente anterior, pois, quando o caso termina, termina também a relação entre cliente e advogado. Entretanto, o advogado tem o dever de não comprometer o caso de que tratou anteriormente.

O Código Canadense refere-se ao conceito que rege a representação sucessiva na seguinte declaração: "O advogado que tenha representado um cliente numa questão não pode depois atuar contra ele na mesma questão ou em matéria a ela relacionada..."[29].

Emprega-se praticamente a mesma fraseologia no Princípio 15.02 do *Guide to Professional Conduct of Solicitors*, da Inglaterra. Esse conceito expressa duas limitações, uma decorrente do dever de lealdade e outra do dever de sigilo. No que se refere à lealdade, o advogado não pode assumir a representação de um novo cliente numa questão em que tenha anteriormente representado outro cliente se a posição do novo cliente for contrária à do antigo. O exemplo clássico é o do advogado que redige um testamento para um cliente e não pode depois apresentar ação em nome de outro cliente para invalidar o testamento. (Esse caso ocorreu de fato.) Outro exemplo é o do advogado que presta consultoria a uma empresa comercial sobre os efeitos das leis antitruste e não pode depois representar outra empresa em litígio antitruste contra o cliente anterior[30]. Esse dever é formulado em relação ao dever de lealdade na Regra 1.9 (a) da ABA[31] e na seguinte norma russa: "O advogado não deve aceitar a contratação para uma lide [...] quando [...] anteriormente prestou assistência referente à mesma questão a pessoas cujos interesses eram contrários aos do futuro cliente."[32]

As normas de ética de outros sistemas definem a responsabilidade do advogado para com o antigo cliente no contexto da proteção de suas informações confidenciais obtidas quando da representação ou consultoria[33]. Por exemplo, um advogado que tenha assistido um cliente na compra de vários terrenos para lançar um projeto imobiliário, e com isso tenha obtido conhecimento da estratégia do cliente para incorporar as propriedades, normalmente não pode assumir a representação de outro incorporador que procure propriedades adjacentes, a não ser com o consentimento do cliente anterior. De modo semelhante, o advogado que deu consultoria a uma empresa acerca de seus direitos de propriedade intelectual sobre uma marca registrada não pode dar consultoria a outra empresa com relação a uma marca registrada diretamente concorrente da primeira.

No que diz respeito à proteção de antigos clientes, há o difícil problema do espaço de tempo que separa as duas representações. Se o advogado representou um cliente vinte anos atrás numa transação comercial, é improvável que as informações obtidas na ocasião continuem pertinentes para o caso de outro cliente, assumido atualmente. Se, porém, a representação dizia respeito a negócios de família, e a nova representação refere-se aos negócios da mesma família, mesmo depois de um longo período pode haver conflito de interesses. Embora não se possa definir com precisão, a obsolescência das informações é um fator altamente pertinente.

Os conflitos de interesses relacionados a antigos clientes também são presumidos de todos os advogados de um mesmo escritório. Desse modo, no exemplo do litígio para invalidar o testamento, nenhum colega do mesmo escritório do advogado que elaborou o testamento pode assumir a representação de um cliente que queira contestar o testamento.

Os conflitos de interesses de um antigo cliente podem ser desconsiderados mediante o consentimento esclarecido desse cliente. Entretanto, depois de encerrado o caso, é improvável que um ex-cliente concorde em encontrar seu antigo advogado do outro lado da mesa numa negociação ou como representante da parte adversária de um litígio. Já esperando essa atitude, alguns advogados pedem uma desconsideração antecipada (isto é, que o cliente desconsidere de antemão os conflitos em representações futuras) antes de aceitar um cliente novo. Às vezes, uma contratação pode fracassar por desacordo quanto a fornecer a desconsideração antecipada ou por desacordos acerca da abrangência desta.

À medida que os escritórios de advocacia ficam maiores e diversificam mais seus campos de atuação, a norma segundo a qual o conflito de interesses de cada advogado é presumido de todos os outros advogados do mesmo escritório adquire cada vez mais importância. A ideia subjacente à norma de presunção de conflito resume-se na expressão coloquial "um por todos e todos por um". Os advogados do mesmo escritório compartilham receitas, rendimentos, reputação e perspectivas de futuros clientes. Logo, eles têm interesses semelhantes na representação de clientes, ou pelo menos presume-se que tenham. Se um é impedido de representar um cliente por causa de conflito de interesses, a norma de presunção de conflito determina que todos os outros advogados do mesmo escritório também sejam impedidos. Claro que os clientes atingidos podem dar consentimento ao conflito, e em geral fazem isso mesmo. Como, porém, os clientes podem se recusar a dar seu consentimento, o risco da recusa é um desestímulo para que o advogado peça a desconsideração.

Conforme se observou, nenhuma outra profissão tem normas tão rígidas de presunção de conflito. Os escritórios de contabilidade, por exemplo, fazem normalmente auditoria das contas de empresas concorrentes e também de empresas que mantêm relações comerciais constantes entre si – como o fabricante de um produto e seus distribuidores, por exemplo. As transações nessas vias de comércio quase sempre são cheias de conflitos entre os participantes, daí a possibilidade de conflito de interesses entre os contadores que lhes prestam serviços. Apesar disso, segundo as normas dos profissionais de contabilidade, não haverá conflito de interesses por parte do escritório enquanto ele mantiver os registros e o pessoal que trabalha para um cliente isolados dos registros e do pessoal a serviço de outros clientes. O mesmo princípio de "não presunção" se aplica a outros profissionais, como bancários, corretores de ações e corretores de seguros. Principalmente nessas organizações de serviços financeiros, a possibilidade de privilegiar um cliente em detrimento de outros é sem dúvida tão grande quanto nos escritórios de advocacia. Mas as empresas dessas outras categorias profissionais têm maior liberdade para obter clientes porque não têm uma regra rígida de presunção de conflito.

Em muitos sistemas jurídicos, contudo, a norma de presunção de conflito dos escritórios de advocacia sobrevive praticamente intacta[34]. Isso se deve em parte à tradição e à inércia, forças bem intensas na profissão jurídica. Uma hipótese subjacente à norma de presunção de conflito é que o papel típico do advogado é o de representante do cliente em juízo. Essa hipótese sugere a imagem de um advogado representando seu cliente perante o juiz num litígio, e seu sócio de escritório representando a parte contrária. Nas transações comerciais, a imagem que vem à mente é a de dois ou três advogados que trabalham na mesma sala falando sobre seus clientes em conversas informais. Num ambiente assim, pressupõe-se que o sigilo não pode ser garantido. São esses estereótipos que sustentam a norma de presunção de conflito, mas existe uma contradição entre eles e a realidade avançada dos grandes escritórios de advocacia. O advogado A de um grande escritório pode ficar sabendo do envolvimento do advogado B somente depois de descobrir que existe um conflito referente a um cliente que o advogado A está ansioso por servir.

Em muitos sistemas europeus, não há norma de presunção de conflito se as demandas não estiverem relacionadas na questão principal. Desse modo, o advogado A de um escritório pode mover ação contra um cliente do advogado B, do mesmo escritório, se o caso que está sendo tratado pelo advogado B não estiver relacionado ao assunto da demanda. Todavia, um dos clientes ou ambos podem objetar, e alguns fazem isso com veemência. Nesse caso, o escritório tem de decidir atender a somente um dos clientes. Assim, podemos afirmar que, de acordo com a norma norte-americana, a presunção é absoluta e se aplica automaticamente a menos que se obtenha o consentimento dos clientes, enquanto em outros sistemas a norma predominante é que a presunção é somente *juris tantum*, só eventualmente e mediante prova podendo servir de base para uma objeção por parte do cliente.

Quando uma representação é proibida pela norma de presunção de conflito, gera-se outro conflito nas relações entre os advogados – um conflito acerca de qual dos clientes a firma deve atender. Em outras palavras, um conflito em torno de um conflito. A maioria desses conflitos nos escritórios se resolve rápida e tranquilamente, pois de outro modo o escritório não poderia sobreviver. A decisão pode ser a de que na verdade o conflito não existe; pode-se ainda buscar o consentimento do cliente ou recusar o novo caso. Entretanto, alguns conflitos criam divisões profundas no escritório, particularmente quando determinado conflito indica que podem surgir mais conflitos do mesmo tipo. Por exemplo, os advogados do departamento empresarial de um escritório de advocacia podem querer aumentar seus negócios com bancos, enquanto os advogados do departamento litigioso querem aumentar sua atividade defendendo consumidores em ações contra bancos. Mesmo que se possa resolver determinado conflito, os rumos do avanço das atividades no escritório podem fazer prever conflitos constantes. Muitas sociedades de advogados se dissolveram em face dessas controvérsias. Todas os escritórios de advocacia, mesmo os pequenos, têm de lidar com conflitos de interesses potencialmente insolúveis. Essa pressão pode agravar outras pressões comuns entre profissionais de primeira linha, como inveja, disputas acerca de partilha dos lucros e disputas entre sócios mais velhos e sócios mais jovens.

Início e término da representação jurídica

Na terminologia da prática jurídica, a contratação do advogado pode ser "por valor fixo" ou referente a "uma causa". No contrato por valor fixo, o cliente paga ao advogado uma quantia estipulada por determinado período, em geral de um ano; em troca, pode convocar a assistência do advogado todas as vezes que precisar durante esse período. O contrato pode ser mais complexo. Pode haver, por exemplo, um acordo em que qualquer assistência além dos tipos especificados no contrato exija pagamento extra. Pode acontecer de o advogado ser contratado por valor fixo para dar consultoria informal e tratar de transações costumeiras, mas receber pagamento extra para cuidar de litígios e de transações particularmente complexas.

Antigamente, os contratos por valor fixo eram comuns para empresas e indivíduos ricos que necessitassem de assistência jurídica constante. Esses contratos são muito menos comuns nos dias de hoje. Muitas pequenas e médias empresas têm contrato por valor fixo com um escritório de advocacia independente em vez de manter um departamento jurídico interno. Todavia, a maior parte dos serviços prestados por advogados a empresas maiores trata de causas específicas, cujos honorários são estabelecidos *ad hoc*. Outro costume são os contratos restritos a uma causa com a clientela eventual, como, por exemplo, alguém que vai comprar ou vender um imóvel residencial ou que responde a processo judicial, ou está tratando com um órgão do governo.

Uma vez firmado, o contrato por valor fixo pode durar mais ou menos indefinidamente. Para o cliente, garante uma fonte confiável de assistência jurídica, partindo do princípio de que o advogado evitará outras contratações que possam resultar em conflito de interesses. Para o advogado, é uma fonte de renda regular, livre das incertezas implicadas nas contratações *ad hoc*. Enquanto os dois lados continuarem satisfeitos, o cliente considerará o advogado o "meu advogado", e o advogado considerará o cliente o "meu cliente". Mesmo quando não se trata de um acordo formalizado, mas apenas de uma série de contratações para diversas causas, ele pode ser uma fonte de benefícios e satisfação mútuos.

Na prática moderna, os contratos *ad hoc* tornaram-se mais comuns que os contratos por valor fixo. A "causa" pode ser uma transferência de propriedade, a reorganização de uma empresa ou um litígio. O acordo sobre honorários pode exigir pagamento adiantado, pagamentos periódicos ou determinar que o pagamento seja feito quando o trabalho estiver terminado. O advogado inicia o trabalho de imediato, e a contratação prossegue nas consultas e conversas entre o cliente e o advogado. A contratação típica termina com o trabalho feito, o pagamento realizado e todos satisfeitos.

Pode, entretanto, haver desacordos, conflitos e às vezes ruptura da relação. O cliente pode ficar insatisfeito com a qualidade do trabalho ou com o ritmo em que está sendo realizado. (Os advogados são conhecidos procrastinadores, acertadamente quando o atraso é conveniente do ponto de vista estratégico, mas alguns advogados transformam a postergação num hábito.) O cliente pode ficar muito insatisfeito com os resultados. Ou pode frustrar o advogado, deixando de dar a devida cooperação, deixando de pagar as contas, não se dispondo a assumir litígios ou transações de risco ou não acatando as recomendações do advogado de como proceder. Nessas circunstâncias insatisfatórias, deve-se perguntar se o acordo não deve ser encerrado.

O término da relação cliente-advogado normalmente se dá de comum acordo, expresso ou tácito. Em geral, a relação simplesmente se extingue. O advogado pode descobrir que a contratação terminou recebendo correspondência de outro advogado anunciando que o cliente transferiu a causa para outras mãos. Essa sucessão exige sutileza nas relações profissionais entre os advogados. As normas exigem que o advogado que sai coopere para a transferência organizada da responsabilidade ao sucessor. A Regra 1.16 (d) da ABA dispõe:

> Quando do término da representação, o advogado deve tomar todas as medidas razoáveis para proteger os interesses do cliente, como avisar com antecedência o cliente, dando-lhe tempo suficiente para contratar outro advogado, entregando os papéis e as propriedades que sejam por direito do cliente e devolvendo os honorários relativos a serviços que ainda não tenham sido prestados.

O Código Canadense tem normas semelhantes e acrescenta que "a cooperação com o novo advogado em geral inclui fornecer-lhe os relatórios já preparados sobre os fatos e o direito [...] aplicáveis à causa [...]"[35]. As leis e as normas éticas da maioria dos sistemas de *civil law* e do Japão são mais elaboradas e protegem o interesse do advogado substituído. O código italiano especifica que o advogado sucessor pode assumir a responsabilidade pela causa apenas se tiver certeza de que os honorários de seu antecessor tenham sido pagos.

O cliente pode despedir o advogado. Tem o direito absoluto de dispensar o advogado, com ou sem causa. Em alguns sistemas jurídicos, porém, é necessário primeiro obter aprovação judicial nos casos em que a dispensa possa interferir no cronograma dos julgamentos do fórum. Se o advogado foi dispensado por justa causa, o cliente pode não ter a obrigação de pagar os custos acumulados e pode ter direito à restituição dos honorários já pagos. Se o advogado foi despedido sem causa justa, ele tem o direito de receber de acordo com o contrato ou, dependendo das circunstâncias, de receber o valor correspondente aos serviços prestados. Contudo, o advogado dispensado sem justa causa não tem direito a ressarcimento de lucros cessantes – isto é, da perda da receita que teria recebido se não tivesse sido despedido. Isso é um corolário do princípio de que o cliente tem o direito absoluto de dispensar o advogado. Talvez seja desnecessário dizer que todo término da relação entre cliente e advogado que resulta de desacordos quase sempre é traumático. É muito semelhante ao divórcio ou ao rompimento de uma sociedade comercial.

Nos Estados Unidos, as normas relativas ao "divórcio" entre cliente e advogado dizem o que fazer no caso de honorários *ad exitum* terem sido combinados. Num contrato de honorários *ad exitum*, o advogado trabalha sem receber; em geral, deve arcar antecipadamente com os custos do processo e só recebe se e quando obtiver sentença ou acordo favorável. Do mesmo modo que outras relações entre cliente e advogado, esses acordos quase sempre terminam de forma satisfatória para ambos. Entretanto, pode ocorrer uma artimanha: no momento em que o caso está totalmente preparado pelo advogado e pronto para ir a julgamento (sem nenhuma remuneração, pois ainda não houve a indenização), o cliente dispensa o advogado, contrata outro para assinar os documentos do acordo e se recusa a pagar o profissional que fez todo o trabalho. A essa manobra se aplica a norma de que o cliente tem de pagar ao advogado que fez o trabalho uma parcela justa da reparação recebida, levando em consideração o acordo de honorários *ad exitum*[36].

Em algumas circunstâncias, o advogado pode retirar-se, ou ser obrigado a retirar-se, sem completar o trabalho para o qual foi contratado. Nenhum advogado toma essa atitude de forma leviana e imediata, pois resulta em perda de honorários e às vezes também em perda de reputação profissional. A prática jurídica muitas vezes implica tarefas muito desagradáveis, e os advogados sabem que têm de permanecer na causa para a qual foram contratados mesmo em condições profundamente adversas. A regra 3.14 do CCBE declara patentemente que o advogado não deve retirar-se no momento em que a retirada acarrete prejuízo para o cliente. Todavia, há circunstâncias em que o advogado tem motivos justificados para renunciar à representação, ou é obrigado a isso.

O motivo mais comum para a desistência é o cliente deixar de pagar as contas acumuladas dos serviços do advogado. A maioria dos advogados tolera desculpas e longos atrasos no pagamento. Eles querem manter o cliente, querem o dinheiro, e o trabalho para o cliente já é "dinheiro perdido", cuja recuperação não pode ocorrer por outro meio. Em algumas modalidades da prática jurídica, a maior parte dos advogados insiste em receber um depósito adiantado. Às vezes, optam pelo *evergreen deposit*, isto é, uma conta-crédito que é reabastecida à medida que se descontam valores referentes aos honorários (trata-se de um depósito sempre renovado). Para os trabalhos de defesa em processos penais, quase sempre se exigem depósitos adiantados. (O réu condenado é ingrato; o réu absolvido em geral culpa o "sistema", cujo representante imediato é o advogado.) Nos casos de divórcio, também se costuma exigir depósito adiantado. Os problemas com honorários são uma dificuldade crônica da prática advocatícia, principalmente na representação de indivíduos ou de pequenas empresas.

Outra razão para abandonar o caso é a insistência do cliente em tomar atitudes que, segundo a avaliação do advogado, são imorais ou demasiadamente tolas[37]. Nos sistemas de *civil law* e na maioria dos países de *common law*, o advogado tem o direito de renunciar a uma representação cuja continuidade, em sua opinião, afete negativamente sua condição profissional. Como declara o Código Canadense, o advogado tem o "dever positivo" de se desligar da representação:

> (a) se for instruído pelo cliente a fazer algo incompatível com seu dever para com o tribunal e se, depois de receber explicações, o cliente persistir em suas instruções;

(b) se o cliente for culpado de conduta desabonadora no processo ou adotar determinada posição apenas para atormentar ou lesar dolosamente o outro;
(c) se ficar claro que a continuidade da representação implicará violação deste Código pelo advogado.[38]

O advogado que persistir numa contratação que implique conduta ilícita ou fraudulenta corre sério risco de ser acusado de cumplicidade num processo penal ou num litígio civil. Esse risco existe, por exemplo, para o advogado que documenta uma transação que se descubra conter fraude (suspeita). Nesse caso, a outra parte pode depois alegar que o advogado tinha conhecimento da fraude e contribuiu ilicitamente para ela. Essa situação motivou muita polêmica acerca das relações entre instituições financeiras e seus escritórios de advocacia na crise das instituições de poupança e empréstimos (*savings and loans*) da década de 1980, nos Estados Unidos, e novamente na década de 90, quando estourou a bolha financeira. Essas instituições expandiram absurdamente suas atividades e realizaram operações de empréstimos que implicavam riscos ilícitos. Em vários casos, as operações de empréstimo foram documentadas por advogados que sabiam de seu caráter ilícito ou tinham informações que lhes permitiam ter conhecimento da ilicitude dessas operações. As circunstâncias que cercaram o estouro das bolhas financeiras na década de 90 talvez tenham sido ainda mais graves. Outro ramo de atividade ilícita de que alguns advogados participaram são as transações monetárias para "lavagem de dinheiro" – isto é, a transferência clandestina de fundos para evitar os mecanismos de controle. A Comunidade Europeia estabeleceu diretrizes restritivas voltadas especificamente para os advogados no que diz respeito a transações financeiras "suspeitas".[39]

No mundo do comércio e das finanças atual, os advogados (bem como os contadores e operadores de bancos de investimentos, entre outros) dedicados à prática de operações correm risco constante desse tipo de envolvimento. É evidente que o número de transações comerciais ilícitas é muito pequeno do ponto de vista estatístico, e menor ainda é a base para suspeitar da cumplicidade dos advogados e de outros profissionais independentes. Os advogados escrupulosos (ou que apenas têm aversão a correr riscos pessoais) são bastante rigorosos quanto à participação em operações não ortodoxas, principalmente quando atuam em nome de um cliente que não conhecem bem. Alguns advogados se dispõem a correr riscos, e uns poucos são indiferentes ou simplesmente desonestos. Para a maioria, entretanto, isso é abominável e não vale a pena envolver-se em transações que podem ser fraudulentas ou criminosas.

Os advogados têm consciência de que muitas pessoas do público em geral, e alguns juízes, desconfiam de todos os advogados e são predispostas a pensar que "o advogado devia saber" que a transação era ilícita. Eles sabem que enredar-se numa investigação ou num processo por má-fé ou crime vai lhes custar muito caro (terão de contratar outros advogados), prejudicar ou arruinar sua reputação e lhes perturbar a vida. Todos esses fatores reforçam concretamente a tendência compartilhada por muitos advogados, assim acreditamos, de se manter longe de transações que "cheiram mal". Essa combinação de influências significa que a maior parte dos advogados – os advogados que se prezam – não dá assistência em transações que permitam suspeitas de má-fé ou crime.

Ao mesmo tempo, a assistência jurídica é uma necessidade prática na maior parte das transações financeiras atuais, mesmo de complexidade média. Em geral, os corretores de valores e os investidores não disponibilizam seu dinheiro se os documentos não forem assinados por um advogado confiável, sem mencionar as exigências normativas para essas autenticações. Os potenciais investidores passaram a exigir cartas com parecer jurídico dirigidas diretamente a eles, o que consequentemente torna o advogado legalmente responsável perante os investidores bem como perante os potenciais empreendedores[40]. A transação só pode se consumar com o parecer do advogado declarando que ela é válida jurídica e tecnicamente.

Por conseguinte, os advogados do setor financeiro são mais desconfiados – ou mais "cautelosos". Para ser mais específico, o advogado desse ramo exige que qualquer declaração sua (por exemplo, a de que uma emissão de ações foi registrada na Comissão de Valores Mobiliários) se apoie na "devida diligência" do próprio advogado. Devida diligência, neste caso, significa uma investigação mais ou menos intensa das circunstâncias que permita ao investigador (o advogado) convencer-se da boa-fé do negócio. A complexa dinâmica da devida diligência atualmente é procedimento padrão. As transações só podem ser consumadas com base no parecer escrito de um advogado (e opiniões semelhantes de contadores e outros profissionais) de que a transação é de boa-fé e se baseia em declarações verdadeiras; o advogado não emitirá esse parecer sem proceder a uma cuidadosa verificação. Essa verificação garante aos investidores e a terceiros que a transação é legítima. Nas questões de negócios, o resultado passou a ser chamado de "transparência".

No que diz respeito ao papel do advogado, outra consequência é que os advogados da área financeira (assim como os contadores que autenticam declarações financeiras e os engenheiros que fazem estudo do impacto ambiental) às vezes são chamados de "porteiros" (*gatekeepers*) das transações de grande porte[41]. Esse termo não significa que o advogado seja policial ou fiscal do governo. Antes, significa que ele está situado numa posição decisiva do curso dos fatos, posição que exige sua aprovação para que a transação se conclua. A metáfora indica que os advogados ficam nos portões dos locais em que se fazem complexos intercâmbios comerciais e não permitem (ou procuram não permitir) a realização de transações que não atendem aos requisitos legais, entre estes os que se referem à exposição dos fatos, à precisão das projeções financeiras e outros.

Na Europa e no Canadá foi imposta, e pode ser imposta também nos Estados Unidos, mais uma responsabilidade aos advogados. Essa nova responsabilidade diz respeito à lavagem de dinheiro, isto é, transações em que dinheiro obtido de forma ilegal é transferido para locais ao abrigo da lei, de onde mais tarde possa ser sacado. O exemplo típico é o dinheiro oriundo do tráfico de drogas; os esquemas de evasão fiscal são outro exemplo. As normas europeias agora exigem que os advogados informem as transferências de dinheiro "suspeitas" de que tenham conhecimento, e que façam isso sem informar o cliente[42]. O termo "suspeitas" é vago. Um dos autores certa vez ouviu um advogado alemão fazer a seguinte pergunta retórica: "Acaso não são suspeitas todas as transações que envolvem países do Caribe?" A exigência de denunciar o cliente é detestável. Ao exigir que o advogado não informe o cliente da denúncia, o Estado o obriga a cometer traição contra o cliente.

É desnecessário dizer que as ordens de advogados da Europa e do Canadá sentiram-se escandalizadas e que os advogados norte-americanos estão críticos e resistentes a essa norma. Os governos dos outros países estão resolutos, e não seria surpresa se os Ministérios do Tesouro e da Justiça norte-americanos viessem a adotar posição semelhante. (O estímulo do Onze de Setembro foi muito forte.) Nos regimes em que vigora a exigência de relatar a lavagem de dinheiro, os advogados escrupulosos terão de recusar contratações "suspeitas" de potenciais clientes que não conheçam ou em quem não confiem. É o preço que os advogados virtuosos pagam pela disposição de outros advogados de dar assistência ilegal a traficantes de drogas e outras personagens antissociais.

Em 2002, o congresso dos Estados Unidos sancionou uma lei, a Lei Sarbanes-Oxley de 2002, que segue na mesma direção das normas europeia e canadense, sem ir tão longe quanto essas. (A lei já é chamada informalmente de "SOX".) A SOX estreitou mais os critérios que regem a atuação de advogados e contadores nas transações financeiras, bem como as obrigações dos administradores e diretorias das empresas. Em suma, a nova lei exige que os advogados fiquem particularmente atentos a informações falsas ou fraudes empresariais e informem as transações suspeitas à diretoria da empresa se a gerência não adotar medidas corretivas. A comissão de câmbio e valores mobiliários dos Estados Unidos adotou medidas regulamentares que estreitam ainda mais as obrigações dos advogados nas transações de títulos de crédito e congêneres. Por sua vez, essas medidas provocaram muito alvoroço e reação contenciosa da parte dos profissionais do direito. O efeito final será a imposição de maior responsabilidade sobre contadores e advogados e atenção redobrada à responsabilidade dos diretores e membros das diretorias das empresas, em particular dos diretores autônomos (não empregados da empresa).

O papel do advogado e o do contador foi definido claramente há quase meio século pelo juiz Henry Friendly. (Para muitos, o juiz Friendly foi o maior juiz do *common law* de sua geração, principalmente em questões empresariais, onde introduziu sua vasta experiência anterior como advogado de grandes empresas.) No caso *Estados Unidos* vs. *Benjamin*, um processo penal contra um advogado e um contador por assistirem uma venda dolosa de ações, o juiz afirmou: "Em nossa sociedade complexa, a autenticação do contador e o parecer do advogado podem ser instrumentos mais poderosos que o formão e o pé de cabra para infligir prejuízo pecuniário."[43]

Desse modo, o dever de lealdade do advogado para com o cliente tem de ser sempre definido com a ressalva de assistência "dentro dos limites da lei", para usar os termos de uma antiga expressão das normas de ética profissional norte-americanas. Por isso mesmo, quando um advogado do ramo empresarial se desliga de uma transação, é quase certo que ela será cancelada. Qualquer desligamento pode resultar em incômodo para ambos os lados e muitas vezes em recriminações. Se a disputa se transforma num posterior processo – uma investigação criminal do cliente ou uma sindicância disciplinar relativa ao advogado, por exemplo –, é provável que haja discrepâncias marcantes entre o depoimento do advogado e o do ex-cliente. Quase sempre essas brigas ficam muito feias. Por isso, o advogado prudente, que acredita que a desistência é pertinente e necessária, normalmente procura sair da transação de forma pacífica.

A maioria das contratações, é claro, começa e termina de maneira normal, isto é, o cliente satisfeito com o serviço eficiente e leal e o advogado contente com o trabalho bem feito e devidamente remunerado.

6. Sigilo

O sigilo e a relação privilegiada entre advogado e cliente

O dever de sigilo é um artigo de fé para o advogado. É comum pensar no advogado como "aquele que guarda segredos". Naturalmente, toda pessoa que atua na qualidade de agente ou fiduciário de outra – consultores financeiros e corretores, por exemplo – tem o dever legal de sigilo, assim como o dever de lealdade. Todavia, o dever do advogado é expresso de modo mais formal, tanto nos códigos de ética quanto nas normas jurídicas, e observado com mais rigor. Alguns tribunais reconheceram como um direito humano fundamental o dever de sigilo e a consequente obrigação de não revelar as declarações confidenciais do cliente nem mesmo ao tribunal. Como se afirmou no caso inglês de *R (Morgan Grenfell Ltd) vs. Special Commissioner of Tax*: "O dever de sigilo é consequência necessária do direito que todos têm de obter orientação especializada sobre a lei"[1]. Se for detectada violação do dever de sigilo, as sanções podem ser graves. É muito importante que o advogado mantenha o sigilo quando as confidências se referem a questões que beiram os limites da lei. Nesses casos, se expostas, as informações podem ser usadas contra o cliente por terceiros ou pela autoridade pública.

O dever de sigilo respalda o dever de lealdade. Em algumas transações, se o advogado revelasse todas as informações, isso não acarretaria nenhum prejuízo para o cliente. Mas, mesmo em transações desse tipo, o dever de sigilo não deixa de existir; apenas está dormente. Ainda que tenha um objetivo completamente inofensivo, o cliente pode não querer que certos segredos sobre esse objetivo sejam revelados para o cônjuge/sócio/assistente/chefe. As esperanças e os temores íntimos do cliente quase sempre são revelados por sua "linguagem corporal", que um advogado experiente aprende a "ler" e, com isso, avalia os anseios e interesses mais profundos do cliente. Da mesma forma, o advogado experiente se especializa em *não* revelar informações aos outros, nem por palavras nem pelo comportamento. O típico comerciante chinês escondia o rosto com um leque para ajudar a esconder sua atitude de negociação.

O forte compromisso profissional para com a inviolabilidade das informações do cliente por si só garante que o sigilo se mantenha. Por saber que as informações transmitidas ao advogado devem permanecer em absoluto sigilo, os clientes em geral são mais francos com o advogado do que o seriam com a maioria das outras pessoas em conversas sobre o mesmo assunto.

A função do advogado no litígio é apresentar seu cliente sob uma luz favorável. A apresentação do caso do cliente ao tribunal exige conversas investigativas e ensaiadas com o cliente. Essas conversas tratam as questões pelos aspectos que poderiam prejudicar o cliente se revelados à parte adversária ou ao juiz. O advogado empresarial conduz dessa mesma forma uma transação cujos objetivos e motivos plenos não devem ser revelados. Entretanto, em algumas circunstâncias é favorável ao cliente revelar conversas que ele teve com o advogado para, por exemplo, fundamentar uma alegação de que ele, depois de consultar o advogado, teve fundamentos para acreditar que o passo que daria em seguida estava de acordo com a lei.

Em todos os sistemas jurídicos o advogado tem o direito e o dever de manter em segredo o que ouviu do cliente ou o que sabe sobre o cliente. O dever se aplica não só às informações obtidas diretamente do cliente, mas também ao que ficou sabendo por outros, como o gerente da conta bancária do cliente, o contador, amigos e familiares. As redações variam um pouco, mas o conceito é claro, como expressa o Código Canadense: "O advogado tem o dever de manter em estrito segredo todas as informações referentes aos negócios do cliente obtidas durante a relação profissional [...]"[2].

No Japão, o artigo 20 do código de ética dos advogados dispõe: "O advogado não pode revelar nem utilizar, sem nenhuma boa razão, as informações confidenciais do cliente obtidas no decorrer de sua prática profissional. A mesma proibição se aplica às informações confidenciais do cliente de outro advogado do mesmo escritório...".

Nos sistemas de *common law*, o princípio de sigilo é expresso como um dever do advogado para com o cliente. Nesse contexto, consequentemente o cliente pode renunciar ao direito de sigilo. O cliente também abre mão do direito de sigilo quando revela a essência das informações confidenciais a um terceiro, por exemplo, ao encaminhar por engano a um estranho um memorando da conversa com o advogado[3].

Nos sistemas de *civil law*, ao contrário, o princípio de sigilo é definido como segredo profissional e é expresso como direito e dever profissional do advogado. O CCBE 2.3.1 declara que o sigilo é "um direito e um dever primário e fundamental do advogado". Do mesmo modo, o artigo 5.7 das Normas Internas da Ordem dos Advogados de Paris dispõe que "toda comunicação entre advogado e cliente é protegida por sigilo profissional geral e sem limite de tempo. O dever de manter sigilo é absolutamente imperativo para o advogado, que não deve desviar-se dele mesmo com o consentimento do cliente nem por solicitação das autoridades."

O dispositivo francês é típico dos sistemas de *civil law*, não somente na substância como também nas características "constitucionais". Norma semelhante encontra abrigo no código civil de alguns países de *civil law* e, portanto, faz parte de seus ordenamentos jurídicos. Nos sistemas de *civil law*, a jurisprudência tem profundo respeito pelo princípio de sigilo. Uma sentença na Federação Russa, em 2000, por exemplo, assinalava que não se pode exigir do advogado que atualmente representa o cliente nenhum depoimento acerca de conhecimentos obtidos em alguma representação anterior do mesmo cliente[4]. Sobre as informações confidenciais obtidas do cliente, um comentador russo declara: "O advogado deve agir como se não tivesse conhecimento da existência desses fatos."[5] Esse conceito russo tem curiosa afinidade com a regra de sigilo que rege a confissão na Igreja Católica. Segundo o protocolo católico, a justificativa para que o padre não relate informações sobre o penitente, obtidas na confissão, baseia-se na ideia de que o sacerdote de fora do confessionário não sabe o que foi ouvido pelo sacerdote que estava no confessionário.

Nos sistemas de *common law*, o dever de sigilo do advogado é amparado por um corolário conhecido como relação privilegiada entre advogado e cliente (*attorney-client privilege*). O privilégio concedido a essa relação consiste em uma norma que proíbe tribunais e outras autoridades públicas de exigir do advogado ou de seu cliente informações concernentes às conversações confidenciais que se dão entre eles. O privilégio da relação entre advogado e cliente evoluiu de decisões judiciais que começaram não antes do século XVII. Na origem, o privilégio era atribuído ao advogado, não ao cliente, mas no final do século XIX estabeleceu-se que o privilégio pertencia ao cliente.

As primeiras decisões a dar origem ao princípio da relação privilegiada entre advogado e cliente diziam respeito às instruções em nome do cliente transmitidas pelo *solicitor*, que tivera contato com o cliente, ao *barrister*, que, por sua vez, apresentava o caso perante o tribunal[6]. Considerou-se que essas informações não podiam ser usadas como "reconhecimentos de culpa" prejudiciais ao cliente. Essa origem delimitou a abrangência do privilégio no *common law*, uma vez que ele protege as declarações do cliente ao advogado, mas não se estende às informações adquiridas pelo advogado por outras fontes. Hoje é ponto pacífico que o privilégio da relação cliente-advogado no *common law* não se aplica às informações obtidas pelo advogado de outras fontes que não sejam o cliente. Como se observou anteriormente, o *civil law* considera o sigilo um direito profissional do *advogado*, enquanto o *common law* define o privilégio da relação entre advogado e cliente como um direito do *cliente*.

Entretanto, outra norma do *common law* cobre grande parte do terreno equivalente ao sigilo do *civil law*. É a norma conhecida nos Estados Unidos como regra do produto do trabalho do advogado, e na Inglaterra, como privilégio do litígio. Ela veda a revelação de informações confidenciais que o advogado reuniu de várias fontes e da análise que ele faz dessas informações ao se preparar para o litígio. A norma teve origem na decisão da Suprema Corte dos Estados Unidos no caso *Hickman* vs. *Taylor*, de 1947[7]. A questão no caso Hickman era saber se as anotações das entrevistas com as testemunhas realizadas pelo advogado de uma parte tinham de ser reveladas à parte adversária. O problema foi provocado pela ambiguidade das normas de instrução do processo das Normas Federais de Processo Civil, recém-adotadas na época. Os dispositivos de instrução da Norma Federal 26 exigiam que uma parte, a pedido da parte adversária, revelasse "qualquer matéria que tenha relação com o objetivo do processo pendente, desde que não protegida pelo privilégio de sigilo". Essa proposição ampla certamente incluía as anotações de entrevistas do advogado com as testemunhas. Mas parecia muito injusto que uma parte pudesse se apossar dos produtos da investigação realizada pelo advogado do oponente. Tomando emprestado um conceito da prática jurídica inglesa que proibia a exposição de documentos preparados para o litígio, a Suprema Corte dos Estados Unidos deu reconhecimento ao que agora se chama de privilégio ou imunidade do produto de trabalho. Conforme explica uma nota de rodapé do parecer do tribunal:

> Os tribunais ingleses ampliaram o conceito de privilégio para incluir nele todos os documentos preparados pelo advogado ou para ele tendo em vista o litígio. "[…] Os rela-

tórios dos empregados de uma empresa, quando feitos por causa da rotina habitual, não estão sujeitos ao privilégio de sigilo... mas, se o *solicitor* pediu que esses documentos sempre estejam preparados para seu uso... eles não precisam ser revelados." *Odgers on Pleading and Practice* (12ª edição).[8]

(A referência à autoridade inglesa por um tribunal norte-americano é um interessante exemplo de transferência de precedente e conceito de um sistema jurídico a outro.) A norma do produto de trabalho evoluiu posteriormente de forma bem elaborada no direito norte-americano, mas em geral protege contra revelação das informações coletadas na expectativa de um litígio, exceto as informações que a outra parte demonstre serem de importância vital para o processo e não possam ser obtidas de outro modo. Por exemplo, se uma das partes pôde examinar um automóvel danificado num acidente e o veículo em seguida foi para o ferro-velho antes que a parte contrária tenha tido oportunidade de inspecioná-lo nas mesmas condições da primeira, num posterior processo a parte que não conseguiu examinar o veículo pode obter uma cópia do relatório da inspeção feita pela outra parte se o estado do automóvel tiver relação com a causa. As normas norte-americanas têm outras exceções importantes ao sigilo do produto de trabalho, particularmente as declarações de um dos litigantes ou de uma testemunha independente a um investigador que trabalhe para uma das partes, e as informações dadas a um perito contratado por uma das partes e que será chamado para testemunhar no processo[9]. A não ser isso, o trabalho jurídico "interno" de uma das partes com seu advogado na preparação para o litígio é protegido contra exposição (ao contrário dos documentos preparados para apresentação no tribunal). Além disso, a norma do produto de trabalho confere proteção praticamente absoluta das "impressões mentais" do advogado, isto é, as anotações da análise que o advogado faz da situação, os rascunhos de documentos jurídicos, etc.

Outros países de *common law* conferem proteção semelhante[10]. Em questões litigiosas do *common law*, a combinação do privilégio da relação advogado-cliente com o privilégio do produto de trabalho confere proteção contra a revelação compulsória, o que equivale à proteção dada pelo sigilo profissional do advogado nos sistemas de *civil law*. No que diz respeito às transações comerciais, diferentemente das questões litigiosas, o alcance da proteção no *common law* é consideravelmente menor que no *civil law*. No *civil law*, todas essas questões estão cobertas pela norma do sigilo profissional. No *common law*, as comunicações entre cliente e advogado são protegidas contra exposição pelo privilégio da relação entre advogado e cliente, mas outras informações em poder do advogado de uma transação comercial podem não ser protegidas por esse privilégio. Se, por exemplo, o advogado que cuida de uma transação comercial receber informações financeiras do banco ou do contador de seu cliente, essas informações não serão protegidas contra revelação compulsória se depois a negociação resultar em litígio. Isso porque essas informações não provêm do cliente (portanto, não são contempladas pelo privilégio da relação advogado-cliente) nem foram obtidas para preparação de um litígio (logo, não estão cobertas pela norma do produto de trabalho).

Essa diferença no alcance do sigilo é ainda mais acentuada quando se levam em conta as normas do *civil law* referentes ao sigilo de outros profissionais além dos advogados. A maioria dos sistemas de *civil law* confere o direito e o dever de sigilo profissional não somente aos advogados, médicos e sacerdotes (as profissões clássicas), mas também a contadores, consultores financeiros, psicólogos e outros profissionais[11]. O efeito total no *civil law*, por uma questão de interesse público há muito estabelecida, é que as informações privadas são fortemente protegidas. Comparada à revelação compulsória prescrita pelas normas norte-americanas, essa política representa uma diferença cultural essencial.

Pode-se observar que, pelo visto, essa diferença se perdeu (ou nunca existiu) no pensamento de muitos juristas norte-americanos que criticam o partidarismo da função do advogado, particularmente o direito e o dever de guardar em sigilo as informações do cliente. Alguns desses juristas baseiam sua crítica na filosofia moral europeia, notadamente a de Immanuel Kant. Na perspectiva profissional europeia, no entanto, não há contradição entre a filosofia kantiana e o rigoroso dever de sigilo para os profissionais. Pelo contrário, preservar o sigilo é considerado um dever moral elevado. Como declarou um colega espanhol: "Existe um dever geral de guardar segredos [...] que obriga todos [principalmente os advogados] a não prejudicar [aqueles que confiaram neles]. Alguns acadêmicos norte-americanos tomaram à Europa certos universais filosóficos que evidentemente não são universalmente aceitos pelo pensamento europeu".

Revelação de informações sigilosas do cliente

Os advogados cumprem a maior parte de sua função transmitindo informações a terceiros acerca de seus clientes: por exemplo, nas ações judiciais, por meio de petições, pedidos e provas. As informações sobre o cliente são transmitidas às outras partes de uma transação – por exemplo, as informações implícitas nas condições de um contrato. O destinatário das informações do cliente pode ser um funcionário do governo, por exemplo, em resposta a uma investigação oficial.

Ao transmitir essas informações, o advogado as molda de forma que a mensagem seja o mais coerente possível com os interesses do cliente. Nas negociações, o advogado pode dizer que seu cliente, o potencial vendedor de um bem, aceitará U$ 1000 por esse bem. Essa declaração significa que o cliente aceita mil dólares, mas não indica se ele aceitaria uma quantia menor, mesmo que o advogado saiba que o "preço de reserva" secreto (quanto o cliente aceitaria) é uma quantia menor. A declaração de que o cliente aceitaria U$ 1000 é uma revelação, embora parcial, de informações confidenciais do cliente ao advogado. Em uma negociação complexa, as revelações implícitas e explícitas das informações confidenciais à outra parte podem ser extensas. A venda de uma empresa, por exemplo, pode implicar revelações acerca do estoque, da produção, da situação dos empregados, das entradas e dos contratos em vigor. Em geral essas revelações ocorrem gradualmente, à medida que as negociações deixam de ser manifestações de um interesse hipotético e tornam-se um compromisso formal vinculativo. Entretanto, se o cliente não autorizou o advogado a revelar determinadas informações, este estará violando o dever de sigilo se as revelar.

Fazem-se revelações semelhantes nas discussões de acordos em litígios e em muitas outras transações em que o advogado representa o cliente. A base ética e jurídica dessas revelações resume-se da seguinte maneira: "O advogado tem autoridade geral para tomar medidas sensatas para promover os objetivos do cliente na representação [...] O advogado pode usar ou revelar informações confidenciais do cliente quando tem razoável convicção de que ao fazer isso promoverá a concretização dos interesses do cliente [...]"[12].

O conceito jurídico dessa proposição é o de autoridade implícita, derivado do direito de representação. O indivíduo que age em nome de outro (quer advogado, quer outro representante qualquer) tem autoridade implícita para adotar medidas que levem à realização dos objetivos da representação. Transmitir informações é um exercício dessa autoridade.

Em todas essas comunicações, o discernimento do advogado é um fator importante. O representante nem sempre consegue medir com precisão quanto deve comunicar dos propósitos e desejos de seu representado. Dar informações de menos pode impedir que a outra parte chegue a um acordo, enquanto dar informações demais pode "entregar o jogo" – isto é, ter efeito desastroso sobre a posição de negociação do cliente. Por isso, o conceito é definido em termos de revelações "sensatas" para fazer avançar os objetivos do cliente. A flexibilidade desse conceito normalmente permite ao advogado defender sua conduta de possíveis recriminações por parte do cliente, mesmo que a revelação tenha sido maior ou menor do que o cliente desejava.

O cliente tem autoridade para limitar a autoridade implícita do advogado no que se refere à revelação de informações a terceiros. Desse modo, pode dizer ao advogado: "Diga-lhes que aceito U$ 1200 e nada menos." Essa instrução gera um compromisso do advogado com o cliente, mesmo que o advogado perceba claramente que a proposta está fadada a ser rejeitada. O advogado não tem autoridade para sugerir à outra parte que o cliente poderia aceitar uma quantia menor. Também não tem autoridade para "dar a entender" a existência dessa possibilidade indiretamente, por gestos ou expressões faciais. Entretanto, o advogado habilidoso e autoconfiante pode insinuar ao advogado da outra parte que a proposta de outras condições pode produzir um resultado positivo.

Na maioria dos regimes de *civil law* e em alguns de *common law*, existe uma importante convenção que permite a comunicação entre os advogados com base no sigilo recíproco. Nesses sistemas, os advogados das partes opostas de um litígio ou de uma negociação podem fazer declarações e propostas um ao outro, desde que essas informações não sejam reveladas a mais ninguém. Em alguns sistemas, há protocolos específicos para essa troca de informações. De acordo com esses protocolos, a troca de informações deve se dar por escrito e encabeçada pela palavra "Confidencial" ou "Sigiloso" ou expressões equivalentes. O artigo 28 do código italiano exemplifica esse procedimento: "A correspondência marcada como confidencial ou qualquer correspondência que contenha propostas para negociação ou acordo enviada ou recebida pelos advogados das partes opostas não pode ser mencionada nem usada como prova em processos judiciais [...]" A versão inglesa desse princípio de comunicação confidencial entre advogados chama-se privilégio "*without prejudice*" [sem prejuízo], e está bem aperfeiçoada na jurisprudência[13].

Não há norma equivalente aplicável à troca de informações entre advogados na prática jurídica norte-americana, exceto no que se refere a propostas de acordo em litígios. Contudo, as partes de uma negociação podem concordar em que nada entre elas seja considerado "declaração formal" se não fizer parte de um acordo definitivo. O sistema europeu parece bem mais simples.

Em muitos sistemas de *civil law*, existe uma sutileza a mais. Nesses sistemas, os advogados das partes contrárias podem trocar informações profissionais que devem ser ocultadas aos clientes de ambos os lados. Outra subseção do artigo 28 do código italiano é típica: "O advogado não pode revelar ao cliente sua correspondência confidencial com outro advogado..." Para alguns observadores de fora, pode parecer estranho que os advogados de partes opostas possam ter entre si discussões que não podem ser reveladas a seus clientes. A ideia subjacente a essa norma, porém, é bem clara: os advogados, pela experiência profissional, percebem que alguns clientes podem ter uma atitude insensata ou ignorante acerca da questão em disputa; que se devem encontrar meios de convencer um dos clientes ou ambos a mudar de posição; e que a conversa franca entre os advogados pode indicar como atingir esse objetivo. A ideia é conhecida da função de representante – na verdade, é sua essência – na diplomacia, nas relações trabalhistas e nas negociações políticas. A mesma perspicácia está presente na prática da mediação, em que o mediador discute separada e particularmente com cada uma das partes de uma disputa em busca de uma base comum para solucioná-la.

A declaração do CCBE de princípios comuns para as profissões jurídicas nos países europeus tem disposições cuidadosamente formuladas a esse respeito, levando em conta que países diferentes têm convenções diferentes. Os princípios do CCBE advertem especialmente para o fato de que a troca de informações entre advogados de diferentes sistemas pode não estar protegida por uma norma de sigilo[14].

Por trás dessas diferenças entre as normas de sigilo existem diferenças de pressupostos básicos acerca da relação entre advogado e cliente, particularmente em litígios. Na maioria dos sistemas de *civil law*, e em grande medida no *common law* inglês, considera-se que o litígio está sob a direção dos advogados, não dos clientes. Segundo essa concepção, os litigantes, autor e réu, fazem uso do privilégio de invocar a assistência do Estado para solucionar uma disputa particular. Ao fazer isso, o cliente só pode dar continuidade ao processo sob a tutela de advogados, que são credenciados e habilitados no sistema de justiça do Estado[15]. O advogado é um instrumento do cliente, claro, mas com poderes e autoridade exclusivos relativos à apresentação perante os tribunais. Na maioria dos sistemas de *common law* e em alguns sistemas de *civil law*, ao contrário, considera-se o litígio o exercício de um direito legal do litigante[16]. No sistema jurídico norte-americano, interpor uma ação judicial é um direito constitucional[17].

O dever de deferência do advogado para com o tribunal será examinado mais plenamente no Capítulo 7. Entretanto, esse dever abrange a obrigação de fazer revelações pertinentes sobre as questões perante o juiz. Nenhum sistema processual permite que o advogado conteste uma alegação da parte contrária sem apresentar fundamento, apenas porque seu cliente não quer reconhecer o fato. Do mesmo modo, se o juiz exige que uma pergunta pertinente seja respondida, o advogado deve dar a resposta, mesmo que essa resposta afete adversamente a causa de seu cliente. No processo civil norte-americano, as partes têm o amplo dever de revelar os fatos no estágio de "exposição" antes do julgamento – estágio em que se apresentam documentos e se prestam depoimentos antes da audiência judicial. Ainda no processo civil norte-americano, os advogados têm a responsabilidade equivalente de supervisionar o correto cumprimento desses procedimentos[18].

Na prática, a autoridade final sobre a condução do processo em geral é exercida pelos advogados. Isso porque o cliente depende do conhecimento que o advogado tem da técnica e dos riscos jurídicos do processo. Além disso, em alguns sistemas jurídicos, notadamente o do Japão e o da Inglaterra, o *status* do advogado é tão elevado que o cliente não pode dar prosseguimento a uma ação ou defesa que o advogado considere injustificada. No sistema inglês, a autoridade do advogado é reforçada por uma norma que o obriga a pagar do próprio bolso as custas processuais se ficar concluído que a insistência na ação era "indevida, descabida ou negligente"[19]. Nos Estados Unidos, quando se trata de honorários *ad exitum*, o advogado tem influência semelhante.

Nas transações de negócios, em todos os sistemas se reconhece que o cliente é o responsável e como tal tem a autoridade sobre a condução da transação. Como responsável, o cliente pode dar ao advogado ampla liberdade para fazer o que achar adequado ou não dar praticamente nenhuma liberdade – fazendo do advogado pouco mais que um técnico. Todavia, essa norma relativa à atribuição de responsabilidade é sujeita a importantes ressalvas. O advogado deve abster-se de fazer declarações falsas ou enganosas[20], deve abster-se de manobras para evitar o advogado da outra parte e se entender diretamente com o oponente[21], além de observar o padrão de equidade ao lidar com terceiros[22].

Qualquer que seja a distribuição de autoridade entre cliente e advogado, a maioria dos empreendimentos jurídicos funciona muito mais como uma parceria informal entre advogado e cliente. Entretanto, surgem situações em que cliente e advogado discordam profundamente de como proceder, quer em litígios, quer em transações comerciais. Um advogado experiente pode recomendar que se proceda de acordo com linhas muito diferentes das que um cliente inexperiente deseja. Num litígio, o advogado pode estar convencido de que a possibilidade de ganhar é muito grande e que vale a pena seguir adiante com determinação, enquanto o cliente está preocupado com o risco de perder. Ao contrário, o advogado pode considerar pequena a chance de ganhar, enquanto o cliente tem expectativas que o advogado considera irreais. Diferenças semelhantes podem surgir na estratégia de negociações. Para resolver essas diferenças, o advogado precisa ter habilidade, tolerância e paciência, além de reconhecer que o cliente é quem tem a palavra final. No entanto, em geral o advogado pode se retirar do caso se tiver condições de provar que a estratégia proposta pelo cliente é muito arriscada.

A ideia tradicional da relação cliente-advogado pressupõe como cliente um ser humano "vivo". Na verdade, o cliente típico é um homem maduro, experiente em questões de negócios e bens e com conhecimento do mundo em que vive[23]. Esse cliente tem autoridade jurídica para dar instruções a alguém que age como seu representante (o advogado) e suficiente conhecimento do mundo para participar de modo competente nas discussões e decisões implicadas no empreendimento. Muitos conceitos éticos da profissão dependem implicitamente dessa suposta identidade do cliente típico. Por exemplo, o conceito de lealdade pressupõe compromisso com uma pessoa, não necessariamente o tipo de compromisso que se deve a uma organização burocrática, como uma empresa. Contudo, a pessoa com quem o advogado se relaciona em geral não se enquadra nessa identidade tradicionalmente suposta. Os advogados muitas vezes representam pessoas muito inexperientes acerca do mundo fora de sua vida cotidiana: trabalhadores comuns; mulheres que passaram toda a vida adulta como donas de casa; crianças juridicamente incapazes para tomar decisões jurídicas importantes; e idosos que já perderam um pouco, às vezes a maior parte, do vigor mental e psicológico. Muitos advogados, talvez a maioria em algumas comunidades, costumam representar organizações em vez de indivíduos, entre elas sociedades anônimas, sociedades empresariais, associações sem fins lucrativos e órgãos e departamentos governamentais. É preciso fazer adaptações consideráveis nas obrigações éticas vigentes para lidar com esses clientes "atípicos".

No que diz respeito aos clientes inexperientes em transações decisivas, ou que não tenham capacidade jurídica (menores) ou cuja capacidade jurídica foi diminuída (idosos), os conceitos éticos são simples, mas inevitavelmente vagos: esses clientes devem ser tratados com especial consideração por suas limitações pessoais. Por exemplo, quando a autorização do cliente para determinada conduta tiver de se basear no "consentimento esclarecido", as informações necessárias devem ser dadas num grau de detalhamento condizente com a experiência, a idade e a capacidade mental do cliente. Se o cliente tem parentes próximos cujos interesses não estejam em conflito com os seus, o advogado deve incluí-los no processo de aconselhamento do cliente – o cônjuge, no caso de cliente casado, o pai ou a mãe do menor, ou os filhos do cliente idoso. Esses conceitos são contemplados na Regra 1.14 (a) das Normas da ABA: "Quando a capacidade do cliente de tomar decisões importantes em relação à representação estiver prejudicada, seja por menoridade, seja por problema mental, seja por qualquer outra razão, o advogado deve, tanto quanto possível, manter uma relação normal de cliente e advogado com o cliente". O comentário a essa norma observa:

> [Um] cliente com capacidade diminuída quase sempre tem capacidade de entender as questões que afetam seu próprio bem-estar, deliberar e chegar a conclusões sobre essas questões. Por exemplo, considera-se que mesmo crianças de cinco ou seis anos, e com certeza as de dez ou doze, têm opiniões que devem ser levadas em conta nos processos judiciais acerca de sua guarda. Do mesmo modo […] algumas pessoas de idade avançada são perfeitamente capazes de lidar com questões financeiras de rotina, ainda que precisem de assistência jurídica para cuidar de transações maiores.

Os princípios éticos de outros sistemas jurídicos não são tão explícitos, mas aplicam esses mesmos conceitos. O advogado deve ter uma boa dose de empatia e sensibilidade para avaliar a situação. É preciso paciência, prudência e autodomínio. Há, porém, histórias de terror, algumas verdadeiras, infelizmente, de advogados que exploraram clientes ingênuos ou debilitados. O exemplo clássico de exploração é o do advogado que se nomeia como o beneficiário do testamento de um cliente idoso. Quando uma transação desse tipo é questionada, a lei é muito rígida para com o advogado, e com razão[24].

Nos Estados Unidos, a norma (acima citada) relativa a essa situação foi criticada por não dar suficiente orientação ao advogado nem exercer sobre ele um controle adequado[25]. Os críticos, contudo, não foram capazes de propor critérios mais claros. Não é viável, nem benéfico para a maioria dos clientes, exigir que o advogado procure nomeação de tutor ou curador para um cliente considerado de capacidade limitada. Os processos para esse tipo de nomeação são caros, não são completamente privados, em geral demoram muito e podem causar mais angústia ao cliente. Os fatores que determinam as capacidades de um cliente são múltiplos e inter-relacionados, por isso complexos. A natureza da causa de que trata a representação é uma variável a mais. Resolver uma disputa judicial de importância não muito grande é bem diferente de preparar as disposições testamentárias de um grande patrimônio. Logo, é inevitável que a gama de critérios de avaliação profissional seja ampla e, consequentemente, impossível de ser abrangida por qualquer proposição ética isolada. Em alguns sistemas jurídicos o Estado provê para os incapacitados serviços sociais de apoio (como assistência médica e asilos) que aliviam o fardo do cliente, da família e do advogado. Em muitos sistemas, contudo, esses serviços não são adequados ou não existem.

Quando se trata de clientes empresariais, em geral o problema da relação cliente-advogado é o oposto. As grandes empresas normalmente são dirigidas por executivos experientes cuja função é tomar decisões embasadas em nome da empresa. As agências ou órgãos governamentais em geral seguem a mesma linha de administração. Nesses casos, porém, há dois fatores complicadores na ética da relação.

Primeiro, o executivo representante da empresa pode ser excessivamente "competente", isto é, incisivo e dominador. A autoridade excessiva do executivo da empresa pode interferir no discernimento profissional do advogado ou mesmo reprimi-lo completamente, o que comprometeria as responsabilidades do advogado como profissional independente. Segundo, por trás da relação do advogado com o cliente empresarial esconde-se o fato de que os indivíduos que falam em nome do cliente – executivos e membros da diretoria, principalmente – *não* são o cliente. Na verdade, o cliente é a entidade jurídica empresarial, cujos executivos e diretores são, para efeitos legais, apenas porta-vozes. Muitas das dificuldades da ética jurídica atual derivam de um desses fatores ou de ambos.

A preocupação com clientes empresariais autoritários tem sido mencionada de modo recorrente pelo menos desde 1900. Louis Brandeis, que mais tarde veio a ser juiz da Suprema Corte dos Estados Unidos, manifestou essa preocupação quando ainda era advogado em Boston, em 1905[26]. Harlan Fiske Stone, quando juiz da Suprema Corte dos Estados Unidos, deu-lhe expressão mais completa numa conferência em 1934[27]. Desde a década de 1960, é recorrente no pensamento acadêmico um tema semelhante[28].

A decisão da Suprema Corte da Comunidade Europeia no caso *AM&S* teve relevância jurídica ainda maior. Foi uma decisão de importância mundial na prática jurídica[29]. O tribunal sentenciou que o privilégio da relação entre advogado e cliente (ocultar as informações transmitidas ao advogado) não se aplica quando o advogado é funcionário do cliente empresarial, mas somente à troca de informações com advogados que exerçam a profissão de modo independente. A explicação do tribunal foi que somente os advogados sujeitos ao controle profissional imposto aos advogados autônomos, sem vínculo empregatício com o cliente empresarial, podem responsabilizar-se por manter as informações do cliente dentro dos limites profissionais adequados. Essa concepção sobre o advogado interno foi rejeitada nos sistemas de *common law*[30], mas reflete o ceticismo disseminado acerca da capacidade do advogado de lidar com um cliente poderoso de quem dependa para sustentar-se[31].

O problema, contudo, tem outro lado. É a influência que a boa consultoria jurídica pode ter no processo de tomada de decisões e na política da empresa. Os advogados do departamento jurídico de uma empresa em geral são muito respeitados pelos diretores da companhia: afinal, foram eles que os contrataram. Esses advogados afirmam com toda a veemência que cumprem as exigências éticas nas relações com seus clientes. Evidentemente, a postura dos advogados independentes que prestam serviços às empresas é semelhante[32]. Os autores não têm dúvida de que a maioria dos advogados que trabalham para grandes empresas, tanto na qualidade de funcionários do departamento jurídico quanto na de autônomos, comporta-se convenientemente nas relações com as empresas. Também não temos dúvida de que o exercício continuado da responsabilidade profissional por parte dos advogados na representação de empresas, no decorrer do tempo e cumulativamente, é (e sempre foi) uma importante força sustentadora da "responsabilidade empresarial" nos regimes constitucionais capitalistas.

Existem, porém, casos documentados de advogados que foram coniventes com infrações graves determinadas por dirigentes de empresas, ou pelo menos fecharam os olhos para violações evidentes da lei[33]. O nome "Enron" passou a ser uma maneira comum de se referir à prevaricação ou omissão de advogados funcionários de grandes empresas ou por elas contratados.

É impossível mensurar o efeito global da interação entre os advogados e os funcionários das empresas no cumprimento da "boa cidadania" empresarial. As relações das empresas com os regimes jurídicos locais nas diversas partes do mundo são extremamente variadas. Uma variável relevante é o grau de fidelidade à lei no regime local. Prestar assistência jurídica num país cujo sistema jurídico é dominado pela corrupção é um trabalho espinhoso. Além disso, entre os clientes empresariais existem diferenças de situação, desde a pequena empresa, cujas principais questões jurídicas são o pagamento dos devidos impostos e obtenção periódica de renovação de licenças, até as grandes companhias, que estão sujeitas a inúmeras leis referentes a relações trabalhistas, operações financeiras, responsabilidade ambiental, restrições ao comércio exterior e relações entre os acionistas. A natureza e as tendências de gestão das empresas variam amplamente, de meticulosas a displicentes. O caráter e as tendências dos advogados empresariais também variam bastante, de estritamente corretos a quase levianamente cínicos. Nenhuma empresa ou advogado empresarial reconheceria que burla a lei sistematicamente sempre que isso é vantajoso. Ao contrário, todos afirmam que agem de acordo com as normas da ética jurídica.

Um fator que complica a representação da empresa pelo advogado (ou de agência ou departamento governamental, ou de uma organização sem fins lucrativos) é que os indivíduos com quem o advogado conversa, e a quem dá consultoria e assistência jurídica, não são os clientes. Na verdade, o cliente é a empresa, e seus diretores, executivos e empregados são funcionários do cliente. Do ponto de vista jurídico, os diretores são fideicomissários da empresa, e os executivos e funcionários são seus agentes. Consequentemente, ao dar consultoria e assistência a esses indivíduos, o advogado está agindo em nome da empresa. Há inúmeros problemas técnicos para diferenciar a empresa dos funcionários que a representam. Nas operações empresariais normais, porém, a distinção entre a empresa e seus agentes individuais não apresenta nenhum problema prático: o advogado dá a orientação jurídica e os representantes da empresa a executam.

A empresa contra o executivo que a representa

Pode, contudo, haver tensão entre os interesses jurídicos da empresa, de um lado, e os interesses jurídicos pessoais de seus diretores e executivos, de outro, principalmente de executivos de alto escalão, como o presidente e o diretor financeiro. A tensão pode originar-se de um conflito financeiro direto, por exemplo, referente às condições de remuneração a ser paga ao executivo. (Opções de ações, benefícios de aposentadoria e outros "incentivos" podem exigir documentação juridicamente complicada.) Outra fonte de conflito, principalmente nas empresas menores, pode surgir quando os altos executivos também são proprietários de outras empresas para as quais se possam desviar oportunidades de negócios, em prejuízo de outros acionistas da empresa principal. Pode haver conflito entre a ambição da diretoria de manter um registro de forte desempenho financeiro para a empresa e as exigências jurídicas de que a empresa mantenha registros financeiros precisos. Há muitos exemplos desse tipo de situação, como classificar o embarque de produtos como "vendas" (com um aumento correspondente nas entradas da empresa) mesmo quando essas entregas ainda não foram pagas. É claro que esse tipo de manipulação de dados pode vir a ser descoberto, como ocorre desde a "bolha" da década de noventa, mas o horizonte de tempo de alguns executivos é muito limitado.

No caso de funcionários de escalão inferior, as tensões são diferentes, mas podem ser graves. Por exemplo, o gerente de uma fábrica que enfrenta problemas ambientais pode querer evitar gastos para corrigir os problemas, pois essas despesas manchariam seu currículo de administrador financeiro; ou um gerente pode não querer intervir num conflito que envolva seus subordinados para evitar os incômodos de um confronto. Mas o conflito dos funcionários pode ter sérias implicações jurídicas, como a violação de um contrato com o sindicato ou a discriminação racial. Situações como essas podem ser referidas direta ou indiretamente à atenção do advogado da empresa. E é possível até que o advogado e o executivo de menor escalão sejam amigos.

No governo também podem surgir tensões semelhantes entre o interesse do Estado e os interesses de seus representantes. Nos Estados Unidos houve alguns casos famosos, notadamente o do presidente Nixon (Watergate) e o do presidente Clinton (Monica Lewinski), em que os interesses do Estado não correspondiam aos interesses pessoais de seu governante[34]. Casos menos destacados de conflito entre os interesses pessoais de um funcionário do Estado e suas responsabilidades públicas inevitavelmente ocorrem no mundo todo.

A não ser nos Estados Unidos, o debate profissional acerca dos problemas de representar uma empresa é muito escasso. Na verdade, alguns juízes e advogados evidentemente subestimaram a importância de distinguir entre a empresa e os funcionários que a representam na medida em que essa distinção afeta a responsabilidade do advogado da empresa. Um exemplo é a diferença de análise entre um caso norte-americano julgado por um tribunal de apelação na Califórnia em 1956 e um caso inglês julgado pela Câmara dos Lordes em 1999.

No caso julgado na Califórnia, *Meehan* vs. *Hopps*, a questão era saber se um escritório de advocacia contratado por uma empresa em várias transações tinha obrigação de lealdade e sigilo para com o diretor-presidente da empresa, considerado pessoa distinta da empresa em si. O tribunal decidiu, acertadamente em nossa opinião, que nenhuma dessas obrigações dizia respeito ao presidente pessoalmente. A decisão dizia:

> Supondo que algumas informações obtidas de Hopps [o diretor-presidente] pelo advogado representante da empresa [fossem pertinentes numa disputa posterior entre Hopps e a empresa], isso não impediria que esse advogado viesse a representar [...] a empresa [...] numa disputa contra Hopps, nem que use essas informações contra ele [...] Como representante da empresa, o primeiro dever do advogado era para com ela. Da mesma forma, era dever de Hopps, como funcionário da empresa, revelar ao advogado as informações necessárias aos objetivos da empresa.[35]

O caso apresentado à Câmara dos Lordes, *Bolkiah* vs. *KPMG*[36], envolvia fatos semelhantes aos do primeiro caso.

No primeiro estágio, o funcionário, o príncipe Jefri Bolkiah, conduziu várias transações financeiras como presidente da empresa (a Brunei Investment Agency, agência governamental da monarquia do Brunei). A KPMG, um escritório internacional de contabilidade, fez auditorias da agência durante o período em que o príncipe Jefri era seu presidente. Posteriormente, a administração financeira do príncipe Jefri foi contestada em litígio movido pelo governo do Brunei, que logo em seguida contratou a KPMG para rever as transações financeiras em questão. O príncipe Jefri contestou a participação da KPMG alegando que o escritório tinha conflito de interesses contrário a ele, uma vez que era seu ex-cliente. A Câmara dos Lordes decidiu pela exclusão da KPMG por concluir que esse escritório estava violando o dever de sigilo, e talvez o dever de lealdade, para com o príncipe Jefri na qualidade de ex-cliente.

A Câmara dos Lordes agiu bem em assemelhar a KPMG a uma assessoria jurídica, uma vez que o escritório de contabilidade estava dando assistência jurídica no litígio contra o ex-presidente da agência. Entretanto, com o devido respeito, acreditamos que a análise e a conclusão do tribunal desse ponto em diante foram equivocadas. O príncipe Jefri nunca foi cliente da KPMG. O cliente era a entidade empresarial, e o príncipe Jefri era apenas um funcionário da entidade. Se tivesse sido aplicada a análise do caso *Meehan* vs. *Hopps*, como acreditamos que deveria ter sido, não teria havido nenhum conflito de interesses da parte da KPMG.

De qualquer modo, os fatos dos casos *Mehhan* vs. *Hopps* e *Bolkiah* demonstram as sutilezas implicadas na representação jurídica de uma empresa. Por um lado, o cliente é uma entidade impessoal – na verdade, uma ficção jurídica –, mas é uma entidade à qual se devem os compromissos profissionais de lealdade e sigilo. Por outro lado, no trabalho concreto, o advogado mantém contatos com os funcionários da empresa, contatos que muitas vezes são tão íntimos quanto os contatos mantidos com um cliente pessoal. O problema mais difícil do exercício profissional moderno do direito cível, tanto na teoria quanto na prática, talvez seja conciliar essas posições coerentes do ponto de vista formal, mas contraditórias no aspecto operacional. Quase sempre, em ambos os lados estão envolvidas grandes questões de dinheiro, poder e reputação profissional.

O empenho mais sistemático para tratar dos problemas éticos da representação jurídica de empresas e outras organizações encontra-se na Regra 1.13 da ABA. A Regra 1.13 integra de modo interessante o direito empresarial básico, o direito de representação, as normas de responsabilidade civil e orientações para que os advogados representantes de empresas exerçam o juízo profissional. A norma teve como base debates entre os advogados da Seção de Direito Comercial da ABA e a Comissão Kutak, que era o comitê da ABA encarregado de revisar as normas norte-americanas de ética profissional. Para os advogados de empresas, a norma representa mais uma estrutura de análise ética do que uma regra de ação. Em nossa opinião, ela oferece proveitosa orientação para advogados fora dos Estados Unidos.

A Regra 1.13 (a) afirma em primeiro lugar um truísmo dos direitos empresarial e de representação: "O advogado empregado ou constituído por uma organização representa a organização, que atua por meio de seus representantes devidamente autorizados."[37] Embora seja um truísmo, essa proposição ao que parece foi desconsiderada pela Câmara dos Lordes na decisão do caso *Bolkiah*. Claro que sempre é possível questionar se o advogado foi contratado pela empresa ou por um de seus "representantes", como um executivo, um funcionário ou um dos diretores. E é bem provável que o advogado tenha sido contratado para representar tanto a organização quanto um ou mais de seus representantes[38]. Numa contratação honesta em nome da empresa conclui-se que o cliente é a empresa, não o funcionário que efetua a contratação em nome da empresa. Nos dias de hoje, os advogados prudentes deixam isso explícito no próprio documento do contrato.

A Regra 1.13 (d) explicita uma consequência dessa proposição básica, em consideração à justiça para com o indivíduo que integra a organização empresarial: "Ao tratar com diretores, executivos, empregados ou outros representantes da organização, o advogado deverá explicar a identidade do cliente quando for evidente que os interesses da organização são contrários aos dos representantes com quem o advogado está tratando". A ideia aqui é que se deve fazer a "justa advertência" ao empregado de que suas conversas com o advogado podem causar-lhe problemas jurídicos com a empresa[39]. Nos casos *Meehan* vs. *Hopps* e *Bolkiah*, o escritório de advocacia do caso *Meenhan* talvez tenha errado por não ter feito essa advertência quando tratou com os representantes da empresa; e o resultado do caso *Bolkiah* talvez se justifique porque não se fez essa advertência ao príncipe Jefri.

As Regras 1.13 (a) e (d), portanto, preparam o terreno para o advogado empresarial exercer seu julgamento em situações em que a conduta de um "representante" da empresa caminhe na direção contrária à dos interesses da empresa. A Regra 1.13 (b) prescreve o modo segundo o qual o advogado deve agir nessa situação. A norma é extensa e complicada, e é melhor estudá-la em partes. Primeira: "Se o advogado representante de uma organização sabe que um dirigente [...] ou outra pessoa ligada à organização está, pretende estar ou recusa-se a estar envolvido em ato que envolva uma questão ligada à representação [...]" Essa disposição define a responsabilidade do advogado representante de uma empresa e limita-a ao âmbito da contratação. Por exemplo, um advogado contratado para dar consultoria sobre títulos de crédito não é obrigado, em geral, a examinar se o cliente se dedica a práticas comerciais injustas nem se viola as leis trabalhistas.

Segunda parte: "[ou se o advogado tem ciência] de que tal ato viola obrigação jurídica para com a organização, ou acarreta transgressão legal que possa ser justificadamente imputada à organização e resultar em prejuízo considerável para esta [...]" Essa disposição identifica duas espécies de consequência jurídica. A primeira é o descumprimento de dever do empregado para com a organização; por exemplo, um funcionário que prive indevidamente a empresa de uma oportunidade ou cometa crime de apropriação indébita contra a organização. A segunda é a transgressão legal que possa ser imputada à organização. Refere-se a um princípio do direito de representação e de responsabilidade civil, *respondeat superior*, de acordo com o qual a conduta de um agente da organização no exercício de sua função, que resultar em dano a terceiros, em geral também é imputável à organização. Participar, por exemplo, de discussões para a determinação ilegal de preços com representantes de outras organizações é ilícito da parte do empregado, mas também é considerado um ato juridicamente imputável à organização, tanto do ponto de vista do direito penal quanto das leis de responsabilidade civil. Pelo fato de ser imputada à organização a conduta do funcionário, a organização (e não somente o funcionário) é responsável pelas consequências do esquema ilegal de determinação de preços. Assim, muitas formas de conduta indevida dos funcionários da empresa tanto violam os deveres deles para com a empresa quanto resultam em violação das obrigações da empresa para com terceiros.

Terceira parte: "o advogado [nesse caso] deve proceder de modo razoável e necessário no interesse da organização". Note-se que o dever do advogado a serviço de uma empresa é proteger a *empresa*, e não o funcionário representante da empresa nem terceiros que possam ser prejudicados. O advogado precisa ter tato e bom discernimento para proteger a empresa sem prejudicar de forma irremediável sua relação com o funcionário representante da empresa. Se necessário, porém, o interesse do executivo ou do empregado da empresa tem de ser sacrificado. As medidas que protegem os interesses da empresa podem ter o efeito colateral de impedir que terceiros sejam prejudicados. Por exemplo, se a intervenção do advogado faz cessar condutas juridicamente indevidas, também deixarão de existir prejuízos de terceiros. Todavia, o fundamento da intervenção do advogado é proteger a empresa de consequências jurídicas adversas, não a proteção de terceiros.

Alguns críticos da prática da advocacia empresarial afirmam que o advogado contratado por uma empresa deve ter a obrigação direta, não colateral, de proteger os interesses de terceiros. Não entendemos qual é a base jurídica para esse dever direto. Afinal, o advogado é um agente da empresa e só por causa disso obteve informações que indicam uma possível conduta imprópria. Sua função inclui os deveres de lealdade e de sigilo para com a empresa. É impossível deduzir dessa premissa um dever geral para com terceiros. Pode-se argumentar, claro – e se argumenta –, que uma empresa como tal não pode ter direito à lealdade e ao sigilo, ou que o *status* do cliente empresarial deveria comportar apenas deveres limitados de lealdade e sigilo. Essas propostas são coerentes e estão longe de ser absurdas. Mas são bem diferentes da proposição de que, segundo a lei, o advogado contratado por uma empresa tem o dever específico de proteger terceiros.

Por outro lado, alguns críticos da Regra 1.13 (b) queixam-se de que ela obriga o advogado a "policiar o cliente". Essa queixa é procedente na medida em que reconhece que o advogado tem de estar atento aos delitos cometidos por funcionários da empresa que o contrata. Mas está inteiramente errada quando dá a entender que o advogado é obrigado a "policiar" seu *cliente*. O cliente é a empresa, e a empresa às vezes pode precisar de proteção contra funcionários insensatos ou gananciosos. A obrigação do advogado se deve à empresa, não ao funcionário representante da empresa; é essa a conhecida proposição jurídica do caso *Meehan* vs. *Hopps*, discutida anteriormente.

Quarto:

> Ao decidir como proceder, o advogado dará a devida consideração à gravidade da violação e suas consequências, à finalidade e à natureza de sua representação, à responsabilidade e à motivação evidente do funcionário envolvido...

e a qualquer outra consideração pertinente. Quaisquer medidas que venham a ser tomadas devem ser planejadas para reduzir os transtornos da organização e o risco de revelar informações… fora da organização.

Quinto:

> As medidas podem ser, entre outras…:
> (1) pedir que o assunto seja reconsiderado;
> (2) aconselhar que se busque um parecer jurídico independente para apresentar à autoridade competente da organização; e
> (3) encaminhar o caso a uma autoridade superior na organização […].

As medidas enumeradas são reações normais quando surgem desacordos graves entre o advogado e o cliente. Desse modo, o advogado pode pedir, ou mesmo insistir, que o cliente reconsidere uma conduta que ele ache imprudente ou juridicamente arriscada. O advogado pode consultar informalmente um sócio ou outro advogado para conferir sua interpretação e suas conclusões acerca do caso. No ambiente empresarial é procedimento comum encaminhar um problema difícil "ao andar de cima" para ser resolvido por alguém com mais autoridade.

A Regra 1.13 (b) (3) prossegue afirmando que, "se a gravidade do caso o impuser, o encaminhamento [poderá ser feito] à autoridade máxima capaz de agir em nome da empresa, conforme determine direito aplicável". Isto é, se o caso for suficientemente importante e grave, o advogado poderá insistir que uma questão acerca do curso de ação proposto seja apresentada ao conselho administrativo. Esse encaminhamento passaria necessariamente por cima do diretor-presidente. Talvez seja desnecessário dizer que isso normalmente pode gerar uma séria disputa interna na empresa. Contudo, conflitos como esse podem surgir, por exemplo, quando alguns fatos desfavoráveis precisam ser incluídos nos relatórios exigidos pelas agências fiscalizadoras do governo ou pelos acionistas; quando certas transações financeiras precisam ser relatadas às autoridades tributárias; ou quando uma proposta de contrato de trabalho de um funcionário de alto nível – talvez o próprio diretor-presidente – deve ser apresentada ao conselho administrativo.

Talvez também não seja preciso dizer que o encaminhamento ao conselho administrativo é feito por iniciativa do advogado de mais alto nível envolvido no caso. Pode ser o sócio principal de um escritório de advocacia independente ou o chefe do departamento jurídico da empresa. Não é uma atitude a ser tomada pelo pessoal jurídico de menor escalão, embora a iniciativa possa originar-se nesse nível. Pode ocorrer situação semelhante por insistência de contadores (devemos lembrar que havia contadores envolvidos no caso *Bolkiah*); de cientistas e técnicos, no caso de problemas referentes a produtos da empresa; ou de profissionais de recursos humanos, no caso de questões trabalhistas. Contudo, o confronto entre profissionais especialistas e a administração é mais intenso em questões jurídicas, precisamente porque a questão fundamental é de legalidade, e não um simples juízo técnico ou científico.

Situações como essa fazem parte da "gestão empresarial" na prática jurídica moderna[40]. Entretanto, raramente vão adiante, pois a ameaça do advogado de "levar a questão para o conselho administrativo" precipita uma solução. Não há dados estatísticos da frequência de ocorrência dessa ameaça, nem de como se resolveram essas situações, pois em geral esses assuntos são estritamente sigilosos. É claro que alguns advogados deixam de cumprir suas responsabilidades para com o cliente empresarial. Alguns são coniventes com infrações graves, fazem "vistas grossas", ou até participam delas. Os deveres esboçados na Regra 1.13(b) tal como representados na norma há vinte anos surgem apenas quando o advogado "sabe" da transgressão da empresa, intentada ou praticada. O advogado pode tentar ignorar o que lhe parece estar acontecendo e depois dizer que "não sabia de nada", apesar dos indícios circunstanciais.

Entretanto, a exigência do advogado principal de que o assunto seja submetido à apreciação do conselho, apresentada ao diretor-presidente, quase sempre leva à solução do problema da forma recomendada pelo advogado, principalmente nas grandes companhias. Os altos executivos das grandes empresas não querem ter de lidar com a desavença e o possível constrangimento de um "julgamento" perante o conselho administrativo. Ao mesmo tempo, o advogado experiente sabe que um confronto desse tipo só deve ocorrer quando o problema de fato é muito grave.

O regime jurídico dos Estados Unidos foi consideravelmente alterado em 2002 pela adoção da Lei Sarbanes-Oxley (SOX)[41]. A SOX se aplica apenas às sociedades anônimas – isto é, empresas cujas ações são comercializadas na bolsa de valores. Mas esse é um território bem amplo. A SOX impõe exigências mais rígidas a executivos de alto escalão, diretores independentes do conselho administrativo, aos escritórios que fazem auditoria dessas empresas e aos advogados que as representam. A maior parte das mudanças são pequenas, mas cumulativamente são significativas. Particularmente, o advogado que representa uma empresa sujeita à SOX é obrigado a tomar medidas corretivas quando receber "informações" de infração financeira da empresa. Isso aumenta o nível de exigência da Regra 1.13 da ABA, que expressa a condição de o advogado "saber" que existe a conduta ilícita. A SOX exige que o advogado apresente o problema aos diretores independentes se a ação corretiva não for tomada internamente. Talvez ainda mais importante, esses critérios agora são lei federal, aplicada pela comissão de títulos e valores mobiliários, no lugar de lei estadual, aplicada por meio de processos judiciais particulares e ações disciplinares profissionais relativamente fracas[42].

A Regra 1.13 prossegue e dispõe, no parágrafo (c): "Se, apesar do empenho do advogado [...] a autoridade máxima [...] insistir no ato ou recusar-se a agir, de forma que configure flagrante violação da lei e provavelmente venha a resultar em danos consideráveis à organização, o advogado pode renunciar à representação [...]" Conforme se mencionou, a opção de tão somente retirar-se é substituída, nas sociedades anônimas, pelos dispositivos da Lei Sarbanes-Oxley.

Salvo a SOX, porém, o advogado pode deixar a representação em face desse conflito com o cliente e poderia ter saído muito antes que o conflito chegasse ao estágio de confronto. Igualmente importante do ponto de vista do advogado, o cliente – ou funcionário superior do cliente empresarial – pode dispensar o advogado. É um princípio reconhecido universalmente que o cliente pode dispensar o advogado em qualquer estágio, por quaisquer motivos ou mesmo sem motivo algum (exceto quando a dispensa vier a interferir num processo judicial em que o advogado está atuando em nome do cliente).

Para o advogado autônomo, abandonar o caso ou ser dispensado nessas condições pode prejudicar tanto suas finanças quanto sua reputação na comunidade de gestores empresariais. Mas não é o fim do mundo. Para um advogado de departamento jurídico ("advogado interno"), porém, ser despedido pode significar um desastre financeiro e profissional: perda do emprego, do salário, da aposentadoria e da reputação justamente junto àquele tipo de cliente a que dedicou sua carreira. (Essa diferença de consequências pode na verdade ter sido um fator importante na distinção do tribunal europeu entre advogados internos e advogados autônomos no que diz respeito ao sigilo[43].)

O risco de ser dispensado é apenas um aspecto da profissão para o advogado – ossos do ofício. É um risco ignorado por muitos críticos dos advogados do ramo empresarial, particularmente os críticos que têm cargos efetivos no mundo acadêmico. Em geral, apenas um advogado de altíssima reputação pode provocar a situação de confronto mencionada anteriormente[44]. Nenhum advogado chega a um alto nível de experiência na prática da advocacia sem aprender quais são os riscos e as limitações que se apresentam no escritório do advogado de empresas. Um advogado de nível sênior normalmente desfruta a confiança dos executivos das empresas, a ponto de ser simplesmente desnecessário esse tipo de confronto. Sempre há meios de atingir os resultados desejados sem violar a lei. E, como em muitas outras coisas da vida, os participantes do acontecimento vão se lembrar dele de modo diferente, cada qual reafirmando para si mesmo sua própria integridade.

Nos Estados Unidos houve uma série de casos em que o advogado do departamento jurídico foi despedido por causa de disputa com o gestor da empresa e processou a empresa pelos danos causados pela demissão ilícita. (Em razão do direito irrestrito do cliente de dispensar o advogado, o remédio da readmissão ao emprego é inviável.) Algumas dessas disputas relacionavam-se à insistência do advogado no cumprimento das leis processuais, tais como o dever de apresentar documentos em resposta a uma demanda legítima na fase de instrução processual. Algumas tinham a ver com a recusa do advogado a assinar um relatório para a autoridade controladora, em nome da empresa, por acreditar que o conteúdo desse relatório era essencialmente falso. Outros casos envolviam queixas de discriminação sexual por parte de advogadas.

A nova norma norte-americana referente à demissão de "advogados internos" é formulada no *Restatement of the Law Governing Lawyers*, Seção 32, Comentário b:

> Quando o advogado também é empregado de um cliente (por exemplo, um advogado empregado como membro do departamento jurídico de uma empresa ou de um órgão do governo), o direito do cliente de despedir o advogado não priva o advogado do direito ao salário e aos benefícios já obtidos [...] por exemplo, quando o cliente despede o advogado que se recusa a realizar um ato contrário à lei.

Além disso, num caso de demissão de um advogado por um escritório de advocacia, o mais alto tribunal de Nova York considerou que as normas éticas são condição implícita da relação empregatícia do advogado; portanto, despedir o advogado por razões contrárias à ética era violação dos deveres do empregador[45].

O reconhecimento da reparação por danos causados pela demissão injusta tem chegado muito lentamente aos Estados Unidos. Até onde sabemos, essa reparação não ocorreu em nenhum outro lugar do mundo. Mas o problema da demissão injusta de um advogado por funcionários de um cliente empresarial é muito real, ainda que muito raro.

O limite da legalidade

As virtudes profissionais até agora estudadas ou são eticamente "neutras" ou protegem os interesses do cliente. As virtudes eticamente neutras são a competência e a independência, enquanto as virtudes da lealdade e do sigilo por definição beneficiam os clientes. Se essas fossem as únicas virtudes reconhecidas na profissão jurídica, os advogados seriam na verdade apenas "pistoleiros de aluguel". Mas os advogados não são pistoleiros de aluguel e estão sujeitos a outras responsabilidades. Essas responsabilidades operam simultaneamente com os deveres em relação aos clientes e compreendem deveres para com os tribunais e responsabilidade para com o sistema jurídico em geral.

A responsabilidade do advogado para com o sistema jurídico é expressa geralmente em dois graus de generalidade. No grau de generalidade mais amplo, o advogado tem de ser um cidadão cumpridor das leis, como se verá no Capítulo 7. Mais específico, e mais ligado à função profissional, é o dever do advogado de não favorecer conduta criminal, fraudulenta ou claramente ilegal do cliente, nem dela participar. Os critérios decisivos são dados no contexto da lei geral – a lei penal e o direito que pune os ilícitos civis, como, por exemplo, a fraude. Isto é, a lei geral se aplica aos advogados da mesma maneira que se aplica ao restante da sociedade.

O CDF italiano, artigo 6º, assim se refere a esse dever: "O advogado deve desempenhar sua atividade profissional com honestidade e integridade." O comentário 2 do capítulo 1 do Código Canadense assim define o dever: "A conduta desonrosa ou questionável por parte do advogado, quer na vida privada, quer nas atividades profissionais, terá consequências adversas […] para a […] administração da lei e da justiça em geral." A Norma 8.4 da ABA dispõe que é conduta profissional imprópria para um advogado:

- cometer ato criminal que dê mau testemunho da honestidade e da confiabilidade do advogado ou de sua competência como advogado em outros aspectos;
- cometer ato que envolva fraude, desonestidade, engodo ou falsidade material ou ideológica;
- cometer ato prejudicial à administração da justiça.

Entre os tipos de faltas que se enquadram nessas categorias podemos mencionar a sonegação de impostos, a agressão física, a reincidência em dirigir embriagado, vários tipos de fraude, furto e apropriação indébita.

O advogado não só é obrigado a conduzir-se conforme à lei, mas também tem o dever de recusar-se a ajudar o cliente a praticar atividades ilícitas. Do ponto de vista teórico, essa obrigação é apenas uma subcategoria do dever do advogado de obedecer à lei, porque a legislação mais geral inclui a proibição de ajudar outros a cometer ato ilegal. Desse modo, o direito penal proíbe "ajudar" ou "instigar" outrem na comissão de crime, e o código civil imputa responsabilidade a quem auxilia ou é cúmplice de conduta ilícita de outrem. Há casos em que o advogado deu assistência ao cliente em transações que o advogado sabia muito bem serem fraudulentas. Entretanto, pelo que podemos observar, a maior parte dos advogados é prudente e evita a participação em transações fraudulentas ou ilegais de algum outro modo. Essa atitude se baseia tanto na moralidade quanto no claro entendimento que os advogados têm do efeito devastador de ser suspeito numa investigação criminal. Mas os advogados honestos têm clientes desonestos. O cliente desonesto normalmente não se mostra como tal, antes esforça-se para esconder suas intenções fraudulentas não só da vítima potencial, mas também dos advogados, dos contadores e de quaisquer outros contratados para ajudar na transação.

Não é proibido ao advogado *ouvir* de um cliente uma narrativa a respeito de uma conduta ou empreendimento pretendido. No decorrer da narrativa, pode ficar evidente que a conduta ou o empreendimento pretendido é criminoso, como, por exemplo, sonegação de impostos ou lavagem de dinheiro. Seria extraordinário se um cliente perguntasse ao advogado se é ilegal roubar um banco. Não é nada extraordinário, porém, um alto funcionário de um banco perguntar se é legal firmar um contrato entre o banco e outra companhia em que o funcionário tem interesses como proprietário. Também não é de admirar que o advogado seja consultado sobre a possibilidade de escapar dos tributos sobre os lucros de um empreendimento comercial realizado por intermédio de uma empresa sujeita às leis de um "paraíso fiscal". Nem tampouco causa surpresa o advogado ser consultado por uma das partes num processo de divórcio sobre a existência de meios de limitar ou evitar obrigações financeiras para com o outro cônjuge depois do divórcio.

As normas que regem essa troca de informações são claras e simples. A redação da norma norte-americana é a seguinte: "O advogado não aconselhará nem auxiliará o cliente a praticar ato que o advogado sabe que é criminoso ou fraudulento; mas o advogado pode conversar com o cliente sobre as consequências jurídicas de qualquer conduta pretendida [...]"[46]

Desse modo, o advogado, por um lado, pode escutar – "discutir" – o relato do cliente acerca de um provável empreendimento ou de uma conduta pretendida, mesmo que a conduta ou o empreendimento beire a ilegalidade. Por outro lado, o advogado não pode traçar estratégias ilegais para o cliente nem ajudá-lo a pôr em prática essas estratégias.

Perceber a diferença entre "discutir" e "aconselhar" não é difícil para um advogado escrupuloso. O advogado prudente ouvirá o cliente até onde achar necessário para compreender seus objetivos e estudar os meios possíveis de atingi-los em conformidade com a lei. Essa discussão pode exigir algumas entrevistas, extenso exame de documentos e prolongada deliberação por parte do advogado. Pode requerer que se registrem por escrito as possibilidades hipotéticas, de posse das quais conversar com outros advogados e explorar sistematicamente as alternativas com o cliente. Um advogado consciencioso é capaz de reconhecer que os limites das normas jurídicas aplicáveis podem não ser claros, de modo que uma conduta que ele acredita estar de acordo com a lei pode na verdade implicar algum grau de risco jurídico. Todas essas medidas seriam convenientes.

Louis Brandeis, eminente advogado norte-americano e depois juiz da Suprema Corte dos Estados Unidos, assim explicou a questão do "limite da legalidade":

> Perguntaram-me [...] se [determinadas transações] eram legais ou ilegais [...]
> Se estivermos caminhando ao longo de um precipício, ser humano nenhum pode nos dizer quanto podemos nos aproximar da beira [...] sem despencar, porque é possível tropeçar numa pedrinha solta [...] mas qualquer um pode nos dizer onde podemos andar em perfeita segurança [...] A dificuldade [com muitos clientes] é que eles queriam ir até o limite em vez de [...] andar em segurança.[47]

A metáfora simples do juiz Brandeis contém algumas proposições importantes. Em primeiro lugar, normalmente há um lucro extra numa transação próxima do limite da legalidade. O cumprimento de qualquer lei em geral implica despesas que poderiam ser evitadas ignorando ou contornando a lei. A relação é semelhante à que existe entre mercado negro, "mercado branco" e "mercado cinza". Uma transação no mercado negro é ilegal, mas lucrativa se os participantes não forem pegos. Uma transação no mercado branco abre mão do lucro extra, mas aceita as despesas de cumprir a lei. Uma transação no mercado cinza é "duvidosa":

envolve parte do lucro extra de uma transação no mercado negro, mas corre menos risco de ter problemas sérios com a justiça. Muitas transações em que se consulta um advogado envolvem situações na área cinza.

Em segundo lugar, são os clientes, não os advogados, que em geral estão muito interessados em caminhar "no limite". Naturalmente, os advogados criativos que a isso se dispõem recebem honorários atraentes elaborando caminhos próximos do limite, mas dentro da legalidade. Alguns advogados criam fama por ser muito engenhosos para inventar esses expedientes. Mas são os clientes que procuram as estratégias e pagam os advogados para encontrá-las.

Em terceiro lugar, o sistema jurídico em geral reage aos expedientes jurídicos criativos revisando a lei para alterar os limites da legalidade. Alguns "truques jurídicos", portanto, passam a ser ilegais e, por conseguinte, impraticáveis. Entretanto, pelo mesmo processo aumenta-se a recompensa pelos truques que permanecem dentro da lei. Consequentemente, a demanda por advogados criativos mas escrupulosos é grande na era atual, caracterizada pela excessiva regulamentação e fiscalização.

Em quarto lugar, não vale a pena para o cliente contratar um advogado engenhoso mas escrupuloso se as quantias em jogo não compensarem os custos com os honorários do advogado. Desse modo, apenas os clientes relativamente ricos – indivíduos e empresas – têm utilidade para os advogados caros. O resto dos cidadãos paga os impostos normais, cumpre as leis e os regulamentos e resmunga contra os advogados e seus clientes ricos. Em geral, a mesma análise se aplica não somente aos clientes ricos, mas também àqueles que têm poder político. Exemplo simples é uma manobra jurídica por meio da qual as contribuições às campanhas políticas que normalmente seriam ilícitas podem passar a ser lícitas se feitas por outro meio, como uma fundação filantrópica, por exemplo. As contribuições de campanha protegidas por algum artifício jurídico podem ajudar o partido da situação a continuar no poder, ou ajudar um partido de oposição a obter vitória nas eleições.

Essa ligação entre ricos e poderosos, advogados engenhosos e os limites da lei ajuda a explicar a antipatia popular pelos ricos, que escapam da lei ou mitigam seus rigores quando ela lhes é aplicada; pelos detentores de poder político, que exploram a lei para perpetuar-se no poder; e pelos advogados, que os ajudam nessas maquinações. Os idealistas sempre tiveram a esperança de que mudanças políticas rompessem a ligação entre riqueza, poder político e o uso discriminatório da lei. Entretanto, as mudanças políticas capazes de romper essa ligação, pelo menos até este ponto da história, também podem enfraquecer o próprio sistema jurídico. O "Estado de direito", de que os advogados se valem para proteger os ricos e os poderosos, é um regime de governo que, quando usado de modo correto, também protege os cidadãos comuns.

O paradoxo mencionado pelo juiz Brandeis é evidente para a maioria dos advogados escrupulosos. Eles reconhecem que a soberania da lei – o governo constitucional – é essencial para o bem-estar político dos cidadãos comuns, mesmo que seja também um instrumento por meio do qual os ricos e os poderosos conseguem privilégios do sistema político. Os cidadãos comuns trilham seu caminho ao longo da vida bem longe do precipício da ilegalidade, enquanto os detentores da riqueza e do poder seguem por caminhos mais lucrativos e mais próximos da margem. Entre outras coisas, muitos advogados conscienciosos contratados para representar "interesses especiais" ou *lobbies* são secretamente muito mais críticos da lei que seus clientes.

7. Responsabilidade

Responsabilidades múltiplas

O capítulo 1 do Código Canadense dispõe: "O advogado deve cumprir com integridade seus deveres para com os clientes, os tribunais, a sociedade e os colegas de profissão". O Preâmbulo às normas de ética da ABA é um pouco mais elaborado:

> O advogado [...] é um preposto do cliente, representante do sistema jurídico e cidadão público que tem responsabilidades especiais pela excelência da justiça.
> Como representante do cliente, o advogado é conselheiro [...] defensor [...] negociador [...] [e] avaliador...
> O advogado deve mostrar respeito pelo sistema jurídico e seus servidores, entre os quais os juízes, outros advogados e funcionários públicos...
> Como cidadão público, o advogado deve procurar o aperfeiçoamento da lei, o acesso ao sistema jurídico, a administração da justiça e a qualidade dos serviços prestados pelos profissionais do direito... O advogado deve [...] colaborar para a autorregulamentação da ordem dos advogados no interesse público.

A teia de obrigações do advogado começa com os deveres para com o cliente, mas alcança também os tribunais, o sistema jurídico no sentido mais amplo, os outros advogados e o público em geral. Algumas obrigações são declaradas em termos positivos, como a obrigação de ser verídico perante os tribunais nas declarações baseadas no conhecimento do próprio advogado. Outros são formulados como limitações aos atos feitos em nome do cliente. Por exemplo, embora o advogado deva apresentar "com todo o zelo" a causa de um cliente perante o tribunal, ele não pode apresentar depoimento que saiba ser perjuro nem documentos que saiba serem falsos. As obrigações para com os tribunais e o advogado da parte adversária no litígio têm origem antiga e se aperfeiçoaram com muitos detalhes. As obrigações referentes à prática nos escritórios derivam basicamente da lei geral – isto é, do direito penal, da responsabilidade civil (*"torts"* na terminologia do *common law*) e das milhares de leis e diretrizes reguladoras dos sistemas jurídicos modernos. Os advogados são regidos não só diretamente por esses regulamentos da lei geral, como os outros cidadãos, mas também indiretamente por meio das obrigações impostas a seus clientes.

Além das obrigações jurídicas e profissionais, os advogados têm um senso moral e ético de origem pessoal – tradição familiar, convicção religiosa e sensibilidade subjetiva – que lhes impõe outros imperativos e restrições. A prática jurídica, como a vida adulta em geral, está emaranhada numa teia de obrigações legais, éticas e morais que muitas vezes apontam em direções diferentes.

Lisura no tribunal

Em muitas ocasiões o advogado tem de fazer declarações aos tribunais. A mais rotineira é o agendamento de futuras audiências – datas em que os advogados podem estar presentes e que sejam convenientes para o depoimento das testemunhas, por exemplo. Uma discussão um pouco mais complicada pode tratar da possibilidade de o caso ser resolvido por acordo, tornando desnecessárias novas audiências.

Nas discussões sobre acordo há tensão entre o princípio de que o cliente tem a autoridade final a respeito das condições do acordo e o princípio de que o advogado fala com autoridade perante o tribunal sobre os assuntos relativos ao caso[1]. O advogado pode acreditar que o cliente concordou com um acordo, mas depois enfrentar a revolta do cliente contra as condições do acordo, seja por um mal-entendido, seja porque mudou de ideia[2]. Quando o cliente é uma empresa, uma declaração do advogado de que o caso foi resolvido por acordo em geral será aceita sem problemas pelo tribunal e pelas partes contrárias, e o caso, por conseguinte, será dado como encerrado. Supõe-se que um cliente empresarial compreende a importância de aceitar um acordo, que os advogados compreendem quando o cliente lhes deu autoridade para fazer o acordo e que, se qualquer dessas premissas estiver errada, o cliente terá base para processar o advogado. Mas, se o cliente for um indivíduo comum, os tribunais em geral só darão o caso como resolvido quando o próprio cliente tiver assinado os documentos do acordo. Em alguns sistemas de *civil law*, essas eventualidades são previstas por uma norma de que não pode haver acordo sem declaração assinada pelo cliente para esse efeito.

Outras comunicações entre o advogado e o juiz podem dizer respeito, por exemplo, à existência de um documento pertinente e à identidade de quem o tem sob custódia; à possibilidade de uma potencial testemunha dar seu depoimento; à existência de outra ação sobre a mesma disputa em outra vara; ou à correta intimação referente a determinado ato processual. Os advogados são obrigados a ser inteiramente verídicos nessas matérias e ao responder aos inquéritos a elas relativos.

A obrigação de lisura do advogado para com o tribunal nessas questões é superior a todas as obrigações para com o cliente, exceto em circunstâncias muito raras em que o tribunal faça uma pergunta não admissível. Pode-se imaginar, por exemplo, que num processo penal o tribunal pergunte ao advogado de defesa se o acusado é realmente culpado. Essa pergunta é descabida e o advogado deve se recusar a responder. De outro modo, e supondo que as perguntas do juiz sejam pertinentes, o advogado deve responder de acordo com seu dever de lisura.

O dever de lisura é expresso em diferentes nuanças nos diversos códigos. O mais preciso talvez seja o que rege os *barristers* ingleses: "O *barrister* tem dever preponderante para com o tribunal de agir com independência no interesse da justiça; deve ajudar o tribunal na administração da justiça e não deve faltar com a verdade nem induzir o tribunal a erro, quer conscientemente, quer por negligência"[3]. O Código Japonês, artigo 54, provê: "O advogado envidará esforços para que o processo seja correto e o julgamento, justo. O advogado não induzirá a testemunha a cometer perjúrio ou fazer declaração falsa, nem apresentará provas falsas ao tribunal". O Código Canadense estabelece: "O dever do advogado [...] deve sempre ser cumprido por meios justos e honrosos [...] e de maneira coerente com o dever do advogado de tratar o tribunal com lisura, equidade, cortesia e respeito"[4]. As normas da ABA dispõem:

> O advogado deliberadamente:
> (a) não fará declaração falsa de fato ou de direito ao tribunal;
> (b) não deixará de revelar ao tribunal a autoridade jurídica na jurisdição controladora que ele saiba ser diretamente contrária à posição de seu cliente e não foi revelada pela parte adversária; nem
> (c) apresentará provas que saiba serem falsas.[5]

O CDF italiano, artigo 14, talvez seja mais preciso no aspecto técnico:

> As declarações nos processos judiciais referentes à existência ou inexistência de fatos objetivos que sejam elemento específico para a decisão do juiz e dos quais o advogado tenha conhecimento direto devem ser verdadeiras.

O advogado não pode deliberadamente apresentar provas falsas [...] nem declarações [...] que saiba serem inverídicas.

O advogado é obrigado a mencionar as decisões interlocutórias anteriores [...] ao procurar uma decisão baseada na mesma situação fática.

As normas italianas refletem aspectos do dever de lisura essenciais em todos os sistemas jurídicos. A expressão "fatos objetivos" por inferência exclui a retórica, a opinião, o "colorir os fatos" e outras verbalizações que careçam de representação clara e concreta. A frase "elemento específico para a decisão do juiz" restringe a obrigação às declarações referentes a questões juridicamente pertinentes, definidas em sentido estrito. A expressão "ter conhecimento direto" restringe a obrigação às declarações que o advogado apresenta como sendo de seu próprio conhecimento. "Saiba" restringe o dever relativo às provas a declarações acerca de depoimentos e documentos evidentemente falsos. Apenas quando a prova é evidentemente falsa, o juiz ou outro observador pode concluir que o advogado *sabia* que a prova era falsa, e não simplesmente porque ele tinha razões para saber ou supor que era falsa.

O dispositivo do código italiano referente a "decisões interlocutórias anteriores" responde a um problema quase universal naqueles processos que passam pelas mãos de vários juízes. Nesses casos, os advogados das partes terão conhecimento do estado dos autos, mas o juiz talvez não tenha, principalmente de decisões interlocutórias prolatadas anteriormente por outro juiz. Os advogados não podem "jogar" com o sistema, tentando mudar decisão já tomada quando a ação troca de mãos entre os juízes. A oportunidade de fazer isso é maior em sistemas judiciais com agendas superlotadas e ligados a seções regionais da ordem dos advogados tão grandes que juízes e advogados não se conhecem. Em alguns sistemas de *civil law*, a ideia de que não se deve procurar mudança de decisão quando o caso passa para outro juiz é chamada, educadamente, de "economia processual". Conceito semelhante nos processos do *common law* é a doutrina do *law of the case* ou "direito relativo à causa". A ideia é que uma decisão tomada num estágio anterior da causa continua regendo o processo nos estágios posteriores, mesmo que a decisão seja possivelmente errada ou tenha sido proferida por outro juiz.

O CCBE, da Comunidade Europeia, seção 4.4, declara simplesmente: "O advogado nunca dará deliberadamente informação falsa ou enganadora ao tribunal." Infelizmente, os advogados em alguns sistemas tentam escapar a essa norma com o máximo de evasivas e dissimulações possíveis. Os juízes chegam a desconfiar de quase tudo que os advogados lhes dizem, e o dever de lisura cai em desuso. Em alguns sistemas, porém – particularmente os da Inglaterra, Alemanha e Japão –, os juízes confiam em quase todos os advogados. Entretanto, se o juiz desconfiar das declarações que o advogado faz com base em seus próprios conhecimentos, este terá muita dificuldade nas futuras relações com esse juiz e provavelmente com outros juízes do mesmo tribunal. Os juízes podem reagir com várias sanções, dependendo do sistema. Se a questão, por exemplo, for o fato de uma testemunha não poder depor por motivo de doença, o juiz pode exigir que o advogado apresente atestado médico; mas, se o juiz confia no advogado, a declaração oral será suficiente. É costume referir-se a esse aspecto da reputação do advogado como o "crédito" ou a "credibilidade" que o sistema lhe confere. Assim como a reputação em geral, o crédito do advogado com os tribunais se comprova ou se perde com os intercâmbios e a experiência informais.

A mesma obrigação de lisura deve estar presente nas relações do advogado com outros funcionários da justiça além dos juízes, particularmente os funcionários dos tribunais e das agências fiscalizadoras e as autoridades fiscais. Essas relações em geral implicam frequentes intercâmbios. Muitos advogados especializam-se em tratar com órgãos governamentais específicos, como departamentos que concedem alvarás ou que recolhem impostos aduaneiros. O advogado que cria boa reputação com um órgão do governo pode realizar o negócio do cliente com mais rapidez e mais segurança do que se precisasse documentar formalmente cada etapa da operação. Um advogado de um escritório de que um de nós, autores, era sócio disse certa vez: "A boa reputação deste escritório com as agências fiscalizadoras do Estado é um dos recursos mais valiosos que podemos empregar no interesse de nossos clientes".

Desde muito cedo, impuseram-se aos advogados obrigações contra abusos como mover ações injustificadas, fazer moções desnecessárias, prolongar atrasos e pressionar testemunhas[6]. As normas canadenses e estadunidenses têm listas de abusos processuais específicos. No código canadense, por exemplo, tem-se:

> (d) iniciar ou continuar processos que, embora dentro da lei, sejam claramente motivados por má-fé e apresentados com a única finalidade de prejudicar a outra parte;
> (e) apresentar-se a um funcionário judiciário [...] quando as relações pessoais com ele [...] sejam tais que possam dar origem a pressão, influência ou indução que afete sua imparcialidade;
> (f) suborno, abordagem pessoal ou qualquer outro meio de convencimento que não seja a persuasão franca como advogado;
> (g) apresentar provas falsas, declarar os fatos ou o direito incorretamente, apresentar declaração falsa ou enganosa ou apoiar-se nesse tipo de documento;
> (h) dissuadir uma testemunha material de apresentar provas ou recomendar que essa testemunha não se apresente;
> (i) deliberadamente ajudar uma testemunha [...] a se passar por outra;
> (j) insultar, intimidar ou pressionar uma testemunha.[7]

A norma correspondente da ABA, regra 3.4, dispõe que o advogado não pode:

- obstruir ilegalmente o acesso da outra parte às provas nem ilegalmente alterar, destruir ou esconder documento ou

qualquer outro material que tenha potencial valor de prova ou indício;
- falsificar provas [...] auxiliar a testemunha a dar depoimento falso, nem oferecer à testemunha estímulo proibido pela lei;
- fazer pedido de instrução descabido ou deixar de agir com a razoável diligência para cumprir um pedido de instrução pertinente da parte adversária;
- no julgamento, aludir a qualquer questão [...] que não seja sustentada pelas provas admissíveis, afirmar conhecimento pessoal dos fatos em questão [...] nem expressar opinião pessoal acerca da justiça da causa, da credibilidade da testemunha, da culpabilidade do litigante ou da culpa ou o inocência do acusado...

Outra norma da ABA é mais genérica: "O advogado não proporá nem contestará ação, não sustentará matéria dessa ação nem a ela se oporá se não tiver base cabível para qualquer um desses procedimentos..."[8]

Essas proibições têm origem em experiências infelizes e, em certa medida, em situações locais específicas. A proibição de conversas "de bastidores" entre o advogado e o juiz impostas pelo *Canandian Code*, por exemplo, indica que, pelo menos em algumas comunidades do Canadá, houve familiaridade preocupante entre alguns advogados e alguns juízes. A proibição americana quanto à alusão a matérias "que não possam ser sustentadas pelas provas admissíveis" é reação a uma estratégia às vezes tentada perante o júri, em que o advogado menciona que logo apresentará provas, mas depois não as apresenta – na esperança de que não se note essa discrepância. Na China, há uma evidente tradição antiga de usar as "relações" (o termo chinês é *guanxi*), entre elas a troca de presentes na condução de transações. A lei da República Popular da China que rege a advocacia reagiu proibindo os advogados de se encontrar com juízes e outros funcionários do judiciário fora do tribunal ou de qualquer outro lugar oficial para tratar de negócios[9].

No Código Canadense, a ausência de proibição contra pedidos e contestações incabíveis contrasta com a proibição que tem grande destaque nos códigos americanos. Essa diferença talvez reflita o fato de que no Canadá, como na maioria dos países, a parte que faz um pedido improcedente é obrigada a pagar os custos em que a parte contrária incorre, inclusive honorários de advogado. Essa norma dá proteção considerável e talvez adequada contra abusos processuais. Nos Estados Unidos, ao contrário, a parte vencedora normalmente tem de arcar com a despesa dos honorários do seu próprio advogado. Por isso, nos Estados Unidos tenta-se, com dispositivos processuais proibitórios e normas éticas, o controle de procedimentos infundados. Nos tribunais federais norte-americanos, por exemplo, pode haver penalidade por afirmações factuais que careçam de fundamentação objetiva; e as *Model Rules* da ABA prescrevem uma norma ética correspondente[10]. Entretanto, nos Estados Unidos por tradição as disputas em litígio são "livres", a não ser que beirem a fraude, por isso raramente se recorre às normas, a menos que a violação seja flagrante.

Nos sistemas de *civil law* também ocorrem abusos processuais semelhantes aos arrolados nos códigos de ética do Canadá e dos Estados Unidos, embora tenham forma um pouco diferente por causa das diferenças processuais refletidas nos papéis do juiz e do advogado no *civil law*[11]. No *civil law*, um juiz atento prontamente detecta e descarta as alegações sem fundamento. Entretanto, se os juízes forem indiferentes aos abusos não haverá fiscalização nenhuma, o que infelizmente ocorre em muitos sistemas de *civil law*. De qualquer modo, em qualquer sistema jurídico, os abusos processuais raramente são motivo de processo disciplinar. Nos sistemas judiciais bem administrados, com juízes e advogados altamente disciplinados, a escassez de queixas contra abuso processual dá a entender que as violações são raras. Em outros sistemas, a ausência das queixas pode indicar que só uma conduta flagrantemente imprópria chama a atenção dos tribunais ou das autoridades disciplinares.

Onde há negligência na aplicação das normas contrárias ao abuso processual, a parte que o sofre tem poucos recursos além da retaliação. Os tribunais relutam em se envolver, e uma denúncia apresentada às autoridades disciplinares pode simplesmente significar outra rodada de litígios. Para o advogado acusado, a denúncia pode ser uma tentativa da parte adversária de levar novamente a juízo uma tese já rejeitada pelo tribunal. Quando o único recurso prático é a retaliação, a consequência é a deterioração dos padrões processuais e o estado de abuso processual crônico. Muitos sistemas judiciais estão nessa situação.

O fato de que recorrer à autoridade disciplinar pode produzir outra rodada de litígios põe em foco outra questão que esteve implícita em nosso texto: qualquer procedimento válido para tratar da má conduta ética dos advogados implica o risco de os advogados se envolverem em má conduta ética nesse procedimento disciplinar.

Em muitos sistemas, o instrumento disciplinar é meramente nominal. Raramente se apresentam queixas porque se sabe que pouco ou nada será feito. Pouco ou nada se fará porque não há nenhuma equipe de funcionários encarregados de conduzir inquéritos e levantar provas, nem há uma comissão ativa da ordem dos advogados para examinar as provas que poderiam ser produzidas. Em muitos sistemas, os juízes consideram que os problemas de má conduta ética dos advogados estão além de sua responsabilidade. Na maioria dos sistemas de *civil law*, o juiz não tem autoridade para impor sanções diretamente ao advogado que infringe as normas éticas, como, por exemplo, desacatar autoridade judicial. Por conseguinte, a ideia de "abuso processual" como questão de interesse judicial é pouco elaborada ou praticamente inexistente em muitos sistemas.

Um procedimento formal para tratar da transgressão ética do advogado deve cumprir requisitos mínimos de imparcialidade jurídica. Os critérios variam de um sistema jurídico para outro, mas nenhum sistema pode punir um advogado apenas com base na queixa do cliente. Em muitos sistemas de *civil law*, o procedimento tradicional é uma sindicância dirigida por um membro sênior da ordem dos advogados local. Na maioria dos sistemas de *common law* e também no Japão, o procedimento é uma sindicância conduzida ou supervisionada por uma comissão de advogados. Em alguns países o procedimento também é regido por exigências constitucionais. Nos Estados Unidos, por influência dessas exigências constitucionais, o processo disciplinar passou a ter todas as características de um julgamento[12]. Em todos os sistemas, o advogado acusado tem o direito de se defender. Num processo como esse, a banca de advogados pode ser excessivamente simpática aos companheiros de profissão (os membros da banca podem pensar "se não fosse pela graça de Deus, eu poderia estar nessa situação"). Essa atitude hoje mudou bastante, pois os advogados começam a reconhecer que alguns de seus pares são maus atores. Infelizmente, em alguns sistemas jurídicos – e entre alguns membros da profissão de todos os sistemas jurídicos – juízes e advogados presumem com ceticismo que muitos advogados são inescrupulosos, mas presumem também que não existe medida corretiva eficaz. Esta última atitude sem dúvida é compartilhada pela opinião pública.

Em todos os sistemas, o advogado cuja conduta é questionada tem o direito de se defender. A defesa pode implicar disputa acerca dos fatos ou um questionamento acerca de se a conduta realmente constituiu violação das normas éticas vigentes. Essas defesas geram controvérsias que podem ser tão complexas quanto as disputas judiciais ou até mais complexas. Se a conduta do advogado for questionada em juízo, ele tem direito a uma audiência perante o juiz de acordo com procedimento semelhante ao de qualquer questão litigiosa.

O fato de serem advogados (alguns) que controlam o processo jurídico que julga a conduta ética imprópria de (outros) advogados sem dúvida explica a frustração de muitos críticos dos profissionais jurídicos. Os críticos suspeitam que todos os advogados tendem a proteger seus semelhantes. Infelizmente, em alguns sistemas jurídicos essa suspeita tem fundamento. Não obstante, segundo observamos, o relaxamento na aplicação de medidas disciplinares não ocorre porque há advogados que desejam proteger outros advogados. Na verdade, em muitos países, ele é consequência da falta de disposição dos profissionais do direito ou do Estado para fazer investimentos que ajudariam a alcançar um nível mais elevado de aplicação das normas. Do ponto de vista da maioria dos advogados, o custo e a dificuldade de manter os mecanismos disciplinares adequados são um pesado fardo, embora um grau eficiente de aplicação das normas fosse um ganho "público" para a profissão em geral.

Boa cidadania

De acordo com o ideal exposto nos códigos de ética, o advogado deve ser um bom cidadão no sentido mais pleno da expressão. O *Canandian Code*, por exemplo, dispõe:

> A conduta desonrosa ou questionável [...] quer na vida privada, quer nas atividades profissionais, terá consequências adversas [...] para a [...] administração da lei e da justiça em geral...
> O advogado deve incentivar o respeito público pela administração da justiça e procurar melhorá-la [...] Suas responsabilidades são maiores do que as de um cidadão comum.[13]

O Código de Ética Japonês Para Advogados dispõe no artigo 1º: "O advogado deve estar ciente de que sua missão é proteger os direitos humanos fundamentais e realizar a justiça social, e para isso tem de empenhar-se".
As disposições do Preâmbulo às normas da ABA são:

> A conduta do advogado deve conformar-se às exigências da lei, tanto na prestação de serviço aos clientes quanto em seus assuntos pessoais e comerciais...

O advogado deve demonstrar respeito pelo sistema jurídico e por seus servidores, entre estes, juízes, outros advogados e funcionários do poder judiciário.

Como cidadão público, o advogado deve buscar o aprimoramento da lei, do acesso ao sistema jurídico, da administração da justiça e da qualidade do serviço prestado pelos profissionais do direito.

A obediência a essas recomendações é apoiada por considerações de ordem pragmática. Cumprir a lei rende reputação profissional positiva ao advogado, ao passo que violar a lei pode ter efeito oposto, mesmo que a violação não esteja relacionada à prática da advocacia.

Em todos os sistemas jurídicos, os advogados são incentivados a participar da reforma e do aprimoramento das leis. A participação dos advogados nessas atividades, seja para clientes, seja pelo senso de dever social, varia de um sistema jurídico para outro e entre os advogados de um mesmo sistema. Muitas atividades de reforma jurídica são promovidas coletivamente pelas associações da ordem. Quando um advogado participa dessa atividade, os ouvintes (como, por exemplo, uma comissão legislativa ou um órgão do governo) normalmente podem presumir que ele está falando em seu próprio interesse como cidadão público. Entretanto, em sistemas jurídicos como o do Canadá e o dos Estados Unidos, os advogados em geral atuam em nome de clientes – fazendo "lobby" no poder legislativo ou em vista da criação de normas administrativas. As normas éticas desses sistemas exigem que se revele a participação do advogado nessa função[14]. Em muitos sistemas jurídicos, certas exigências específicas são impostas aos "lobistas" em geral, advogados inclusive[15].

Relações com outros advogados

Os advogados constantemente trabalham com outros advogados: por exemplo, trocando informações relacionadas a litígios ou negociações, agendando encontros para discussões e apresentando propostas e contrapropostas. Também podem interagir em atividades profissionais de comissões da ordem ou em transações com órgãos do governo. Nesses intercâmbios, os advogados se comportam de acordo com os mesmos padrões comuns de civilidade que se aplicam entre homens de negócios, particularmente honestidade nas transações. As negociações entre advogados quase sempre se realizam com um considerável grau de formalidade, o que reflete a importância dos assuntos que normalmente estão em pauta. Dentro desse quadro, os critérios de civilidade dependem muito do contexto, como em todas as relações "diplomáticas". Os profissionais que têm longa experiência entre si em geral tratam dos negócios de modo informal, exceto quando essa experiência os leva a se desagradarem ou desconfiar um do outro – como infelizmente acontece vez ou outra.

Em muitos sistemas jurídicos esses padrões derivados do mundo dos "negócios" são o pano de fundo de normas éticas especiais para controlar atritos inevitáveis. O código de ética italiano tem uma seção inteira dedicada às relações entre advogados e trata de assuntos como:

- Presteza para atender ao pedido de informações de outro advogado;
- Pontualidade no comparecimento a audiências e reuniões;
- Cooperação quando envolvido na representação de clientes diferentes no mesmo lado de uma demanda;
- A "correspondência identificada como confidencial ou [...] que contenha propostas para negociações [...] não pode ser mencionada em processos judiciais" nem ser revelada ao cliente;
- Ao encaminhar um caso a outro advogado, fornecer-lhe todas as informações sobre a ação;
- Honrar um acordo aceito pelas partes;
- Revelar a intenção de interromper a negociação de um acordo;
- Ao substituir um advogado contratado anteriormente, empenhar-se da melhor maneira para providenciar que ele receba os honorários corretamente;

- Não fazer registro eletrônico de nenhuma conversa com outro advogado;
- Não manifestar "opiniões negativas" sobre outro advogado nem sobre seus supostos "erros ou incompetência".[16]

O código canadense se expressa em termos mais gerais e mais altaneiros:

> A conduta do advogado para com outros colegas deve caracterizar-se por cortesia e boa-fé.
> Não se deve permitir que nenhum mau sentimento [...] entre clientes, particularmente no litígio, influencie a conduta dos advogados [...] A animosidade pessoal [...] pode turvar-lhes o discernimento [...] Altercações e táticas ofensivas [...] não têm lugar...
> O advogado deve evitar recursos artificiosos. Não deve aproveitar-se [...] de deslizes, irregularidades nem de erros de outros advogados que não entrem nos méritos do caso nem impliquem sacrifício dos direitos do cliente...[17]

As normas norte-americanas têm pouquíssimos dispositivos que tratem da relação entre advogados. Existe a exigência de que os advogados apresentem queixa à autoridade disciplinar quando tiverem conhecimento de que "outro advogado cometeu violação das normas de conduta profissional, passível de pôr em questão sua honestidade, confiabilidade ou competência como advogado em outros aspectos..."[18] Raramente, porém, se cumpre essa obrigação. Relatar a conduta imprópria de outro advogado normalmente resulta em intensa discussão sobre as circunstâncias e desvia a atenção dos interesses dos clientes[19].

Talvez haja tão poucas normas porque as relações entre os advogados em alguns sistemas são tão amistosas que não exigem regulamentação específica. Por outro lado, as relações podem ser tão hostis que nem as regras poderiam moderá-las. Em nossa opinião, entretanto, nenhuma dessas interpretações é exata. O mais plausível é que as normas práticas que regem as relações entre advogados são difíceis de expressar e mais difíceis de aplicar. A "socialização" entre advogados se dá em grande parte pela cooperação ou pela retaliação. Algumas jurisdições dos Estados Unidos adotaram códigos de "civilidade". Eles servem mais de advertência que de imposição e concentram-se sobretudo na conduta e nas táticas empregadas em litígios, particularmente as táticas empregadas na fase de instrução[20]. Os depoimentos norte-americanos da fase de instrução em geral são pacíficos, mas alguns advogados ficam francamente desagradáveis. Em raras ocasiões se pede intervenção judicial[21]. Se as normas de "civilidade" são capazes de moderar esses abusos é questionável.

Em qualquer sistema jurídico, os advogados que têm de lidar com a transgressão opressiva ou procrastinadora de outros advogados apoiam-se principalmente numa combinação de paciência e retaliação – mecanismos práticos numa relação desagradável de que não se pode escapar.

As relações nos escritórios de advocacia

Os princípios de ética jurídica se originaram antes do surgimento dos escritórios de advocacia, particularmente dos grandes escritórios típicos de um segmento grande da prática moderna. Consequentemente, havia pouca necessidade de tratar de questões éticas surgidas nas relações entre sócios ou funcionários de um escritório ou departamento jurídico de uma empresa ou do governo. O surgimento de ambientes de prática jurídica multidisciplinar exigiu atenção para essas questões.

O problema ético mais comum num escritório de advocacia é a presunção de conflito de interesses. Como já se observou, o princípio vigente na maioria dos sistemas é que o conflito de interesses que afete um advogado do escritório é presumido de todos os outros advogados desse escritório. Desse modo, se o advogado A de determinado escritório estiver representando a empresa X, será incorreto o advogado B do mesmo escritório propor ação judicial contra a empresa X, mesmo que os casos não tenham relação entre si, mesmo que A e B não trabalhem em salas vizinhas ou mesmo que trabalhem em dependências separadas por milhares de quilômetros[22]. A ideia é que os advogados de um escritório têm laços de interesse profissional e financeiro passíveis de afetar o vigor e a lealdade com que representam clientes cujos interesses são juridicamente opostos. Essa ideia se expressa da seguinte maneira no código canadense: "[Ao aplicar as normas relativas a conflito de interesses], considerar-se-á que o termo 'cliente' inclui o cliente do escritório de advocacia de que o advogado é sócio ou funcionário, mesmo que não trate do caso desse cliente em particular".

Também podem surgir problemas de "conflito" quando o advogado muda de escritório, isto é, passa a trabalhar para outra firma. Esses problemas são conhecidos informalmemte como conflitos de "deslocamento lateral" e apresentam as questões a seguir. 1) O advogado que sai de um escritório para trabalhar em outro e tem sobre si um conflito de interesses presumido, adquirido no escritório de que está se demitindo – acaso esse advogado transfere a "contaminação" dessa presunção para o escritório em que está ingressando? A resposta das Normas da ABA a essa pergunta é "não", a menos que esse advogado esteja pessoalmente envolvido na causa que originou o conflito. 2) Os advogados remanescentes do escritório de origem desse advogado "contaminado" podem depois disso impetrar ações contra os clientes do advogado que se demitiu se nenhum deles esteve envolvido nesses casos antes? A resposta das Normas da ABA é "sim" – o escritório não está mais sujeito à "contaminação" presumida. As normas de outros sistemas não chegaram a esse nível de especificidade.

As variações e complicações dessas normas têm pouco interesse geral para um estudo de ética advocatícia. Na verdade, elas têm interesse especial apenas para os escritórios relativamente grandes, para os clientes empresariais contratantes desses escritórios e para os litigantes que podem empregar essas normas em táticas processuais. Não obstante, as normas de presunção de conflito exigem que todo advogado dos escritórios jurídicos preste muita atenção à identidade e aos interesses dos clientes representados por outros advogados do mesmo escritório.

Outro conjunto de relações tratado nas normas éticas refere-se às responsabilidades dos sócios para com os advogados juniores do escritório. Novamente, as normas norte-americanas são tipicamente elaboradas. A norma 5.1 da ABA dispõe: "Os sócios de um escritório jurídico tomarão todas as providências para que o escritório tome de fato medidas que garantam que todos os advogados na firma se conformem às normas de conduta profissional."[23]

Esses dispositivos impõem obrigação pessoal aos advogados que têm autoridade para supervisionar a conduta de outros advogados de um escritório jurídico. A obrigação não é um caso de *respondeat superior*, pois, se assim fosse, o supervisor teria responsabilidade jurídica direta sobre qualquer falta ética do subordinado. Em vez disso, a obrigação é de zelar pelos procedimentos do escritório, como, por exemplo, o sistema de verificar conflitos ou o de controlar as contas de depósitos dos clientes[24]. Esses dispositivos não impõem responsabilidade ao escritório como pessoa jurídica. Entretanto, algumas jurisdições responsabilizam o escritório por negligências éticas, para as quais a penalidade pode ser uma repreensão ou uma multa pecuniária.

As normas italianas adotam uma perspectiva diferente das responsabilidades éticas de uma sociedade de advogados: "Quando os advogados são associados, apenas o advogado ou os advogados a quem o caso foi especificamente encaminhado está sujeito a responsabilidade disciplinar"[25]. Esse dispositivo exclui expressamente a responsabilidade de um supervisor.

A norma italiana tem outros dois dispositivos interessantes, um referente a advogados plenos e outro, a estagiários. Quanto aos advogados associados, a norma estabelece: "O advogado deve permitir que seus colaboradores aperfeiçoem sua preparação profissional, remunerando-os proporcionalmente à contribuição para o caso." Essa exigência se aplica aos "colaboradores" juniores e atende a um problema endêmico nos escritórios jurídicos, a saber, distribuir autoridade e responsabilidade na prática do escritório e compartilhar as receitas de honorários. Nos escritórios em que só um advogado ou poucos têm posição predominante, o advogado predominante costuma tratar das relações com os clientes e com os tribunais em transações importantes, enquanto os advogados subordinados fazem o trabalho maçante. Na gíria profissional, um escritório de advocacia pode consistir em "descobridores" (os advogados que arranjam clientes), "senhores" (os advogados que orquestram as transações importantes) e "trabalhadores" (os advogados do escalão mais baixo, que lidam com os detalhes menores e fazem o trabalho maçante)*. A divisão das receitas do escritório se dá de modo proporcionalmente desigual. Os advogados dominantes dividem as receitas do escritório de acordo com negociações entre eles. Os advogados juniores que (na opinião dos advogados dominantes) carecem de capacidade intelectual, personalidade ou vigor para ser bem-sucedidos num nível mais elevado podem ficar encalhados no nível mais baixo.

A norma italiana acima citada procura melhorar esse critério, mas questiona-se se ela tem muito efeito. A posição dos advogados juniores nos escritórios jurídicos de muitos países é notoriamente frágil, tanto no que diz respeito à remuneração quanto no que diz respeito ao progresso na carreira. As normas italianas procuram mitigar outra fonte de abuso: a sobrecarga de trabalho e a preparação inadequada dos bacharéis em direito no período de estágio. As normas italianas exigem que o aprendiz tenha treinamento adequado, local de trabalho conveniente, a devida supervisão e remuneração "proporcional a sua contribuição"[26]. Essas exigências são inevitavelmente vagas, visto

---

* No original, trata-se do jogo de palavras formado por "finders", "binders" e "grinders". (N. da R. T.)

que as circunstâncias dos estágios são muito diferentes. Todavia, expressam um ideal profissional importante, que desejamos seja cumprido sistematicamente. Os estágios não têm a mesma qualidade – alguns são muito bons, a maioria é medíocre, e alguns são pura exploração. Há lugares em que o tratamento dos juniores pode ser mais generoso, talvez em consequência da consciência profissional por parte dos dirigentes do escritório, mas o mais provável é que seja reação às forças competitivas. Nos períodos de prosperidade para a categoria dos profissionais do direito, pode haver demanda por advogados juniores competentes em outros escritórios jurídicos ou estes podem sair para exercer a advocacia como autônomos, e sem dúvida sairão do escritório em que estão se não estiverem satisfeitos com o tratamento ali recebido. Em tempos de vacas magras, mesmo um advogado júnior muito competente pode estar condenado a trabalhar por um período indefinido em tarefas profissionais rotineiras e maçantes.

Assistência jurídica gratuita: obrigação?

Tradicionalmente os advogados têm uma espécie de obrigação para com aqueles que não têm recursos para pagar honorários advocatícios – os pobres e os quase pobres. O fundamento para essa obrigação talvez tenha dois aspectos. Primeiro, os serviços dos profissionais jurídicos são considerados semelhantes aos serviços públicos, como o fornecimento de água ou de energia elétrica, uma vez que os profissionais jurídicos têm o monopólio do exercício profissional. Alega-se que, a esse suposto monopólio, corresponde a obrigação de prover serviços jurídicos a todos quantos necessitem. Segundo, os profissionais do direito fornecem um serviço essencial para o acesso à justiça; e uma sociedade democrática, em que todo cidadão tem direito à justiça, também deve fornecer os meios de acesso a essa justiça. O conceito moral e político subjacente é "justiça igual para todos".

Os céticos permanecem céticos acerca dessas proposições. Quanto ao "monopólio", é verdade que como grupo os advogados têm direito exclusivo de se apresentar perante os tribunais e, de modo geral, de prestar consultoria jurídica em assuntos de negócios. Porém, nenhum advogado ou sociedade de advogados tem monopólio econômico sobre os serviços jurídicos. Logo, nenhum advogado ou sociedade de advogados pode obter os lucros excessivos que normalmente decorrem de um monopólio e que poderiam financiar a prestação de serviços às pessoas que não podem pagar os honorários do mercado. Pelo contrário, a prática jurídica é exercida por organizações relativamente pequenas (mesmo os grandes escritórios são empresas economicamente pequenas em comparação com muitas empresas comerciais) que quase sempre estão em competição umas com as outras. O fato de grande parte dos advogados ter meios para sustentar uma vida relativamente confortável poderia servir de base para que uma parte do imposto de renda seja destinada à assistência jurídica e a outros serviços voltados para os pobres, mas não seria base justificável para um imposto que incida somente sobre os advogados.

Quanto ao direito de acesso à justiça, não se justifica que os advogados (e seus outros clientes) tenham de arcar sozinhos com os custos desse direito. A educação primária, por exemplo, é um direito nos regimes modernos, mas nenhum analista sério diria que os professores devem fornecer o ensino a suas próprias custas. Raciocínio análogo se aplica à assistência médica. Se a justiça para todos é uma política pública, deve haver subvenção pública correspondente para a assistência judiciária, de modo que os serviços sejam adequadamente financiados e os advogados sejam devidamente remunerados.

Na maioria dos sistemas jurídicos modernos, o Estado paga pela defesa dos réus penais que não tenham condições de pagar um defensor. Uma vez que a maioria dos réus de crime é muito pobre e os serviços advocatícios são em geral relativamente caros, a maioria dos réus na maioria dos países é defendida por advogados cuja remuneração é fornecida por subsídio público. O subsídio pode ter a forma de remuneração paga a advogados autônomos designados para defender o acusado ou de salários pagos a defensores públicos – advogados funcionários do Estado que exercem essa função. Inicialmente, todos os sistemas funcionavam com a contratação de advogados particulares. Em muitos países, ficou provado que o sistema de defensoria pública é mais eficiente, particularmente em regiões metropolitanas com altos índices de causas penais.

Nos países de *civil law*, entende-se que o fornecimento de defesa para réus penais é função do Estado, à semelhança da assistência médica e do ensino público. Nos países de *common law*, a responsabilidade de cuidar "dos menos afortunados", quer em relação à assistência de saúde, quer em relação ao ensino ou à assistência jurídica, originou-se como trabalho de caridade. Daí a expressão *legal aid* ou "ajuda jurídica".

De tempos em tempos, a prestação de assistência jurídica a réus penais se transforma numa questão polêmica do ponto de vista político. Todas as pessoas sensatas concordam que o réu penal deve ter advogado, e, para a maioria dos advogados, essa opinião é um artigo de fé de sua profissão. A maioria dos cidadãos e muitos advogados, entretanto, concordam também que o criminoso típico é responsável por sua própria situação e é moralmente menos merecedor do auxílio público que outros pleiteantes, como os pobres que precisam de escolas e assistência médica melhores. Na maioria dos países, o nível da assistência jurídica nos casos penais reflete essa opinião. O subsídio é adequado para um nível de assistência modesto mas minimamente competente. Entretanto, em alguns regimes, esse serviço na prática é *pro forma*, ou mesmo uma simples farsa.

Os profissionais do direito apoiam a subvenção pública da assistência jurídica para réus penais e defendem a obrigação de os advogados aceitarem nomeação para tratar desses casos. Todos os códigos de ética mencionam esse dever.

O código italiano declara que o advogado "deve representar um cliente quando as autoridades judiciais lhe pedem que faça isso em cumprimento das leis competentes"[27]. O Código Canadense e os estatutos da China e da Rússia impõem dever semelhante[28]. As normas da ABA dispõem que "o advogado não deverá evitar a nomeação do juiz para representar um acusado se não tiver uma boa razão para isso"[29].

Existe também a obrigação moral de prestar assistência jurídica, que definida de maneira ampla inclui a prestação gratuita de serviços a organizações "destinadas principalmente a atender as necessidades das pessoas de recursos limitados"[30]. Alguns Estados dos EUA impõem a todo advogado a obrigação de contribuir com um número determinados de horas por ano para a assistência jurídica aos pobres, ou de contribuir financeiramente para os serviços de assistência jurídica.

Ao que parece, está claro que receber assistência jurídica gratuita é um direito reconhecido universalmente para o réu penal pobre, mesmo que a qualidade do serviço em geral seja insatisfatória em razão da parcimônia do financiamento público. Nos Estados Unidos, é muito intensa a crítica política da incompetência da representação de defesa em muitos processos penais, particularmente nos casos de pena de morte. Em nossa opinião, a crítica se justifica, pelo menos no que se refere a certos estados da federação. E o nível de investimento público para a defesa em outros processos penais além dos casos de pena de morte continua muito baixo[31].

O financiamento público para assistência em processos cíveis é um assunto diferente. Uma importante questão subjacente nesse caso é a medida em que, em determinado sistema jurídico, o litígio cível é usado não apenas para corrigir casos individuais de injustiça, mas também para alcançar objetivos maiores de justiça social ou política. Na maioria dos regimes, os tribunais não foram receptivos à assistência jurídica "ativista", enquanto nos Estados Unidos a justiça social mediante litígio judicial tem sido a prática padrão há pelo menos um século. Nos sistemas em que os serviços jurídicos tradicionalmente são limitados em seu alcance e seus efeitos, a assistência jurídica cível pode ser um serviço social aceito tão pacificamente quanto os serviços públicos de saúde. Na França, por exemplo, há um sistema de *aide juridique* que fornece consultoria jurídica aos cidadãos sem recursos mediante subsídios do governo ao *barreau** local.

Nos Estados Unidos, ao contrário, os serviços jurídicos têm alcance potencial muito amplo, como nas ações movidas por classes ou categorias de cidadãos e os "*test cases*" que afetam os interesses de centenas ou milhares de pessoas. Esse potencial gerou um acirrado debate acerca da quantidade de financiamento público para a assistência jurídica em casos civis e do tipo de casos que deveriam receber assistência jurídica financiada pelo Estado. O congresso dos Estados Unidos proibiu o uso de fundos federais de assistência jurídica para financiar ações populares contrárias aos governos locais e para outras questões específicas, mas a Suprema Corte considerou a restrição inconstitucional[32]. Os conservadores do legislativo podem reagir reduzindo a verba disponível. Na Inglaterra, a ampla destinação de verbas para assistência jurídica fracassou na prática, uma vez que o uso do serviço é cada vez maior, impondo despesas pesadas demais aos cofres públicos. Em muitos sistemas europeus, existem à disposição do cidadão comum "centros de orientação", ouvidorias e serviços de mediação semelhantes, mas não assistência jurídica generalizada em casos cíveis.

Poderia haver um serviço eficiente de assistência jurídica prestado em larga escala por organizações financiadas com dinheiro público e especializadas nos problemas jurídicos dos pobres. A experiência inglesa, entretanto, dá a entender que qualquer sistema como esse seria politicamente

---

* Órgão corporativo dos advogados, equivalente à *Bar Association* dos Estados Unidos e à Ordem dos Advogados do Brasil. (N. da R. T.)

inaceitável se a assistência prestada tivesse o "devido" nível. O primeiro problema é o custo. Todos os serviços modernos de intervenção social são caros, pois exigem operadores competentes, com salários razoáveis, como é o caso da educação e da assistência médica. O segundo problema é a igualdade democrática. No aspecto político é muito difícil fornecer um serviço social para os pobres num nível consideravelmente diferente daquele que as classes médias usufruem. Em terceiro lugar, e em consequência desses fatores políticos e econômicos, se a assistência jurídica for "ativista", ela gera direitos a mais serviços sociais ainda – escolas, serviços de saúde e outros serviços "iguais" e portanto melhores (comparados aos que os pobres tinham). A prestação de serviços sociais aos pobres na maioria dos países fica bem abaixo da qualidade prometida no nível político. Desse modo, se o "acesso à justiça" demanda assistência jurídica gratuita para garantir plenos direitos jurídicos aos outros serviços (por exemplo, serviços de saúde ou educação), então a assistência jurídica exige grandes despesas públicas.

O ideal da assistência jurídica fica, assim, em difícil posição. Nas causas penais, entre elas as referentes a infrações praticadas por crianças ou adolescentes, a assistência jurídica é razoavelmente adequada, mas em matéria cível a assistência jurídica plena não é obrigação do Estado nem da ordem dos advogados. Muitos acadêmicos, contudo, continuam defendendo que a ordem dos advogados deveria agir mais, invocando o argumento do "monopólio" mencionado anteriormente. Nós nos perguntamos por que a discussão não se concentra na subvenção pública de agências especializadas em assistência jurídica. Seja como for, nossa previsão é que o ideal da assistência jurídica universal encontrará resistência política quando o "acesso à justiça" começar a afetar os níveis de serviço social convencionais ou se destacar em favor de grupos menosprezados, como imigrantes e ciganos, por exemplo.

A assistência jurídica de advogados particulares prestada a clientes pobres por dever moral – *pro bono publico* – tem efeito modesto tanto na justiça comutativa quanto na justiça distributiva. Nesse sentido, o compromisso dos profissionais do direito com a assistência jurídica é simbólico. Mas a experiência de muitos advogados que prestaram esse serviço deixou-lhes uma profunda impressão, que por si só é moralmente compensadora. Talvez ainda mais importante: essa experiência permite aos advogados perceberem nitidamente a dificuldade e o sofrimento que as pessoas comuns encontram quando tentam lidar com o sistema jurídico. Como lembra um colega nosso da América do Sul: "Tive essa experiência há muitos anos. Um ex-professor organizou um grupo de jovens advogados para oferecer defesa aos pobres em causas penais. Eu fiz parte desse grupo. A experiência dessa época jamais se perdeu".

Autorregulamentação da ordem dos advogados

Outro elemento de cidadania profissional é a participação na regulamentação da própria profissão. Esse ideal é um aspecto da virtude da independência, tratada no Capítulo 4. Ele propõe que a profissão seja totalmente autorregulamentada – os próprios advogados devem estabelecer as normas éticas de conduta, estimular a observação dessas normas, convencer uns aos outros, nas relações informais, a comportar-se de forma ética e, quando necessário, aplicar as normas com medidas disciplinares de repreensão, suspensão ou expulsão da ordem. O ideal não pode ser plenamente realizado pelos próprios advogados. A aplicação eficiente das normas éticas requer alguma participação dos tribunais e, em nossa opinião, da aceitação da ação cível por imperícia. Entretanto, em muitos sistemas jurídicos os tribunais presumem que o acompanhamento da conduta profissional é responsabilidade exclusiva da ordem dos advogados. Os juízes às vezes regem a uma violação ética que afete negativamente determinado caso, mas raramente vão além disso. Em alguns sistemas jurídicos, os tribunais não cuidam nem dessa responsabilidade, e a ordem dos advogados é igualmente inerte.

A autorregulamentação é uma convicção doutrinária para médicos, jornalistas e outros profissionais, assim como para os advogados. O clero, ou a igreja central na Igreja Católica e nos credos organizados de modo semelhante, reivindicou autonomia segundo o princípio do dever para com Deus ou, de acordo com os regimes constitucionais modernos, com base no direito de livre expressão religiosa. Os profissionais do direito reivindicam autonomia com base na igualdade com outras profissões e no dever de dar ao cliente assistência jurídica independente. Nos Estados Unidos, em geral a independência da ordem dos advogados é associada à independência do judiciário em relação ao legislativo, com base na premissa subjacente de que os juízes (por ser ex-advogados) serão relativamente complacentes com os advogados faltosos[33].

Nos países de *civil law*, o Estado reivindica autoridade geral sobre as profissões. A ideia é que a profissão jurídica exerce o autogoverno por delegação, dentro da estrutura determinada pelo Estado. Nos sistemas de *common law*, a regulamentação da profissão jurídica resulta de um acúmulo de medidas reparadoras específicas. As ordens de advogados exercem sua autoridade na medida em que conseguiram estabelecê-la com seus próprios esforços, sem prejuízo dos controles jurídicos *ad hoc* impostos pelos tribunais e por outros órgãos do governo. No contexto moderno, essas duas diferentes abordagens acabaram por se aproximar. As organizações da profissão têm, portanto, considerável autonomia, mas são sujeitas a regulamentação externa, principalmente no que se refere à formação profissional, aos estágios e à conduta perante os tribunais.

No que diz respeito à formação em direito, o currículo foi determinado principalmente pelas universidades e faculdades de direito. O currículo universitário tradicional foi reconhecido como instrução formal suficiente para os futuros advogados. O estágio e a formação técnica especial são impostos pelo Estado ou pela ordem com a sanção reguladora do Estado e são uma exigência que vem se somar ao currículo universitário. Nos Estados Unidos, onde a formação jurídica se dá em cursos especializados de pós-graduação, a ordem dos advogados, com o apoio do judiciário, impôs algumas exigências quanto ao conteúdo dessa formação; mas são exigências modestas e, em sua maior parte, compatíveis com as ideias das faculdades de direito.

Em muitos países tem havido críticas constantes à competência da formação jurídica dada nas universidades[34]. A estratégia de reforma foi evitar confronto com as universidades e, em vez disso, impor exigências mais precisas para a formação prática pós-universitária. Em nossa opinião, muitas das queixas relativas à formação jurídica têm fundamento. A educação jurídica em geral é demasiadamente teórica e longa (nos Estados Unidos, são três anos na escola de direito depois dos quatro anos de faculdade). Todavia, a tarefa de conceber um currículo "adequado" para as escolas de direito é uma tarefa cheia de dificuldades.

Uma das dificuldades é o fato de estar cada vez mais diversificada a prática jurídica, o que implica a divisão da profissão em uma série de especialidades e subespecialidades. Uma grade curricular que tratasse de todos esses ramos seria por demais extensa[35]. O conteúdo relativamente teórico do currículo universitário de direito talvez seja consequência da tentativa de abranger todo o objeto das ciências jurídicas, o que só é possível com um alto grau de abstração. Desse modo, há, por exemplo, um curso de teoria geral dos contratos, mas não há disciplinas obrigatórias sobre contratos de franquia nem de contratos de construção civil; um curso de teoria da responsabilidade civil (ilícitos), mas nenhuma matéria obrigatória sobre difamação ou sobre competição desleal. Fundamentalmente, muito do que é importante na prática jurídica sempre foi mais bem assimilado com a experiência. Por definição, esse tipo de instrução não pode ser dado no ambiente acadêmico, embora a formação "clínica" ajude muito nesse aspecto. Talvez haja pouco que mudar na educação jurídica formal, a não ser abreviar o curso e dar mais exercícios de redação e de falar em público. Além disso, os estágios talvez devam ser regulamentados com mais rigor. Têm-se procurado mudanças com esse objetivo em alguns países da Europa.

Em todo lugar, os exames da ordem dos advogados são administrados não pela própria ordem, mas pelo Estado, ainda que normalmente em cooperação com essa entidade. Em muitas jurisdições do *common law*, os exames escritos e a investigação sobre o "bom caráter" são administrados por comissões de advogados sob a supervisão dos tribunais. Nos sistemas de *civil law*, essas funções são administradas pelo Estado. A participação da ordem em programas de estágios é generalizada, mas em muitos países os programas de estágio são complementados por programas organizados de formação prática dirigidos por equipe de profissionais (ver Capítulo 2).

O terceiro elemento da gestão da profissão consiste em formular e administrar as normas de conduta profissional. Nos sistemas de *civil law*, todas as profissões, inclusive a de advogado, estão sujeitas aos regulamentos prescritos nos códigos civis. Em razão dessa estrutura, as ordens de advogados dos países de *civil law* adotaram códigos mais ou mais menos detalhados. Na França e em alguns outros países, os códigos profissionais são promulgados regionalmente. Na Itália, o *Codice Deontologico Forense* é nacional. A maior parte dos sistemas de *common law* agora tem normas de conduta profissional prescritas formalmente. Na Inglaterra, a *Law Society* é a principal responsável pela regulamentação dos *solicitors*, enquanto o *Bar Council* tem um conjunto de regulamentos análogos para os *barristers*. Nos Estados Unidos havia as formulações de "cânones de ética" das ordens de advogados estaduais iniciadas no final do século XIX, em seguida vieram os *American Bar Association Canons of Professional Ethics* [Cânones de Ética Profissional da Ordem dos Advogados Norte-Americana], em 1908, e por fim os modernos códigos norte-americanos de 1970 e de 1983.

Na maior parte, essas normas mantiveram o caráter de simples recomendações até a década de 1970[36], e essa ainda é a condição do CCBE e do Código Canadense. Com o tempo, entretanto, houve o progresso da recomendação para a norma jurídica.

As normas de conduta profissional se aplicam principalmente por processo disciplinar da ordem ou por uma agência acompanhada pela ordem. A rigor, autoridade disciplinar significa o poder de expulsar, suspender e repreender um advogado. Tradicionalmente, a autoridade disciplinar era toda interna à ordem dos advogados. Nos sistemas de *common law*, essa autoridade era exercida por uma comissão da ordem, mas nos últimos anos tem sido exercida por uma equipe dedicada unicamente a isso. Nos sistemas de *civil law*, a autoridade normalmente é exercida nas localidades pela pessoa do *batonier* ou similar. O *batonier* é um membro sênior da ordem que chegou a essa posição pelo tempo de profissão ou por eleição pelos membros da seção local da ordem. Ele é o porta-voz oficial da ordem dos advogados no trato com as autoridades civis e nas ocasiões cerimoniais, e é o *pater familiae* para os profissionais locais. Entre suas responsabilidades estão tratar das queixas de conduta imprópria dos advogados de sua jurisdição, investigar as circunstâncias e, quando cabível, adotar medidas punitivas ou corretivas.

Em todos os sistemas o processo disciplinar começa num gabinete onde se recebem as queixas, geralmente o escritório do *batonier* ou do presidente da comissão disciplinar. Quando a queixa é recebida, uma investigação preliminar verifica se não se trata de simples "implicância". Se parecer ter fundamento, o problema é submetido a uma banca examinadora (seja uma comissão permanente, seja uma constituída *ad hoc*), que revê os documentos, ouve o queixoso, interroga o advogado acusado e depois chega a uma decisão quanto à existência de culpa e, se necessário, quanto às sanções cabíveis.

Em muitos regimes, particularmente nas maiores cidades, o sistema disciplinar foi modernizado, sobretudo no que diz respeito ao emprego de pessoal profissionalizado e de procedimentos formais de investigação e decisão. Nos principais centros urbanos muitos sistemas têm, por exemplo, uma equipe de funcionários que conduz as investigações preliminares e inicia um processo quase-penal nos casos que exijam ação. Em alguns sistemas, o julgamento de acusações disciplinares ocorre numa sessão especial de tribunais comuns. Entretanto, o caso é relatado com a presença de membros da ordem na qualidade de supervisores, pelo menos. As sanções determinadas pelo processo disciplinar aplicam-se diretamente em alguns sistemas jurídicos, ao passo que em outros aplicam-se segundo um processo posterior nos tribunais, onde as determinações disciplinares receberão peso de gravidade variável.

A autoridade de impor a disciplina profissional deve ser comparada com a autoridade dos juízes de impor sanções por conduta imprópria no tribunal. É princípio geral do processo judicial o juiz poder excluir um advogado de participar de um caso se este não se comportar de forma conveniente. Os tribunais têm certa autoridade para impor exigências especiais (como, por exemplo, encurtar prazos) e, em alguns sistemas, para impor multas ou outras sanções monetárias. Os tribunais do *common law* têm autoridade para punir advogados por contumácia processual. A autoridade do Ministério Público de suscitar a aplicação das leis penais também pode ser usada para mover processo contra um advogado. O advogado é passível de ser submetido a procedimentos disciplinares, sanções judiciais por má conduta forense, ação cível por imperícia e processo penal. Um advogado que, por exemplo, aproprie-se indevidamente dos fundos de uma herança que esteja sob o controle da justiça, por exemplo, pode ser excluído do caso pelo tribunal, ser suspenso ou expulso da ordem dos advogados pela autoridade disciplinar, ser processado criminalmente pela apropriação indébita e obrigado a devolver os bens por meio de uma ação de restituição.

Na prática tradicional do direito havia outro processo disciplinar, muito menos visível e menos sistemático, mas quase sempre eficiente na prática. Numa comunidade profissional pequena e fechada, a desaprovação oficiosa pode resultar em "afastamento" ou ostracismo profissional. Como a maior parte da prática jurídica depende da interação com outros advogados, essas sanções informais podem surtir muito efeito, apesar de não serem sistemáticas e às vezes serem muito injustas. Do ponto de vista histórico, a falta de processos disciplinares oficiais contra a má conduta de advogados dá a entender que, na prática, o mecanismo informal era, de ordinário, o único sistema de sanção. Não há razão para achar que era ineficiente em comunidades urbanas pequenas. Porém, esse sistema antiquado funciona apenas se os membros da ordem puderem ser observados constantemente por seus colegas.

No contexto urbano moderno, o sistema tradicional pode funcionar apenas em grupos pequenos e unidos de profissionais especialistas. Afirma-se que os *barristers* ingleses ainda hoje são um grupo desse tipo. Como disse um comentarista:

> No pequeno mundo dos tribunais ingleses, um *barrister* flagrado distorcendo a verdade ou deixando de informar o tribunal acerca de um precedente desfavorável é desacreditado entre os colegas e os juízes [...] Também é possível que a notícia se espalhe no círculo razoavelmente pequeno dos *solicitors* de quem o *barrister* em geral retira o grosso de seu trabalho.[37]

Em muitas outras localidades atuais existem subespecialidades cujos praticantes se inter-relacionam regularmente uns com os outros – especialistas em transações imobiliárias, advogados inventariantes, especialistas em litígios e outros. Dentro desses grupos o sistema informal é um poderoso fator restritivo. A prática jurídica, porém, é cada vez mais organizada nos principais centros urbanos e nos subúrbios adjacentes, e cada vez mais se divide em subespecialidades. Essas forças sociais tornaram a prática jurídica cada vez mais "impessoal" no sentido mais literal. Isto é, o advogado típico se relaciona muito pouco com a maior parte de seus colegas de profissão e atua a certa distância física e social em relação aos clientes. No lugar da "seção local da ordem", o escritório de advocacia se transforma cada vez mais no centro do coleguismo profissional e, portanto, na influência determinante sobre a atmosfera ética.

Nesse novo contexto, porém, a ordem dos advogados continua sendo uma instituição importante. Representa a ideia de autorregulamentação da profissão jurídica. É um foro para a discussão e o debate não somente de questões técnicas de direito, mas também de questões de ética jurídica. Pode servir de ponte entre os advogados e o poder judiciário e outros órgãos do Estado que tenham relação com a conduta dos advogados. Numa extensão cada vez maior, as atividades das ordens de advogados estão-se tornando internacionais, como o trabalho do CCBE e da Associação Internacional da Ordem dos Advogados. As próprias ordens de advogados, porém, também se tornaram grandes e impessoais.

Importante também lembrar que o conceito de devido processo legal passou a ser aplicado em questões de disciplina e regulamentação profissional. Desse modo, a investigação e a disciplina são cada vez mais regidas por normas jurídicas e procedimentos e decisões quase-judiciais, não somente para advogados, mas também para médicos, contadores e agentes fiduciários. Num sistema regulador de base tão jurídica, é inadmissível condenar um advogado ao ostracismo porque ele adquiriu fama de não confiável ou mesmo de desonesto. O devido processo legal exige normas formuladas de acordo com critérios jurídicos claros, e não simples "tradições da profissão", e provas de delitos específicos, não mera suspeita. Desse modo, o que antes eram problemas de ética profissional, tratados num ambiente de fraternidade, passaram a ser problemas de cumprimento e aplicação de normas jurídicas formais, tratados como problemas de direito público. Consequentemente, a velha ideia de responsabilidade profissional tem de se modificar.

8. Honorários e outras questões de economia jurídica

Regulamentação dos honorários

O último dever do advogado – talvez seja o primeiro – é tratar o cliente de maneira justa no que se refere à cobrança de honorários. A própria ideia de honorários advocatícios contradiz outros ideais políticos. Se todas as disputas judiciais pudessem se resolver de modo justo nas mãos dos juízes, os advogados seriam dispensáveis. Se todas as transações financeiras e imobiliárias se realizassem com equidade, as condições que regem o negócio poderiam ser estipuladas por normas e não seria necessário o auxílio dos advogados para fazer uma negociação "sob medida". Se todas as atividades humanas fossem reguladas por um único regime jurídico, os advogados especializados em direito internacional privado ficariam desempregados. Entretanto, assim que uma cidadezinha se expande, o mecanismo informal das normas sociais – que poderíamos chamar de sistema "protojurídico" – deixa de ser adequado. Tornam-se necessários as leis e os advogados, e só se obtém a justiça mediante pagamento.

Os advogados quase sempre têm condições de explorar os clientes. Os clientes que participam regularmente do "mercado de serviços jurídicos", sobretudo as grandes empresas, em geral podem evitar essa exploração, mas a maior parte dos outros clientes lida com os advogados em posição de desvantagem. O cliente típico não compreende plenamente seu problema jurídico ou as várias estratégias para tratar desse problema (inclusive a possibilidade de não contratar advogado). A maioria dos clientes não sabe que serviço jurídico seria adequado para tratar do problema nem quanto esse serviço deveria custar. Quase sempre o cliente está muito aflito porque foi preso ou processado de repente. Por conseguinte, a relação entre o advogado típico e o cliente típico não se conforma à teoria do mercado, na qual um comprador e um vendedor "razoáveis" são livres para negociar ou não um com o outro. Tudo isso constitui justificativa para a regulamentação dos honorários advocatícios.

Em ambos os regimes jurídicos, *civil law* e *common law*, os honorários que os advogados podem cobrar dos clientes sempre foram regulamentados. Esses regulamentos variam de exigências muito gerais de que os honorários sejam "razoáveis" a prescrições altamente detalhadas dos valores a serem cobrados pelas diferentes tarefas. A exigência de que os honorários sejam razoáveis abrange todos os tipos de representação jurídica, inclusive consultoria e advocacia litigiosa. A própria generalidade da norma, entretanto, dá lugar para se discutir se o valor cobrado em determinado caso é razoável. Para infelicidade do cliente, nessa discussão quase sempre prevalece o argumento do advogado.

Desse modo, a ideia de uma prescrição bem detalhada de honorários é atraente, mas também tem importantes limitações. Na prática, nenhum regulamento detalhado pode dar conta de todos os tipos de serviços jurídicos. Essa dificuldade é cada vez mais grave na prática jurídica atual em razão da gama mais ampla de serviços disponíveis e da intensificação da especialização. As prescrições detalhadas de honorários normalmente tratam apenas de litígios rotineiros, e deixam que os litígios incomuns e as transações comerciais não rotineiras sejam regidas apenas pela norma geral de razoabilidade. Outra limitação de um conjunto de prescrições bem detalhado é a obsolescência. Com o passar dos anos e os efeitos da inflação monetária, qualquer tabela de controle de preços torna-se impraticável. Na prática, ignoram-se ou não se respeitam tabelas de preços obsoletas, o que resulta na nulidade do regime regulador. No que diz respeito aos honorários serem "justos e razoáveis", o comentário do Código Canadense estabelece:

Honorários justos e razoáveis dependem de fatores como:
* o tempo e o trabalho exigidos e empregados;
* a dificuldade e a importância do caso;
* se se exigem aptidões ou serviços especiais...;
* os valores cobrados normalmente por outros advogados de igual padrão...;
* a quantia envolvida ou o valor do caso;
* os resultados obtidos;
* as tarifas ou os preços autorizados pela legislação local;
* circunstâncias especiais, como perda de outros trabalhos, incerteza de remuneração e urgência.[1]

Outras jurisdições de *common law* criaram formulações semelhantes. Os "fatores" da norma canadense indicam circunstâncias que normalmente justificam aumentar o preço cobrado. Não se faz menção a fatores que poderiam reduzir o valor dos honorários, como, por exemplo, se o caso acaba sendo muito mais simples do que se esperava. Os fatores de "redução" estão apenas implícitos na norma. A norma geral nos sistemas de *civil law* é semelhante, como, por exemplo, a da Itália: "O advogado não pode solicitar ganhos evidentemente desproporcionais ao trabalho empreendido ou excessivos de alguma outra forma."[2] "Evidentemente" significa na norma italiana que apenas os honorários gravemente excessivos estão sujeitos a questionamento legal. Na prática essa é a norma de muitos países.

O código canadense, citado anteriormente, refere-se "às tarifas e escalas autorizadas pela lei local". Em todas as jurisdições, seja por lei, seja por normas estabelecidas pelos tribunais, seja pela prática consuetudinária, existem normas que especificam os valores que os advogados podem cobrar pelos diversos serviços. Para litígios, as normas se associam às normas que estipulam a quantia que o vencedor pode impor à parte vencida. No litígio inglês, por exemplo, as "custas" que se podem cobrar da parte vencida são determinadas por um representante do tribunal de acordo com o costume ou com as regras práticas estabelecidas e incluem os honorários advocatícios. A quantia assim determinada soma-se ao que o queixoso exige e transforma-se em ônus contra ele no caso de uma sentença favorável ao réu. Em quase todos os sistemas jurídicos, com exceção dos Estados Unidos, da China e do Japão, há procedimentos semelhantes. Nos Estados Unidos, contudo, se impõem limites aos honorários em tipos específicos de processos, como nos processos de cobrança de indenização por acidentes de trabalho[3].

Na maioria dos sistemas jurídicos, o total que o advogado da parte vencedora pode cobrar é diferente da obrigação da parte perdedora. Isso em geral se decide em acordo particular entre cliente e advogado. Desse modo, o litigante vitorioso num típico sistema de *common law* pode receber da parte perdedora, por exemplo, cinco mil dólares em custas processuais, mas ter de pagar a seu advogado um total de quinze mil dólares, correspondentes ao acordo de honorários entre cliente e advogado. Nos Estados Unidos, a regra sobre "custos" em litígios é que a parte vencedora tem de pagar seu próprio advogado e a parte perdedora não tem nenhum dever em relação aos honorários do advogado do vencedor.

Os honorários referentes a transações empresariais também podem ter regulamentação específica. Em alguns sistemas de *common law,* as ordens dos advogados locais publicaram tabelas de valores recomendados para os honorários referentes a serviços jurídicos comuns prestados pelos escritórios, como a documentação de venda de imóvel ou a preparação de testamento. Os valores prescritos nessas tabelas não são juridicamente obrigatórios, mas são uma declaração solene da ordem dos advogados, e o advogado que cobrar acima do valor recomendado age por sua própria conta e risco. As tabelas de valores de honorários recomendados são proibidas por lei nos Estados Unidos, onde se considera que elas fixam preços e portanto violam as leis antitruste[4]. Essa instrução judicial não leva em conta o fato de que as tabelas de honorários conferem alguma proteção aos clientes contra cobranças abusivas.

As normas que disciplinam os honorários nos sistemas de *civil law* são muito mais elaboradas e prescrevem quantias específicas ou uma escala de valores admissíveis. Pode-se ter uma noção do grau de detalhamento das tabelas de honorários do *civil law* pelo Código Italiano de Processo Civil[5]. A seção 90 desse código estabelece uma elaborada lista de etapas da ação, para cada qual se prescreve uma remuneração específica. Nas causas litigiosas, os valores autorizados correspondem a tarefas específicas do processo, como por exemplo a apresentação de uma moção ou a representação jurídica em audiência. Regulamentar os honorários com base nas etapas do processo infelizmente cria incentivos perversos para os advogados, que podem transformar o processo numa troca de documentos supérflua e multiplicar as audiências para aumentar os ganhos. A Alemanha adotou recentemente uma reforma do regulamento de honorários. A ideia principal dessa reforma é que os honorários aumentem de acordo com o progresso do caso; não é mais necessário fazer acordo inicial para cobrir toda a contratação. Além dessas normas, o *civil law* tem a regra geral superveniente de que os honorários têm de ser "razoáveis".

A "razoabilidade" dos honorários em todos os sistemas depende principalmente da tabela predominante em cada localidade para casos semelhantes. Podem-se calcular com facilidade os valores dessa tabela predominante para casos comuns, por exemplo, a preparação de um testamento ou a elaboração do contrato social de uma empresa. Entretanto, nos trabalhos altamente especializados, em particular nos casos que envolvem grandes quantias, de ordinário não há "valores predominantes". Nesses casos, o valor dos honorários será determinado por um acordo prévio entre o cliente e o advogado ou por uma negociação na conclusão da representação jurídica.

Nas transações não cobertas pelas tabelas nem por regulamentação, os honorários são uma questão de contrato entre cliente e advogado. Quando uma ação ou uma negociação implica grandes somas de dinheiro, o valor dos honorários pode ser bem alto. Os clientes envolvidos em negociações de grande escala geralmente têm bom preparo em questões financeiras e experiência no trato com advogados. Nesses casos, as disputas referentes a honorários são raras e em geral surgem em consequência de decepções profundas ou de conflitos entre cliente e advogado acerca dos resultados. Nos Estados Unidos a jurisprudência geralmente confirma os contratos de honorários que preveem grandes retornos para o advogado, desde que as condições desses contratos sejam bem claras e tenham sido negociadas por clientes empresariais auxiliados por advogados de seu próprio departamento jurídico[6].

Os clientes bem preparados, especialmente os que fazem uso frequente dos serviços de advogados, têm condições de negociar os honorários dos advogados. As companhias de seguro que seguram motoristas contra responsabilidade em acidentes de automóvel, por exemplo, precisam contratar advogados para defender seus segurados e quase sempre saem à procura das taxas mais vantajosas. O mesmo vale para outras empresas que contratam advogados frequentemente. As empresas de grande e médio porte têm a opção de criar um departamento jurídico próprio para cuidar da maior parte de seus problemas jurídicos e de contratar escritórios de advocacia autônomos somente em ocasiões especiais. Na economia globalizada moderna, o custo dos serviços jurídicos é um dos muitos fatores que influenciam onde e como as transações se realizarão. As forças competitivas exercem influência restritivas sobre os honorários advocatícios. Os empresários costumam queixar-se dos valores cobrados pelos serviços jurídicos em geral, mas raramente reclamam dos honorários cobrados por seus próprios advogados.

Os clientes inexperientes são uma questão diferente. A maioria das pessoas raramente contrata um advogado durante toda a vida e não tem experiência em lidar com esses profissionais[7]. Exceto em pequenas comunidades, relativamente pouca gente conhece pessoalmente um advogado, e um número ainda menor tem condições de avaliar a competência de um advogado ou a complexidade do problema jurídico. Quando necessita de assistência jurídica, o cidadão comum quase sempre encontra um advogado por intermédio de contatos familiares, da igreja, dos vizinhos ou de colegas de trabalho. Onde se permitem anúncios publicitários de advogados, as pessoas que procuram um desses profissionais encontram páginas e páginas de anúncios praticamente idênticos nas listas telefônicas, o que lhes dá poucos fundamentos para fazer sua escolha.

O problema dos honorários do advogado resume e representa a desvantagem que oprime a maioria dos clientes no trato com advogados. Na verdade, a sensação comum de pagar muito caro pode ser manifestação de uma angústia mais complexa por parte do cliente. Falando da relação entre advogado e cliente nos casos de divórcio, Sarat e Felstiner observam:

> A relação entre advogado e cliente [...] ocorre num espaço conhecido e vantajoso [para o advogado]. Os livros de direito nas estantes do advogado são livros que ele leu ou sabe ler; a linguagem empregada é uma linguagem em que os advogados são treinados e com a qual se sentem a vontade; os rituais realizados dão lugar especial ao advogado, mesmo sendo proibidos e indesejáveis para os não iniciados.[8]

Não há muito que uma autoridade de fora possa fazer para intervir nessas relações, a não ser indiretamente. Porém, o tabelamento dos honorários dos advogados é praticável. Em alguns países, notadamente Alemanha e França, os controles contra a exploração de clientes inexperientes são estreitos e muito eficazes. Existem na forma de tabelas rígidas de honorários, que são cuidadosamente observadas e prontamente aplicadas pelas ordens locais. Em outros países as tabelas de honorários são facilmente burladas, o controle é fraco e há uma tradição de indiferença por parte da ordem e dos tribunais.

Na falta de uma regulamentação pública eficiente, a melhor solução é estimular relações em que os potenciais clientes sejam encaminhados a profissionais confiáveis e competentes, usando como intermediários para isso as instituições com que os cidadãos têm contato frequente, como sindicatos, associações profissionais, empregadores e instituições financeiras, como bancos e seguradoras. A categoria em geral tem resistido a esses arranjos, alegando que eles impedem a livre escolha de um advogado autônomo. Tais argumentos, ainda que em geral indubitavelmente sinceros, em nossa opinião não expressam a verdadeira preocupação, que é o medo do aumento da pressão competitiva entre os advogados autônomos.

Em todo caso, existe uma dificuldade inerente à regulamentação justa dos honorários dos advogados. O preço de um serviço ou de um bem de consumo comum, como o de um par de sapatos ou o de um serviço de eletricista, pode ser avaliado objetivamente. O mesmo vale para os serviços jurídicos de rotina, como a preparação de uma típica transmissão de bem imóvel residencial ou a lavratura de um testamento familiar comum. Os honorários referentes a esses serviços jurídicos rotineiros já são restritos pela força da competição e são mais ou menos bem conhecidos de uma comunidade local. É nos casos jurídicos não rotineiros que o cliente inexperiente é menos capaz de avaliar se os honorários são razoáveis ou não. Todavia, determinar o que é um valor justo nesses casos também é objetivamente difícil para ambos os lados. Por essa razão, nas transações incomuns, os advogados normalmente cobram por hora.

A remuneração por hora passou a ser um critério generalizado, exceto nos casos de porcentagem do resultado. No entanto, mesmo a taxa horária não é totalmente confiável. Há muitas "histórias de terror" de escritórios de advogados que cobram taxas horárias flagrantemente excessivas, e em muitos escritórios é constante a pressão sobre os advogados para que registrem um número elevado de "horas cobráveis". A expectativa comum nos Estados Unidos é de até 2 500 horas por ano, o que equivale a 200 horas por mês ou 50 horas por semana. Qualquer um que acompanhe atentamente o passar das horas num dia normal de trabalho compreende a tentação de inflacionar relatórios. Os relatórios inflacionados, é claro, traduzem-se em faturas de serviços jurídicos também inflacionadas.

Em nossa opinião, a maioria dos honorários dos advogados é razoável. Com isso não queremos dizer que sejam baratos, mas, sim, que se referem ao valor de "troca" do trabalho do advogado. Esse valor é o nível de renda proporcionado por tipos alternativos de trabalho para os quais a formação em direito é útil e para os quais os advogados se transferem quando não conseguem "dar certo" na prática jurídica – serviços bancários, seguradoras, administração de empresas e administração pública. Em todo caso, muitos advogados acabam fazendo trabalho *pro bono* "involuntário", o que significa que trabalham para um cliente na expectativa de serem pagos, mas depois não conseguem receber os honorários. Os clientes comuns, por sua vez, também correm o risco de sofrer cobranças abusivas e de que seu caso seja tratado de maneira superficial quando deveria ter recebido mais atenção. Esses riscos renovam constantemente a famosa desconfiança e o medo que o público sente em relação aos advogados.

Honorários *ad exitum*

Muitos clientes que não podem pagar honorários advocatícios às vezes têm reivindicações jurídicas de valor monetário potencialmente alto mas de vitória incerta. Em alguns países esses clientes podem fazer acordo a fim de pagar honorários *ad exitum*, isto é, honorários vinculados ao bom êxito no litígio. Na tradição de praticamente todos os sistemas jurídicos, os honorários vinculados à vitória da causa eram considerados contrários à ética e em muitos sistemas ainda são proibidos. A norma ética italiana, por exemplo, afirma: "É proibido realizar qualquer acordo em que a remuneração dos serviços profissionais se vincule a porcentagem da propriedade em disputa ou ao valor da causa"[9].

Em outros sistemas, os acordos de honorários *ad exitum* não são expressamente proibidos, mas é consenso entre os advogados de alguns desses sistemas – Japão, por exemplo – que são errados. Nos Estados Unidos, porém, os acordos de honorários *ad exitum* são permitidos há muito, e mais recentemente têm sido aceitos em alguns outros países. Esse tipo de acordo é prática comum em muitos países onde são proibidos nominalmente. Quando o advogado propõe ao querelante uma porcentagem muito grande do valor em litígio, com a condição tácita de que serão cobrados honorários muito mais baixos – ou mesmo não cobrará nada – se o resultado for desfavorável, trata-se de acordo clandestino.

Os acordos de honorários *ad exitum* são comuns em ações por danos pessoais nos Estados Unidos. As normas jurídicas que regem os pedidos de reparação de danos pessoais, particularmente as leis liberais norte-americanas de indenização por danos, resultam na possibilidade de indenizações bastante altas. Essas ações são geralmente propostas por trabalhadores comuns ou chefes de família cujos recursos financeiros não permitem contratar um advogado. A possibilidade de o juiz conceder indenizações elevadas induz os acusados a se defenderem encarniçadamente, o que por sua vez requer o mesmo empenho por parte do advogado da parte proponente. Por conseguinte, essas ações são ao mesmo tempo altamente valiosas, relativamente caras e normalmente acompanhadas do risco de desfecho desfavorável. O advogado contratado por honorários *ad exitum* investe tempo e recursos na apresentação do pleito em troca de uma boa porcentagem da indenização, mas não recebe nenhuma remuneração se perder a causa. A porcentagem comum para honorários *ad exitum* é de um terço da "indenização bruta". Essa é a quantia total recebida, antes da dedução dos custos do processo, de modo que a parte recebida pelo cliente pode às vezes ser menor que a metade da indenização total. Por exemplo, para um acordo de honorários *ad exitum* de cerca de um terço numa ação por danos pessoais, os gastos podem ser de U$50.000 (com despesas como, por exemplo, depoimentos anteriores ao julgamento e declaração de peritos sobre danos médicos e econômicos). Se a sentença determinar U$150.000, o advogado tem direito a $50.000 de honorários e a U$50 mil a título de reembolso pelos gastos processuais, o que perfaz U$100.000, restando U$50.000 para o cliente. Uma variação desse tipo de acordo é aquele em que o advogado recebe uma fração do que normalmente receberia por hora, mais uma porcentagem menor da indenização conquistada. Embora a maior parte das ações com acordo de honorários *ad exitum* diga respeito a danos pessoais, alguns litígios comerciais e a maioria das ações coletivas nos Estados Unidos também são propostas com base em acordos de honorários *ad exitum*.

    Os acordos de honorários *ad exitum* em geral são considerados legítimos no Canadá e, com modificações, foram reconhecidos na Inglaterra[10]. Nos acordos de honorários *ad exitum* realizados na Inglaterra, o advogado tem direito a uma quantia específica, não a determinada porcentagem da indenização, e isto somente se vencer a causa ou obtiver um acordo positivo. Tudo indica que atualmente na Inglaterra surgiu e cresceu um comércio de ações por danos pessoais, passíveis de cessão (transferíveis) segundo o direito inglês. Esse comércio permite ao potencial requerente contratar "especialistas em danos" para mover sua ação. Esse sistema é passível de graves abusos[11]. Na Austrália, os tribunais têm reconhecido "honorários especulativos". Com isso, o advogado obtém um "aumento" de 50% ou 100% dos valores acordados caso obtenha resultado favorável, e deixa de cobrar se o resultado for desfavorável. A denominação diferenciada permite que a ordem dos advogados continue desprezando os honorários *ad exitum*. Na França, uma lei de 1991 alterou a proibição anterior dos honorários *ad exitum* para permitir que uma parte dos honorários dependa do resultado. Entretanto, essa remuneração está sujeita à determinação do juiz que der a sentença.

Nos Estados Unidos, os acordos de honorários *ad exitum* são sujeitos a normas especiais, cujas exigências são:

- O acordo de honorários *ad exitum* deve ser feito por escrito e definir explicitamente a base de cálculo para a porcentagem.
- O advogado do autor deve entregar ao cliente um relatório detalhado depois de conseguir a indenização em juízo.
- A legitimidade dos honorários está sujeita a reconsideração por parte do juiz, mediante petição do cliente[12].

As controvérsias sobre honorários *ad exitum* ocorrem em dois níveis. Nos sistemas jurídicos que os reconhecem, alega-se que os advogados em geral exploram os clientes ao realizar acordos referentes a um terço do total em casos que o risco de perder a causa é pequeno. Esse abuso às vezes é cometido contra clientes ingênuos, muitos dos quais acham que num caso de danos pessoais os honorários devem obrigatoriamente ser vinculados ao valor da indenização[13]. Em outro nível de discussão, reclama-se que o sistema de honorários *ad exitum* estimula os advogados a promoverem ações que de outro modo seriam deixadas de lado. Isso é verdade, mas também é verdade que muitas dessas causas são meritórias e não poderiam ser apresentadas em juízo senão com base num acordo de honorários *ad exitum*. Se por causa disso os casos sem mérito recebem estímulo indevido e em que medida isso ocorre, é um problema que ainda não tem solução. O que seria "indevido"?

O sistema de honorários *ad exitum* resulta em retorno altíssimo para alguns advogados, principalmente os que são capazes de exagerar as injúrias e os danos graves. O sistema também permite que se levem mais casos a julgamento e muitas vezes em ganho de causas que não seriam propostas se o queixoso tivesse de assumir o risco de pagar os honorários do advogado numa causa derrotada. Esse método é particularmente atraente nos Estados Unidos por causa das normas relativas aos custos processuais desse país. Como vimos, de acordo com essas normas o perdedor não precisa pagar as despesas do vencedor, de modo que a derrota do reclamante resulta na perda do investimento de tempo, empenho e gastos do advogado do queixoso, mas não resulta em nenhuma perda financeira para o cliente. É falso, porém, insinuar que os casos de honorários *ad exitum* são na maioria das vezes levados a juízo de modo leviano. Para apresentar uma ação vultosa e arriscada, o advogado do proponente em geral tem de fazer um investimento substancial de trabalho e muitas vezes também incorre em consideráveis despesas com o litígio. Esses advogados, portanto, são empresários especializados em negócios de risco, pois aceitam casos promissores e rejeitam casos com poucas possibilidades de vitória ou aqueles cuja indenização seria muito modesta[14].

De qualquer modo, os acordos de honorários *ad exitum* dão ao "indivíduo comum" com uma reivindicação substancial, ainda que arriscada, oportunidade de ser representado por advogados de alto nível de competência. Em tempos de democracia, quando o "acesso à justiça" é uma das preocupações mais importantes nas políticas públicas, o acordo de honorários *ad exitum* tem muitas razões para ser elogiado. Apresentar ação num litígio grave requer advogados habilidosos, cuja assistência sempre foi e continua sendo cara. O sistema de honorários *ad exitum* exige que o advogado do requerente faça uma análise crítica dos casos que vai aceitar. Desse modo, esse advogado passa a ser na verdade juiz do caso antes mesmo que a reivindicação seja levada a juízo[15]. Infelizmente, no mundo real a justiça sempre tem um preço.

Disputas acerca de honorários

Os advogados têm obrigação de se conter no que diz respeito a processar clientes para receber seus honorários. Na Inglaterra, é questão de honra o *barrister* não poder processar um "cliente leigo" por causa de seus honorários, por isso ele se volta para o "cliente profissional", o *solicitor* que o apresentou o caso. O *solicitor* pode processar o cliente leigo para receber seus honorários e os honorários que ele tem de pagar ao *barrister*. Nos países de *civil law* havia uma tradição semelhante. De acordo com essa tradição, o advogado não processaria o cliente por honorários não pagos. No entanto, no ambiente comercializado dos dias atuais, os advogados podem processar seus cliente por honorários não pagos, e às vezes o fazem, mas somente como último recurso.

Alguns clientes simplesmente não têm condições de pagar honorários que eles mesmos reconhecem que devem. Alguns apenas ignoram suas obrigações, entre elas as que têm para com seu advogado. Outros clientes se recusam a pagar os honorários por acreditarem que foram mal representados ou foram vítimas de outro tipo de abuso. A recusa do cliente em pagar os honorários pode ser respaldada numa ameaça de processo por imperícia se o advogado tentar recebê-los. Em outros tempos, era raro um advogado mover ação por falta de pagamento de honorários, e os tribunais quase sempre partiam do princípio de que a queixa do advogado era justificada. Hoje os tribunais são mais simpáticos aos clientes nas disputas por honorários. Nos Estados Unidos, as disputas por honorários e as ações por imperícia podem ser decididas pelo júri, que em geral é manifestamente avesso aos advogados. Nenhum advogado gosta da possibilidade de disputa judicial com o cliente. Em todos os países, as disputas por honorários geralmente se resolvem tão somente com a retirada da queixa pelo advogado.

Criaram-se vários procedimentos alternativos para a solução de disputas a fim de se evitarem litígios por honorários. Na maioria dos sistemas de *civil law*, o cliente insatisfeito pode apelar para que a associação da ordem dos advogados aja como mediadora. Nessa mediação, o advogado é obrigado a aceitar a recomendação do presidente da ordem ou do comitê de mediação, seja na prática, seja por força de lei. Em vários estados dos Estados Unidos se exige que o advogado submeta a disputa por honorários a uma arbitragem se o cliente exigir isso, embora o cliente tenha a opção de levar sua causa aos tribunais[16].

O processo relativo a disputa por honorários é apresentado em juízo como disputa cível comum. Porém, a exigência ética de que o advogado seja razoável na cobrança de honorários pode servir de base para um processo disciplinar contra o advogado que cobrou valores desproporcionais[17]. Infelizmente, onde a disciplina da ordem não é rigorosa, esse tipo de exploração acontece muitas vezes sem nenhuma consequência para os advogados.

A economia da justiça

Todo indivíduo sensato reconhece, com tristeza talvez, que a justiça do mundo real sempre envolve algum tipo de custo. Isso implica aceitar o fato de que justiça para todos é um ideal difícil, talvez impossível, de alcançar na prática. Porém, em muitos sistemas jurídicos os custos da justiça são altos demais. Por tradição, na Inglaterra um número relativamente pequeno de *barristers* altamente qualificados cuida da maioria dos processos judiciais, em geral em troca de honorários muito elevados. Num regime como o inglês, em que o perdedor precisa pagar os honorários do advogado do vencedor, os honorários dos *barristers*, somados aos outros custos processuais, constituem um impedimento assustador para clientes que não podem correr o risco de ter de arcar com o ônus da sucumbência[18]. A norma de distribuição dos custos nos Estados Unidos, que exime o perdedor da obrigação de pagar os honorários do advogado do adversário, evita esse impedimento. Todavia, por outras razões, o processo judicial é muito caro nesse país, principalmente nos casos que implicam grandes quantias. Nas causas norte-americanas que envolvem valores vultosos, quase sempre há um processo altamente elaborado de revisão de documentos e depoimentos de testemunhas antes do julgamento, bem como normas bastante liberais relativa à reparação de danos e amplo potencial de pedido de indenização punitiva. Combinados, esses dispositivos podem elevar a níveis altíssimos as quantias envolvidas. Os réus quase sempre pagam quantias consideráveis para solucionar por meio de acordo os casos que acreditam não ter mérito. Isso para não ter de pagar os altos custos dos procedimentos anteriores ao julgamento e evitar o risco de um veredicto muito desfavorável do júri.

Quanto à contratação dos *barristers* e à distribuição dos custos, os ingleses justificam essa prática alegando que a representação competente produz justiça de alta qualidade e que a divisão de custos compensa devidamente o vencedor. De certo ponto de vista, essas justificativas fazem sentido. Os norte-americanos, por sua vez, justificam sua fase de instrução processual antes do julgamento alegando que esse procedimento é um meio necessário para se obterem todos os fatos. Também justificam o julgamento por júri por ser este um mecanismo pelo qual cidadãos comuns participam na administração da justiça; e justificam admissibilidade da indenização punitiva por ser esta um meio de refrear a ganância das grandes empresas e a ânsia dos burocratas do governo de impor sua vontade ao público hipossuficiente. Essas explicações também fazem sentido, mas têm um preço alto.

Nos sistemas de *civil law* a justiça é menos cara, em geral. Em nossa opinião, entretanto, muitos sistemas de *civil law* não dão o devido peso à necessidade de buscar a verdade em juízo. Em muitos ordenamentos do regime de *civil law*, o juiz típico apenas reage ao que foi apresentado pelas partes, e estas em geral não têm mecanismos suficientes para se aprofundar nas questões em disputa. Muitos processos não passam de um jogo de troca de petições e documentos entremeado por audiências em que praticamente não se envida nenhum esforço para chegar ao mérito da questão. No *civil law*, o cliente pode ser levado a considerar o processo um mero exercício profissional para juízes e advogados. (Essa tendência em geral é reforçada por comentários dos próprios advogados.)

Diferentemente e com justificativas distintas, os sistemas inglês e norte-americano também dão peso indevido ao fator custo. Nos sistemas de *commom law*, a intensidade do trabalho de uma das partes quase sempre é correspondida apenas com a intensificação do trabalho da parte adversária, o que eleva as despesas para ambas as partes. No *common law*, portanto, o cliente provavelmente também há de considerar o processo um jogo profissional para os advogados, em que a influência do juiz é a menor possível.

Nenhum sistema jurídico realiza atividade judicial alguma sem custo. Supomos que qualquer sistema que tentasse fazer isso se afundaria rapidamente em processos, pois, nas sociedades modernas e impessoais, os indivíduos não se sujeitam às restrições típicas de sociedades pequenas, que impedem se apresentem reclamações contra outros. Pelo contrário, ao que tudo indica, a impessoalidade e a "alienação" característica da sociedade moderna geram um potencial ilimitado para acusações. A imposição de custos, tanto financeiros quanto psicológicos, da administração da justiça é um mecanismo de "racionamento" que refreia a demanda pelo "acesso à justiça". Muitos reformadores modernos recomendam a arbitragem e a mediação como mecanismos para redução de custos. Em sua maioria, esses procedimentos são mais dinâmicos e mais eficientes que o processo judicial e por isso, em geral, são menos caros. Contudo, a própria arbitragem também acarreta custos administrativos, quase sempre muito elevados. Além de a mediação não prover nenhum remédio contra uma parte recalcitrante.

Proporcionar justiça é propósito fundamental de qualquer sociedade decente, como reconheciam os gregos antigos e a Bíblia. Na sociedade moderna e impessoal, porém, o ideal da justiça – alegorizada pela donzela de olhos vendados segurando uma balança equilibrada – está indissociavelmente ligado à cruel realidade dos honorários dos advogados, assunto sempre desagradável e às vezes sórdido. A contradição do elo entre justiça e honorários de advogados está no centro de muitos outros debates polêmicos sobre ética jurídica.

A carreira jurídica sempre foi uma profissão competitiva e, na conjuntura atual, está ficando ainda mais competitiva. As tentativas de moderar ou mesmo eliminar a competição entre os advogados obtiveram êxito apenas parcial, e o mesmo vale para o empenho para eliminar a concorrência promovida por outros campos de atividade, como o bancário e o imobiliário, por exemplo. Os modernos advogados e escritórios de advocacia estão sendo obrigados a reorganizar seus parâmetros e técnicas de trabalho a fim de oferecer serviços melhores e mais rápidos.

A necessidade econômica de ser eficiente de forma competitiva é sobremodo preocupante para muitos advogados. Um advogado que não aceite o desafio de ser eficiente corre o risco de perder a clientela. Um advogado que aceita esse desafio automaticamente dá a entender que a representação jurídica é um bem de consumo e que a justiça pode ser comprada. A noção de que a justiça possa ser mensurada por algum padrão econômico contradiz a ideia de que ela é invendável. Essas impressões implicam enorme confusão de categorias, mas reverberam tanto no discurso popular quanto no filosófico acerca da natureza da justiça. O ideal de justiça é abraçado pela maioria dos advogados, não obstante o fato de muitos deles não ignorarem que fazer justiça inevitavelmente implica custos. Mas a ordem dos advogados usa o ideal de justiça como base para as restrições éticas destinadas a moderar a competição. Os dispositivos normativos sobre publicidade e oferecimento de serviços são bons exemplos. Como se disse num comentário às normas da Índia e da Inglaterra, o *barrister* tradicionalmente não podia:

- Usar a palavra *"barrister"* na placa de seu escritório;
- Identificar-se como *barrister* no seu cartão;
- Publicar anúncio em catálogo profissional dirigido a outros advogados;
- Identificar-se como *barrister* em artigo de jornal;
- Dar entrevista aos meios de comunicação referente a caso de que tenha participado[19].

Na maioria dos países, as normas modernas são mais liberais. Os advogados dos Estados Unidos podem anunciar em jornais, no rádio, na televisão e em listas telefônicas e podem pôr placa no escritório. Os anúncios devem ser fiéis à verdade, e não é permitido abordar vítimas de acidentes e seus familiares no período imediatamente posterior ao acidente[20]. Não há dúvida de que a publicidade dos advogados aumenta consideravelmente a consciência pública das ações judiciais e da possibilidade de contratar um advogado. A divulgação pública também aumenta as oportunidades dos advogados de serem contactados por potenciais clientes, pois se assim não fosse não continuariam gastando dinheiro com anúncios. Todavia, a publicidade disseminada e onipresente de advogados sem dúvida reforça junto ao público a impressão de que eles correm atrás da clientela, e nem sempre com discrição e elegância.

A busca ativa de clientes é chamada de "oferecimento de serviços" e sempre foi absolutamente proibida. A justificativa da proibição é que ela inibe processos "frívolos" – isto é, ações judiciais por parte de pessoas que de outro modo não teriam motivo para abrir processo. Na verdade, há exemplos de processos judiciais instigados por advogados. Por outro lado, os clientes potenciais que podem ser persuadidos por um advogado a processar alguém em geral são os pobres, os marginalizados e os semialfabetizados. A proibição do oferecimento de serviços não é obstáculo para uma clientela mais sofisticada e bem relacionada, pois em geral ela tem capacidade de encontrar um advogado quando precisa. A proibição é, portanto, um obstáculo para o "acesso" mais amplo "à justiça" numa sociedade grande e impessoal.

Nos Estados Unidos, a proibição do oferecimento de serviços foi usada contra o movimento pelos direitos civis, particularmente contra o empenho das organizações ativistas para incentivar os negros a propor ações que questionassem as práticas de discriminação racial. Contrariamente a essa restrição, alegou-se que o princípio de acesso à justiça permitia que os advogados abordassem potenciais clientes cujos direitos civis tivessem sido violados. Na decisão *In re Primus*, a Suprema Corte dos Estados Unidos chegou a um meio-termo incômodo e talvez incompreensível, declarando que a abordagem de potenciais clientes para o oferecimento de serviços jurídicos é protegida pela constituição desde que não seja para "vantagem pecuniária" do advogado, mas de outra forma poderia ser legitimamente proibida[21]. O oferecimento de serviços nos casos de direitos civis continua sendo permitido dessa forma.

Alguns grupos de advogados, contudo, reconhecem que é difícil justificar as restrições ao oferecimento ostensivo de serviços jurídicos numa sociedade de massas, em que as pessoas em geral nem sequer conhecem seus vizinhos. O código canadense reconhece:

> Numa comunidade relativamente pequena [...] [um cliente potencial] quase sempre tem meios de [...] escolher um bom advogado de sua confiança. Nos grandes centros, entretanto [...] e à medida que a prática individual de cada advogado se torna cada vez mais [especializada] [...] uma pessoa de fora da comunidade pode ter dificuldade de encontrar um advogado [competente] para sua causa [...][22]

O preço dos serviços de advogado estimula a criação de alternativas – isto é, serviços que produzem resultados semelhantes, mas por um preço mais baixo. Esses serviços têm diferentes nomes, como "assessoria de cobrança" e "assessoria para divórcio". Entretanto, toma-se todo o cuidado para evitar a expressão "serviços jurídicos", que acarretaria reação hostil por parte da ordem dos advogados.

Em muitos países, a prática jurídica só pode ser exercida por membros da ordem dos advogados. Em alguns, como a Suécia, qualquer um pode aconselhar e dar assistência em assuntos jurídicas, mas somente os advogados que pertencem à ordem podem se denominar advogados[23].

Nos países em que somente os advogados podem dar conselhos jurídicos, é necessário esclarecer o significado de "prática jurídica". É difícil, até impossível, encontrar uma definição satisfatória.

A função de advogado constituído para representar um cliente perante um juiz ou tribunal de justiça é sem dúvida prática jurídica; é uma atividade pública prontamente identificável. A representação em outros tipos de tribunais, contudo, não é prática jurídica tão evidente. Na maioria dos regimes, indivíduos que não são advogados podem atuar como representantes em alguns tipos de processo, como arbitragens trabalhistas, por exemplo. Fora a representação nos processos judiciais, a definição de prática jurídica é cada vez mais vaga. Muitos dos serviços prestados por advogados dificilmente podem receber a definição unívoca de serviços "jurídicos". É o caso, por exemplo, do planejamento imobiliário, da assistência em questões tributárias e do aconselhamento a empresas acerca de como cumprir as exigências do governo.

A dificuldade de definição é complexa na atual conjuntura, uma vez que aumentaram a abrangência e a profundidade das normas jurídicas. Por exemplo, a maioria dos países modernos elaboraram legislação que disciplina as relações de trabalho. Mas a pessoa que acompanha o cumprimento dessas leis para o empregador está prestando um serviço "jurídico"? Atualmente, muitos países impõem restrições bem elaboradas para a preservação do meio ambiente; o funcionário que supervisiona o cumprimento dessas restrições está exercendo "prática jurídica"? E o funcionário que monitora o cumprimento de normas de segurança? E as leis de proteção ao consumidor? De modo geral, a maioria dos profissionais de médio e alto escalão de qualquer administração, seja pública, seja privada, precisa ter bons conhecimentos de algum ramo do direito para cumprir sua função e tomar diariamente decisões que implicam a análise de normas jurídicas. Não é possível que todas essas atividades sejam prática jurídica.

Essa questão tem-se mostrado particularmente incômoda nos Estados Unidos[24]. No início do século XX, as ordens lograram êxito em fazer aprovar uma legislação que proibia a "prática jurídica não autorizada". Esse conceito era claro quanto à representação nos processos judiciais, mas vago no que diz respeito a muitas outras atividades. Uma definição comumente empregada na legislação era: "atividade que exige conhecimento e qualificação de advogado", mas essa definição é tautológica. Desse modo, nos Estados Unidos a linha que separa o trabalho dos advogados do de outros profissionais tem sido definida localmente por negociações tácitas em que a fronteira avança ora para um lado, ora para outro. Contudo, esse arranjo é instável em face das rápidas mudanças nas normas e nas responsabilidades assumidas por funcionários de empresas que não são advogados. A ABA, em 2002, tentou formular uma nova definição, mas desistiu[25].

As proibições contra a "prática jurídica não autorizada" têm servido de alvo para os críticos sociais. Com base nessas proibições e na retórica de autojustificação dos profissionais do direito, os críticos inferem que a ordem dos advogados é detentora de um monopólio e que os advogados bem-sucedidos são monopolistas. Os analistas céticos concluem que as restrições à competição em geral não deram resultado.

Polêmicas recentes sobre regulamentação: Prática multidisciplinar (MDP) e Prática multijurisdicional (MJP)

Prática multidisciplinar (abreviada em inglês por MDP) é a daquelas empresas prestadoras de serviços que empregam tanto advogados quanto outros profissionais, como contadores e consultores financeiros (nas empresas voltadas para transações financeiras e processos) ou assistentes sociais (nas empresas voltadas para a prática judicial ligada ao divórcio e ao direito do menor). Durante anos nos Estados Unidos, alguns escritórios de advocacia empregaram profissionais dessas e de outras áreas, como enfermeiras e médicos (nas empresas que se ocupam de ações de indenização por danos físicos contra a pessoa), especialistas em meio ambiente (para cumprimento da legislação ambiental e processos) e consultores de relações públicas e "políticas públicas".

De acordo com as normas de ética dos advogados norte-americanos, esses profissionais podem ser empregados por sociedades avocatícias, mas não podem ser sócios[26] delas. Ao mesmo tempo, os grandes escritórios de auditoria e contabilidade, como a PriceWaterhouseCoopers e a Ernst & Young, há anos têm empregado advogados para dar assistência em problemas que envolvem a legislação tributária. Os advogados empregados nas empresas de auditoria chamam-se "consultores de tributos" e não "advogados", denominação criada para contornar a lei de que a empresa de auditoria e contabilidade não pode prestar "serviços jurídicos". Não há diferença de função entre o que fazem esses advogados e os advogados tributaristas que trabalham para escritórios de direito, mas a diferença nominal é grande. Uma vez que os profissionais que trabalham nas empresas de contabilidade não se denominem advogados, essas empresas não estão exercendo a prática jurídica.

A situação poderia ter continuado assim indefinidamente. No entanto, nos anos 1970 os grandes escritórios de contabilidade ampliaram a abrangência de suas atividades, de modo que agora abarcam consultoria de empresas e consultoria financeira, deixando portanto de se diferenciar pela prática exclusiva da contabilidade. Nos anos 1990, na Europa e em outras partes do mundo, esses escritórios tornaram-se mais vigorosos, fundindo-se com outros escritórios de prestação de serviços, entre os quais escritórios de advocacia. Essas fusões são permitidas na maioria dos sistemas de *civil law*.

Os profissionais do direito tradicionalistas consideraram essas mudanças competitivas uma ameaça à economia e à integridade da profissão jurídica. Elas ocorreram no auge de uma onda de fusões entre escritórios de advocacia, de mudanças "laterais" de advogados (de um escritório para outro) e de escritórios de direito abrindo filiais em outras partes do país e do mundo. As ordens de advogados de vários países tiveram de enfrentar um problema: acaso as MDPs que incluíam advogados eram compatíveis com as responsabilidades éticas desses profissionais?[27]

Nos Estados Unidos, a categoria em geral tem sido contrária à prática multidisciplinar[28]. Ao contrário, a Comissão Australiana de Concorrência e Defesa do Consumidor concluiu no Final Report on the Study of the Legal Profession, de 1994, que:

> Em todas as jurisdições, as normas que impedem os advogados de compartilhar os lucros dos serviços jurídicos com profissionais não advogados [...] devem ser revistas a fim de permitir a formação de MDPs [...] sem prejuízo da adoção de normas éticas e profissionais adequadas que visem à proteção dos interesses dos clientes e do sistema de justiça.

Sabemos, entretanto, que praticamente nenhuma MDP foi de fato constituída na Austrália. Talvez a explicação seja que as pessoas que pretendem contratar um advogado queiram somente um profissional autoconfiante, e não a ajuda de um "serviço completo".

A polêmica, portanto, talvez seja mero "som e fúria, sem significado algum". A não ser na Europa, e lá apenas em torno da questão de os escritórios de advocacia poderem ou não se associar a escritórios de contabilidade. Nos Estados Unidos, podem ser constituídas associações que atendem às necessidades dos clientes pelo que hoje se conhece como "alianças estratégicas" entre escritórios de direito e outras empresas prestadoras de serviços. Aliança estratégica é um acordo contratual entre duas empresas de prestação de serviços, como, por exemplo, um escritório de advocacia e um de contabilidade. Por esse contrato, as duas empresas concordam em cooperar constantemente como duas organizações distintas e encaminhar clientes uma à outra. Nesse meio-tempo, os escritórios jurídicos podem continuar empregando profissionais de outras áreas, desde que não sejam sócios da empresa, e os outros escritórios podem continuar empregando advogados, desde que não se chamem de advogados. Esperamos que as mudanças futuras na configuração do exercício profissional se orientem pelas forças competitiva e tecnológica, e não pelos anseios dos escritórios de contabilidade nem pelos temores e desejos dos profissionais do direito.

Há, porém, um ponto importante que ficou obscuro nos debates acerca da profissão. É a mudança fundamental na estrutura e, portanto, no caráter da prática jurídica que ocorreu ao longo de todo o século passado. A essência da mudança, à qual nos referimos em vários pontos, é a burocratização dos serviços jurídicos. Nos dias de hoje, um grande número de advogados é empregado em escritórios de advocacia, em geral em escritórios grandes, ou nos departamentos jurídicos de grandes empresas ou órgãos governamentais. A maior parte dos serviços jurídicos hoje se faz em equipes comandadas por um supervisor que divide as tarefas de modo organizado. A clientela dos advogados modernos é cada vez mais constituída de empresas e outros tipos de organizações, de modo que as pessoas com que muitos advogados lidam são membros de burocracias privadas ou governamentais. Os advogados de hoje trabalham cada vez menos como profissionais autônomos e independentes e cada vez mais em interação com profissionais dos ramos mais diversos, sejam esses profissionais membros do mesmo escritório de advocacia, funcionários de outros departamentos da mesma empresa ou empregados de escritórios e empresas associadas. Essas mudanças começaram a acontecer há mais de um século e agora estão consolidadas na prática profissional. Desse modo, ficamos pensando se faria realmente muita diferença se os advogados passassem a trabalhar com outros profissionais em novas formas de organização institucional, tais como as MDPs.

MJP é a abreviação em inglês de prática multijurisdicional. A questão que se levanta é em que medida um advogado licenciado para exercer atividades profissionais numa jurisdição pode exercê-las em outra jurisdição ou atuar em questões jurídicas que ocorrem em outra jurisdição.

Nos países da Europa, tradicionalmente os advogados que ingressavam na profissão e se licenciavam num país não podiam exercê-la em nenhum outro. (Na verdade, em alguns países o ingresso na profissão era ainda mais restrito; o advogado só podia exercer a profissão na cidade ou na província abrangida pela ordem em que foi admitido.) Nos Estados Unidos, a admissão à categoria profissional é de âmbito estadual, não federal. Logo, a admissão num estado não dá ao advogado o direito de exercer regularmente a profissão em outro estado. Ao mesmo tempo, os Estados Unidos são muitíssimo integrados econômica e socialmente, e os países europeus avançam rápido rumo à integração. Isso faz com que muitas negociações atravessem as fronteiras jurisdicionais. As necessidades de assistência jurídica passam a ser "transfronteiriças". Consequentemente, podem surgir problemas, por exemplo, quando se requer no Brasil a assistência de um advogado autorizado para atuar na França, ou quando um advogado licenciado em Nova York tem um cliente que se muda para Nova Jersey ou para a Califórnia e aí precisa de assistência jurídica.

Pode-se ter a impressão de que seria mais complicado resolver esse problema no contexto internacional da Europa que nos Estados Unidos. Por um capricho da história, porém, o problema da prática multijurisdicional é tratado hoje de modo muito mais provinciano nos Estados Unidos que na União Europeia. Na atual União Europeia, o advogado que ingressa no exercício profissional num país da UE só precisa cumprir algumas condições razoavelmente simples para exercer a profissão em qualquer outro país-membro da união. Esse conceito de reciprocidade foi criado pela combinação de uma decisão judicial do Tribunal Europeu de Justiça em 1975, interpretando o Tratado da União Europeia, e uma orientação do Conselho (Diretriz sobre Serviços Jurídicos), adotadas em 1977. Em geral, a diretriz autoriza o advogado de um país da UE a exercer a profissão em qualquer outro país-membro desde que utilize título de seu país de origem (por exemplo, *avocat*), observe as exigências éticas do país que o recebe, contrate o seguro contra imperícia exigido por esse país, restrinja sua prática a uma atividade eventual e não se estabeleça nesse país. Quando há um litígio, o advogado estrangeiro pode ser solicitado a se associar a um advogado local, mas o advogado local não precisa ter precedência na apresentação do caso em juízo. (É claro que a maioria dos advogados prefere entregar a responsabilidade principal do processo no juízo estrangeiro ao advogado local, exceto em questões muito simples e rotineiras.)[29]

Nos Estados Unidos, a situação é liberal do ponto de vista funcional, mas restritiva do ponto de vista legal. Há uma considerável diferença entre participar de um processo e prestar serviços jurídicos em negociações. Nos processos, a regra é que um advogado de fora do estado tem de obter permissão do tribunal do estado "estrangeiro" para poder apresentar-se em juízo. Esse procedimento chama-se admissão *pro hac vice*[30]. Em geral o advogado de fora atua como advogado principal, e o advogado local, em "segundo lugar" ou realizará apenas funções formais. No que diz respeito à prática em negócios empresariais, aceita-se que, de acordo com a noção de "prática jurídica não autorizada", o advogado de fora do estado não pode "abrir escritório" num estado a cuja ordem dos advogados não pertence, ainda que alguns tenham tentado fazer isso[31]. Além disso, a lei não é clara e se aplica raramente. Muitos advogados de alto nível pura e simplesmente rodavam o país sempre que alguma negociação o exigia. Advogados sediados em Nova York e Chicago, por exemplo, encontravam-se e faziam negociações em qualquer parte dos Estados Unidos. Do mesmo modo, os membros dos departamentos jurídicos das empresas (advogados funcionários de empresas) vão para onde a empresa lhes determina, considerando sua admissão original à ordem dos advogados de um estado como autorização suficiente para exercer a profissão em nome de seus empregadores em outros estados. Os advogados dos órgãos do governo federal agem do mesmo modo.

Todavia, uma decisão da Suprema Corte da Califórnia no caso *Birbrower, Montalbano, Condo & Frank, P. C.* vs. *Superior Court* resultou numa interferência abrupta nesse critério[32]. Nesse caso, um escritório de direito de Nova York prestou serviços jurídicos a um cliente de Nova York numa questão que envolvia uma empresa da Califórnia, depois assumiu uma arbitragem na Califórnia numa disputa surgida em decorrência da negociação. O cliente processou o escritório jurídico por imperícia, e o escritório reclamava os honorários que não haviam sido pagos. A demanda do escritório foi denegada pelo tribunal com base no fato de que seus advogados, não tendo licença da ordem dos advogados da Califórnia, haviam incorrido em exercício profissional não autorizado naquele Estado. A decisão causou espécie, tanto porque a Suprema Corte da Califórnia é altamente respeitada quanto porque o advogado estava tão somente fazendo o que outros milhares de advogados faziam havia décadas.

Desde o caso *Birbrower*, a tarefa nos Estados Unidos tem sido definir e abrandar os efeitos dessa decisão. O *Restatement of the Law Governing Lawyers*, Seção 3, propõe uma definição bastante liberal da prática interestadual admissível:

O advogado atualmente licenciado para o exercício profissional numa jurisdição pode prestar serviços jurídicos a um cliente [...] perante um tribunal [...] obedecendo às exigências de licença [...] temporária para atuar perante esse tribunal [...] em local dentro de uma jurisdição em que não tem licença para atuar, na medida em que suas atividades tenham a ver com sua prática [em sua própria jurisdição] ou de outro modo sejam razoavelmente relacionadas com sua prática jurídica.

No Comentário *e* à seção 3, o *Restatement* observa que "há muito que argumentar em defesa de uma norma que permita ao advogado exercer a prática profissional em qualquer estado da federação, exceto em questões litigiosas e para estabelecer banca permanente em outro estado", mas o próprio *Restatement* reconhece que os precedentes não vão assim tão longe. O *Restatement* também lembra que "os estados têm permitido a atuação de departamentos jurídicos de empresas ou organizações semelhantes em sua jurisdição, mesmo que seus advogados não tenham licença da ordem local [...] quando todo o trabalho do advogado seja para o cliente-empregador [...] e não implique atuação em juízo". Essa última observação reflete com precisão a atitude atual.

A American Bar Association (ABA) agora adotou uma recomendação para que se modifiquem as normas que regem a prática multijurisdicional. As normas recomendadas não são tão liberais quanto as que atualmente estão em vigor na União Europeia, e é pouco provável que se adotem liberdades maiores em boa parte dos estados. Isso é paradoxal, porque a base funcional da prática profissional atual é a especialização em tipos de serviços jurídicos (contencioso comercial, processos por dano à pessoa, direito dos seguros, direito do trabalho, direito tributário), não a localidade de admissão à ordem (em Nova York ou na Califórnia ou em qualquer outro lugar). Mas a prática jurídica sempre foi regulamentada regionalmente, e o bairrismo profissional continua forte[33].

9. Reflexões finais

O "novo modelo" de advogado

Existem "a" profissão jurídica e uma variedade de profissões jurídicas. "A" profissão jurídica inclui juízes e advogados em todos os sistemas jurídicos modernos – juízes de instâncias superiores e juízes de juízo ordinário; juízes dos tribunais de jurisdição geral e juízes de tribunais especializados, como os de direito comercial, do direito do trabalho e os que presidem o *droit administratif*. A profissão engloba *barristers*, advogados, *solicitors* e notários; "profissionais generalistas" e especialistas; advogados de destaque de grandes escritórios de advocacia internacionais e advogados de pequenos escritórios de vilarejos e cidades pequenas.

Todo juiz tem a responsabilidade de prolatar sentenças imparciais, e todo advogado tem a responsabilidade de prestar assistência profissional correta a seus clientes, mas há diferenças relevantes nas relações entre juiz e advogado nos vários sistemas jurídicos. No sistema de confrontação das partes do *common law* (mais bem definido como sistema de "apresentação das partes") os advogados têm forte função positiva, enquanto nos sistemas de *civil law* a função do juiz é predominante. Nos sistemas de *common law*, os advogados das partes têm de tomar a iniciativa e se inter-relacionar uns com os outros não apenas no julgamento, mas também nas etapas preparatórias. Nos sistemas de *civil law*, em geral os advogados das partes são distantes um do outro, ao passo que no sistema de confrontação das partes, paradoxalmente, são relativamente mais cooperativos entre si. Em alguns sistemas de *civil law*, notadamente os da Alemanha e do Japão (ainda que com algumas diferenças), o processo é fortemente instruído pelo juiz. Na Itália, ao contrário, se algum juiz tentasse exercer a autoridade que formalmente lhe pertence, encontraria resistência e hostilidade dos advogados.

Os traços das duas principais "famílias" – o *common law* e o *civil law* – e de determinados sistemas perpetuam-se em diferentes instituições e tradições: entre estas, o sistema educacional, que inclui a formação em direito; os sistemas de exame da ordem e de estágios; as etapas típicas da carreira; a estrutura e a função das ordens de advogados; e a base geográfica do exercício regular da profissão. As diferentes instituições também têm outros elementos, como, por exemplo, a localização e a decoração dos escritórios; os tipos e funções do pessoal de apoio; os padrões de interação social (ou ausência deles) entre juízes e advogados; e o *status* dos advogados na comunidade. Uma influência considerável é o modo com que a literatura, o teatro, o cinema e a televisão retratam os advogados, veículos em que a imagem do advogado serve de modelo para os novos profissionais.

Até o final da Segunda Guerra Mundial e no subsequente período de reconstrução pós-guerra, havia semelhanças consideráveis entre os advogados do Ocidente. Com exceção dos que trabalhavam nos poucos grandes escritórios dos Estados Unidos, a maioria dos advogados eram autônomos ou atuavam em pequenas sociedades, exerciam a prática geral e concentravam o trabalho numa única região. Nas cidades de origem, muitos advogados eram pessoas públicas com certo destaque; documentavam negociações importantes, resolviam disputas locais (às vezes pela via judicial) e prestavam serviços advocatícios e orientação jurídica para os ricos, os funcionários do governo e para executivos e empresários. Conquistavam essa posição social graças à formação de nível superior; a suas relações com o poder judiciário; ao conhecimento profundo que tinham da comunidade local; à solidariedade profissional; além dos mistérios do próprio direito. Para muitos, a vida econômica não era muito importante, mas para a maioria o trabalho era estimulante, os rendimentos, suficientes, e o *status*, em geral, elevado.

No século XIX, Tocqueville, analisando a democracia no trabalho, descobriu que a categoria profissional dos advogados era uma "aristocracia":

> O conhecimento diferenciado que os advogados adquirem estudando o direito garante-lhes uma posição diferenciada na sociedade; eles constituem uma classe privilegiada entre as pessoas bem-informadas [...]
>
> Desse modo, podem-se encontrar escondidos no fundo da alma dos advogados uma parte dos gostos e dos hábitos da aristocracia. Eles têm o apreço inato para a ordem e o amor natural pelas formas, característicos da aristocracia [...] Secretamente, escarnecem do governo do povo.[1]

Um século depois, essa descrição ainda era muito precisa para a maior parte da categoria profissional do mundo industrializado.

Naturalmente havia diferenças entre um país e outro. Algumas apenas de "imagem" – as perucas dos *barristers* na Inglaterra, as togas dos juízes e advogados do continente europeu e ternos azul marinho para os advogados onde as tradições eram menos formais. Outras diferenças eram mais fundamentais. A formação jurídica na tradição do continente europeu era muito teórica e visava principalmente aos estudantes da classe média alta, que não eram obrigados a ser sérios no trabalho acadêmico. Nos países latinos da Europa e da América, os professores trabalhavam em regime de meio-período, dedicando a maior parte de seu tempo ao exercício da advocacia, o que lhes ocupava um compartimento completamente diferente da mente. Na tradição europeia, a familiarização com a prática profissional era posterior à formação em direito e concentrava-se na profissão em si. A divisão entre formação em direito e prática jurídica em parte era consequência do fato de que a maioria dos bacharéis em direito seguiam carreiras desligadas da advocacia, de modo que a formação em direito não era sinal inequívoco de ingresso na profissão jurídica. O ingresso posterior na carreira profissional baseava-se principalmente nas relações familiares, não nas realizações acadêmicas. Depois que um neófito ingressava na profissão, o empedernido sistema de avanço profissional por idade adiava o amadurecimento técnico e profissional. Muitos novos advogados permaneciam "principiantes" bem depois dos quarenta anos de idade e só adquiriam a competência necessária quando o advogado mais velho para quem trabalhavam morria ou se aposentava. Em muitos países da Europa ainda persiste o sistema hierárquico baseado em critérios etários e familiares.

Desde a década de 1950, entretanto, tem havido uma evolução constante em todos os regimes. As trilhas da carreira profissional estão ficando mais abertas, baseiam-se no mérito e na competitividade. A posição social e as relações familiares ainda contam e, em muito regimes, contam muito. Atualmente, porém, em muitos países o sistema de avaliação das universidades é capaz de identificar as diferenças de desempenho dos alunos e com isso criar um critério de mérito para atribuição de emprego. Em razão da competição profissional cada vez maior, os supervisores dão mais peso à competência técnica na avaliação e promoção de seus profissionais juniores. As oportunidades de ingresso na profissão para as mulheres, os integrantes de minorias raciais e pessoas de origem menos privilegiada hoje são melhores que antes, levando em conta que em muitos países anteriormente essas pessoas não tinham chance nenhuma.

Paralelamente a essa evolução, houve mudanças na formação em direito, sobretudo nos Estados Unidos e no Canadá. Até cinquenta anos atrás, a formação jurídica era relativamente formalista mesmo nesses países. Comunicava-se uma dose de realismo com o método casuístico e a natureza marcadamente profissionalizante das escolas de direito. Todavia, até praticamente duas gerações atrás, a formação jurídica norte-americana era bem distante da prática. Hoje, a formação jurídica nos Estados Unidos e no Canadá está bastante envolvida com a realidade prática, se bem que de um ponto de vista intelectualmente sofisticado. As escolas de direito da Austrália, do Canadá e dos Estados Unidos competem entre si para dar uma formação impessoal e eficiente. Consequentemente, a formação jurídica, ainda que mantenha uma postura crítica em relação à ordem dos advogados, tornou-se marcadamente mais *profissionalizante*, sobretudo se comparada com o modelo europeu.

Ao que parece, trata-se de um paradoxo. As escolas de direito estadunidenses, e quiçá também as canadenses, são muito criticadas por juízes e advogados por não conseguir formar pessoas "capazes de exercer a profissão". Entretanto, quando comparadas com o modelo europeu de formação jurídica – ainda muito semelhante ao de meio século atrás –, as escolas norte-americanas são centros de socialização e preparação profissionais. A verdade talvez seja que de fato as escolas de direito norte-americanas hoje sejam mais "profissionalizantes" que no passado, mas as expectativas dos profissionais já estabelecidos aumentaram ainda mais.

Outro fato novo foi a evolução dos escritórios de advocacia, particularmente o surgimento dos grandes escritórios jurídicos metropolitanos. Já falamos sobre as características desse tipo de associação profissional no capítulo 2.

Uma terceira novidade é a predominância da prática de negociações e não de processos. A prática de negociações inclui milhares de tipos de contratos – entre eles os de compra e venda, as fusões e aquisições de empresas, as licenças e franquias, e as hipotecas e as escrituras. A arbitragem pode ser considerada um aspecto da prática de negociações, mais do que uma variação dos processos litigiosos. O fundamento jurídico da arbitragem é o contrato – uma negociação –, e a arbitragem típica é um acontecimento privado, não público. A maioria dos sistemas jurídicos modernos instituiu a arbitragem com o mesmo *status* do processo civil comum como meio autorizado para solução de disputas.

É nesse ambiente que o "novo modelo" de advogado exerce uma profissão com raízes antigas. A profissão jurídica de modo geral tem permanecido insensível às críticas relativas a sua ética. Na Europa, as críticas provêm principalmente de dentro da categoria; são pouquíssimas as que se originam nas faculdades de direito ou de críticos sociais de fora da profissão. As críticas são vagas e carecem tanto de especificidade quanto de construtividade. Pode-se dizer que o discurso crítico acerca da profissão jurídica na Europa está "perdido"[2].

Já nos Estados Unidos, a ética da profissão jurídica tem sofrido ataques quase constantes desde os anos 1960, principalmente da parte da academia e dos advogados de orientação política mais à esquerda. As críticas se fixam na ética profissional, afastando portanto o tema da ética jurídica de qualquer comparação com a ética empresarial, a ética política e os padrões normativos que regram a vida cotidiana. Os argumentos, contudo, quase sempre são lançados com a pretensão de análise ética universal, citando Aristóteles, Kant e os filósofos morais modernos.

Em essência, essas críticas afirmam que os advogados agem de acordo com as normas éticas amorais do sistema de confrontação, e não de acordo com as normas éticas reconhecidas pelo resto da sociedade. Essas críticas tiveram pouquíssima penetração no conteúdo das normas de ética profissional nos Estados Unidos e em qualquer outro país de *common law*. As "virtudes fundamentais" que enumeramos são formuladas hoje, em todos os países de *common law*, em grande parte com os mesmos termos em que eram formuladas pelas gerações passadas[3]. O Código de Responsabilidade Profissional da ABA, de 1970, e suas Normas de Conduta Profissional de 1983, revisadas em 2002, refletem esse padrões, bem como o *Restatement of the Law Governing Lawyers*, do American Law Institute.

Como vimos, a ordem dos advogados do Canadá adotou um código de ética bem semelhante ao dos Estados Unidos, com a diferença de que o código canadense dá mais ênfase à base tradicional das normas e é um pouco menos carregado de detalhes técnicos. A Bar Society e a Law Society da Inglaterra continuam baseando-se mais na tradição que em codificações. A formação da União Europeia obrigou os profissionais do direito do continente a adotar formalidade maior na expressão da ética profissional, como fica claro no CCBE. A tarefa de escrever o CCBE revelou diferenças entre os países europeus e estimulou os países a formularem códigos locais. Mesmo com essas variações podem-se reconhecer em todos os países as mesmas virtudes profissionais fundamentais – lealdade, sigilo, competência e independência.

Não foi apenas a ordem dos advogados que resistiu às críticas: os poderes legislativo e judiciário também não se impressionaram muito com elas. A ineficácia da crítica em parte se atribui ao fato de a maioria dos críticos não ter feito propostas específicas que poderiam receber amplo apoio. Alguns críticos, por exemplo, propuseram que as empresas, diferentemente dos indivíduos, não deveriam ter o direito à relação privilegiada de sigilo entre advogado e cliente. Todavia, as consequências práticas dessa sugestão nunca foram devidamente estudadas. Se fosse negado o direito ao sigilo às empresas, provavelmente elas pagariam por assistência jurídica individual para seus altos executivos e outros funcionários expostos a riscos jurídicos. O resultado seria mais complicação e mais despesas, mas não a cessação da consultoria jurídica às empresas, nem necessariamente o aumento da "responsabilidade empresarial". Outros críticos norte-americanos afirmaram que os advogados deviam ter a obrigação legal de prestar assistência jurídica gratuita aos pobres. Essa crítica também não leva em conta as consequências práticas de sua aplicação, particularmente o fato de os pobres terem muitas vezes problemas jurídicos que exigem um conhecimento especializado que a maioria dos advogados não tem. A maioria dos "advogados de escritório" não pode se transformar em "advogados das ruas".

A crítica que se ouve com mais frequência é que o advogado deve revelar fatos desfavoráveis ao cliente, mesmo quando a conduta do cliente seja legítima, quando essas revelações são necessárias para fazer "justiça". Também nesse caso há um abismo entre a crítica e o "mundo real". Em primeiro lugar, os advogados norte-americanos já são obrigados em diversas circunstâncias a revelar segredos potencialmente prejudiciais ao cliente. Essas exigências legais obrigam os advogados empresariais a acompanhar o cumprimento da lei por parte do cliente e a renunciar à representação jurídica no caso de violações graves. Se os advogados empresariais cumprem essas obrigações é outra questão, mas isso não serve de base para criticar as normas. Além disso, se os advogados fossem obrigados a buscar resultados "justos" independentemente dos anseios de seus clientes, fingiriam guardar segredo das confidências mas as relatariam para as autoridades. Se esse tipo de engodo fosse permitido oficialmente, é razoável supor que as empresas reagiriam examinando com mais cuidado o perfil político dos advogados que pretendem contratar. A representação das empresas por advogados de ideologia política conservadora dificilmente tornaria a conduta delas "mais branda e mais cordata".

De qualquer modo, o efeito cumulativo desse tipo de crítica deixou muitos juízes e muitos advogados mais sensíveis aos problemas da justiça social e assistencial. Um dos principais problemas de justiça social nos Estados Unidos foi reconhecido decisivamente na importantíssima decisão da Suprema Corte dos Estados Unidos em 1954, no caso *Brown* vs. *Board of Education*[4]. Essa decisão, como se lembrarão muitos leitores, considerou que as leis de segregação racial nas escolas públicas, vigentes em todos os estados do sul, eram inconstitucionais e infringiam a cláusula de igual proteção da Décima Quarta Emenda. Posteriormente a decisão foi aplicada a outras dependências públicas, como parques e bibliotecas, e a estabelecimentos de atendimento ao público, como os restaurantes. A decisão do caso *Brown* foi uma decisão essencialmente jurídica – uma norma produzida por um processo legal, com o pronunciamento de juízes fundamentados nos argumentos de advogados. No caso *Brown*, o devido processo legal foi invocado para "elevar" os negros – a minoria mais duramente oprimida e mais desprezada nos Estados Unidos – à condição de igualdade perante a lei. A partir desse caso, as questões de igual consideração e respeito para com outras minorias foram necessariamente postas na agenda social: os direitos das mulheres, dos jovens, dos velhos e principalmente os direitos dos pobres e dos cidadãos de baixa renda, que constituem a maioria em qualquer sociedade.

É difícil superestimar a importância constitucional do princípio exposto na decisão do caso *Brown*. Em muitos regimes, a igualdade de todos perante a lei só existe no discurso. Entretanto, o compromisso sério com a igualdade jurídica tem pelo menos duas implicações difíceis para o direito e a administração da justiça. Uma é como pôr a ideia em prática. Isso demanda uma ampla gama de medidas de assistência social com subsídios públicos (por exemplo, mais financiamento para o ensino público) ou com a regulamentação da conduta privada (como a proibição de comportamentos discriminatórios no trabalho, por exemplo). Medidas como essas têm aspectos evidentemente jurídicos. A segunda implicação da igualdade de todos perante a lei diz respeito à própria autoridade: a legitimidade das formas de autoridade é questionável quando estas não conseguem justificar-se pelos "méritos" dos que as exercem. Uma vez que o sistema jurídico é essencialmente autoridade, o princípio da igualdade o questiona como um todo, inclusive, claro, a autoridade dos juízes e dos advogados.

Muitas das turbulências políticas do final do século XX e de hoje envolvem problemas decorrentes dessas implicações do princípio da igualdade entre os homens. De um modo ou de outro, todos os profissionais do direito estão envolvidos nesses problemas.

Ética, ideal e prática

A maior parte das críticas à profissão jurídica com base na teoria ética desconsidera a diferença entre a teoria e a prática das pessoas em geral. O sentimento público norte-americano em especial é muito moralista. Entretanto, quando a maioria dos cidadãos comuns enfrenta problemas éticos reais, dissimula, foge do assunto e às vezes mente ou trapaceia para se proteger a si ou aos familiares. Sem mencionar a ética que se pratica nas relações comerciais e nas relações entre os políticos. Desse modo, a crítica ao "partidarismo" dos advogados não leva muito em consideração o fato de que a maioria das pessoas toma partido no que diz respeito aos interesses próprios.

As críticas aos profissionais de direito norte-americanos também ignoram que os problemas éticos não são exclusivos do "sistema de confrontação das partes". A expressão "sistema de confrontação das partes" é a junção de duas ideias com conotações diferentes. Uma é a conotação técnica, que significa a diferença entre o método do *common law* de apresentação das provas pelas partes e o método centrado no juiz do *civil law*. Esse contraste, no entanto, é enganador, como já fizemos questão de evidenciar. Em primeiro lugar, nos sistemas de *civil law* as partes definem a disputa por meio de suas alegações, apresentadas de acordo com exigências processuais, que em geral são mais restritivas que as dos sistemas de *common law*. Segundo, nos sistemas de *civil law* os juízes quase sempre se baseiam exclusivamente nas declarações dos advogados para decidir as provas que serão admitidas e analisadas e as que serão descartadas. Muito raramente um juiz toma a iniciativa de analisar outras provas; mesmo nesse caso ele só se vale das que estão no contexto apresentado nas alegações. Em outras palavras, nessas condições não existe no mundo real nenhum "outro sistema" que se oponha ao "sistema de confrontação das partes". Na verdade, em alguns sistemas de *civil law* supostamente centrados no juiz, o conjunto das provas é determinado por negociação entre os advogados, sem a presença do juiz, e desse conjunto se prepara uma minuta do que deve constar nos autos. Pode-se imaginar a grande dose de partidarismo que há nesse tipo de negociação.

Existe ainda outro sentido em que se usa a expressão "sistema de confrontação das partes" para criticar a ética dos advogados. Emprega-se a expressão para dizer que os advogados, principalmente os norte-americanos, são excessiva e inconvenientemente agressivos e desconsideram os interesses da "justiça". Os exemplos clássicos de agressividade excessiva são: contrainterrogatório hostil de testemunhas indefesas (a testemunha paradigmática é a velhinha); facilitação de perjúrio do cliente; e ocultação de documentos "quentes", que servem como prova decisiva, na audiência de instrução. Cada uma dessas situações merece ser comentada individualmente.

Quanto ao contrainterrogatório hostil de testemunha indefesa, acreditamos que as críticas se justificam em tese, mas raramente se aplicam na prática. Muitas pessoas, quando pensam em interrogatório de testemunhas, pensam naqueles que se veem nos filmes e na TV, ou em casos reais excepcionais, como a oitiva dos policiais do caso O. J. Simpson. (Não resta dúvida, porém, de que os policiais que testemunharam no caso eram tudo, menos indefesos.) Ao contrário, o interrogatório das testemunhas "neutras" do caso O. J. Simpson (transeuntes no momento dos acontecimentos) ocorreu de forma organizada e tranquila, mostrando prudência e autocontrole dos advogados. Na verdade, no *common law* os advogados normalmente não fazem interrogatórios agressivos de testemunhas neutras. Eles sabem que essa estratégia ofende o tribunal, seja o juiz, seja o júri, e portanto seria um tiro pela culatra. É claro que, se a velhinha estiver exagerando ou divagando demais, o interrogatório se intensificará. Por que não? Um juiz do *civil law* manifestaria um ceticismo igualmente vigoroso diante de uma testemunha dissimulada.

Uma resposta breve à crítica de que os advogados facilitam o perjúrio do cliente: essa atitude é contra a lei e as normas de conduta profissional em todas as partes do mundo. É claro que alguns advogados facilitam testemunhos que eles mesmos têm motivos para crer serem falsos. É mais frequente os advogados apresentarem provas que suspeitam ser falsas ou muito imprecisas. Mas há elementos que se contrapõem a esse problema.

Primeiro, nenhuma norma resulta em fiel obediência de todos a quem ela se dirige. Os advogados conhecem as normas, e não obstante alguns as desobedecem. Segundo, acreditamos que os advogados têm muito receio de apresentar um testemunho que eles mesmos suspeitem ser falso, e isso por uma razão bem prática: se o advogado suspeita que o testemunho é falso, o tribunal também suspeitará. Nada é mais devastador para uma causa do que a impressão de que uma testemunha importante está mentindo inadequadamente. Dizemos "mentir inadequadamente" porque nas tradições cultural e religiosa de muitas sociedades aceita-se que a dissimulação e a mentira descarada são normais quando vindas de uma testemunha que tem interesse no caso. Já nas sociedades fortemente moralistas, como a Alemanha, por exemplo, a mentira e a dissimulação violam normas sociais fundamentais e são consideradas ofensas particularmente graves e inadmissíveis em juízo.

Os advogados, e em geral também as partes, têm conhecimento das diferenças de sensibilidade moral nas normas dos diversos lugares e adaptam o comportamento a essas diferenças. Nas sociedades cujas normas "de fundo" relativas à sinceridade são mais confusas e menos definidas, o problema do falso testemunho é correspondentemente mais ambíguo, tanto do ponto de vista jurídico quanto do ético.

No que tange aos documentos "quentes" (provas decisivas), existe sem dúvida um conjunto de problemas graves. Documento "quente" é uma prova que pode ser bastante prejudicial ao cliente. O típico documento "quente" é um documento interno e confidencial de uma empresa ou do governo que revela o conhecimento culposo da parte dos funcionários responsáveis. Os problemas associados aos documentos "quentes" são muito relevantes nos Estados Unidos, principalmente por causa do procedimento de instrução, que nesse país é muito amplo. Na fase de instrução, exige-se que as partes, sob demanda do oponente, produzam todos os documentos que possam conter provas importantes, inclusive provas circunstanciais. Na prática, são os advogados os responsáveis por cumprir essa obrigação das partes de produzir documentos, inclusive documentos potencialmente muito prejudiciais ao cliente. A Austrália e o Canadá impõem exigências muito semelhantes mas um pouco mais restritas. Consequentemente, o advogado da parte alvo da exigência de um documento na instrução pode se ver numa difícil situação de conflito, muitas vezes insuportável. Por um lado, ele tem o evidente dever de cooperar com o tribunal e com a parte adversária para cumprir, completa e fielmente, com a apresentação de documento exigido na instrução. Por outro lado, o advogado tem a obrigação para com o cliente de não produzir nada que esteja fora das condições da demanda. Além disso, os clientes acreditam que o advogado tem o dever de protegê-los de "auto-incriminar-se" – isto é, responder às exigências prejudiciais da instrução. Muitos advogados norte-americanos já falaram sobre a dificuldade técnica e o sofrimento ético resultantes desse conflito. E alguns sucumbem à tentação de trapacear[5].

Na maioria dos sistemas de *civil law*, a obrigação correspondente do advogado é muito mais limitada. É chamada, em algumas jurisdições, de "dever de exibição". Por ordem do juiz (como na França) ou por petição da parte (nos outros sistemas de *civil law*), a parte adversária ou um terceiro é obrigada a produzir – "exibir" – o documento especificado. Esse dever tem alcance variado e é respaldado por sanções diversas nos vários sistemas de *civil law*. Na França, por exemplo, a sanção é grave, mas na Itália não há sanção.

De qualquer modo, em todos os sistemas de *civil law* o direito de exigir a "exibição" ou produção de um documento é bastante limitado. O documento tem de ser identificado claramente na petição e ter relação direta com o caso. Mesmo assim, o juízo tem uma dose de discricionariedade quanto a ordenar a apresentação da prova. No *civil law*, as pressões sobre o advogado são relativamente menos graves que no processo norte-americano.

De modo geral, exceto nos Estados Unidos, nos sistemas de *common law* a obrigação do advogado de produzir documentos na instrução é praticamente equivalente às dos sistemas de *civil law*. O dever se aplica apenas a documentos claramente identificados e diretamente relacionados com a disputa. Na prática, a parte contrária em geral não tem conhecimento da existência de nenhum documento "quente" (revelador) e, portanto, não tem como identificá-lo para exigir sua revelação. Desse modo, nos outros sistemas de *common law*, assim como nos de *civil law*, os advogados dificilmente enfrentam o problema de ter de apresentar provas documentais prejudiciais ao cliente.

Acreditamos que a apresentação de documentos "reveladores" não será por muito tempo um problema específico do sistema jurídico dos Estados Unidos. O princípio da igualdade implica o igual acesso à informação, especialmente o acesso do querelante às informações controladas por uma burocracia. No começo do século XXI ocorreram vários episódios de acesso a informações controladas: por exemplo, a revelação dos crimes ocorridos no regime do *apartheid*, na África do Sul, e dos "desaparecimentos" durante a ditadura militar na Argentina; os escândalos do sangue contaminado na França e do envenenamento por mercúrio no Japão; a cumplicidade das instituições financeiras da Alemanha e da Suíça com o regime nazista; a abertura dos arquivos da "Stasi", da antiga Alemanha Oriental. Acreditamos que esses episódios terão como efeito a geração de critérios mais amplos e mais prontamente aplicáveis de "liberdade de informação". Ao mesmo tempo, é de esperar que as burocracias, públicas e privadas, venham a exercer um controle disciplinar interno cada vez mais cerrado a fim de evitar a produção de documentos "reveladores". Não há obrigação de se produzirem provas que, a conselho de uma consultoria jurídica, jamais foram criadas.

O dever de transparência na prática da advocacia empresarial enfrenta problemas semelhantes. Por exemplo, as empresas cujas ações são negociadas na bolsa têm de apresentar relatórios financeiros precisos ao governo e, em alguns países, também aos acionistas. Pode ser necessário o parecer jurídico de um advogado para avaliar a precisão desses relatórios. No direito tributário e no direito trabalhista, nas normas ambientais e em muitas outras legislações reguladoras existem obrigações semelhantes. No primeiro caso, os problemas envolvidos devem ser solucionados pelos funcionários e administradores das empresas. Mas podem surgir questionamentos que exigem a assistência de advogados para esclarecer se as normas foram ou não cumpridas, o que por sua vez levanta questões de ética para os advogados envolvidos.

Com exceção dos Estados Unidos, esses problemas éticos não têm sido até agora frequentes nos diversos sistemas jurídicos, mas nossa avaliação é que surgirão futuramente. Os governos cada vez mais se baseiam na exigência de relatórios como mecanismo para fazer valer as regulamentações. As normas reguladoras são impostas por fontes governamentais cada vez mais numerosas, inclusive internacionais. Os governos populares têm de corresponder às crescentes expectativas de cumprimento das normas. Essas forças políticas se manifestam na intensificação e multiplicação das normas reguladoras. Até agora, entretanto, não tem havido muitas críticas aos advogados de outros sistemas jurídicos fora o dos Estados Unidos. Propomos as seguintes explicações.

Primeiro, a maior parte dos outros regimes não exige tantos relatórios. Ao contrário, eles se baseiam no exame direto da atividade empresarial pela administração pública.

Em muitos sistemas, contudo, a regulamentação efetiva é exígua. Segundo, nos outros regimes os advogados em geral não se envolvem diretamente na elaboração dos relatórios para o governo e só entram no caso se surgirem disputas judiciais formais. Nesses sistemas, ao contrário, são os executivos das empresas – muitos dos quais receberam uma formação jurídica básica – que assumem a responsabilidade direta nas relações com o governo. Terceiro, particularmente na tradição europeia, a crítica ética e social ao capitalismo – às empresas e a seus funcionários, inclusive advogados – já é lugar-comum. A atitude típica, pelo menos em muitos círculos acadêmicos, é: "É claro que as empresas trapaceiam, e para isso são ajudadas por seus consultores profissionais (contadores, advogados, etc.)." A tradição europeia de crítica social, portanto, é marxista, enquanto a tradição norte-americana pode ser classificada como "cívica" ou "moralista". Em nossa opinião, contudo, nem a tradição de crítica europeia, nem a norte-americana levam em conta os fatos complexos, as sutilezas burocráticas e os valores sociais contraditórios implicados nas fronteiras da legalidade dos regimes modernos.

Normas e papéis

A teia de regras e normas tradicionais que regem o exercício de determinado papel social define em grande parte a identidade da pessoa que o representa. A teia que rege a função dos advogados é composta do direito, dos códigos de ética, dos padrões e das convenções da prática profissional e das normas éticas "não jurídicas" adaptadas ao papel do advogado em cada sociedade. As normas programáticas e as que se referem ao ideal de advogado têm bastante influência, pois projetam a idealização do papel do advogado e um modelo de conduta profissional. Pode-se lamentar que os advogados não dediquem mais tempo à assistência judiciária, por exemplo, mas dizer que eles têm a obrigação de fazer isso é mais inspirador. O ideal da lealdade para com o tribunal é importante mesmo que não seja cumprido.

As normas programáticas também se ligam semanticamente às normas impostas pela lei. Um exemplo é a expressão "honestidade e integridade" do código italiano[6]. Essa expressão também implica a existência de seu oposto – a conduta *des*onesta – e portanto implica a lei contra a fraude e o furto. Num mundo onde impera o ceticismo, vale a pena lembrar que as admoestações e aspirações éticas ainda têm valor, embora os advogados de qualquer lugar do mundo saibam que seu cumprimento é incompleto.

Os pronunciamentos feitos em encontros profissionais e as declarações públicas são semelhantes aos códigos de ética. Em ocasiões como essas declara-se, por exemplo, que o dever de sigilo do advogado é "sagrado"; a dedicação do advogado ao cliente é "inabalável"; o caráter do advogado é "totalmente íntegro"; e a justiça é "igual para todos". Os advogados são muito dados a declarações desse tipo, uma vez que essa aptidão é inerente a sua prática profissional. Esses pronunciamentos fazem parte do vocabulário profissional dos profissionais do direito (os antropólogos talvez empregassem a expressão "ritos tribais") e reforçam as virtudes profissionais de uma profissão sujeita a intensas pressões, para agir tanto de modo ético quanto de modo contrário à ética.

Outra camada de normas éticas consiste no que se pode chamar de "regras do local de trabalho" ou "normas da oficina". Trata-se das práticas reconhecidas a ser adotadas no tribunal e em tudo o que se refere a ele; num escritório de advocacia, ou numa sociedade de advogados. Em alguns tribunais, por exemplo, todos os documentos importantes têm de ser entregues ao escrivão-chefe, e não a um subordinado (o documento que não for entregue ao chefe pode ser "perdido"); em alguns órgãos do judiciário, os funcionários de certo nível têm de ser chamados de "sua excelência", mesmo que não sejam propriamente juízes. Entre os membros de uma seção local da ordem dos advogados, o profissional mais antigo tem certas prerrogativas. Em alguns escritórios de advocacia, todos os documentos prontos passam por um escriturário-chefe antes de sair do escritório. Aprender as normas locais de um tribunal, escritório ou sociedade é uma parte importante da aquisição de experiência do advogado iniciante.

Além dessas normas comuns, cada indivíduo tem seu conjunto pessoal de valores éticos, como a lisura, a diplomacia, a coragem e a boa cidadania. Todo indivíduo faz o que pode para aplicar seu conjunto de valores éticos pessoais e tem de levar em conta os valores correspondentes dos outros.

Direitos humanos e interesses comerciais

O direito e os advogados atuais têm responsabilidades para com os cidadãos comuns. No discurso moderno, "justiça" significa liberdade de consciência, proteção da privacidade, julgamento justo e proteção contra empregadores e proprietários de imóveis (locadores). Entretanto, grande parte dos serviços dos advogados hoje em dia e certamente a maioria dos serviços jurídicos prestados na prática privada do direito dedicam-se às causas das empresas e dos ricos, entre estes os empregadores e os locadores. Portanto, há discrepância entre a retórica da justiça, como o público em geral a entende, e o modo com que a prática do direito normalmente se efetua.

Um aspecto dessa discrepância é a questão da assistência judiciária, tratada no Capítulo 8. De maior importância para o cidadão comum são os direitos ligados ao trabalho, à habitação, à saúde e à educação e o direito geral à igual consideração e respeito. Nos sistemas jurídicos modernos, a proteção desses direitos cabe essencialmente à administração do Estado, e a maior parte dos cidadãos não fica à espera de que eles sejam impostos judicialmente, mas sim dependem da conduta responsável dos funcionários públicos (principalmente da polícia), dos empregadores e locadores, das escolas etc. Os advogados que trabalham para a administração pública e para as empresas podem influenciar o modo com que esses indivíduos e organizações cumprem suas responsabilidades.

    O discurso político dos regimes constitucionais modernos parte da presunção tácita de que os interesses das empresas podem obter todo tipo de assistência que lhes seja vantajosa, inclusive a assistência jurídica. Essa presunção normalmente é verdadeira, exceto no que diz respeito às microempresas e empresas de pequeno porte. Consequentemente, a não ser entre os críticos sociais, há pouco debate sobre a importância política e constitucional do fato de os advogados trabalharem principalmente para as empresas e os interesses empresariais. Em alguns círculos de crítica, afirma-se que a representação jurídica de interesses empresariais chega às margens de uma conduta antissocial, e mesmo moralmente corrupta.

    Desde o processo de desvinculação do socialismo na Rússia e nos países do leste europeu, tem havido, relutantemente talvez, o reconhecimento de que a empresa privada é o mecanismo mais eficaz para a produção de bens e serviços necessários ou desejados pelos cidadãos comuns, como, por exemplo, habitação, transporte, comunicações e serviços ligados ao lazer e ao entretenimento, além de pelo menos alguns aspectos dos serviços de educação e saúde. O empreendedorismo capitalista é portanto reconhecido como necessário ao bem-estar do cidadão comum, ainda que implique atribuições de poder não democráticas e distribuição também não democrática de rendas e lucros.

    O principal problema da política moderna talvez seja a adequação entre o regime político democrático e a economia capitalista. Nos sistemas de representação parlamentar da tradição ocidental, no aspecto político esse problema é tratado principalmente pelos partidos de direita e esquerda e as pretensas soluções são implementadas pelos órgãos administrativos do Estado. Nos Estados Unidos, em medida muito maior, essa questão também é tratada nas disputas judiciais e, portanto, na atividade profissional dos advogados. Acreditamos que com o tempo essas duas forças convergirão. Nos Estados Unidos, a administração pública tornou-se uma parte estável do aparelho do Estado, como já ocorre em outros lugares. Ao mesmo tempo, em outros sistemas os problemas de justiça social são mais frequentemente formulados como questões jurídicas, como havia previsto Tocqueville. A profissão jurídica deverá ser um instrumento para dar voz às questões de justiça social, ainda que a maioria dos advogados continue engajada a serviço do capitalismo. Tudo isso são fios da teia de normas e regras que regem a função profissional do advogado moderno. O preâmbulo do Código de Conduta do CCBE resume:

> O advogado deve estar a serviço dos interesses da justiça assim como dos interesses daqueles que lhe confiaram a defesa e a garantia de direitos e liberdades, e é seu dever não somente defender a causa do cliente [atuar como advogado constituído] mas também ser conselheiro de seu cliente [dar-lhe instruções e conselhos confidenciais].
> A função do advogado, portanto, faz repousar sobre ele uma grande variedade de obrigações jurídicas e morais (que algumas vezes parecem estar em conflito umas com as outras) para com:
> o cliente;
> os tribunais e outras autoridades...;
> a profissão jurídica em geral e cada colega profissional em particular.

Em nossa opinião, as obrigações que o preâmbulo do CCBE diz estar "às vezes em conflito umas com as outras" estão de fato frequentemente em conflito recíproco. Muitas vezes não há resposta simples acerca de como o advogado deve proceder, assim como muitas vezes não há resposta simples para muitos dilemas éticos da vida cotidiana. Uma interpretação da independência profissional é a de que o advogado não deve se deixar dominar por uma única norma ou interesse, quer o dever para com o tribunal, quer o interesse do cliente, quer seu próprio interesse pecuniário na prática profissional. Todos esses interesses são importantes, e nenhum é invariavelmente superior aos outros. Um advogado demasiadamente obsequioso para com os interesses dos tribunais pode deixar de defender os interesses do cliente com o zelo e o empenho devidos. O advogado que não se importe com a cobrança de honorários e com receber convenientemente pelos serviços prestados – e há muitos advogados assim – talvez não consiga cumprir suas obrigações para com os sócios e a família. Outra interpretação da independência profissional diz respeito à posição do advogado na comunidade. A ideia aqui é que o advogado tem de ser politicamente independente e não subserviente aos interesses do Estado, ainda que deva ser respeitador e cumpridor das leis, que são criação e instrumento do Estado. Segundo essa visão da profissão, os advogados e a Ordem ocupam posição neutra no que tange aos interesses do Estado, algo semelhante à "oposição leal" da política. Essa posição é inviável num regime sem lei e muito difícil nos regimes autoritários. Na verdade, um bom índice do autoritarismo ou da democracia do regime é o grau de autonomia dos profissionais do direito.

Apesar disso, muitos advogados estão muito ocupados com a representação dos elementos dominantes dos regimes capitalistas, dos governos e das empresas. A representação de grandes empresas, e consequentemente a lealdade e o sigilo profissional a elas estendido, tem sido questão subjacente ao discurso sobre a ética jurídica há pelo menos um século. Reconhece-se que os acusados em processos criminais devem ter o direito de sigilo, mesmo que isso resulte em absolvição de alguns culpados de fato. É aceitável, ou pelo menos tolerável, que se preste assistência jurídica a proprietários e empresários individuais. Entretanto, quando o cliente é uma grande empresa, a atitude é muito crítica.

A prática jurídica a serviço de grandes empresas consiste principalmente em fazer distinções legais e apresentar argumentos técnicos, bem o oposto de invocar o "espírito da lei". Do ponto de vista do advogado, o espírito da lei normalmente é um grande vazio. As normas jurídicas modernas não expressam um espírito moral claro, mas, sim, transigências muito bem negociadas entre valores sociais discordantes e interesses políticos conflitantes. O limite de velocidade de 90 km por hora numa rodovia, por exemplo, reflete um equilíbrio entre a segurança nas estradas e o deslocamento rápido. Uma norma que limite a emissão de dejetos a 10 ppm (partes por milhão) quer dizer 10 partes, não 1 nem 0,1. O imposto sobre a "renda" baseia-se em distinções elaboradas entre renda e lucro. No mundo real não existe o que se pode chamar de segurança perfeita, nem pureza perfeita, nem tampouco sistema tributário perfeitamente justo. As normas jurídicas incorporam as reflexões éticas problemáticas em jogo nas questões de política social. Tomando emprestado o título de um livro de autoria de um juiz e professor, toda lei implica "escolhas trágicas"[7]. De acordo com os preceitos éticos da comunidade em geral, a prática jurídica é meramente técnica e é eticamente suspeita porque finge estar empenhada em amplas questões de justiça. Mais questionável do ponto de vista moral é o véu de sigilo que encobre a relação do cliente com a lei. O sigilo existe para proteger o cliente, mas também permite aos advogados dar consultoria sobre o que sabem da lei e da justiça.

O que os advogados sabem da lei e da justiça é que os sistemas jurídicos não são totalmente confiáveis e muitas vezes são ainda piores que isso – incompetentes, insensíveis e às vezes corruptos. Os advogados sabem que o direito muitas vezes é incapaz de chegar à verdade e o sistema às vezes nem sequer o tenta. Learned Hand, um grande juiz norte-americano, observou já faz quase um século: "[S]e eu fosse litigante, teria mais medo do processo judicial do que de qualquer outra coisa, exceto a doença e a morte."[8] Atuando como advogado constituído, o bom advogado pode dar apoio ao cliente durante o tormento que é um processo judicial. Atuando como consultor jurídico, o bom advogado pode poupar o cliente desse tormento.

NOTAS

Referências a códigos de ética

Neste trabalho fazemos referências a códigos de ética profissional de diversos países ou os citamos. Nossas referências mais frequentes são ao *Code of Conduct for Lawyers in the European Community*, ao *Canadian Bar Association Code of Professional Conduct*, ao *American Bar Association Model Rules of Professional Conduct* e ao *Codice Deontologico Forense* italiano. As citações abreviadas que usamos nessas referências são as seguintes:

CCBE	*Code of Conduct for Lawyers in the European Community*
Código Canadense	*Canadian Bar Association Code of Professional Conduct*
Normas da ABA	*American Bar Association Model Rules of Professional Conduct*
CDF	*Codice Deontologico Forense*

Também nos referimos frequentemente ao *Restatement Third of the Law: The Law Governing Lawyers* do American Law Institute. Referir-nos-emos a essa obra simplesmente como *Restatement*.

Introdução

1. William J. Baumol, *The Free Market Innovation Machine* (Princeton, N.J.: Princeton University Press, 2002), p. 68.

2. Compreendemos e respeitamos o fato de haver uma tradição jurídica islâmica diferente, integrada à tradição religiosa islâmica. Todavia, encontramos pouca literatura acadêmica ou profissional, tanto em inglês quanto em italiano, sobre a ética profissional dos advogados nessa tradição. Para uma análise breve, ver "Comment, Bridging Ethical Borders: International Legal Ethics with an Islamic Perspective", *35 Texas Int'l L. J.* 289 (2000). Uma pesquisa com colegas de profissão no Egito indicou que as fontes em inglês não são muito proveitosas e são poucas as produzidas em língua árabe. Esperamos e acreditamos que no futuro isso mude. Por ora, contudo, podemos apenas supor que os advogados dos países islâmicos são atentos e sensíveis às leis do regime em que vivem e se governam de acordo com elas. Para uma ideia geral, ver Michael Cook, *Commanding Right and Forbidding Wrong in Islamic Thought* (Cambridge: Cambridge University Press, 2002).

3. Ver Austin Sarat e Thomas Kearns, "The Cultural Lives of Law", em Sarat e Kearns, *Law in the Domain of Culture* (Ann Arbor: University of Michigan Press, 1998), e as fontes aí citadas.

4. John H. Baker, *The Law's Two Bodies: Some Evidential Problems in English Legal History* (Nova York: Oxford University Press, 2001).

5. Ver em geral Isaiah Berlin, *Karl Marx: His Life and Environment*, 4.ª ed. (Oxford: Oxford University Press, 1978); idem, *Vico and Herder: Two Studies in the History of Ideas* (Nova York: Viking, 1976).

6. Um estudo recente dos norte-americanos é o de Louis Menand, *The Metaphysical Club* (Nova York: Farrar, Straus & Giroux, 2001).

7. Ver, p. ex., Ernest Gellner, *Nations and Nationalism* (Ithaca, N.Y.: Cornell University Press, 1983).

8. Ver, p. ex., Berlin, nota 5 da "Introdução". Alexis de Tocqueville, o outro grande analista político do século XIX, ao contrário, identificou a religião e a identidade étnica como fatores importantes na democracia. Ver Alexis de Tocqueville, *Democracy in America*, trad. e org. de Harvey C. Mansfield e Delba Winthrop (Chicago: University of Chicago Press, 2000), pp. 282, 302 [trad. bras., *A democracia na América*, São Paulo, Martins Fontes, 2005]; Tocqueville, *The Old Regime and the Revolution*, org. François Furet e Françoise Melonio, trad. para o inglês Alan S. Kahan (Chicago: University of Chicago Press, 1988).

9. Ver, p. ex., Friedrich A Hayek, *The Fatal Conceit: The Errors of Socialism*, org. W. W. Bartley III (Chicago: University of Chicago Press, 1988).

10. Ver Edward Rubin, "Getting beyond Democracy", 149 *U. Pa. L. Rev.* 711 (2001), e as fontes aí citadas.

11. Ver Peter Schuck, *The Limits of Law* (Boulder, Colo.: Westview, 2000).

12. Donald Nicolson e Julian Webb, *Professional Legal Ethics: Critical Interrogations* (Oxford: Oxford University Press, 1999), capítulo 2 *et passim*.

13. Martin Redish, "The Adversary System, Democratic Theory and the Constitutional Role of Self-Interest", 51 *DePaul L. Rev.* 359, 367 (2001).

14. Para um estudo proveitoso do desenvolvimento da representação jurídica nos processos penais na Inglaterra, ver John Langbein, *The Origins of Adversary Criminal Trial* (Oxford: Oxford University Press, 2003).

15. Ver também Richard Posner, "The Problematics of Moral and Legal Theory", 111 *Harv. L. Rev.* 1637 (1998).

16. Ver Immanuel Kant, *The Metaphysics of Morals*, traduzido e organizado por Mary Gregor (Nova York: Cambridge University Press, 1991).

17. Uma exposição recente dessa escola de filosofia moral é a de Ronald Dworkin, *Sovereign Virtue: The Theory and Practice of Equality* (Cambridge, Mass.: Harvard University Press, 2000) [trad. bras., *A virtude soberana: a teoria e prática da igualdade*, São Paulo, Martins Fontes, 2005].

18. Ver Baldassare Castiglione, *The Book of the Courtier* (Londres: Penguin, 1967), p. 131: "O que deves fazer é obedecer ao seu Senhor em tudo que contribua para o benefício e a honra dele, mas não naquilo que lhe cause prejuízo ou vergonha. Portanto, se ele te ordenar que cometas um ato traiçoeiro, tu não somente não estás obrigado a cometê-lo como também estás obrigado a não cometê-lo." [Trad. bras., *O cortesão*, São Paulo, Martins Fontes, 1997.]

Ver também Peter Burke, *The Italian Renaissance: Culture and Society in Italy*, 2.ª ed. (Princeton, N. J.: Princeton University Press, 1986), especialmente o capítulo 8.

19. José Ortega y Gasset, *The Revolt of the Masses* (Nova York: Norton, 1932), p. 76. [Trad. bras., *A rebelião das massas*, São Paulo, Martins Fontes, 2002.]

20. "We hold these truths to be self-evident: that all men are..." [Consideramos estas verdades evidentes por si mesmas: que todos os homens são...], Declaration of Independence, § 1º.

21. Sir Edward Coke, "Prohibitions Del Roy", *Coke Reports* 63, 65 (pt. 12, 4.ª ed., 1738), 77 Eng. Rep. 1342, 1343.

Capítulo 1

1. Talvez o melhor exemplo seja um tratado norte-americano, obra de um advogado e acadêmico notável e profundamente impregnado da mitologia profissional: Roscoe Pound, *The Lawyer from Antiquity to Modern Times: With Particular Reference to the Development of Bar Associations in the United States* (St. Paul, Minn.: West, 1953).

2. Ver, p. ex., Robert J. Bonner, *Lawyers and Litigations in Ancient Athens: The Genesis of the Legal Profession* (Chicago: University of Chicago Press, 1927), p. 104 *et passim*; Douglas M. MacDowell, *The Law in Classical Athens* (Ithaca, N.Y.: Cornell University Press, 1978).

3. Ver Stephen Usher, *Greek Oratory: Tradition and Originality* (Nova York: Oxford University Press, 1999).

4. Cynthia Baraban, "Inspiring Global Professionalism: Challenges and Oportunities for American Lawyers in China", 73 *Indiana L. J.* 1247, 1253 (1998).

5. Ver Derek Bodde e Clarence Morris, organizadores, *Law in Imperial China* (Cambridge, Mass.: Harvard University Press, 1967), *passim*; Jingshan Wang, "The Role of the Law in Contemporary China: Theory and Practice" ([tese de doutorado], Cornell University, 1988).

6. Ver Alison Conner, "Lawyers and the Legal Profession During the Republican Period", em Kathryn Bernhardt e Phillip C. C. Huang, organizadores, *Civil Law in Qing and Republican China* (Stanford, Calif.: Stanford University Press, 1994).

7. Ver Peter Wesley-Smith, *An Introduction to the Hong Kong Legal System*, 3.ª ed. (Nova York: Oxford University Press, 1998), *passim*.

8. Stanley Lubman, *Bird in a Cage: Legal Reform in China after Mao* (Stanford, Calif., Stanford University Press, 1999), p. 29. Ver também William Alford, "Tasselled Loafers for Barefoot Lawyers: Transformation and Tension in the World of Chinese Legal Workers", em Stanley Lubman, organizador, *China's Legal Reforms* (Oxford: Oxford University Press, 1996, p. 22).

9. Ver Comitê Diretor do Oitavo Congresso Nacional do Povo, Ordem da República Popular da China número 67 (15 de maio de 1996), Lei da República Popular da China sobre os Advogados (doravante denominada RPC, Lei dos Advogados). Também foi adotado um conjunto de Normas para a Ética Profissional e Práticas de Negócios dos Advogados (tradução para o inglês de Thea Rozman). Ver também Comitê Diretor do Oitavo Congresso Nacional do Povo, Ordem da República Popular da China número 64 (17 de março de 1996), Direito Processual Penal Ratificado da RPC.

10. Gordon B. Smith, *Reforming the Russian Legal System* (Nova York: Cambridge University Press, 1996), pp. 3-5.

11. William E. Butler, *Russian Law* (Nova York: Oxford University Press, 1999), p. 27.

12. Ver Smith, nota 10, anterior, p. 15; W. E. Butler, *Soviet Law*, 2.ª ed. (Londres: Butterworths, 1988), pp. 22-5.

13. Ver Smith, nota 10, anterior, p. 5.

14. Ver Michael Cook, *Commanding Right and Forbidding Wrong in Islamic Thought* (Cambridge: Cambridge University Press, 2002).

15. Uma exposição clássica é a de Arthur Engelmann, *A History of Continental Civil Procedure*, traduzido para o inglês por Robert Millar (Boston: Little, Brown, 1927), Livro III, capítulo 1, tópico 3.

16. Ibidem, pp. 341-2.

17. Hans Julius Wolff, *Roman Law: An Historical Introduction* (Norman: University of Oklahoma Press, 1951), pp. 96-7.

18. Ver Vincenzo Arangio-Ruiz, *Storia del diritto romano* (Nápoles, E. Jovene, 1977), pp. 149 s.

19. Ver Mario Bretone, *Storia del diritto romano*, 4.ª ed. (Roma: Laterza, 1991), p. 155; Jean-Michel R. David, *Le patronat judiciaire au dernier siècle de la République Romaine* (Roma: Ecole Française de Rome, 1992), p. 367.

20. Ver Emilio Betti, *Diritto romano*, vol. 1, p. 458 (1935); Emilio Betti, "La creazione del diritto nella iurisdictio del pretore romano", em *Studi in onore di G. Chiovenda* (Pádua, 1927), p. 100; Fritz Schultz, *History of Roman Legal Science* (Oxford: Clarendon Press, 1946), pp. 19, 53, 117, 132 e 268; Leopold Wenger, *Istituzione di procedura civile romana* (tradução italiana) (Milão: Giuffrè, 1938), p. 150; Max Kaser, *Das römische Zivilprozessrecht*, 2.ª ed. (Munique: C. H. Beck, 1976), p. 200; ver especialmente Giovanni Pugliese, *Il processo civile romano II – Il processo formulare I* (Milão: Giuffrè, 1963), p. 100; Gener Murga, *Derecho romano clássico II: El processo*, pp. 159, 287 (Zaragoza, Espanha: Universidade de Zaragoza, 1980).

21. Para o que se sabe acerca da função dos advogados no Império Romano, ver Tony Honore, *Emperors and Lawyers* (Londres: Duckworth, 1981).

22. Ver John Anthony Crook, *Legal Advocacy in the Roman World* (Ithaca, N.Y.: Cornell University Press, 1995), pp. 13, 16; David, nota 19 anterior, p. 49.

23. Ver David, nota 19 anterior, pp. 593, 642.

24. "Levai-o convosco e julgai-o segundo a vossa lei." Evangelho de João 18,31 (Bíblia versão Almeida século 21, da SBB).

25. Antonio Pertile, *Storia del diritto italiano – dalla caduta dell'Impero Romano alla codificazione*, vol. 6, parte 1 (Turim: Unione Tipografico Editrice, 1900), p. 270; Giuseppe Salvioli, *Storia del diritto italiano* (Turim: Unione Tipografico Editrice, 1930), p. 728.

26. Ver, p. ex., Stephen Burbank, "The Architecture of Judicial Independence", 72 *S. Calif. L. Rev.* 315 (1999).

27. A formulação clássica é de Max Weber, ao discutir as características distintivas do governo "burocrático". Ver "The Types of Legitimate Domination", em Max Weber, *Economy and Society*, vol. 1, Guenther Roth e Claus Wittich, organizadores (Berkeley: University of California Press, 1978), p. 212 (Ensaio publicado originalmente em 1922).

28. Ver Grant Gilmore e Charles L. Black Jr., *The Law of Admiralty*, 2.ª ed. (Mineola, N. Y.: Foundation Press, 1975); Joseph W. Bishop Jr., *Justice under Fire* (Nova York: Charterhouse, 1974) (direito militar).

29. Quanto às normas norte-americanas sobre consultores jurídicos estrangeiros, ver Carol A. Needham, "The Licensing of Foreign Legal Consultants in the United States", 21 *Forham Int'l L. J.* 1126 (1998). Para as normas francesas que regem a atividade dos advogados estrangeiros, ver Roger J. Goebel, "Professional Qualification and Educational Requirements for Law Practice in a Foreign Country: Bridging the Cultural Gap", 63 *Tulane L. Rev. 443*, 464 (1989).

30. Ver Butler, nota 11 anterior, pp. 123-8.

31. Ver Lennart Lindstrom e Carl Michael von Quitzown, "The Legal Profession in Sweden", em Allen Tyrrell e Zahd Yaqub, organizadores, *The Legal Profession in the New Europe*, 2.ª ed. (Londres: Cavendish, 1996).

32. Ver RPC, Lei dos Advogados, artigos 5-14.

33. A obscuridade da definição de "advogado" corresponde à obscuridade da expressão "prática jurídica". Esta última expressão é importante nos regimes que restringem a "prática jurídica" aos "advogados". Ver Deborah Rhode, "Policing the Professional Monopoly: A Constitutional and Empirical Analysis of Unauthorized Practice Prohibitions", 34 *Stan. L. Rev.* 1 (1981).

34. Ver Arrigo Solmi, *Contributi alla storia del diritto comune* (Roma: Soc. Ed. del "Foro italiano", 1937), pp. 230, 235; Gaines Post, *Studies in Medieval Thought: Public Law and the State, 1100-1322* (Princeton, N. J.: Princeton University Press, 1964), pp. 18, 80; Heinrich Mitteis, *Le struture giuridiche e politiche dell'età feudale* (Brescia: Morcelliana, 1962), p. 262.

35. Ver Giuseppe Salvioli, "Storia della procedura civile e criminale", em Del Giudice, *Storia del diritto italiano*, vols. III-II (Turim: Unione Tipografico Editrice, 1930), p. 220.

36. Arrigo Solmi, *Contributi alla storia del diritto comune* (Roma: Soc. Ed. del "Foro italiano", 1937), pp. 235, 257, 287, 304; Giovanni Tamasia, "Bologna e le scuole imperiali di diritto", *Arch. Eiur. XL* (1888), pp. 267 s; Heinrich Mitteis, *Le struture giuridiche e politiche dell'età feudale* (Brescia: Morcelliana, 1962), p. 441; Manlio Bellomo, *Saggio sull'università dell'età del diritto comune* (Roma: Il Cigno Galileo Galilei, 1996), pp. 25, 52, 61, 132, 229; Giuseppe Ermini, "L'educazione del giurista nella tradizione del diritto comune", em *Atti del convegno di studi in onore di G. Ermini* (Perugia: Libreria Universitaria, 1980), p. 121; Danilo Seglioni, "'Practica', 'Practicus', 'Practicare', in Bartolo e in Baldo", em *L'educazione giuridica* (Perugia: Libreria Universitaria, 1979), pp. 40, 52; Gian Paolo Massetto, "Gli studi di diritto nella Lombardia del secolo XI", em *Lanfranco di Pavia e l'Europa del secolo XI* (Roma: Herder, 1993), *passim*.

37. Paul Brand, *The Origins of the English Legal Profession* (Oxford: Blackwell, 1992), p. 32.

38. Ver, p. ex., a definição do processo civil francês no século XVII, em Engelmann, nota 15 anterior, Livro IV, capítulo 3, tópico 3.

39. Ver, p. ex., Deborah L. Rhode, *In the Interests of Justice: Reforming the Legal Profession* (Nova York: Oxford University Press, 2000), *passim*.

40. Sobre o problema de estimar as possibilidades de sucesso na ação ver p. ex., Fleming James, Geoffrey Hazard e John Leubsdorf, *Civil Procedure*, 4.ª ed. (Boston: Little, Brown, 1992), § 6.4.

41. Ver também John Toulmin, "A Worldwide Common Code of Professional Ethics?" 15 *Fordham Int'l L. J.* 673 (1991-92); Detlev Vagts, "The International Legal Profession: A Need for More Governance?" 90 *Am. J. Int'l L.* 250 (1996); "Symposium: Ethics and the Multijurisdictional Practice of Law", 36 *So. Texas L. Rev.* 657 (1995).

42. *Marbury* vs. *Madison*, 5 U. S. (1 Cranch) 137 (1803).

43. John H. Baker, *The Law's Two Bodies: Some Evidential Problems in English Legal History* (Nova York: Oxford University Press, 2001).

44. Há uma pequena amostra de máximas em C. L. Anand, *Professional Ethics of the Bar*, 2.ª ed. (Allahabad, Índia: Law Book Company, 1987). Ver também Marc Galanter, nota 46 a seguir.

45. Baldassare Castiglione, *The Book of the Courtier* (Londres: Penguin, 1967).

46. Marc Galanter, "The Faces of Mistrust: The Images of Lawyers in Public Opinion and Political Discourse", 66 *Cincinnati L. Rev.* 805, 810 (1966).

47. James A. Brundage, *Medieval Canon Law* (Londres: Longman, 1995) pp. 137-8.

48. John Baker, "The English Legal Profession: 1450-1550", em Wilfred Prest, organizador, *Lawyers in Early Modern Europe and America* (Nova York: Holmes and Meier, 1981), p. 17.

49. Sobre a situação na Europa continental, ver, p. ex., Antonio Pertile, *Storia del diritto italiano dalla caduta dell'Impero Romano alla Codificazione*, vol. 6, parte 1 (Turim: Unione Tipografico Editrice, 1900), pp. 270, 274; John P. Dawson, *The Oracles of the Law* (Ann Arbor: University of Michigan, 1968), pp. 125-7; Gino Gorla e Luigi Moccia, "A 'Revisiting' of the Comparison between 'Continental Law' and 'English Law' (16th-19th Century)", 2 *J. Legal History* 143, at 152 (1981). Quanto à Ordem dos Advogados da Inglaterra, ver Brand, nota 37 anterior, p. 117.

50. Leonard Berlanstein, "Lawyers in Pre-Revolutionary France", em Pres, nota 48 anterior, p. 164.

51. Para uma noção dos círculos governantes em geral, ver Norbert Elias, *La società di corte* (Bologna: Il Mulino, 1980), p. 198 (tradução para o italiano de *Die höfische Gesellschaft*, 1975); Norbert Elias, *Civiltà: The Civilizing Process, II. Power and Civilization* (Nova York: Pantheon, 1981); Paul Benichou, *Morales du grand siècle* (Paris: Gallimard, 1988), p. 143. No que tange à profissão jurídica, ver Gallimard E. Amkiewicz, *Histoire des institutions 1750-1914* (Paris: Ancienne Librairie Thorin et Fils, 1908), p. 534; Berlanstein, nota 50 anterior; Bernard Sur, *Histoire des avocats en France des origines à nos jours* (Paris: Dalloz, 1998), pp. 22, 30; Richard Kagan, "Lawyers and Litigation in Castile: 1500-1750", em Prest, nota 48 anterior, p. 181.

52. Ver Eugene Huskey, *Russian Lawyers and the Soviet State: The Origins and Development of the Soviet Bar, 1917-1939* (Princeton, N. J.: Princeton University Press, 1986), pp. 15-20.

53. Berlanstein, nota 50 anterior, pp. 165-6.

54. Kagan, nota 51 anterior, p. 190.

55. Ver Pasquale Del Giudice, *Storia del diritto italiano*, vol. 2 (Milão: Univ. Hoepli, 1923), pp. 113, 122. As expressões norte-americanas do século XIX que refletiam considerações semelhantes enfatizavam a importância de padrões éticos universais elevados em vez da diferenciação de acordo com o *status*. Ver David Hoffman, *A Course of Legal Study* (Baltimore: Coale and Maxwell, 1817); George Sharswood, *Professional Ethics: Lectures on the Aims and Duties of the Profession of Law* (Filadélfia: 1854).

56. Ver Antonio Padoa-Schioppa, *Il diritto nella storia di Europa* (Padua: Cedam, 1996), p. 168.

57. Sobre o uso do francês jurídico ver Sir William Holdsworth, *A History of English Law*, vol. 2, 4.ª ed. (Londres: Methuen, 1936), pp. 479-82.

58. Ver as referências da nota 36 anterior.

59. Ver John P. Heinz e Edward O. Laumann, *Chicago Lawyers: The Social Structure of the Bar*, edição revisada (Evanston, Ill.: Northwestern University Press, 1994).

60. Sobre a Inglaterra, ver John Langbein, *The Origins of Adversary Criminal Trial* (Oxford: Oxford University Press, 2003); Theodore F. T. Plucknett, *A Concise History of the Common Law*, 5.ª ed. (Boston: Little, Brown, 1956), pp. 434-5. Para o direito canônico, ver Brundage, nota 47 anterior, pp. 147-9.

61. Ver Lubman, nota 8 anterior, p. 164.

62. Ver Mirjan R. Damaska, *The Faces of Justice and State Authority: A Comparative Approach to the Legal Process* (New Haven, Conn.: Yale University Press, 1986).

63. Sobre a American Bar Association (ABA), ver *Standards for Criminal Justice: Prosecution Function and Defense Function*, 3.ª edição (Washington, D.C.: ABA, 1993); ABA, *Canons of Professional and Judicial Ethics*, edição revisada (Chicago: ABA, 1957), p. 3. Os cânones de ética da ABA, promulgados em 1908, declaram no Cânone 5: "O principal dever do promotor público não é condenar o acusado, mas sim cuidar para que se faça justiça." Todavia, fica evidente pela sentença subsequente desse cânone que não se imaginava que tal dever se estendesse tanto: "A omissão de fatos ou a ocultação de testemunhas capazes de comprovar a inocência do acusado é altamente repreensível".

64. Ver Fred Zacharias, "Structuring the Ethics of Prosecutorial Trial Practice: Can Prosecutors do Justice?" 44 *Vand. L. Rev.* 45 (1991).

65. O mesmo vale para a República Popular da China desde 1996. Ver Lubman, nota 8 anterior, p. 166; Ronald C. Brown, *Understanding Chinese Courts and Legal Process: Law with Chinese Characteristics* (Haia: Kluwer, 1997) pp. 14, 375.

66. Uma formulação clássica se encontra no caso *Nix* vs. *Whiteside*, 475 U.S. 157, 166 (1986) ("é proibido ao advogado ajudar o cliente a apresentar provas falsas"). Ver Normas da ABA, Norma 3.3 (a) (4) ("O advogado não pode apresentar provas que saiba serem falsas".)

67. Uma declaração forte e bem conhecida desse ponto de vista é a de Monroe H. Freedman, em *Understanding Lawyer's Ethics* (Nova York: Matthew Bender, 1990).

68. Ver Kenneth Mann, *Defending White-Collar Crime: A Portrait of Attorneys at Work* (New Haven, Conn.: Yale University Press, 1985) (baseado em extensa pesquisa empírica).

69. Normas da ABA, Norma 3.3 (a) (4), que, depois de impor o dever de se recusar a apresentar falso testemunho, determina que o advogado, ao descobrir que houve perjúrio, "tem de adotar medidas corretivas". O Comentário [11] a essa norma recomenda que o advogado comunique o fato ao tribunal e este, por sua vez, "decida o que deve ser feito".

70. Ver Piero Calamandrei, *Troppi avvocati!*, p. 34 *et passim* (Firenze: 1921).

71. Ver Heinz e Laumann, nota 59 anterior; Jerome E. Carlin, *Lawyers on Their Own: The Solo Practicioner in an Urban Setting*, edição revisada (San Francisco: Austin & Winfield, 1994); Joel F. Handler, *The Lawyer and His Community: The Practicing Bar in a Middle-Sized City* (Madison: University of Wiscosin Press, 1967) (estudos de campo sobre a prática jurídica norte-americana que demonstram as semelhanças com as divisões da prática mencionadas no texto).

72. Ver Lawrence M. Friedman, *A History of American Law*, 2.ª ed. (Nova York: Simon & Shuster, 1985), pp. 311, 640.

73. Ver o *Solicitors Act* de 1843: 6 e 7 Victoria c. 73 (condições para admissão como advogado ou *solicitor*), discutido por Sir Richard Holdsworth, *A History of English Law*, vol. 15 (Londres: Methuen, 1965), p. 224. Para uma breve história da divisão entre *barristers* e *solicitors* na advocacia britânica, ver Judith Maute, "Alice's Adventures in Wonderland", 71 *Fordham L. Rev.* 1357 (2003) e as fontes aí citadas.

74. Richard L. Abel, *The Legal Profession in England and Wales* (Oxford: Blackwell, 1988), pp. 199-200. Ver também A. H. Manchester, *A Modern Legal History of England and Wales,1750-1950* (Londres: Butterworths, 1980), pp. 53, 57.

75. Ver Gherardo Ortalli, *Scuole e maestri tra medioevo e rinascimento – Il caso veneziano*, passim (Bologna: Mulino, 1996).

76. O fórum servia como um centro de produção e compartilhamento desse conhecimento profissional. Ver Gorla e Moccia, nota 49 anterior, p. 148: Dawson, nota 49 anterior, p. 222.

77. John Leubsdorf, *Man in his Original Dignity: Legal Ethics in France* (Burlington, Vt.: Ashgate, 2000), p. 29.

78. Stan Ross, *Ethics in Law: Lawyers' Responsibility and Accountability in Australia*, 2.ª ed. (Sydney: Butterworths, 1998), pp. 464-5.

79. Ver, p. ex., Pier Luigi Rovito, *Respublica dei Togati – Giuristi e Società nella Napoli del Seicento* (Nápoles: Jovene, 1982), p. 152; Richard Scott Eckert, *The Gentlemen of the Profession: The Emergence of Lawyers in Massachusetts, 1630-1810* (Nova York: Garland, 1991), pp. 147-8; Hoyt P. Canady, *Gentlemen of the Bar: Lawyers in Colonial South Car-*

olina (Nova York: Garland, 1987), pp. 282-3; Philip Aylett, "A Profession in the Marketplace: The Distribution of Attorneys in England and Wales, 1730-1800", 5 *Law and History Rev.* 1 (1987); Geoffrey Holmes, *Augustan England: Proffesions, State and Society, 1680-1730* (Londres: Goerge Allen & Unwin, 1982), p. 157.

80. Ver David Lemmings, "Blackstone and Law Reform by Education: Preparation for the Bar and Lawyerly Culture in Eighteenth-Century England", 16 *Law and History Rev.* 211 (1998), pp. 217-8 e as fontes aí citadas.

81. Ver David A. Bell, *Lawyers and Citizens: The Making of a Political Elite in Old Regime France* (Nova York: Oxford University Press, 1994), pp. 26-38; Andrew Abbott, "Status and Status Strain in the Professions", 86 *Am. J. Sociology* 819 (1981); Alexis de Tocqueville, *Democracy in America*, tradução e organização de Harvey C. Mansfield e Delba Winthrop (Chicago: University of Chicago Press, 2000), vol. 1, parte 2, capítulo 8 (os profissionais do direito como "aristocracia norte-americana"); Pierre Bourdieu, "La force du droit: Eléments pour une sociologie du champ juridique", in LXIV *Actes de la recherche em sciences sociales* 3 (Paris: Maison de la science de l'homme, 1986), p. 355.

82. Ver, p. ex., Jerold S. Auerbach, *Unequal Justice: Lawyers and Social Change in Modern America* (Nova York: Oxford University Press, 1976; Magali Sarfatti Larson, *The Rise of Professionalism: A Sociological Analysis* (Berkeley: University of California Press, 1977); Richard L. Abel, *American Lawyers* (Nova York: Oxford University Press, 1989).

83. Ver Giovanni Tarello, *Storia della cultura giuridica moderna – Assolutismo e codificazione del diritto* (Bologna: Il Mulino, 1976), p. 33.

84. Ver Friedman, nota 72 anterior, pp. 315-8.

85. Albert Kenneth Roland Kiralfy, *The English Legal System*, 8.ª ed. (Londres: Sweet & Maxwell, 1990), p. 288; Gerald L. Gall, *The Canadian Legal System*, 4.ª ed. (Scarborough, Ont.: Carswell, 1995), p. 59; Donald James Gifford e Kenneth H. Gifford, *Our Legal System*, 2.ª ed. (Sydney: The Law Book Co., 1983), p. 64.

86. Ver "Higher Courts Qualification Regulations, 1992" (publicado no *Professional Standards Bulletin*, n.º 10 da *Law Society*) (março de 1994).

87. Ver Roger Perrot, *Institutions judiciaires*, 5.ª ed., pp. 385, 403 (Paris: Montchrestien, 1993); Emmanuel Blanc, *La nouvelle profession d'avocat* (Paris: Librairie du Journal des Notaires et des Avocats, 1973); Christophe Charle, "Pour une histoire sociale des professions juridiques à l'époque contemporaine: Note pour une recherche", in *Actes de la recherche em sciences sociales* 117 (Paris: Maison de la science de l'homme, 1986) p. 76 *et passim*.

88. Ver Hans-Jürgen Ahrens, *Anwaltrecht für Anfänger* (Munch: C. H. Beck, 1996); Hartung Holl, *Anwältliche Berufsordnung* (Munch: C. H. Beck, 1997).

89. Compare, por exemplo, com *Legal Education and Professional Development – An Educational Continuum* (também conhecido como *The MacCrate Report*), da "Task Force on Law Schools and the Profession" da ABA (Chicago: ABA, 1992); com Harry Edwards, "The Growing Disjunction between Legal Education and the Legal Profession", 91 *Mich. L. Rev.* 34 (1992); e com Richard Posner, "The Deprofessionalization of Legal Teaching and Scholarship", 91 *Mich. L. Rev.* 1921 (1993).

90. Max Weber, "Three Types of Legitimate Domination", em Richard Swedberg, organizador, *Max Weber: Essays in Economic Sociology* (Princeton, N. J.: Princeton University Press, 1999), p. 99.

91. Weber, nota 90, p. 100.

92. Tocqueville, nota 81 anterior, p. 257.

93. Kagan, nota 51 anterior, p. 23 (comparação sistemática do sistema jurídico norte-americano com os sistemas jurídicos de outras democracias constitucionais).

94. Ver Geoffrey C. Hazard e Michael Taruffo, *American Civil Procedure: An Introduction* (New Haven, Conn.: Yale University Press, 1993).

95. Hannes Siegrist, "Gli avvocati e la borghesia: Germania, Svizzera e Italia nel XIX secolo", in Jürgen Kocka, organizador, *Borghesie europee dell'ottocento* (Veneza: Marsilio, 1989), p. 357; idem, "Profilo degli avvocati italiani dal 1870 al 1930", in *Polis* 7 (1994), 223; Maria M. Malatesta, org., *Society and the Professions in Italy 1894-1914* (Cambridge: Cambridge University Press, 1995), *passim*; Geoffrey Hazard, "Japan's Legal Profession Slowly Accepts Change", *National Law Journal* (15 de junho de 1998), p. A25; Michele Taruffo, *La giustizia civile in Italia dal '700 a oggi* (Bologna: Il Mulino, 1980), p. 107; como um todo, para uma cuidadosa consideração desses aspectos, ver Marco Santoro, "La transformazione del campo giuridico: Avvocati, procuratori e notai dall'Unità alla Repubblica", in *Storia d'Italia – Annali 10 – I professionisti* (Turim: G. Einaudi, 1996), p. 81.

96. Ver, p. ex., Christian Dadomo e Susan Farran, *The French Legal System* (Londres: Sweet & Maxwell, 1993), capítulo 3.

97. Ver o § 46 do BRAO alemão (a Lei Federal dos advogados alemães).

98. Caso 155/79, *AM&S* vs. *Commission of the European Communities*, E.C.R. 1575 (1982) (ver o subparágrafo 21 do parecer acerca do LEXIS). Em nítido contraste, nos Estados Unidos o advogado do de-

partamento jurídico de uma empresa é tratado como equivalente ao advogado que exerce a profissão como autônomo. Ver *Upjohn Co. vs. United States*, 449 U.S. 383 (1981).

99. Ver a Lei dos Advogados da RPC, artigo 7º.

100. Ver Howard Abadinsky, *Law and Justice: An Introduction to the American Legal System*, 4.ª ed. (Chicago: Nelson-Hall, 1998), pp. 117-28; Robert T. Swaine, *The Cravath Firm and its Predessecors: 1819--1948*, vols. 1-3 (Nova York: Cravath, 1946-48); Carl M. Brauer, *Ropes & Gray: 1865-1990* (Boston: Ropes & Gray, 1991).

101. Swaine, nota 100, vol. 2. Para uma esclarecedora análise das técnicas da prática jurídica na Nova York do século XIX, ver Bruce Kimball e Blake Brown, "The Highest Ability in the Nation': Langdell on Wall Street 1855-1870", 29 *Law & Social Inquiry* 39 (2004).

102. É evidente que os associados prosperaram financeiramente com o modelo de grandes escritórios de advocacia. Ao que parece, disso se pode concluir que as transformações ocorridas nas sociedades de advogados tenha tido efeito equivalente para a remuneração dos sócios do escritório (afinal, foram eles que decidiram continuar crescendo). Alguns autores, entretanto, questionam essa ideia. Ver Marc Galanter e Thomas Palay, *Tournament of Lawyers: The transformation of the Big Law Firm* (Chicago: University of Chicago Press, 1991).

103. Ibid., p. 5.

104. Ver, p. ex., *R. (Van Hoogstraten) vs. Governor of Belmarsh Prison* (2003), 1 WLR 263.

105. Os grandes escritórios de advocacia, divididos internamente em departamentos especializados nos diversos ramos do direito, começaram agora a surgir na República Popular da China. Ver Yujie Gu, "Note, Entering the Chinese Legal Market: A Guide for American Lawyers Interested in Practicing Law in China", 48 *Drake L. Rev.* 173 (1999).

106. Lucas 11,46: "Ele [Jesus] ... respondeu: 'Ai de vós também, doutores da lei, pois sobrecarregais os homens com fardos difíceis de carregar, mas vós nem com um dedo tocais esses fardos'" (Bíblia versão Almeida século 21, da SBB).

107. Ver Alford, nota 8 anterior, pp. 22, 26.

108. Ver James A. Brundage, "The Calumny Oath and Ethical Ideas of Canonical Advocates", em Peter Landau e Joers Mueller, orgs., *Proceedings of the Ninth International Congress of Medieval Canon Law*, Monumenta Iuris Canonici, vol. 10 (Cidade do Vaticano: Biblioteca Apostólica Vaticana, 1997). Devemos essa referência a Jonathan Rose da Arizona State University.

109. Jonathan Rose, "The Legal Profession in Medieval England: A History of Regulation", 48 *Syracuse L. Rev.* 1 (1998), pp. 49-63; ver também James A. Brundage, "The Medieval Advocate's Profession", 6 *Law and History Rev.* 439 (1988), p. 450.
110. Ver Del Giudice, nota 55 anterior, pp. 113, 122; e Brundage, nota 109, pp. 446-54.

Capítulo 2

1. James A. Brundage, *Medieval Canon Law* (Londres: Longman, 1995), pp. 129-34.
2. Ver Marcel Storme, oganizador, *Approximation of Judiciary Law in the European Union, Final Report* (Dordrecht: Kluwer, 1994); American Law Institute-Unidroit, "Principles and Rules of Transnational Civil Procedure" (Discussion Draft n? 4, 2003).
3. Normas da ABA, Preâmbulo, §[2].
4. John Langbein, "The German Advantage in Civil Procedure", 52 *U. Chi. L. Rev.* 823 (1985).
5. Robert Gordon, "The Ethical Worlds of Large-Firm Litigators: Preliminary Observations", 67 *Fordham L. Rev.* 709, 733 (1998).
6. John Leubsdorf, *Man in His Original Dignity: Legal Ethics in France* (Burlington, Vt.: Ashgate, 2000), p. 101.
7. Thomas Bingham, "Judicial Ethics", em Ross Cranston, organizador, *Legal Ethics and Professional Responsibility* (Oxford: Clarendon, 1995), p. 51.
8. *Brown* vs. *Allen*, 344 U.S. 443, 540 (1953) (declaração de voto do Juiz Jackson).
9. Ver Dietrich Rueschemeyer, "State, Capitalism, and the Organization of Legal Counsel: Examining an Extreme Case – the Prussian Bar, 1700-1914", em Terence C. Halliday e Lucien Karpik, organizadores, *Lawyers and the Rise of Western Political Liberalism: Europe and North America from the Eighteenth to Twentieth Centuries* (Nova York: Oxford University Press, 1997), p. 220; ver também Foster, nota 5 anterior, p. 21.
10. Ver *The Bremen* vs. *Zapata Off-Shore Oil Co.*, 407 U.S. 1 (1972) (Contrato entre uma empresa norte-americana e uma empresa alemã que determinava que as disputas acerca do contrato deveriam ser julgadas em Londres).
11. Uma análise já clássica é a do ex-juiz Marvin E. Frankel em seu livro *Partisan Justice* (Nova York: Hill & Wang, 1980).

12. Ver Michele Taruffo, *La prova del fatti giuridici – Nozioni generali* (Milão: Giuffrè, 1992), pp. 8, 35 s.

13. Ver Richard Posner, *Law and Legal Theory in England and America* (Oxford: Clarendon, 1996), pp. 27-9. O juiz Posner compilou essas estatísticas de diversas fontes, dentre as quais: *Court Service of the Lord Chancellor's Department*; *World Factbook*; *Annual Abstract of Statistics* da Inglaterra, edição de 1995; e Marc Galanter, "News from Nowhere: The Debased Debate on Civil Justice", 71 *Denver U. L. Rev.* 77 (1993), pp. 104-7.

14. William E. Butler, *Russian Law* (Nova York: Oxford University Press, 1999), pp. 116, 155.

15. Posner, nota 13 anterior, p. 29.

16. O presidente do supremo tribunal da China reconheceu que o financiamento indevido teve "grave impacto sobre o processo normal de trabalho judicial..." BBC *Worldwide Monitoring*, "China's Chief Justice Delivers Supreme Court Work Report" (22 de março de 2001).

17. Ver, p. ex., American Bar Association (ABA), *Model Code of Judicial Conduct* (Chicago: ABA, 2002); Council of Europe Committee of Ministers, *Independence, Efficiency, and Role of Judges* (Estrasburgo: Council of Europe, 1995).

18. Stephen Burbank e Barry Friedman, organizadores, *Judicial Independence at the Crossroads: An Interdisciplinary Approach* (Thousand Oaks, Calif.: Sage, 2002).

19. Na República Popular da China, as dificuldades financeiras do sistema judicial levaram alguns tribunais a se associar com o governo local ou com empresas privadas em busca de lucro. Ver William Alford, "Tasselled Loafers for Barefoot Lawyers: Transformation and Tension in the World of Chinese Legal Workers", em Stanley Lubman, organizador, *China's Legal Reforms* (Oxford: Oxford University Press, 1996).

20. Sobre o procedimento norte-americano, ver 28 U.S.C. § 144.

21. As normas norte-americanas são especialmente elaboradas. Ver ABA, nota 17 anterior, Canon 3(E); U.S.C. § 455.

22. Ver Shimon Shetreet, *Justice in Israel: A Study of the Israeli Judiciary* (Dordrecht: M. Nijhoff, 1994).

23. Ver *Liljeberg* vs. *Health Services Acquisition Corp.*, 486 U.S. 847 (1988) (anulação de uma sentença num caso em que o juiz era indiretamente ligado a uma das partes).

24. Ver, em geral, Roberto O. Berizonce, "Recientes tendencias en la posición del juez", Int'l Ass'n of Procedural Law, *Procedural Law*

on the Threshold of a New Millennium (Baden Baden: Nomos, 1999) e as fontes aí citadas; Mauro Cappelletti, "Who Watches the Watchmen? A Comparative Study on Judicial Responsibility", 31 *Am. J. Comp. L.* 1 (1983).

25. *Monitoring the EU Accession Process: Judicial Independence* (Budapeste: Central European University Press, 2001), p. 394. Somos gratos ao Professor Gerhard Casper por essa referência.

26. *Bush* vs. *Gore*, 531 U.S. 98 (2000). Compare Alan M. Dershovitz, *Supreme Injustice: How the High Court Hijacked Election 2000* (Nova York: Oxford University Press, 2001) com Richard A. Posner, *Breaking the Deadlock: The 2000 Election, The Constitution, and the Courts* (Princeton, N.J.: Princeton University Press, 2001).

27. Ver Brian Buescher, "ABA Model Rule 7.6: The ABA Pleases the SEC, But Does Not Solve Pay to Play", 14 *Geo. J. Legal Ethics* 139 (2000). Ver também Normas da ABA, Norma 7.6.

28. Ver Reinhold Niebuhr, *Moral Man and Immoral Society* (Nova York: Scribner, 1932).

29. Nos Estados Unidos, para uma pequena minoria de brilhantes bacharéis em direito esse tem sido o caminho adotado para fazer carreira jurídica na academia. Muitos apresentam aos alunos uma visão da prática jurídica marcada por experiências de desilusão.

30. Ver Jerome E. Carlin, *Lawyers on Their Own: The Solo Practicioner in an Urban Setting*, edição revisada (San Francisco: Austin & Winfield, 1994), p. 210; John P. Heinz e Edward O. Laumann, *Chicago Lawyers: The Social Structure of the Bar*, edição revisada (Evanston, Ill.: Northwestern University Press, 1994), p. 10.

31. Quando ainda era professor, Jerome Frank fez disso o principal tema de um livro: Jerome Frank, *Law and the Modern Mind* (Garden City, N.Y.: Doubleday, 1963). O próprio Frank veio depois a se tornar juiz.

32. Para exemplos dessa ideia, ver Austin Sarat e William L. F. Felstiner, *Divorce Lawyers and Their Clients: Power and Meaning in the Legal Process* (Nova York: Oxford University Press, 1995), pp. 99-102 (estudo de campo sobre as inter-relações de advogados com clientes em casos de divórcio).

33. Ver, p. ex., William H. Simon, *The Practice of Justice: A Theory of Lawyers' Ethics* (Cambridge, Mass.: Harvard University Press, 1998). [Trad. bras., *A prática da justiça*, São Paulo, Martins Fontes, 2001.]

34. Jean Louis Halperin, *Avocats et notaires em Europe – Les professions judiciaires dans l'histoire contemporain* (Paris: LGDJ, 1996), *passim*.

35. Para análise e consultas extensas, ver Frank B. Cross, "Law and Economic Growth", 80 *Texas L. Rev.* 1732 (2002).

36. Ver Thomas Hobbes, *Leviathan*, organizado por Richard Tuck (Cambridge: Cambridge University Press, 1991), pp. 171-5 [trad. bras., *Leviatã*, São Paulo, Martins Fontes, 2003]; John Locke, *Second Treatise of Government* (Indianápolis, Ind.: Hackett, 1980), capítulo 5.

37. Ver Harold J. Berman, *Law and Revolution: The Formation of the Western Legal Tradition* (Cambridge, Mass.: Harvard University Press, 1983), p. 30.

38. Ver, p. ex., Lucien Karpik, "Builders of Liberal Society: French Lawyers and Politics", em Halliday e Karpik, nota 9 anterior, p. 101; J. S. Cockburn, *A History of the English Assizes: 1558-1714* (Cambridge: Cambridge University Press, 1972); comparar com Rueschemeyer, nota 9 anterior, p. 207.

39. Comparar com a análise em Terrence Halliday e Lucien Karpik, *Postscripit: Lawyers, Political Liberalism, and Globalization*, em Halliday e Karpik, nota 9 anterior, pp. 367-70.

40. Os argumentos de Taylor estão resumidos em Halliday e Karpik, nota 9 anterior, p. 21.

41. Ver George Harris e Derek Foran, "The Ethics of Middle-Class Access to Legal Services, and What Can We Learn from the Medical Profession?" 70 *Fordham L. Rev.* 775 (2001). Os autores analisaram as provas acumuladas na pesquisa nacional realizada pela *American Bar Foundation,* mais outras pesquisas regionais. Ver também Roger Cramton, "Delivery of Legal Services to Ordinary Americans", 44 *Case Western L. Rev.* 531 (1994).

42. Ver Edward Blankenburg, "The Lawyers' Lobby and the Welfare State: The Political Economy of Legal Aid", em Francis Regan, A. Paterson, T. Goriely e D. Fleming, *The Transformation of Legal Aid 113* (Oxford: Oxford University Press, 1999). Sobre assistência judiciária em geral, ver Mauro Cappelletti, J. Gordley e E. Johnson, organizadores, *Towards Equal Justice: A Comparative Study of Leagal Aid in Modern Societies* (Dobbs Ferry, N.Y.: Oceana Publications, 1975).

43. Michele Taruffo, org., *Abuse of Procedural Rights: Comparative Standards of Procedural Fairness* (Hala. Kluwer, 1999) (atas do Seminário Internacional da Associação Internacional de Direito Processual, Tulane Law School, 1998).

44. Ver, de modo geral, Mirjan Damaska, *The Faces of Justice and State Authority: A Comparative Approach to the Legal Process* (New Haven, Conn.: Yale University Press, 1986).

45. CDF, artigo 11.

46. Normas da ABA, Norma 6.2 ("o advogado não deve recusar-se a aceitar uma indicação, senão por uma boa causa"); Norma 6.1

("o advogado deve procurar prestar pelo menos 50 horas por ano de serviços jurídicos *pro bono publico*").

47. Uma exposição já clássica dessa relação é a de Piero Calamandrei, *Procedure and Democracy*, traduzido por John Clarke Adams e Helen Adams (Nova York: Nova York University Press, 1956).

48. Ver, p. ex., Michael Stolleis, *The Law under the Swastika*, traduzido por Thomas Dunlap (Chicago: University of Chicago Press, 1998).

49. Essa análise baseia-se principalmente em Inga Markovits, "Children of a Lesser God: GDR Lawyers in Post-Socialist Germany", 94 *Mich. L. Rev.* 2270 (1996), p. 2279 *et passim*.

50. A melhor explicação dessa diferença continua sendo a de F. A. Hayek, *The Road to Serfdom* (Chicago: University of Chicago Press, 1944).

51. Du Xichuan e Zhang Linguan, *China's Legal System: A General Survey* (Pequim: New World Press, 1990), p. 184.

52. Margaret Y. K. Woo, "Law and Discretion in the Contemporary Chinese Courts", 8 *Pac. Rim Law & Policy J.* 581, 588 (1999).

53. Markovits, nota 49 anterior.

54. Ibidem, p. 2279; ver também 2282: "Na maioria dos julgamentos em que o juiz discorda da pena proposta pelo promotor, a diferença entre as penas é bem pequena. Quase não se ouve falar de absolvição total."

55. Ibidem, p. 2274.

56. Ibidem, p. 2279.

57. Ibidem, p. 2278.

58. Ver Albert A. Woldman, *Lawyer Lincoln* (Nova York: Carroll & Graf, 1994), pp. 172-85.

59. Na Faculdade de Direito de Yale, por exemplo, a fachada da entrada principal tem figuras que representam a ideia que o arquiteto tinha sobre o "direito". A figura que mais se destaca é a de um policial perseguindo um ladrão.

60. Ver também Frank Donovan, *Mr. Roosevelt's Four Freedoms* (Nova York: Dodd, Mead, 1966), pp. 25-46.

61. Ver a Declaração Universal dos Direitos Humanos, da ONU e a Convenção Europeia dos Direitos Humanos, republicada em Ian Brownlie, org., *Basic Documents on Human Rights*, 3.ª ed. (Nova York: Oxford University Press, 1992), pp. 21 e 36, respectivamente.

62. Ver, p. ex., Gabor Halmai e Kim Lane Scheppele, "Living Well Is the Best Revenge: The Hungarian Approach to Judging the Past", em A. James McAdams, org., *Transitional Justice and the Rule of*

NOTAS   413

Law in New Democracies (Notre Dame, Ind.: University of Indiana Press, 1997), p. 155.
63. Ver Taruffo, nota 43 anterior.
64. Ver Deborah L. Rhode, "Access to Justice", 69 Fordham L. Rev. 1785 (2001).
65. Stan Ross, *Ethics in Law: Lawyers' Responsibility and Accountability in Australia*, 2.ª ed. (Sydney: Butterworths, 1998), p. 173.
66. Citado no caso inglês de *Rondel* vs. *Worsley*, 1 AC 191 at 274 (1969), e relatado por Ross, nota 65 anterior, p. 173.

Capítulo 3

1. Ver Aristóteles, "Nicomachean Ethics", em Jonathan Barnes, org., *The Complete Works of Aristotle*, vol. 2 (Princeton, N.J.: Princeton University Press, 1984), pp. 1762, 1826; Cícero, "On the Commonwealth", em James E. G. Zetzel, org., *Cicero: On the Commonwealth and On the Laws* (Cambridge: Cambridge University Press, 1999). As virtudes equivalentes na tradição cristã foram formuladas como "fé, esperança e caridade". Ver, p. ex., *St Augustine, Faith, Hope, and Charity*, tradução para o inglês de Louis A. Arand (Westminster, Md.: Newman, 1955).
2. Ver John Leubsdorf, *Man in His Original Dignity: Legal Ethics in France* (Burlington, Vt.: Ashgate, 2000), *passim*; Bernard Sur, *Histoire des avocats em France des origines à nos jours* (Paris: Dalloz, 1998), pp. 22, 30 s.
3. Re A Company (n.º 006798 de 1995) [1996] 1 WLR 491, 506 (Chadwick Jr.), citado por Neil Andrews, *English Civil Procedure: Fundamentals of the New Civil Justice System*, § 401 (2003).
4. Ver Mark Osiel, "Book Review: Lawyers as Monopolists, Aristocrats, and Entrepreneurs", 103 *Harv. L. Rev.* 2009, 2035 (1990) (resenha de *Lawyers in Society*, de Richard L. Abel e Philip S. C. Lewis).
5. Ver, p. ex., Monroe Freedman, *Understanding Lawyers' Ethics* (Nova York: Matthew Bender, 1990).
6. Alguns trabalhos acadêmicos nos Estados Unidos têm afirmado que é impróprio que os advogados formulem seus próprios padrões de ética, pois isso equivale a ser juiz e parte na mesma causa. Ver, p. ex., Richard L. Abel, "Why Does the ABA Promulgate Ethical Rules?" 59 *Texas L. Rev.* 639 (1981); e Deborah Rhode, "Why the ABA Bothers: A Functional Perspective on Professional Codes", 59 *Texas L. Rev.* 689 (1981). Essas observações erram o alvo. Seria muito estranho

os membros escrupulosos de uma categoria profissional desconsiderarem seus padrões éticos ou se sentirem paralisados pela culpa ao tratar desses padrões. Além disso, se os padrões éticos dos profissionais do direito devem ser expressos por escrito – o que se tornou conveniente, talvez necessário na era moderna –, o trabalho de formular esses padrões por escrito seria possível apenas a alguém dotado de conhecimentos legislativos e aptidão para redigir documentos, alguém que por isso mesmo teria de ser um "advogado". Uma questão bem diferente é se essa ou aquela norma de ética, tal como redigida por um grupo de profissionais, expressa o interesse público, em contraposição ao interesse do grupo profissional que a formulou.

7. Ver Geoffrey C. Hazard Jr., "Law Practice and the Limitations of Moral Philosophy", em Deborah L. Rhode, org., *Ethics in Practice: Lawyers' Roles, Responsibilities, and Regulation* (Nova York: Oxford University Press, 2000).

8. Ver Anne Frank, *The Diary of a Young Girl*, Otto H. Frank e Mirjam Pressler, orgs. (Nova York: Doubleday, 1995).

9. Ver David Mellinkoff, *The Conscience of a Lawyer* (St. Paul, Minn.: West, 1973), p. 188.

10. 2 Trial of Queen Caroline 8 (1821), J. Nightingale, org. (Londres: J. Robins & Co., 1820-21).

11. Ver Normas da ABA, Norma 1.2 (a) ("O advogado deve acatar as decisões do cliente referentes aos objetivos da representação...").

12. Ver Normas da ABA, Norma 3.3 (a) (4) ("O advogado não pode deliberadamente apresentar provas que saiba serem falsas...").

13. Ver Normas da ABA, Norma 1.2 (d) ("O advogado não pode auxiliar o cliente em conduta que saiba ser criminosa ou dolosa..."). Ver, p. ex., *Robinson* vs. *Volkswagenwerk AG*, 940 F.2d 1369 (10th Cir. 1991) (ocultação imprópria da relação entre uma empresa matriz e uma sua filial).

14. O dever de retirar-se de uma transação fraudulenta é previsto explicitamente. Ver, p. ex., Normas da ABA, Norma 1.2 Comentário [7] ("Quando o cliente já deu início a determinado curso de ação... o advogado não deve continuar auxiliando-o em conduta criminosa ou dolosa. Talvez seja necessário que o advogado se retire dessa representação."); ou o CDF italiano, artigo 36(I) ("O advogado não deve dar apoio a conduta ilegal (ou) fraudulenta...") e artigo 47 ("O advogado pode abandonar a representação de um cliente"); ver, p. ex., Remo Danovi, "Dei doveri dell'avvocato nel processo", *Rassegna Forense*, 2001, p. 839 s. A norma jurídica é que o advogado, assim como qualquer outra pessoa, é civil e criminalmente imputável se au-

xilia um terceiro – o cliente, por exemplo – a cometer fraude. Na prática, exige-se que, se o advogado colaborou numa transação fraudulenta, seja suspeito de ser cúmplice da fraude e não somente um inocente útil de que se aproveitou um cliente desonesto. Em geral, a melhor maneira de evitar essa suspeita é adotar medidas preventivas.

15. RSFSR, Lei sobre a Advokatura, artigo 16.

16. O aniversário desse evento deu origem a uma nova série de livros. Ver, p. ex., Martin P. Johnson, *The Dreyfus Affair* (Nova York: St. Martin's, 1999); Michael Burns, *France and the Dreyfus Affair: A Documentary History* (Boston: Bedford/St. Martin's, 1999).

17. Ver Lord Alfred Thompson Denning, *The Profumo-Christine Keeler Affair* (Nova York: Marc, 1962); Clive Irving, Ron Hall e Jeremy Wallington, *Anatomy of a Scandal: a Study of the Profumo Affair* (Nova York: William Morrow, 1963).

18. Um interessante relato da saga de Nixon – uma saga que compreende um labirinto de questões de ética jurídica – é o de Robert Woodward e Carl Bernstein, *The Final Days* (Nova York: Simon & Shuster, 1976). Quanto à situação de Clinton, ver o debate entre o juiz Posner e o professor Dershovitz: Alan M. Dershovitz, *Sexual McCarthism: Clinton, Starr and the Emerging Constitutional Crisis* (Nova York: Basic Books, 1998); Richard A. Posner, *An Affair of State: The Investigation, Impeachment, and Trial of President Clinton* (Cambridge, Mass.: Harvard University Press, 1999).

19. Kenneth Starr, discurso na Mecklenburg Bar Foundation (Charlotte, N.C., 1º de junho de 1998), Federal Information Systems Corp., Federal News Service.

20. O direito de não se incriminar foi incorporado – algumas vezes, com relutância – ao processo penal em muitos sistemas jurídicos. Ver Amann, "A Whipsaw Cuts Both Ways: The Privilege Against Self-Incrimination in an International Context", 45 *UCLA L. Rev.* 1201, 1251-1261 (1998).

21. Um caso famoso nos Estados Unidos é *People* vs. *Belge*, 83 Misc.2d 186, 372 N.Y.S.2d 798 (N.Y. Crim. Ct. 1975). Nesse caso, uma pessoa acusada de assassinato confessou o crime a seu advogado e também reconheceu que havia matado outra vítima, dada como desaparecida, mas cujo corpo ainda não havia sido encontrado. O advogado ocultou essas informações das autoridades até conseguir negociar um acordo para que seu cliente fosse julgado como doente mental.

22. Ver Geoffrey Hazard, "Doing the Right Thing", 70 *Wash. U. L. Quarterly* 691 (1992).

23. Código Canadense, capítulo 2 (comentário 1). Ver também as Normas do CCBE, Norma 3.1.3 ("O advogado não deve encarre-

gar-se de demandas para as quais ele sabe, ou deveria saber, que não tem suficiente competência..."); Normas da ABA, Norma 1.1 ("O advogado tem de prestar representação competente... [a competência] implica conhecimento jurídico, habilidade, eficiência e preparo...").

24. Ver Código Canadense, capítulo 5 (comentário 1) ("O cliente poderá ser gravemente prejudicado se o discernimento e a liberdade de ação do advogado não forem o mais livres possível de influências comprometedoras."); Normas do CCBE, Norma 2.1.1 ("Os muitos deveres a que o advogado se submete exigem que ele tenha a mais absoluta independência..."); Normas da ABA, Norma 5.4 (que define a exigência de julgamento profissional independente).

25. Normas do CCBE, Norma 3.2.1, Norma 3.2.2 e Norma 3.2.3. Ver também Código Canadense, capítulo 5 ("O advogado não deve... atuar nem continuar atuando numa demanda em que haja ou possa haver conflito de interesses...").

As Normas da ABA são mais complexas, pois têm dispositivos diferentes para os diversos tipos de conflito de interesses, como, por exemplo, para quando o advogado representa dois clientes ao mesmo tempo (Norma 1.7), para quando a representação de um novo cliente se segue à representação de um cliente anterior (Norma 1.9) e para a presunção de conflito entre dois ou mais advogados do mesmo escritório de direito (Norma 1.10).

26. Nos sistemas de *common law* o dever de sigilo é concebido como direito do cliente, que o advogado tem obrigação de proteger. Ver *Restatement*, § 60. No que diz respeito ao dever de sigilo em relação a um potencial cliente, ver *Restatement*, § 15, Comentário c. Nos sistemas de *civil law* a norma é expressa de modo diferente, mas os efeitos são os mesmos. Nos sistemas de *civil law* o advogado tem o direito e o dever profissional de manter em sigilo todas as questões de que teve conhecimento no curso de seu trabalho. Ver Normas do CCBE, Norma 2.3.1.

27. Ver, p. ex., BRAO, § 43.

28. A norma alemã, por exemplo, está no ZZP, § 383(6). Ver também BRAO §§ 4/a/2 e 56/1.

29. *Restatement*, §§ 68-76.

30. A diferença entre o conceito do *civil law*, em que o sigilo é um direito do profissional, e o conceito do *common law*, em que ele é um direito do cliente, pode resultar em diferenças na abrangência permitida para o interrogatório em tribunal. Ver capítulo 6. Na maioria dos contextos, contudo, os dois conceitos têm a mesma amplitude de aplicação.

31. Ver, p. ex., o Civility Code, adotado pela Suprema Corte da Pensilvânia, 30 Pa. B. 6541 (6 de dezembro de 2000). Um exemplo de código de urbanidade a que se deve "aspirar" é o Maryland State Bar Association Code of Civility (MSBA, 1997). A discussão sobre urbanidade vem de longa data; ver, p. ex., Warren E. Burger, "Opening Remarks", in *ALI Proceedings: 1971* (Filadélfia: ALI, 1972), p. 21; United States Court of Appeals (7th Circuit), Interim Report of the Committee on Civility of the Seventh Federal Judicial Circuit (Chicago, 1991).

32. Ver Federico Carpi e Michele Taruffo, *Commentario breve al codice di procedura civile*, 4.ª ed. (Pádua: Cedam, 2002), p. 127.

33. Normas da ABA, Norma 8.4.

34. Código Canadense, capítulo 1 ("O advogado deve cumprir seus deveres [...] com integridade."); Normas do CCBE, Norma 2.2 ("A honra, a honestidade e a integridade pessoais [...] são obrigações profissionais.").

35. Law Society, *Guide to Professional Conduct of Solicitors*, 8.ª ed. (Londres: Law Society, 1999), Norma 12.03 (doravante: *Law Society Guide*).

36. Ver *Restatement*, § 52, em particular o Comentário b. Para conhecer uma sentença canadense sobre responsabilidade funcional, ver *Central Trust Co.* vs. *Rafuse*, 2 S.C.R. 147 (1986) (a responsabilidade funcional corresponde à negligência no cumprimento do dever de cuidado razoável do *common law*, dever este que exige "conhecimento suficiente das questões fundamentais e dos princípios jurídicos competentes...").

37. *Togstad* vs. *Vesely, Otto, Miller & O'Keefe*, 291 N.W.2d 686 (Minn. 1980).

38. *Prudential Ins. Co.* vs. *Dewey, Ballantine, Bushby, Palmer & Wood*, 80 N.Y.2d 377 (N.Y., 1992).

39. Ver John Merryman, "Legal Education There and Here: A Comparison", in *The Loneliness of the Comparative Lawyer* (Haia: Kluwer, 1999), p. 66.

40. Ibidem, p. 61; Mary Ann Glendon, Michael Wallace Gordon e Paolo G. Carozza, *Comparative Legal Traditions in a Nutshell*, 2ª ed. (St. Paul, Minn.: West, 1999), pp. 75-7. Comparar com o esboço da educação jurídica alemã de Hans Leser, "Legal Education in Germany", in Peter Birks, org., *Pressing Problems in the Law*, vol. 2: *What are Law Schools Good For?* (Nova York: Oxford University Press, 1996), p. 91.

41. Ver, p. ex., John Henry Merryman *et al.*, *The Civil Law Tradition: Europe, Latin America, and East Asia* (Charlottesville, Va.: Michie, 1994).

42. O silêncio acerca do "lado escuro" da vida profissional nos Estados Unidos dá margem a ainda mais críticas. Ver, por exemplo, Richard Zitrin e Carol M. Langford, *The Moral Compass of the American Lawyer: Truth, Justice, Power, and Greed* (Nova York: Ballantine, 1999).

43. Ver John Merryman, *The Civil Law Tradition – An Introduction to the Legal Systems of Western Europe and Latin America* (Stanford, Calif.: Stanford University Press, 1986).

44. Para uma visão geral das exigências nos estágios, ver Gerhard Manz e Anne MacGregor, "The Legal Profession in Germany", em Allen Tyrell e Zahd Yaqub, org., *The Legal Profession in the New Europe* (Londres: Cavendish, 1996), p. 150. Sobre o programa (opcional) de estágios da Espanha, ver Luis Algar Calderón, "The Legal Professions in Spain", in idem, p. 294.

45. Angelo Dondi, "Il regolamento istitutivo delle scuole forensi – Rilievi minimi in tema di riforme e di formazione delle professione forense – Nuove prospettive per l'avvocatura", em *La Nuov. Giur. Civ. Comm.* 1999, p. 193; Francesco Miraglia, "Formazione selettiva e scuole forensi – Risposta concreta al problema dell'accesso alla professione", em *Arch. Civ.* 2001, p. 289.

46. Na França, o exame da ordem é chamado de Capa (Certificat d'Aptitude à la Profession d'Avocat); ver Christian Dadomo e Susan Farran, *The French Legal System* (Londres: Blackstone, 1996), pp. 84-7; Glendon, Gordon e Carozza, nota 40 anterior, p. 79. Na Itália, o processo envolve vários exames, como explica Thomas Glyn Watkin em *The Italian Legal Tradition* (Aldershot, Inglaterra: Ashgate/Dartmouth, 1997), pp. 109-17.

47. Há muitos critérios e procedimentos para avaliar a aptidão de um candidato à prática da profissão. Ver, por exemplo, Código Canadense, capítulo 1, PRC, Lei dos Advogados, artigo 8º (3).

48. Desse modo, na França e na Itália se é admitido à ordem dos advogados de uma cidade; na Alemanha, à ordem do *Lander*. Quanto à França, ver Dadomo e Farran, nota 46 anterior, p. 120. Para a Itália, ver Watkin, nota 46 anterior, p. 114. Os procedimentos de admissão dos vários *Länder* da Alemanha foram arrolados por Foster, nota 46 anterior, pp. 81-9.

49. O insucesso da dicotomia *barrister/ solicitor* foi amplamente analisado em Andrew Boon e Jennifer Levin, *The Ethics and Conduct of Lawyers in England and Wales* (Portland, Ore.: Hart, 1999), capítulos 2 e 3.

50. Os *Inns of Court* eram residências profissionais e locais para a formação de candidatos à profissão. Eram considerados instituições

NOTAS 419

de ensino superior equivalentes a universidades. Ver J. H. Baker, *The Common Law Tradition* (Londres: Hambledon, 2000), pp. 69-76.

51. Boon e Levin, nota 49 anterior, pp. 145, 152.

52. Ibidem, pp. 157-62.

53. Ver Baker, nota 50 anterior, p. 22.

54. Boon e Levin, nota 49 anterior, p. 152.

55. Mary Seneviratne, *The Legal Profession: Regulation and the Consumer* (Londres: Swee & Maxwell, 1999), p. 102. Mesmo a grade curricular dos graduandos em direito tende a uma educação clássica em humanidades. A orientação dos cursos de direito é um dos fatores de tensão periódica entre a ordem dos advogados na Inglaterra – que quer uma formação mais voltada para a prática – e o mundo acadêmico. Nos Estados Unidos, assim como em outros lugares, essa questão está longe de ter sido resolvida. Ver, por exemplo, Boon e Levin, nota 49 anterior, pp. 154-7; Birks, nota 40 anterior, *passim*.

56. Ver Marcel Berlins e Clare Dyer, *The Law Machine*, 5.ª ed. (Londres: Penguin, 2000), p. 34-50.

57. Ver Boon e Levin, nota 49 anterior, capítulo 3.

58. Sobre a situação das mulheres e das minorias étnicas entre os *solicitors*, ver Boon e Levin, nota 49 anterior, pp. 145-52; Neil Kibble, "Access to Legal Education and the Legal Professions in England", in Rajeev Dhavan, Neil Kibble e William Twining, orgs., *Access to Legal Education and the Legal Profession* (Londres: Butterworths, 1989), p. 132.

59. Ver Yoshiharu Kawahata, "Reform of the Legal Education and Training in Japan: Problems and Prospects", 43 *So. Texas L. Rev.* 419 (2002).

60. Os *Commentaries* de Blackstone tiveram enorme influência nos Estados Unidos e talvez ainda maior na Inglaterra. A obra de Blackstone era um compêndio conciso de todo o *common law*, por si só uma biblioteca jurídica útil e econômica, própria para um país que então se desenvolvia. William Blackstone, *Commentaries on the Laws of England* (Buffalo, N.Y.: William S. Hein, 1992). Ver Lawrence M. Friedman, *A History of American Law*, 2.ª ed. (Nova York: Simon & Shuster, 1985), p. 112 (comenta a "ubiquidade" de Blackstone no período de formação do direito norte-americano).

61. Foi assim que Abraham Lincoln aprendeu direito. Ver também Joseph G. Baldwin, *The Flush Times of Alabama and Mississippi: A Series of Sketches* (Nova York: D. Appleton, 1854), p. 324 (trata do aprendizado de um homem de 35 anos que um dia decidiu ser advogado mesmo sem ter "nenhuma instrução" anterior).

62. O mais antigo desses institutos é a Litchfield School, em Connecticut, fundada por volta de 1784; Friedman, nota 60 anterior, p. 279. Para mais informações sobre a Litchfield School, ver Marian C. McKenna, *Tapping Reeve and the Litchfield Law School* (Nova York: Oceana, 1986). Outro programa jurídico universitário antigo foi criado em 1779 por Thomas Jefferson e George Wythe no College of William and Mary; ver E. Lee Shepard, "George Wythe", em William H. Bryson, org., *Legal Education in Virginia: 1779-1979* (Charlottesville, Va.: University Press of Virginia, 1982).

63. Em 1794, na Columbia College (hoje Universidade de Colúmbia), James Kent começou a dar aulas de direito que destacavam os clássicos, a lógica, a matemática e a filosofia moral. Ver Anton-Hermann Chroust, *The Rise of the Legal Profession in America*, vol. 2 (Norman: University of Oklahoma Press, 1965), pp. 181-5. Em 1799, a Universidade Transylvania, no Kentucky, deu início a outro currículo de direito. Ver Alfred Z. Reed, *Training for the Public Profession of the Law* (Boston: Merrymount, 1921), p. 118. Harvard deu início a uma grade curricular em 1817, mas o curso só ganhou o prestígio que tem depois que Joseph Story passou a fazer parte de seu corpo docente, em 1829. Ver, p. ex., Arthur E. Sutherland, *The Law at Harvard* (Cambridge, Mass.: Belknap, 1967).

64. Para as diferentes perspectivas das origens e do impacto do conceito da Harvard Law School, ver, p. ex., Robert Stevens, *Legal Education in America from the 1850s to the 1980s* (Chapel Hill: University of North Carolina Press, 1983), capítulos 3 e 4; William P. LaPiana, *Logic and Experience: The Origin of Modern Legal Education* (Nova York: Oxford University Press, 1994); Anthony Chase, "The Birth of the Modern Law School", 23 *Am. J. of Legal History* 339 (1979); Bruce Kimball e Blake Brown, "'The Highest Legal Ability in the Nation': Langdell on Wall Street 1855-1870", 29 *Law & Social Inquiry* 39 (2004).

65. Ver, p. ex., James Bradley Thayer, *Select Cases on Evidence at the Common Law: With Notes* (Cambridge: C. W. Sever, 1892).

66. Oliver Wendell Holmes Jr., *The Common Law* (Boston: Little, Brown, 1946), p. 1.

67. Oliver Wendell Holmes Jr., "Law in Science and Science in Law", 12 *Harvard L. Rev.*, 443, p. 444 (republicado em Richard A. Posner, org., *The Essencial Holmes* [Chicago: University of Chicago Press, 1992], p. 186).

68. Alguns céticos ligados ao "realismo jurídico" na comunidade acadêmica norte-americana publicaram coletâneas de casos compostas de sentenças escolhidas pela incoerência e pela falta de nexo. Por

NOTAS 421

exemplo, em 1937, Thurman Arnold e Fleming James, de Yale, publicaram uma coletânea que, na opinião de um resenhista, mostrava que o direito era "um asno". Ver Laura Kalman, *Legal Realism at Yale: 1927-1960* (Chapel Hill: University of North Carolina Press, 1986), p. 81.

69. O ingresso na prática jurídica nos Estados Unidos é uma questão administrativa estadual, não nacional; ver capítulo 1. Muitos estados continuaram permitindo o ingresso com base no aprendizado autodidata; alguns até hoje ainda permitem. Ver ABA, *Comprehensive Guide to Bar Admission Requirements* (Chicago: ABA, 1995).

70. Ver Stevens, nota 64 anterior, capítulos 6 e 7.

71. Para um resumo da ascensão e queda dos padrões de caráter, ver Richard L. Abel, *American Lawyers* (Nova York: Oxford University Press, 1989), pp. 69-73.

72. Ver Deborah Rhode, "The Future of the Legal Profession: Institutionalizing Ethics", 44 *Case Western Res. L. Rev.* 665, 690 (1994) ("nunca se demonstrou que bons resultados [...] nos exames da ordem [...] correspondem a bons resultados no exercício profissional").

73. Um exemplo desse tipo de crítica gratuita é Warren Burger, "Some Further Reflections on the Problem of Adequacy of Trial Counsel", 49 *Fordham L. Rev.* 1 (1980). A estratificação da profissão – e a consequente possibilidade de que os estratos superiores promulguem normas que sirvam somente a seus próprios interesses – tem que ser levada em conta toda vez que advogados de "nível superior" fazem apelos por "competência" ou "profissionalismo". Sobre esse conflito interno da profissão, ver Roger C. Cramton, "Symposium, The Future of the Legal Profession: delivery of Legal services to Ordinary Americans", 44 *Case Western Reserve L. Rev.* 531, 538 (1994).

74. Ver a análise de David Wilkins e G. Mitu Gulati, "Why Are There So Few Black Lawyers in Corporate Law Firms? An Institutional Analysis", 84 *California L. Rev.* 493, 499 (1996) (referindo-se à avaliação interna dos estagiários pelos escritórios de advocacia: "a subjetividade inerente das avaliações de qualidade e as dificuldades e o custo do acompanhamento").

75. Boon e Levin, nota 49 anterior, pp. 128-34.

76. Sobre a situação do Canadá, ver Allan C. Hutchinson, *Legal Ethics and Professional Responsibility* (Toronto: Irwin, 1999), p. 15. Dos Estados Unidos, ver, p. ex., Roger Cramton e Erik Jensen, "The State of Trial Advocacy and Legal Education: Three new Studies", 30 *J. Legal Education* 253 (1979); H. Russell Cort e Jack Sammons, "The Search for 'Good Lawyering': A Concept and Model of Lawyering Competencies", 29 *Cleveland State L. Rev.* 397 (1980). Ver também ABA, *Law-*

yer Regulation for a New Century: Report of the Commission on Evaluation of Disciplinary Enforcement (Chicago: ABA, 1992), p. 47 et passim.
77. Ver, p. ex., Rosemary Stevens, *American Medicine and the Public Interest* (New Haven, Conn.: Yale University Press, 1971).
78. Ver, p. ex., Ronald E. Mallen e Jeffrey M. Smith, *Legal Malpractice*, 5.ª ed. (St. Paul, Minn.: West, 2000). Ver também *Restatement*, §§ 48-58.
79. Seneviratne, nota 55 anterior, pp. 55-62.
80. *Arthur J S Hall & Co. (A Firm)* vs. *Simons Barrat* vs. *Woolf Seddon (A Firm)*, [2002] 1 A.C. 615, 644.
81. Algumas organizações privadas ligadas aos profissionais do direito empenham-se sistematicamente para identificar e publicar a reputação profissional dos advogados. Nos Estados Unidos a empresa Martindale-Hubbell publica uma lista de todos os advogados, classificando-os com as "notas" "a" (bom) e "b" (não avaliado). Ver Martindale-Hubbell, *Law Directory* (Nova York: Martindale-Hubbell, 2001). Para uma discussão, ver Manuel Ramos, "Legal Malpractice: No Lawyer or Client Is Safe", 47 *Florida L. Rev.* 1, 24-39 (1995).
82. Berlins e Dyer, nota 56 anterior, p. 8.
83. Código Canadense, capítulo 13 (Comentário 1).
84. Esse fato é a base da tese persistente e justificada de crítica social segundo a qual a lei, tal como é administrada, favorece os ricos e os poderosos. É um elemento central na crítica marxista ao direito. É a base dos apelos para abolir o "sistema" ou pelo menos exterminar os profissionais do direito. Como escreveu Shakespeare em "Henrique VI", parte 2, ato IV, cena 2: "Em primeiro lugar, matemos todos os advogados". No entanto, abolir a classe profissional não apenas permitiria que os juízes tomassem suas decisões de modo arbitrário, subvertendo o Estado de Direito, mas também, e por isso mesmo, provocaria o surgimento de uma nova classe de burocratas (*apparatchiks*) para atuar como intermediários nas relações com o poder vigente. Ver Milovan Djilas, *The New Class: An Analysis of the Communist System* (Nova York: Praeger, 1957). É claro que se poderia abolir o próprio governo, mas isso é um projeto ainda mais monumental.
85. Nesse contexto, o acontecimento jurídico marcante nos Estados Unidos foi a decisão da Suprema Corte no caso *Bates* vs. *State Bar of Arizona*, 433 U.S. 350 (1977). A Corte considerou que a publicidade honesta de serviços jurídicos em jornais é protegida pela garantia de livre expressão da Primeira Emenda. Ver Ronald Rotunda, "Professionalism, Legal Advertising, and Free Speech in the Wake of *Florida Bar* vs. *Went For It*", 49 *Arkansas L. Rev.* 703 (1997).

86. Normas do CCBE, Norma 2.6.1.
87. CDF, artigo 17 (I e II). Ver Remo Danovi, "La Pubblicità, la doppia deontologia e le modifiche del codice deontologico forense", in *Rass. For.* 2000, pp. 41 s.; Luca D'Auria, "Avvocati e pubblicità – la riforma dell'art. 17 del codice deontologico", em *For. Amb.* 2002, p. 259.
88. *Law Society Guide*, nota 35 anterior, Annex 11A(1)(b) Conselho Geral da Ordem dos Advogados, *Code of Conduct of the Bar of England and Wales*, 7ª ed. (Londres: Bar Council, 2000).
89. Código Canadense, capítulo 13 (Comentário 4).
90. *Law Society Guide*, nota 35 anterior, Annex 11A(3).
91. CDF, artigo 19. RPC, Lei dos Advogados, artigo 44(3), proíbe a "procurar negócios por meios injustos".
92. Normas da ABA, Norma 7.3(a).
93. Ver *In re Primus*, 436 U.S. 412 (1978).
94. Conselho Geral da Ordem dos Advogados, *Code of Conduct of the Bar of England and Wales*, § 709.
95. 501 U.S. 1030 (1991). Ver também Kevin Cole e Fred Zacharias, "The Agony of Victory and the Ethics of Lawyer Speech", 69 *So. Cal. L. Rev.* 1627 (1996) (que se concentra principalmente na cobertura da mídia no caso O. J. Simpson).
96. Ver David Barnhizer, "On the Make: Campaign Funding and the Corrupting of the American Judiciary", 50 *Cath. U. L. Rev.* 361 (2001).

Capítulo 4

1. CDF, Artigo 10. Ver, p. ex., Remo Danovi, *Commentario al codice deontologico forense*, (Milão, Giuffrè, 2001), pp. 70 s.; Douglas L. Parker, "An American Perspective on the Codice Deontologico of the Consiglio Nazionale Forense: Understanding the Independence of the Advocate", em *Rass. For.* 1999, p. 575.
2. Normas da ABA, Norma 2.1. Em algumas passagens o código da ABA prescreve especificações referentes às interferências no juízo profissional independente, entre elas a Norma 5.4 (c), que estabelece que "o advogado não deve permitir que a pessoa que o recomenda, emprega ou paga por seu serviço oriente ou determine seu juízo profissional".
3. Para uma análise ponderada do profissionalismo, com especial referência à profissão jurídica, ver Herbert Kritzer, "The Professions Are Dead, Long Live the Professions: Legal Practice in a Post-

professional World", 33 *Law & Society Rev.* 713 (1999). O artigo tem uma vasta bibliografia.

4. Ver, p. ex., Angelo Dondi, *Effettività dei provvedimenti istruttori del giudice civile* (Pádua: Cedam, 1985), pp. 252 s.

5. Ver Geoffrey C. Hazard, "Per l'indipendenza professionale dell'avvocatura", em *Riv. Trim. Dir. Proc. Civ.* 1997, pp. 407 s.; Parker, nota 1 anterior, pp. 570 s.

6. Ver John Leubsdorf, *Man in His Original Dignity: Legal Ethics in France* (Burlington, Vt.: Ashgate, 2000), capítulo 6.

7. Ver, p. ex., Piero Calamandrei, *Troppi avvocati!* (Firenze: La voce, 1931), pp. 36 s.

8. Ver Udo Reifner, "The Bar in the Third Reich: Anti-Semitism and the Decline of Liberal Advocacy", 32 *McGill L. J.* 96 (1986).

9. RPC, Lei dos Advogados, Artigos 33 e 45(1). Ver Stanley Lubman, *Bird in a Cage: Legal Reform in China after Mao* (Stanford, California: Stanford University Press, 1999), p. 159.

10. Ver, p. ex., ABA Working Group on Lawyers' Representation of Regulated Clients, "Laborers in Different Vineyards? The Banking Regulators and the Legal Profession" (ABA Draft, janeiro de 1993); "Symposium on Kaye Scholer", em 66 *So. Cal. L. Rev.* 977 (1993).

11. Karen Miller, "Zip to Nil? A Comparison of American and English Lawyers Standards of Professional Conduct" (Filadélfia: ALI-ABA, 16 de agosto de 1995), p. 225.

12. Para um relato assustador da extensa brutalidade que o Estado infligia a todos os membros do movimento *antiapartheid* na África do Sul – inclusive os advogados –, ver Richard L. Abel, *Politics by Other Means: Law in the Struggle against Apartheid, 1980-1994* (Londres: Routledge, 1995), capítulo 7.

13. Ver William E. Butler, *Russian Law* (Nova York: Oxford University Press, 1999), pp. 114-20.

14. Ver, p. ex., Vittorio Olgiati, *Saggi sull'avvocatura – L'avvocato italiano tra diritto, potere e società* (Milão: Giuffrè, 1990) pp. 12 s.; Franco Cipriani, "La professione di avvocato", em *Storia d'Italia*, XIV (Turim: Einaudi, 1996) *passim*; para um resumo histórico inicial, ver, p. ex. F. Carrara, "Il passato, il presente e l'avvenire degli avvocati in Italia", em *Opuscoli di diritto criminale* (Lucca: 1876), pp. 3 s.; Massimo La Torre, *Il giudice, l'avvocato e il concetto di diritto* (Rubbettino: Soveria Mannelli, 2002), pp. 95 s.

15. Ver, p. ex., David Wilkins, "Who Should Regulate Lawyers?" 105 *Harvard L. Rev.* 801 (1992); Charles Wolfram, "Lawyer Turf and Lawyer Regulation – The Role of the Inherent Powers Doctrine", 12 *U. Ark.*

Little Rock L. J. 1 (1989); Bruce Green, "Conflicts of Interest in Litigation: The Judicial Role", 65 *Fordham L. Rev.* 71 (1996).

16. Ver Susan Koniak, "The Law Between the Bar and the State", 70 *No. Carolina L. Rev.* 1389 (1992).

17. Para uma visão geral da evolução da ética profissional nos Estados Unidos – da prática cordial informal a algo semelhante ao direito positivo – ver Geoffrey Hazard, *Ethics in the Practice of Law* (New Haven, Conn.: Yale University Press, 1978), pp. 15-20.

18. Ver, p. ex., *Law* v. *Ewell*, 15 Fed. Cas. 14 (C.C.D.C. 1817). Os casos antigos norte-americanos baseavam-se na norma inglesa de que os *barristers* não podem mover ação judicial para receber honorários.

19. Como se viu no Capítulo 3, os *barristers* ingleses eram, de acordo com a tradição, imunes a ação por imperícia. A tradição inglesa influenciou a legislação sobre imperícia nos Estados Unidos, de modo que até o século XIX os advogados norte-americanos normalmente só podiam ser responsabilizados por mal exercício profissional nos casos de "negligência flagrante". Ronald E. Mallen e Jeffrey M. Smith, *Legal Malpractice*, 4.ª ed. (St. Paul, Minn.: West, 1996), pp. 9-17.

20. Ver Geoffrey Hazard, "The Future of Legal Ethics", 100 *Yale L. J.* 1329 (1991).

21. Ver Stan Ross, *Ethics in Law: Lawyers Responsibility and Accountability in Australia*, 2.ª ed. (Sydney: Butterworths, 1998), pp. 56-7. Na Austrália, alguns estados adotaram códigos formais de ética. Ver, p. ex., Law Society of Australian Capital Territory, *Rules of Professional Conduct*. Além disso, grupos de prática especializada criaram normas suplementares.

22. Ver Mary Seneviratne, *The Legal Profession: Regulation and the Consumer* (Londres: Sweet & Maxwell, 1999), pp. 70, 75.

23. Ver Nirmalendu Dutt-Majumbar, *Conduct of Advocates and Legal Profession: A Short History* (Calcutá: Eastern Lawhouse, 1974), pp. 45-55.

24. Ver, p. ex., Normas da ABA, Norma 1.15, Normas do CCBE, Norma 3.8.

25. Em muitos estados dos Estados Unidos, os tribunais de negociações agora têm membros leigos, além de advogados. Ver Mary M. Devlin, *The Development of Lawyer Disciplinary Procedures in the United States*, 7 Geo J. L. Ethics 911, n. 214 (1994). Pode-se considerar que isso resulta de as normas se haverem transformado em direito "público", em vez de simples questão de regulamentação interna dos profissionais do direito.

26. Ver Capítulo 2.
27. Ver, p. ex., *Gentile* vs *State Bar of Nevada*, 501 U. S. 1030 (1991) (um advogado questionando sanções disciplinares com base na Primeira Emenda da Constituição dos Estados Unidos).
28. Ver ABA, Norma 1.2 (d) (proíbe assistência a cliente que comete crime ou fraude).
29. Ver ABA, Norma 1.16 (b) (3) ("o advogado pode encerrar sua representação caso o cliente insista em alcançar um objetivo que ele, advogado, considere inaceitável ou imprudente").
30. Emmanuel Lazega, *The Collegial Phenomenon : The Social Mechanisms of Cooperation Among Peers in a Corporate Law Partnership* (Oxford: Oxford University Press, 2001), pp. 8-9.
31. Robert W. Hillman, *Law Firm Breakups: The Law and Ethics of Grabbing and Leaving* (Boston: Little, Brown, 1990).
32. Elihu Root, citado por Phillip C. Jessup, em *Elihu Root* (Nova York: Dodd, Mead, 1938), p. 132.
33. L. Kuslansky, "Who's the Boss? CEOs in Litigation: Problems and Solutions", 40 *Int'l Commercial Litigation* 10 (1999).
34. Baldassare Castiglione, *The Book of the Courtier* (Londres: Penguin, 1967), p. 306.
35. Robert Gordon, "The Independence of Lawyers", 68 *Boston U. L. Rev.* 1, 73 (1988).
36. Código Canadense, Cap. 3 (Comentário 6).
37. Ver o CDF italiano, artigo 36 (I) ("O advogado não proporá conscientemente nenhuma ação onerosa e desnecessária, nem aconselhará conduta, ação ou transação ilícita, fraudulenta ou legalmente inválida."). Vide nota 1 anterior, Danovi, pp. 179 s. Ver também República Popular da China, Normas Chinesas para a Ética Profissional e Prática de Negócios dos Advogados, Cap. 1, nota 9 do artigo 8º.
38. Ver *Estados Unidos* vs *Benjamin*, 328 F. 2d 854, 862 (2d Cir. 1964) (condenação de um advogado envolvido num esquema fraudulento de ações: "o acusado [o advogado] deliberadamente fez vista grossa para os fatos que tinha o dever de enxergar").
39. *Upjohn Co* vs *Estados Unidos*, 449 U. S. 383, 389 (1981).
40. Ver Alessandro Galante Garrone, *Calamandrei* (Milão: Garzanti, 1987), pp. 220 s.
41. Ver Paul Finkelman, org., *A Brief Narrative of the Case and Trial of John Peter Zenger, Printer of the Nova York Weekly Journal* (St James, N.Y.: Brandywine, 1997).
42. Powell conduziu uma oposição discreta a um movimento de "resistência maciça" à decisão da suprema corte dos Estados Unidos no caso *Brown* vs *Board of Education*, 347 U. S. 483 (1954).

43. Normas da ABA, Norma 1.2 (b).
44. General Council of the Bar, Code of Conduct of the Bar of England and Wales, § 601.
45. Ver, p. ex., Amy L. Chua, "*Markets, Democracy, and Ethnicity: Toward a New Paradigm for Law and Development*", 108 Yale L. J. 1 (1998).

Capítulo 5

1. O CDF, artigo 36, determina que: "O advogado não proporá conscientemente nenhuma ação onerosa e desnecessária, nem aconselhará conduta, ação ou transação ilícita, fraudulenta ou legalmente inválida." Sobre essa questão ver, entre muitos, Remo Danovi, *Comentario al codice deontologico forense* (Milão: Giuffrè, 2001) *passim*; Douglas L. Parker, *An American Perspective on the Codice Deontologico of the Consiglio Nazionale Forense: Understanding the Independence of the Advocate*, em *Rass. For.* 1999, *passim*. A ABA, Norma 1.2 (d) determina que "o advogado não aconselhará o cliente a envolver-se, nem lhe dará assistência, em conduta que ele [advogado] saiba ser criminosa ou fraudulenta"; o Código Canadense, cap. 3 (Comentário 6), determina que: "Ao aconselhar o cliente, o advogado jamais auxiliará nem incentivará propositalmente desonestidade, fraude, crime nem conduta ilícita, tampouco instruirá o cliente na violação da lei e evasão da pena."

2. O CDF, artigo 14 (I) determina que "O advogado não introduzirá deliberadamente provas falsas no julgamento. Principalmente, nao fará entrar para os autos nem introduzirá declarações de pessoas acerca de fatos que ele [advogado] saiba serem inverídicas". Ver Remo Danovi, "Dei doveri dell'avvocato nel processo", em *Rass. For.* 2001, pp. 839 ss.; Pasquale Franco, "Doveri di verità e difesa del colpevole", em *Rass. For.* 2000, p. 309. As normas 3.3 e 3.4 da ABA são mais ou menos idênticas. O Código Canadense, capítulo 8 (Comentário 1) é mais específico e mais elaborado.

3. Mateus 6,24 (Bíblia versão Almeida século 21, da SBB).

4. Ver William Simon, *The Practice of Justice: A Theory of Lawyers' Ethics* (Cambridge, Mass.: Harvard University Press, 1998).

5. Ibid., pp. 140, 163.

6. Duncan Kennedy, "Rebels from Principle: Changing the Corporate Law Firm from Within", 36 *Harvard Law School Bulletin*, 1981, pp. 39-40.

7. Ver, p. ex., Detlev Vagts, "Response", 38 *Harvard Law School Bulletin* (Spring), 1982. Algumas reações ao artigo de Kennedy – na

edição da primavera de 1982 – atingiram alto grau de causticidade. Para uma crítica filosófica, ver W. Bradley Wendel, "Civil Disobedience", 104 *Columbia L. Rev.* 363 (2004).

8. Sobre o conceito de "amizade por interesse", ver John M. Cooper, "Aristotle on Friendship", em A. O. Rorty, org., *Essays on Aristotle's Ethics* (Berkeley: University of Califórnia Press, 1980), *passim*; sobre a aplicação do conceito de amizade à relação entre advogado e cliente, ver Charles Fried, "The Lawyer as Friend: The Moral Foundations of the Lawyer-Client Relation", 85 *Yale L. J.* 1060 (1976).

9. Ver, p. ex., a discussão em Dietrich Rueschemeyer, *Lawyers and Their Society: A Comparative Study of the Legal Profession in Germany and in the United States* (Cambridge, Mass.: Harvard University Press, 1973), p. 127.

10. Código Canadense, capítulo 8 (Comentário 5).

11. Norma 1.2 (a) da ABA.

12. Ver Código de Conduta da Ordem dos Advogados da Inglaterra e País de Gales, § 603 (c). Ver Andrew Bonn e Jennifer Levin, *The Ethics and Conduct of Lawyers in England and Wales* (Oxford: Oxford University Press, 1999), *passim*; Donald Nicolson e Julian Webb, *Professional Legal Ethics: Critical Interrogations* (Oxford: Oxford University Press, 1999), *passim*.

13. Law Society, *Guide to Professional Conduct of Solicitors* (doravante: *Law Society Guide*) (Londres: Law Society, 1999), Norma 7.1.

14. Ver Judith Maute, "Allocation of Authority Under the Model Rules of Professional Conduct", 17 *U. C. Davis L. Rev.* 1049 (1984).

15. Código Canadense, capítulo 5.

16. CDF, artigo 7º. Para outra formulação da norma ver RPC, Lei dos Advogados, artigo 34.

17. Ver *Restatement*, § 128.

18. *Klemm* vs *Superior Court*, 142 Cal. Rptr. 509 (Cal. Ct. App., 1977).

19. *Westinghouse Elec. Corp.* vs *Kerr & McGee Corp.*, 580 F. 2d 1311 (7º Cir. 1978).

20. Outras alíneas da Norma 1.8 das Normas da ABA proíbem o advogado de: elaborar instrumentos pelos quais o cliente doe algo ao advogado (o exemplo clássico é elaborar um testamento para o cliente que inclua uma disposição desse tipo); dar assistência financeira ao cliente no processo, exceto adiantamento de custas processuais; firmar acordos em favor de vários clientes, a não ser que os termos do acordo sejam revelados a todos os clientes; assumir representação contra advogado que seja seu parente próximo, inclusive côn-

juge; e criar "interesses de propriedade" numa demanda judicial. Essa última proibição tem uma exceção que reconhece a legitimidade de acordos de honorários eventuais.

21. 218 D. L. R. (4º) 671 (2002).
22. Ver Bruce Green, "Conflicts of Interest in Legal Representation: Should the Appearance of Impropriety Rule Be Eliminated in New Jersey?" 28 *Seton Hall L. Rev.* 315 (1997).
23. Ver *Law Society Guide*, Norma 15.04 (1), nota 13 anterior.
24. Ver, p. ex., *In re Neville*, 708 P. 2d 1297 (Arizona, 1985); *Committee on Professional Ethics vs Mershon*, 316 N. W. 2d 895 (Iowa, 1982).
25. Código Canadense, capítulo 5.
26. Ver Código de Ética da Ordem dos Advogados do Japão, artigo 32.
27. Segundo as normas de ética de alguns estados norte-americanos, o consentimento num conflito de interesses tem de ser dado por escrito. A Associação Norte-Americana da Ordem dos Advogados (ABA) recomendou em 2002 que o consentimento por escrito fosse exigido em todos os estados norte-americanos.
28. Ver *Restatement*, § 122. O comentário c(i) assim reza: "As informações normalmente devem tratar dos interesses que dão origem ao conflito; das alternativas e considerações contingentes, opcionais e estratégicas que não poderão mais ser levadas a cabo; do efeito sobre informações confidenciais do cliente e das consequências de uma futura anulação do consentimento por parte de qualquer um dos clientes envolvidos."
29. Ver Código Canadense, capítulo 5 (Comentário 11).
30. Ver *United States Football League* vs. *National Football League*, 605 F. Supp. 1448 (S. D. N. Y. 1985).
31. A Norma 1.9 (a) da ABA determina: "O advogado que tenha representado um cliente... não poderá representar posteriormente outro cliente no mesmo caso ou em caso consideravelmente ligado ao primeiro se os interesses dessa pessoa forem substancialmente contrários aos interesses do cliente anterior, a menos que o cliente anterior seja consultado a esse respeito e dê seu consentimento ao advogado."
32. Ver RSFSR, Lei sobre a Advokatura, artigo 16.
33. Ver também o CDF, artigo 37: "Surge conflito de interesses quando a aceitação de um novo cliente pode resultar em violação do sigilo aplicável às informações dadas por outro cliente".
34. Nos Estados Unidos, permitiram-se modificações na regra de presunção de conflito desde que o advogado pessoalmente encarregado seja "isolado" dos outros advogados do escritório. Ver Norma

1.11 da ABA (esboça as restrições impostas ao advogado que tenha trocado o serviço público pela prática privada). Em 2002 a Associação Norte-Americana da Ordem dos Advogados (ABA) adotou uma recomendação de que relaxava a norma de presunção de conflito (Norma 1.10 da ABA) no que se aplica a advogados que mudem de um escritório para outro. Alguns estados já adotaram medidas semelhantes. Para discussão e crítica dessa mudança, ver Lawrence Fox, "All's OK between Consenting Adults", 29 *Hofstra L. Rev.* 701 (2001).

35. Código Canadense, capítulo 11 (Comentário 9).
36. Ver *Restatement*, § 40 (Exemplo 4); na jurisprudência, ver, p. ex., *Searcy, Denney, et al.* vs. *Scheller*, 629 S0.2d 947 (Fla. Dist. Ct. App. 1993) (o advogado pode receber honorários, mesmo depois de dispensado por violação do dever de fidelidade); *Vaccaro* vs. *Estate of Gorovoy*, 696 A.2d 724 (N. J. Super. Ct. 1997) (a recuperação de honorários depois da dispensa do advogado baseia-se no *quantum meruit*).
37. Ver Norma 1.16 (b) da ABA.
38. Ver Código Canadense, capítulo 11 (Comentário 4). O capítulo 1 (Comentário 2) do Código Canadense determina que a "conduta desonrosa ou questionável" é incompatível com o dever de integridade e, portanto, exige o afastamento do advogado do caso, de acordo com o dispositivo citado do capítulo 11.
39. Ver Salvatore Orestano, "Il segreto professionale nell'Unione europea: La direttiva sul riciclaggio del denaro", em *Rass. For.* 2001, p. 259; Mario Santaroni, "L'esercizio della professione di avvocato nell'Europa Comunitaria", em *Le Nuov. Leg. Civ. Comm.* 1998, p. 1072; Vittorio Olgiati, *Le professioni giuridiche in Europa – Politiche del diritto e dinamica sociale* (Urbino: QuattroVenti, 1996), pp. 1 s.
40. Ver *Restatement*, § 51, que dispõe: "[O] advogado tem dever de responsabilidade [...] para com quem não é seu cliente quando e na medida em que [...] o advogado [...] convida esse não cliente a confiar na opinião dele [advogado] [...] e o não cliente confia..."
41. Ver, p. ex., Reiner Kraakman, "Gatekeepers – The Anatomy of a Third-Party Enforcement Strategy", 2 *J. L. Econ. and Org.* 53 (1986); Symposium on Professional Responsibility and the Corporate Lawyer", 13 *Geo. J. L. Ethics* 2000, pp. 197 s.
42. Ver, p. ex., Sally Baghdasarian, "Gatekeepers: How the Broad Application of Anti-Money Laundering Statutes and Strategies May Open an Attorney's Gates to Prosecution", 32 *Southwestern U. L. Rev.* 721 (2003); Katrina Abendano, "The Role of Lawyers in the Fight against Money Laundering", 2001 *J. of Legislation* 463 (2001).
43. 328 F. 2d 854, 863 (2d Cir. 1964).

Capítulo 6

1. [2002] 2 WLR 1299, Lord Hoffman, J., citado em Neil Andrews, *English Civil Procedure: Fundamentals of the New Civil Justice System*, § 622 (2003). Na importante decisão do Tribunal Europeu em AM&S *Europe Ltd.* vs. *Comissão das Comunidades Europeias*, 155/79 [1982] ECR 1575, 1610-13, a norma de sigilo é considerada parte do direito privado, estabelecida no artigo 8º da Convenção Europeia.
2. Ver Código Canadense, capítulo 5.
3. Ver *Restatement*, § 79.
4. Decisão do Tribunal Constitucional da Federação Russa acerca da Queixa de Patrushkin, número 128 (6 de julho de 2000), disponível em www.consultant.ru.
5. Ver Vitzlii Leonenko, *Professionalnaia etika uchastnikov ugolovnogo sudoproizvodstva* (Kiev: Akademiia Nauk Ukrainskoi SSR, 1981), p. 135.
6. Ver Geoffrey Hazard, "An Historical Perpective on the Attorney-Client Privilege", 66 *Calif. L. Rev.* 1061 (1978); *Derby Magistrates' Court, ex parte B*, [1996] AC 487 (Lord C. J. Taylor).
7. 329 U. S. 495 (1947). Para uma discussão do impacto dessa decisão na cultura jurídica europeia, ver Angelo Dondi, *Effettività dei provvedimenti istruttori del giudice civile* (Pádua: Cedam, 1985), pp. 125 ss.
8. Para a formulação contemporânea do *litigation privilege* inglês, ver Andrews, nota 1, anterior, § 27.21-27.41 (2003).
9. Normas Federais de Processo Civil, Norma 26 (b) (3) e (4).
10. Ver David F. Partlett, "Attorney-Client Privilege, Professions and the Common Law Tradition", 10 *Journal of the Legal Profession* 9 (1985).
11. Ver, p. ex., Ugo Formari e Silvia Coda, "Deontologia e responsabilità in psichiatria e psicologia forensi", *Riv. It. Med. Leg* 2000, p. 1175; Piermaria Corso, "Verifica fiscale nei confronti del professionista e segreto professionale del commercialista", *Corr. Trib.* 2002, p. 2110.
12. *Restatement*, § 113, comentário b.
13. Ver Andrews, nota 1 anterior, capítulo 25.
14. Ver Memorando Explanatório e Comentário ao CCBE, Norma 2.4 (4).
15. Uma consequência dessa abordagem é a exigência, na maioria dos sistemas de *civil law*, de que as partes de um litígio se façam representar por advogados. Ver a esse respeito Luigi Paolo Comoglio, "Valori e ideologie del giusto processo – Modelli a confronto", in *Riv. Trim. Dir. Proc. Civ.* 1999, *passim*. Nos sistemas de *common law* uma

pessoa física pode comparecer em juízo em *própria persona* ou *"pro se"* – isto é, sem advogado. Todavia, empresas e outras pessoas jurídicas têm de se fazer representar por advogados.

16. Ver, p. ex., o PRC russo, Lei dos Advogados, artigo 28.

17. No caso *Faretta* vs. *Califórnia*, 422 U. S. 806 (1975), a Suprema Corte dos Estados Unidos considerou que o acusado de crime tem o direito constitucional de conduzir sua própria defesa. Nos tribunais federais cíveis, o 28 U. S. C. § 1654 dá às partes o direito de "fazer alegações e conduzir seus próprios casos em pessoa". Os tribunais estaduais reconhecem o mesmo princípio.

18. Ver Federal Rules of Civil Procedure, Norma 11, e as correspondentes exigências éticas nas Normas da ABA, 3.1 e 3.4. Para uma visão geral, ver Thomas Willging *et al.*, *Discovery and Disclosure Practice, Problems and Proposals for Change: A Case-Based National Survey of Counsel in Closed Federal Civil Cases*, Washington, 1997, *passim*.

19. Ver Andrews, nota 1 anterior, § 37.73.

20. Ver Código Canadense, capítulo 1 (Comentário 2 e nota 3) CDF, artigos 6º e 14.

21. Ver Norma da ABA 4.2; Código Canadense, capítulo 8 (Comentário 4) e capítulo 16 (Comentário 7); CDF, artigo 27.

22. Norma da ABA 4.3; Código Canadense, capítulo 17 (Comentário 8); CDF, artigos 6º, 56 e 59.

23. Tanto nos sistemas de *civil law* quanto nos de *common law*, o direito material reflete esse pressuposto, particularmente no que diz respeito à situação jurídica das mulheres casadas. O *civil law* reconhecia que a propriedade dos bens adquiridos na constância do casamento era comum e que a mulher tinha direito a esses bens tanto quanto o marido, mas conferia ao marido a autoridade para administrar os bens do casal. No *common law*, até época recente, os bens adquiridos na constância do casamento pertenciam ao marido, e os bens que a mulher possuísse antes do casamento passavam a ser administrados pelo marido com a realização do matrimônio.

24. Entre os exemplos temos *In re Mulrow*, 670 N.Y. S. 2d 441 (N. Y. App. Div. 1998) (advogado expulso da ordem). Ver William M. McGovern, "Undue Influence and Professional Responsibility", 28 *Real Property, Probate and Trust J.* 643 (1994).

25. Ver, p. ex., James Devine, "The Ethics of Representing the Disabled Client", 49 *Missouri L. Rev.* 493 (1984).

26. Brandeis expressou suas preocupações num discurso intitulado "The Opportunity in the Law", apresentado à Harvard Ethical Society em 1905. Para um comentário sobre esse discurso, ver David

NOTAS 433

Luban, "The Noblesse Oblige Tradition in the Practice of Law", 41 *Vand. L. Ver.* 717 (1988).
27. Ver Harlan F. Stone, "The Public Influence of the Bar", 48 *Harv. L. Rev.* 1 (1934) (os advogados se "contaminaram com a moral [...] do mercado nos aspectos mais antissociais desta").
28. Ver, p. ex., Robert Gordon, "The Independence of Lawyers", 68 *Boston U. L. Rev.* (1988); ver também William Simon, "Symposium on the Practice of Justice", 51 *Stan. L. Rev.* 867 (1999).
29. Caso número 155/79 *AM&S Europe Ltd.* vs. *Commission.* 1982 E. C. R. 1575 (1982) (a relação privilegiada entre advogado e cliente não se aplica quando o cliente é uma empresa da qual o advogado é funcionário).
30. Ver *Upjohn Co.* vs. *Estados Unidos*, 449 U. S. 383 (1981). Para uma visão geral comparativa, ver Mary Daly, "The Cultural, Ethical, and Legal Challenges in Lawyering for a Global Organization: The Role of the General Counsel", 46 *Emory L. J.* 1057 (1997).
31. Para uma análise da importância do caso *AM&S*, ver Joseph Pratt, "The Parameters of the Attorney-Client Privilege for In-House Counsel at the International Level: Protecting the Company's Confidential Information", 20 *J. Intl. Law and Bus.* 145 (1999).
32. Para uma justificativa e uma expressão formal das razões, ver American Law Institute, *Principles of Corporate Governance* (Filadélfia: ALI, 1993), *passim*.
33. Ver, p. ex., *Estados Unidos* vs. *Benjamin*, 328 F. 2d 854 (2d Cir. 1964); *In re American Continental Corp./Lincoln Savings and Loan Securities Litigation*, 794 F. Supp. 1424 (D. Ariz. 1992).
34. Ver Michael Paulsen, "Who 'Owns' the Government's Attorney-Client Privilege?" 83 *Minnesota L. Rev.* 473 (1998).
35. *Meehan vs. Hopps*, 144 Cal. App. 2d 284, 292-293, 301 P. 2d 10, 17-18 (Calif. Ct. App. 1956).
36. *Bolkiah* vs. *KPMG*, 1 All E. R. 517 (1999). Charles Hollander e Simon Salzedo têm uma interessante análise do caso *Bolkiah* em *Conflicts of Interest and Chinese Walls* (Londres: Sweet & Maxwell, 2000), *passim*.
37. A referência a "organizações" na Norma 1.13 (a) da ABA significa que a norma se aplica à representação de associações, agências governamentais e outras organizações. Para a aplicação do conceito a uma organização municipal (uma escola pública), ver *Cole* vs. *Ruidoso Municipal School*, 43 F.3d 1373 (10º Cir. 1994).
38. Ver Norma 1.13 (e) da ABA, que se refere explicitamente a essa possibilidade: "O advogado que representa uma organização

pode também representar qualquer um de seus [...] membros, sem prejuízo das disposições das [normas referentes aos conflitos de interesses]." Em 2003 a Associação Norte-Americana da Ordem dos Advogados adotou emendas à Norma 1.13 que davam mais destaque ao dever que o advogado tem de reagir quando depara com conduta ilegal dos membros de uma organização. As emendas não mudam a abordagem fundamental que já estava presente no texto.

39. No jargão dos profissionais do direito norte-americanos, essa disposição exige um "aviso de Miranda". É referência ao aviso que os policiais norte-americanos têm de dar a um suspeito antes de começar a interrogá-lo. Esse aviso passou a ser procedimento padrão por decisão da Suprema Corte dos Estados Unidos no caso *Miranda* vs. *Arizona*, 384 U. S. 436 (1966).

40. Nos Estados Unidos, essa estrutura e sequência de responsabilidades está agora incorporada à legislação federal pela Lei Sarbanes-Oxley de 2002, H. R. 3763, 23 de janeiro de 2002.

41. Ibidem.

42. Ver o Relatório da Força-Tarefa da ABA sobre Responsabilidade Empresarial, 31 de março de 2003. Esse relatório é informalmente chamado de Cheek Report por causa do nome do presidente do comitê da ABA que o elaborou, James H. Cheek III, um advogado empresarial muito respeitado.

43. Ver o caso *AM&S*, nota 29 anterior.

44. Um caso bastante raro, que envolveu um advogado júnior, ocorreu em *Meyerhofer* vs. *Empire Fire & Marine Ins. Co.*, 497 F. 2d 1190 (2º. Cir. 1974). O advogado júnior se demitiu e passou informações à agência reguladora do governo. O tribunal considerou que a conduta do advogado fora correta, mas a comunidade profissional local (da cidade de Nova York) o condenou ao ostracismo por vários anos.

45. *Weider* vs. *Skala*, 80 N.Y. 2d 628, 609 N. E. 2d 105 (N.Y., 1992).

46. Normas da ABA, Norma 1.2 (d).

47. Ver, p. ex., Brandeis, Hearings before Senate Committee on Interstate Commerce, S. Res. no. 98, 62nd Congress, 1st Session, 1911, p. 1161.

Capítulo 7

1. Ver Jeffrey A. Parness e Austin W. Bartlett, "Unsettling Questions Regardind Lawyer Civil Claim Settlement Authority", 78 *Ore-*

NOTAS 435

gon L. Rev. 1061 (1999) (análise das leis norte-americanas acerca da autoridade do advogado para aceitar acordos em nome do cliente).

2. Compare *International Telemeter Corp.* vs. *Teleprompter Corp.*, 592 F.2d 49 (2d Cir. 1979) (empresa vinculada por acordo declarado ao tribunal) com *Auvil* vs. *Grafton Homes, Inc.*, 92 F.3d 226 (4th Cir. 1996) (determinava que o advogado não tinha autoridade real nem aparente para firmar acordo).

3. Ver o Código de Conduta da Ordem dos Advogados da Inglaterra e País de Gales, Norma 302.

4. Ver Código Canadense, Capítulo 8 (Comentário 1).

5. Ver Normas da ABA, Norma 3.3 (a) (1, 3, 4). Os Comentários 5 e 6 a essa norma declaram: "Quando são oferecidas falsas provas pelo cliente, pode surgir conflito entre o dever de sigilo e o dever de honestidade para com o tribunal. [...] [O] advogado deve tentar persuadir o cliente de que essas provas não podem ser apresentadas [...] Se as tentativas não tiverem efeito, o advogado deverá adotar as medidas corretivas cabíveis... [S]e necessário, o advogado deverá revelar a [...] fraude ao tribunal ou à outra parte."

6. Ver Capítulo 1.

7. Ver Código Canadense, Capítulo 8 (Comentário 1).

8. Ver Normas da ABA, Norma 3.1.

9. Ver RPC, Lei dos Advogados, artigos 44(8) e 45(2).

10. Federal Rules of Civil Procedure, Norma 11, Normas da ABA, Norma 3.1, citada no texto.

11. Ver Angelo Dondi, "Abuse of Procedural Rights: Comparative Standards: Regional Report for Italy and France", em Michele Taruffo, org., *Abuse of Procedural Rights: Comparative Standards of Procedural Fairness* (Haia: Kluwer, 1999), *passim*.

12. A decisão seminal foi *In re Ruffalo*, 390 U. S. 544 (1968). Ver também Charles Wolfram, *Modern Legal Ethics* (St. Paul, Minn.: West, 1986), § 3.4.1 s. Para uma análise histórica do sistema norte-americano, ver Geoffrey Hazard e Cameron Beard, "A Lawyer's Privilege against Self-Incrimination in Professional Disciplinary Proceedings", 96 *Yale L. J.* 1060 (1987).

13. Código Canadense, capítulo 1 (Comentário 2); Código Canadense, capítulo 12 (Norma) e capítulo 12 (Comentário 3).

14. Ver Código Canadense, capítulo 12 (Comentário 5); um dispositivo semelhante é o da Norma 3.9 da ABA. É de presumir que na Itália um dever análogo derive do dever geral do advogado de ser justo.

15. Ver, p. ex., Lobbying Disclosure Act of 1995, s U. S. C. § 160 s.

16. CDF Título II (contatos com outros advogados). Ver, p. ex., Remo Danovi, *Commentario al Codice deontologico forense* (Milão: Giuffrè, 2001), p. 103.

17. Ver Código Canadense, capítulo 16 e comentários *passim*.

18. Ver Normas da ABA, Normas 3.4, 4.1 e 8.3(a).

19. Exemplo excepcional é o do caso *In re Himmel*, 125 Ill. 2d 531, 533 N. E. 2d 790 (Ill. 1988). Como indicam os fatos materiais da causa, a denúncia da conduta imprópria de outro advogado em geral é uma estratégia de retaliação profissional.

20. Ver, p. ex., ABA, Guidelines for Litigation Conduct, Lawyers' Duties 20-22 ("… num depoimento, não assumirá nenhuma conduta a não ser a apropriada na presença de um juiz"). Uma série de códigos estaduais de urbanidade baseiam-se nessas diretrizes da ABA, que estão disponíveis no *website* www.abanet.org/dispute/lawcivil.html.

21. Ver *Paramount Communications* vs. *QVC Network*, 637 A.2d 34, 60-75 (Del. 1994).

22. Ver *Cinema 5, Ltd vs. Cinerama, Inc.*, 528 F.2d 1384 (2d Cir. 1976); *Image Technical Services, Inc* vs. *Eastman Kodak*, 820 F. Supp. 1212 (N. D. CA 1993).

23. Ver também Normas da ABA, Norma 1.10.

24. Decisões norte-americanas que, com base nisso, impõem medidas disciplinares a um sócio por negligência: *In re Bonanno*, 135 N. J. 464, 640 A.2d 846 (N. J. 1994); *FDIC* vs. *Nathan*, 804 F. Supp. 888 (S. D. Tex. 1992).

25. CDF, artigo 34 (I) (responsabilidade de colaboradores, substitutos e associados).

26. CDF, artigo 26 (contato com estagiários).

27. CDF, artigo 11 (dever de atuar como conselheiro).

28. Código Canadense, capítulo 13 (Comentários 3 e 9); RPC, Lei dos Advogados, artigo 42; RSFSR, Lei sobre a Advokatura, artigo 22.

29. Ver Normas da ABA, Norma 6.2.

30. A Norma 6.1 da ABA dispõe que "[o] advogado deve aspirar a prestar pelo menos 50 horas por ano de serviços jurídicos *pro bono*".

31. Sobre os serviços jurídicos para os pobres nos Estados Unidos, ver Geoffrey Hazard, Susan Koniak e Roger Cramton, *The Law and Ethics of Lawyering*, 3.ª ed. (Nova York: Foundation Press, 1999), pp. 176-202 (processos penais), pp. 1091-1121 (assistência judiciária cível); "Symposium", 19 *Hofstra L. Rev.* 739 (1991).

32. *Legal Services Corp.* vs. *Velazquez*, 531 U. S. 533 (2001).

33. Algumas decisões que afirmam com palavras muito fortes a exclusividade da autoridade judicial para reger os advogados: *Missis-*

NOTAS 437

sippi Bar vs. *McGuire*, 647 So.2d 706 (Miss. 1994); *State ex rel. Fiedler* vs. *Wisconsin Senate*, 454 N. W. 2d 770 (Wis. 1990).
34.Ver capítulo 2. Para críticas ao modelo europeu, ver John Merryman, "Legal Education There and Here: A Comparison", 27 *Stanford L. Rev* 859 (1975); Michele Taruffo, "L'insegnamento accademico del diritto processuale civile", em *Riv. Trim. Dir. Proc. Civ.* 1996, pp. 803-7; Francesco Miraglia, "Formazione selettiva e scoule forensi: risposta concreta al problema dell'accesso alla professione", em *Arch. civ.* 2001, pp. 289-91.
35. Dean William Prosser, excelente profesor e estudioso do direito, certa vez afirmou, em tom de deboche, que a grade curricular ideal do curso de direito precisaria de uns dez anos.Ver Prosser, "The Ten Year Curriculum", 6 *J. Legal Education* 159 (1953).
36. Sobre o *status* dos códigos de ética no direito norte-americano, ver Charles Wolfram, *Modern Legal Ethics* (St. Paul, Minn.: West, 1986), sec. 2.6.
37. Marion Schwarzchild, "Class, National Character, and the Bar Reforms in Britain: Will There Always Be an England?" 9 *Conn. J. Int'l L.* 185, 197 (1994).

Capítulo 8

1. Código Canadense, capítulo 11 (Comentário 1).
2. CDF, artigo 43, I, II, III.
3. Ver *Mack* vs. *City of Minneapolis*, 333 N. W. 2d 744 (Minn. 1983). Compare com *Walters* vs. *National Association of Radiation Survivors*, 473 U. S. 305 (1985) (manteve o limite legal federal de U$10 para honorários de representação de veteranos de guerra em reivindicações de benefícios).
4. *Goldfarb* vs. *Virginia State Bar*, 421 U. S. 773 (1975).
5. Ver também Federico Carpi e Michele Taruffo, *Commentario breve al codice di procedura civile* (Pádua: Cedam, 2002), *passim*.
6. Ver, p. ex., *Ryan* vs. *Butera, Beausang, Cohen & Brennan*, 193 F. 3d 210 (3d Cir. 1999) (adiantamento de um milhão de dólares por representação em litígio prolongado; a contratação foi cancelada pelo cliente); *Brobeck, Phleger & Harrison* vs. *Telex Corp.*, 602 F. 2d 866 (9th Cir. 1979) (honorários de um milhão de dólares para apresentar petição ao tribunal de apelação; a assistência suplementar prevista não foi necessária, uma vez que o cliente aceitou um acordo).

7. Ver Roger Cramton, "Symposium: The Future of the Legal Profession: Delivery of Legal Services to Ordinary Americans", 44 *Case Western Res. L. Rev.* 531, 541 (1994). Em outros países, a interação dos cidadãos comuns com os advogados é ainda menos frequente.

8. Austin Sarat e William Felsteiner, *Divorce Lawyers and Theyr Clients* (Nova York: Oxford University Press, 1995), p. 23.

9. CDF, artigo 45.

10. Ver John Evans, "England's New Conditional Fee Agreements: How Will They Change Litigation?" 63 *Defense Counsel J.* 376 (1996).

11. Ver "100,000 Winners Are Still Waiting for Their Money", *The Times* (Londres), 30 de junho de 2001, p. 12.

12. Ver Norma 1.5 da ABA; *Restatement*, §§ 34-35.

13. Ver "Symposium: Contingency Fee Financing of Litigation in America", 47 *DePaul L. Rev.* 227 (1998).

14. Ver Herbert Kritzer, "Contingency Fee Lawyers as Gatekeepers in the Civil Justice System", *Judicature* (julho-agosto de 1997): 22-29. Michael Horowitz apresenta uma proposta para supervisão mais cuidadosa dos acordos de honorários *ad exitum* nos Estados Unidos em "Making Ethics Real, Making Ethics Work: A Proposal for Contingency Fee Reform", 44 *Emory L. J.* 173 (1995).

15. Ibid.

16. Ver *Anderson* vs. *Elliott*, 555 A.2d 1942 (Me. 1989) (manteve a norma da ordem dos advogados do estado que obriga o advogado a submeter a arbitragem as disputas acerca de honorários).

17. Ver, p. ex., *Committee on legal Ethics* vs. *Gallaher*, 376 S. E. 2d 346 (W. Va. 1988).

18. Ver "Access to Justice: Final Report to the Lord Chancellor on the Civil Justice System in England and Wales" (1996) (conhecido como Relatório Woolf [Woolf Report]). O relatório é discutido por Lord Woolf em "Civil Justice in the United Kingdom", 45 *Am. J. Comp. L.* 709 1997). Ver também Neil H. Andrews, "English Civil Procedure: Three Aspects of the Long Revolution" (2001) (trabalho em arquivo com os autores).

19. C. L. Anand, *Professional Ethics of the Bar*, 2.ª ed. (Allahabad, Índia: The Law Book Company, 1987), pp. 79-82.

20. Ver *In re R. M. J.*, 455 U. S. 191 (1982); *Florida Bar* vs. *Went for It, Inc.*, 515 U. S. 618 (1995).

21. *In re Primus*, 436 U. S. 412 (1978).

22. Código Canadense, capítulo 13 (Comentário 1).

NOTAS 439

23. A norma chinesa é mais ou menos a mesma. Somente quem é admitido ao exercício da profissão jurídica pode denominar-se advogado e representar alguém de forma remunerada. RPC, Lei dos Advogados, artigo 14.

24. Ver Barlow Christensen, "The Unauthorized Practice of Law", A,. *Bar Foundation Research J.* 159 (1980) (análise histórica). Ver também Deborah Rhode, "Policing the Professional Monopoly", 34 *Stan. L. Rev.* 1 (1981). Ver também *Unauthorized Practice of Law Committee* vs. *Parsons Technology, Inc.*, 1999 WL 47235 (N. D. Tex. 22 de janeiro de 1999) (depois disso, o legislativo do Texas aprovou uma lei que efetivamente subvertia a decisão do caso Parsons); *Perkins* vs. *CTX Mortgage Co.*, 969 P.2d 93 (Wash. 1999). Para uma interessante opinião acerca do exercício não autorizado da advocacia, ver *United States* vs. *Bradley*, 896 F.2d 284 (7th Cir. 1990).

25. ABA, "Task Force on the Model Definition of the Practice of Law: Report to the House of Delegates" (29 de abril de 2003).

26. Os principais dispositivos das Normas da ABA são a Norma 5.4(a), que dispõe que o advogado não pode "compartilhar seus honorários jurídicos com ninguém que não seja advogado", e a Norma 5.4(b), que dispõe que o advogado não pode constituir sociedade com ninguém que não seja advogado quando uma das atividades da sociedade for a prestação de serviços jurídicos".

27. Ver Mary Daly, "Choosing Wise Men Wisely: The Risks and Rewards of Purchasing Legal Services from Lawyers in a Multidisciplinary Partnership", 13 *Geo. J. Legal Ethics* 217 (2000) (a Professora Daly foi a relatora da comissão da ABA que recomendou o relaxamento das normas para facilitar as práticas multidisciplinares [MDPs]); Nova York State Bar Ass'n, "Preserving the Core Values of the American Legal Profession: The Place of Multidisciplinary Practice in the Law Governing Lawyers" (Relatório de N. Y. State Bar Ass'n Special Committee on the Law Governing Firm Structure and Operation) (2000) (esse relatório se opunha a mudança) Ambos os estudos são amplamente documentados.

28. Sob o aspecto geral, ver Simpósio, "The Brave New World of Multidisciplinary Practice", 50 *J. of Legal Education* 469 (2000); ver, em específico, Phoebe A. Haddon, "The MDP Controversy: What Legal Educators Should Know", 50 *J. of Legal Education* 469 (2000).

29. Ver Roger Goebel, "The Liberalization of Interstate Legal Practice in the European Union: Lessons for the United States?" 34 *International Lawyer* 307 (2000); Detlev Vagts, "Professional Responsibil-

ity in Transborder Practice: Conflict and Resolution", 13 *Geo. J. Legal Ethics* 677 (2000).
30. Ver *Leis* vs. *Flynt*, 439 U. S. 438 (1979).
31. Ver *Ranta* vs. *McCarney*, 391 N. W. 2d 161 (N. D. 1986).
32. *Birbrower, Montalbano, Condo & Frank* vs. *Superior Court*, 949 P. 2d 1 (Cal. 1998).
33. Ver Normas da ABA, Norma 5.5(c); Mary Daly, "Resolving Conflicts in Multijurisdictional Practice", 36 *S. Tex. L. Rev.* 715 (1995); Roger Goebel, "Legal Practice Rights of Domestic and Foreign Lawyers in the United States", 49 *Int'l. and Comp. L. Q.* 413 (2000).

Capítulo 9

1. Alexis de Tocqueville, *Democracy in America*, traduzido para o inglês e organizado por Harvey C. Mansfield e Delba Winthrop (Chicago: University of Chicago Press, 2000), p. 252.
2. Tomamos essa imagem de empréstimo do título de um livro sobre a profissão jurídica: Anthony Kronman, *The Lost Lawyer: Failing Ideals for the Legal Profession* (Cambridge, Mass.: Belknap Press, 1993).
3. Para uma resenha recente das codificações éticas nos Estados Unidos, ver Charles Wolfram, "Toward a History of the Legalization of American Legal Ethics-II: The Modern Era", 15 *Georgetown J. Legal Ethics* 205 (2002).
4. *Brown* vs. *Board of Education*, 347 U. S. 483 (1954).
5. Charles Renfrew, "Discovery Sanctions: A Judicial Perspective", 67 *Calif. L. Rev.* 264 (1979); Marvin Frankel, *The Search for Truth: An Unpirial View* (Nova York: Association of the Bar of the City of Nova York, 1975).
6. CDF, artigo 6º.
7. Guido Calabresi e Lucian Bebchuk, *Tragic Choices* (Nova York: Norton, 1978).
8. Learned Hand, "The Deficiencies of Trials to Reach the Heart of the Matter", Palestra apresentada na Nova York City Bar Association, em *Lectures on Legal Topics, 1921-1922* (Nova York: Macmillan, 1926), p. 89.

BIBLIOGRAFIA

ABEL, Richard e Philip Lewis. *Lawyers in Society*, 3 vols. Berkeley: University of California Press
AMERICAN BAR ASSOCIATION. *Model Rules of Professional Conduct.* Chicago: 1999, 2003.
AMERICAN BAR ASSOCIATION, Center for Professional Responsibility. *Annotated Model Rules of Professional Conduct*, 4.ª ed. Chicago: 1999.
AMERICAN LAW INSTITUTE. *Restatement Third of the Law: The Law Governing Lawyers.* 2 vols. Filadélfia, Pa.: American Law Institute, 2000.
ANAND, Chuni Lal. *Professional Ethics of the Bar*, 2.ª ed. Allahabad, Índia: Law Book Company, 1987.
ANDREWS, Neil. *English Civil Procedure: Fundamentals of the New Civil Justice System.* Oxford: Oxford University Press, 2003.
AUBURN, Jonathan. *Legal Professional Privilege: Law and Theory.* Oxford: Hart, 2000.
AUERBACH, Jerold. *Unequal Justice: Lawyers and Social Change in Modern America.* Nova York: Oxford University Press, 1976.
BAKER, John H. *The Common Law Tradition.* Londres: Hambleton Press, 2000.
____. *The Law's Two Bodies: Some Evidential Problems in English Legal History.* Nova York: Oxford University Press, 2001.
Bar Council of Bar of England and Wales. *Code of Conduct of the Bar of England and Wales*, 7.ª ed. Londres: Bar Council of England and Wales, 2000.
BAUMOL, William. *The Free Market Innovation Machine.* Princeton, N. J.: Princeton University Press, 2002.

BERLINS, Marcel e Claire Dyer. *The Law Machine*, 5.ª ed. Londres: Penguin Books, 2000.
BOON, Andrew e Jennifer Levin. *The Ethics and Conduct of Lawyers in England and Wales*. Oxford: Hart, 1999.
BRAND, Paul. *The Origins of the English Legal Profession*. Oxford: Blackwell, 1992.
BURBANK, Stephen e Barry Friedman, orgs. *Judicial Independence at the Crossroads*. Thousan Oaks, Calif.: Sage, 2002.
CANADIAN BAR ASSOCIATION. *Code of Professional Conduct*. Toronto, 1974.
CASTIGLIONE, Baldassare. *The Book of the Courtier*. Original em italiano, 1528. Tradução para o inglês de George Bull, Londres: Penguin Books, 1967.
DALY, Mary e Roger Goebel, orgs. *Rights, Liability, and Ethics in International Legal Practice*. Deventer, the Netherlands: Kluwer, 1994.
DAWSON, John. *Oracles of the Law*. Cambridge, Mass.: Harvard University Press, 1968.
GUIFFRÈ, org. *Codice Deontologico Forense*. Milão, 1999.
HALLIDAY, Terrence e Lucien Karpik, orgs. *Lawyers and the Rise of Western Political Liberalism*. Oxford: Clarendon, 1997.
HANDLER, Joel. *The Lawyer and His Community: The Practicing Bar in a Middle-Sized City*. Madison: University of Wisconsin Press, 1967.
HAZARD, Goeffrey e William Hodes. *The Law of Lawyering*. Gaithersburg, N.Y.: Aspen Law and Business, 2001.
HAZARD, Geoffrey, Susan Koniak e Roger Cramton. *The Law and Ethics of Lawyering*, 3.ª ed. St. Paul, Minn.: Foundation, 1999.
HOLLANDER, Charles e S. Salzedo. *Conflicts of Interests and Chinese Walls*. Londres: Sweet & Maxwell, 2000.
HURLBURT, William. *The Self-Regulation of the Legal Profession in Canada and in England and Wales*. Calgary, Alberta: Law Society of Alberta, 2000.
HUTCHINSON, Allan. *Legal Ethics and Professional Responsibility*. Toronto, Ontário: Irwin law, 1999.
LAZEGA, Emmanuel, *The Collegial Phenomenon: The Social Mechanisms of Cooperation among Peers in a Corporate Law Firm*. Oxford: Oxford University Press, 2001.
LEDFORD, Kenneth. *From General State to Special Interest: German Lawyers 1878-1933*. Cambridge: Cambridge University Press, 1996.
LEUBSDORF, John. *Man in His Original Dignity: Legal Ethics in France*. Burlington, Vt.: Ashgate/Dartmouth, 2001.

LUBMAN, Stanley. *Bird in a Cage: Legal Reform in China after Mao.* Stanford, Calif.: Stanford University Press, 1999.
NICOLSON, Donald e Julian Webb. *Professional Legal Ethics: Critical Interrogations.* Oxford: Oxford University Press, 1999.
REGAN, Francis, Alan Paterson, Tamara Goriely e Don Fleming. *The transformation of Legal Aid.* Oxford: Oxford University Press, 1999.
Règlement Intérieur of Paris Bar. *Règlement Intérieur.* Tradução de Geoffrey Hazard, 1995 (tradução em arquivo com Geoffrey Hazard).
ROSE, Jonathan, *The Ambidextrous Lawyer: Conflict of Interest and the Medieval and Early Modern Legal Profession.* 7 *University of Chicago Law School Roundtable* 137 (2000).
ROSS, Stan. *Ethics in Law: Lawyers' Responsibility and Accountability in Australia,* 2.ª ed. Sydney: Butterworths, 1998.
RHODE, Deborah. *In the Interests of Justice: Reforming the Legal Profession.* Nova York: Oxford University Press, 2000.
SARAT, Austin e William Felstiner. *Divorce Lawyers and Their Clients.* Nova York: Oxford University Press, 1995.
SARAT, Austin e Thomas Kearns. *Law in the Domain of Culture.* Ann Arbor: University of Michigan Press, 1998.
SCHUCK, Peter. *The Limits of Law.* Boulder, Colo.: Westview, 2000.
SENEVIRATNE, Mary. *The Legal Profession: Regulation and the Consumer.* Londres: Sweet & Maxwell, 1999.
SLAPPER, Gary e David Kelly. *English Legal System.* Londres: Cavendish, 1993.
SMITH, Beverley G. *Professional Conduct for Lawyers and Judges.* Fredericton, New Brunswick: Maritime Law Book, 1998.
STAGER, David e Harry Arthurs. *Lawyers in Canada.* Toronto: University of Toronto Press, 1990.
TYRRELL, Alan e Zahd Yaqub, orgs. *The Legal Profession in the New Europe.* Cambridge: Blackwell, 1993.
WATKIN, Thomas. *The Italian Legal Tradition.* Aldershot, U. K.: Ashgate, 1997.
WOLFF, Hans Julius. *Roman Law.* Norman: University of Oklahoma Press, 1951.
WOLFRAM, Charles. *Modern Legal Ethics.* St. Paul, Minn.: West, 1986.
XICHUAN, Du e Zhang Lingyuan. *China's Legal System: A General Survey.* Pequim: New World Press, 1990.

ÍNDICE REMISSIVO

Neste índice, "s" depois de um número indica que há uma referência em separado na página seguinte, e "ss" indica que há referências em separado nas páginas seguintes. Uma discussão contínua que se estende por duas ou mais páginas é indicada por um par de números, como "57-59", por exemplo.

ABA, *ver* American Bar Association
Abogados, 42
Abusos processuais, 315-7
Ações coletivas, 332
Acordo de Livre-Comércio da América do Norte (NAFTA), 69
Acusado, o, 45s, 130. *Ver também* Cliente
Adams, John, 16
Administração pública, 70-1, 127
Advogado(s), 19, 114-7, 374, 421 nota 69, 422 nota 81; o Estado de Direito e o, 1-3; funções do, 3, 49-50, 57-8, 84; lealdade ao cliente e o, 11, 227-35; direitos dos, 12-3; definição de, 26-7; acesso aos tribunais, 29-30; conhecimentos profissionais do, 35-6; dos níveis superior e inferior da profissão, 39-48, 421 nota 73; autônomos, 49, 51; competição entre, 56-7; educação e formação de, 57-62; nos sistemas socialistas, 67, 137; regulamentação das atividades do, 79-82; e juízes, 84, 98-108; nos sistemas de confrontação das partes do *common law*, 90-1; direito empresarial e os, 91-8; eleições judiciais e os, 110-1; acesso aos serviços dos, 124-5; serviços *pro bono* dos, 129s, 333; virtudes profissionais dos, 145-59, 389; competência dos, 159-64, 178-35; reputação dos, 169-70; imperícia do, 184-5;

como o cliente escolhe seu, 185-7; publicidade de, 188-9; busca ativa de clientes pelo, 188; contatos da mídia com os, 192-3; independência dos, 195-6, 206-7, 221-2; representação jurídica conjunta e os, 242-3; representação jurídica de empresas por, 289-302; responsabilidades dos, 302-7; dever de honestidade do, 310-20; como bons cidadãos, 320-1; relações profissionais do, 321-3; etapas na carreira de, 376, 410 nota 29; críticas aos, 377-87

Advogados, advocacia, 20-1, 24, 26ss, 36, 41s, 57s, 384-5; juízes e, 11-3, 95-6; função dos, 32, 85-6, 90-1, 115; ética dos, 85-6, 104-5; do *civil law*, 87-8, 100-1, 118-9; do *common law*, 87-9; e lealdade aos clientes, 146-51; atuando como, 218-9; a relação entre cliente e, 235-7

Advogados de defesa, 45ss

Agências governamentais, 29, 93, 314

Agricultura, 55

Aide juridique, 332

Alemanha, 17, 40, 68, 73, 95, 113, 139, 163, 168, 197, 314, 374, 384, 418 nota 46; o *civil law* na, 28, 88, 90, 118, 129; sistema de estágios na, 61, 168; proporção de juízes para advogados na,103s; valores profissionais na, 146; honorários por serviços jurídicos na, 347, 349

Alemanha nazista, 113, 133, 198

Alianças estratégicas, 367

Ambidestria, 81

Ambiguidade, 219

América Latina, 60-1, 72, 168; prática jurídica na, 78-9

American Bar Association (ABA), 111, 145, 202, 285, 312, 320, 331, 337, 364, 371, 403 nota 63, 429-30 nota 34; ética profissional da 46, 158; os meios de comunicação e a, 192s; Normas de Conduta Profissional da, 213, 236, 309, 378, 404 nota 69, 416 nota 25, 423 nota 2, 439 nota 26; Normas de Responsabilidade Profissional da, 249, 378, 433 notas 37 e 38, 436 nota 30, normas sobre conflito de interesses, 249, 429 notas 27 e 31; sobre conflitos inaceitáveis, 252-4; sobre direito empresarial, 292-6; sobre abusos processuais, 315s; sobre as relações nos escritórios de advocacia, 324s

American Restatement of the Law Governing Lawyers, 161-2, 254

Apartheid, 198, 424 nota 12

Apelo (ou busca ativa de clientes, ou oferecimento de serviços), proibição do, 188-9, 361-2

Apresentação da causa no sistema de confrontação das partes do *common law*, 89-90

Argentina, 68, 78, 95, 198

Aristocracia: os advogados de nível superior como uma espécie de, 41

ÍNDICE REMISSIVO

Aristóteles, 13
Articling, 62
Assistência judiciária, 124, 130s, 388; acesso à, 127-8; adequada, 141-2; estrutura da, 328-34
Assistentes, 32-3
Associação da Ordem dos Advogados do Japão, 131
Associação Internacional da Ordem dos Advogados, 341
Associação Nacional de Advogados da China, 204
Atestado de pobreza, 131
Atrasos judiciais, 110
Austrália, 2, 54, 60, 97, 172, 183, 197, 204, 366, 377, 385; honorários por serviços jurídicos na, 353
Australian Competition and Consumer Comission, 366
Áustria, 34
Autogestão da profissão, 201-7, 334-41, 413 nota 6
Autoincriminação, 385, 415 nota 20
Autonomia moral, 15
Autoridade, 15s; judicial, 27, 115-6, 206; na relação entre cliente e advogado, 236-7, 282-3; para revelar informações, 279s; de clientes empresariais, 287-8; disciplinar, 317-8
Avocats, 41, 50, 60
Avoués, 41, 60
Avvocati, 42, 60

Baker, John, 3, 36
Bar Society e *Law Society* (Inglaterra), 62

Barreau, 60
Barristers, 28, 40s, 49s, 58s, 62, 74, 89, 143, 183, 186, 425 nota 19, formação dos, 170-3
Batonier, 137, 170, 338
Beit Din, 88
Bengoshi, 29
Bens imóveis, 49, 118
Bentham, Jeremy, 15s
Bingham of Cornhill, lorde, 184
Birbrower, Montalbano, Condo & Frank, P. C. vs. *Superior Court*, 370
Blackstone, William: *Commentaries on the Laws of England*, 34, 174, 419 nota 60
Boataria profissional, 36
Bodin, Jean, 16
Bolkiah, Jefri, 291-2, 292
Bolonha, 31
Brandeis, Louis, 287, 305-6
Brasil, 78
Bristol, 54
Brougham, Henry, lorde, 148-9, 223
Brown vs. *Board of Education*, 380
Brunei Investment Agency, 292
Bulgária, 109; código búlgaro, 22
Burguesia, 122
Burocracia, 65s, 69, 386; governamental, 65-6; nos escritórios de direito, 208-9
Busca ativa de clientes: *ver* Apelo
Bush vs. *Gore*, 110

Calamandrei, Pietro, 223
Califórnia, 242, 244
Câmara dos Lordes como entidade corporativa, 292-3

Canadá, 2, 60s, 68, 127, 153s, 181, 183, 188, 244, 268, 320, 353, 385, formação jurídica no, 172, 177-8, 377; conflito de interesses no, 249s, 255
Candidatos à assistência jurídica gratuita, 142
Cânones de ética profissional (ABA), 182, 337, 403 nota 63
Capitalismo, 5, 17, 120, 122, 388, 391; as empresas e o, 134-6
Caroline, Rainha, 148, 223
Carta do Atlântico, 141
Caso AM&S, 287
Caso Dreyfus, 150
Caso Profumo, 150
Casos de pena capital, 331
Castiglione, Baldassare, 38, 212, 397 nota 18; *O cortesão*, 17
Castro, Fidel, 222
CCBE (Código de conduta para os advogados da União Europeia), 155, 157, 188, 200, 204, 250, 264, 273, 281, 314, 338, 341, 379, 392
Centres régionaux de formation professionelle des avocats (CRFPA), 169
Chastnye poverennye, 42
China, 2, 45, 58, 60, 67, 72, 96, 166, 204, 331; sistema jurídico da, 20-2; sistema judicial da, 29, 409 nota 16; relações entre tribunais e advogados na, 316. *Ver também* República Popular da China
Churchill, Winston, 141
Cícero, 24s, 145
Cidadania, boa, 320-1
Ciência, o direito como, 175

Cingapura, 70, 172
Civil law, 23, 45ss, 129-30, 206, 347, 366, 373-4, 382, 416 nota 30, 431-2 notas 15 e 23; europeu, 2s, 28; procedimentos no, 85, 87-8, 90; juízes no, 94-8; funções conflitantes no, 100-1; justiça ideal no, 102-3; proporção de juízes para advogados no, 103; advogados no, 118-9, 385-6; sigilo no, 157, 273-4, 277-8, 416 nota 26; relação cliente-advogado no, 236-7, 264-5; comunicação profissional no, 280-1; solução por acordo no, 310-1; representação dos acusados no, 330; autogestão da profissão no, 335, 337
Classe baixa, 125
Classe média, 122, 125
Cleptocracias, 199
Cliente(s), 207, 272, 334 nota 5; lealdade ao, 11, 145-9, 155-6, 227-35; e advogado, 56s, 98, 224-5; e ética, 113, 414-5 nota 14; e juízes, 116; consultoria ao, 156, 188, 211-6, 219, 223; escolha de advogado pelo, 185-7; e a representação jurídica, 207-8; representação conjunta de clientes, 242-3; responsabilidade para com os antigos, 255-7; e conflito de interesses, 256; término da representação e os, 264-5; divulgação de informações do, 277; com capacidades restringidas, 285-6; empresariais, 286-9; e a

ÍNDICE REMISSIVO 449

responsabilidade dos advogados, 303-4; resolução de litígios por acordo e os, 310-1, honorários e, 343-4, 349, 356-7
Clinton, William, 151, 291
Code for Advocacy, 238
Codice Deontologico Forense, 204, 337
Código Canadense de Conduta Profissional, 187, 204, 213, 262, 273, 312, 320, 323, 331, 338, 362, 415-6 notas 23 e 24, 429 nota 38; relação entre cliente e advogado no, 237, 264; conflito de interesses no, 240-1, 249; representação sucessiva de clientes no, 255-6; responsabilidade profissional no, 303, 309; abusos processuais no, 315, 317; relações profissionais no, 323; honorários no, 345
Código Civil (francês), 273
Código de conduta, normas gerais, critérios, princípio fundamental 306 (Inglaterra), 237
Código de ética italiano, conflito de interesses no, 241, 250
Código de ética para os advogados em exercício (Japão), 85, 155, 245, 273, 320
Código de Justiniano, 25; comentários sobre o,31
Código de processo civil (Itália), 158, 347
Código de processo civil (Japão), 108
Código Napoleônico, 4, 34
Códigos jurídicos, 34-5, 108, 204-5. *Ver também por país; códigos específicos*
Coke, Lorde, 18
Coleta de impostos por agentes privados, 6
Coletivos, colégios, 137
Comércio: internacional (global), 70
Comissão Kutak, 293
Commentaries on the Laws of England (Blackstone), 34, 174, 419 nota 60
Common law, 4, 35, 53, 85, 171, 250, 330, 335, 337, 373-4, 382, 386, 432 nota 23; juízes no, 7-8, 90,96-7, 104; os acusados no, 45s; como sistema de confrontação das partes, 87; juízes e advogados no, 95, 206; transações jurídicas no, 119-20; lealdade ao cliente no, 148; relação entre cliente e advogado no, 237, 264-5; sigilo no, 273, 416 nota 26; a relação privilegiada entre advogado e cliente no, 273-9; custo do litígio no, 359
Common Law, The (Holmes), 175
Competência, 145; profissional, 153-4, 159-64, 177, 240, na prática, 178-35
Competição entre advogados, 56-8
Compra e venda de propriedades, 49, 54, 118
Comunicação, 65, 288; profissional, 279-81
Comunidade Europeia, 73, 204, 265
Condição socioeconômica do cliente, 186

Conduta honrosa, 159
Conduta imprópria, 81, 191, 427 nota 1; lidar com a, 315-9; forense, 339
Conduta profissional, 338
Conflito, 11, 138; inaceitável, 252-4
Conflito de interesses, 239, 256, 429 notas 27, 31 e 33; normas de ética sobre o, 239-42; representação conjunta e o, 242-3; escritórios de direito e o, 245-6; contrariedade de interesses e o, 247-52; transações comerciais e o, 252-4; consentimento esclarecido ou desconsideração do conflito, 254-5; presunção de, 259-60; as empresas e o, 292-3
Confucionismo: o sistema jurídico e o, 21
Congresso dos Estados Unidos, 268
Conhecimento, 30, 61, 90, 153; jurídico, 34-5; a ética e o, 91-2
Consciência, 233; jurídica, 305
Conseil National du Barreau, 202
Conselho da Ordem (Inglaterra), 202
Conselho da Ordem dos Advogados da Inglaterra, 202
Conselho Diretor (Diretriz de serviços jurídicos) (UE), 369
Consentimento esclarecido, 254s, 257, 285
Consentimento no conflito, 254
Constituição dos Estados Unidos, 34, 141

Consultoria: a clientes, 211-6, 219-20
Consultoria jurídica, 24, 28, 30, 118
Contrariedade de interesses: em conflitos de interesses, 247-52
Contrato por tempo, 260-1
Contratos, 92s, 139
Contratos *ad hoc*, 260
Convenção dos direitos humanos, 141
Convenção Europeia dos Direitos Humanos, 141
Convenção Universal dos Direitos Humanos, 141
Corpus Juris, 31, 33
Corrupção no sistema jurídico, 108-9
Cortesão, O (Castiglione), 13
Cravath, Paul, 76
Cravath, Swaine & Moore, 75
CRFPA, *ver* Centres régionaux de formation professionelle des avocats
Crime, 13, 344
Crise das instituições de poupança e empréstimos (S&L – *savings and loans*), 265
Cristianismo, 14
Critérios Normativos de Responsabilidade Profissional, (ABA), 249, 378, 433 notas 37 e 38, 436 nota 30
Critérios Normativos para a Conduta Profissional (ABA), 213, 317, 378, 404 nota 69, 433 notas 37 e 38
Crítica social, 388, 422 nota 84
Críticas à profissão jurídica, 377-87, 422 nota 84
Cuba, 58, 133s

ÍNDICE REMISSIVO

Décima Quarta Emenda (à constituição dos EUA), 141, 380
Declaração da Independência (Estados Unidos), 17, 123
Declaração de Direitos (Inglaterra), 123
Declaração dos Direitos do Homem, 124
Defensores públicos, 330
Defesa de pobres, 329-33
Democracia liberal, 17, 375, 396 nota 8
Demografia: e a prática do direito, 57; profissões ligadas ao direito e, 57-8
Denúncia, 340
Departamentos jurídicos, 29; dispensa de, 301-2
Depoimento (testemunho), 47
Descartes, René, 16
Deveres do advogado, 309-10; para com o tribunal, 310-20
Devida diligência, 267
Devido processo legal, 141, 341
Direito, 31, 218, 320; penal *vs.* cível, 45; papel do, 6-7; como ciência, 165, 175
Direito administrativo, 73
Direito canônico, 22
Direito de audiência, 13
Direito de família, 23
Direito islâmico, 2, 20, 115, 396 nota 2; autoridade jurídica e religiosa no islã, 22-3; questões ligadas a dinheiro no, 216
Direito penal, 25, 35, 45, 118, 140, 412 nota 59, 415 notas 20 e 21, 434 nota 39; a ética no, 45-6; testemunho dos acusados no, 45s; promotores de justiça no, 130-1; relação entre cliente e advogado no, 156, 414-5 nota 14; os meios de comunicação e o, 192-3; a responsabilidade do advogado no, 302-3; representação jurídica adequada no, 330-1
Direito religioso, 20s
Direito romano, 19, 23-4, 26s, 44, 165, 171
Direito tributário, 213-4
Direitos constitucionais, 118
Direitos de propriedade, 17, 118ss, 132-3, 432 nota 23
Direitos especiais, 12
Direitos garantidos por lei, 142
Direitos humanos, 121, 124, 133, 141-2, 390
Direitos privados, 119
Disciplina, 181-2, 224, 338; para correção de abusos processuais, 317-9; para conduta profissional imprópria, 339
Discurso sobre as origens da desigualdade entre os homens (Rousseau), 123
Dispozitionsprinzip, 101
Ditaduras, 198
Divórcio na família real inglesa, 148
Documentos (ou provas) "quentes", 384s
Droit administratif, 128

Ecole Nationale d'Administration, 96
Ecole Nationale de la Magistrature (França), 96

Egito, 3
Eleições nos Estados Unidos, 110, 192
Eleições presidenciais nos EUA, 110
Empresas, 7, 63, 68; transformação em sociedades limitadas, 66; advogados que trabalham em departamentos jurídicos de, 72-3; interações jurídicas das, 71-72; o sistema capitalista e as; 134-6; relação entre cliente e advogado nas, 243-4, 252-4; conflitos de interesses nas, 252-4; contratação de serviços jurídicos por tempo, 260-1; representação jurídica de, 391, 394
Empresas de produção, 134
Empréstimos, leis islâmicas sobre os, 216
Engodo, 232
Ernst & Young, 365
Erskine, Thomas, 143
Escócia, 69
Escolas de direito, 377. *Ver também* Formação
Escolas de direito na Idade Média, 31
Escritório do *solicitor*, 49
Escritórios de advocacia, 49, 70, 140, 161, 291, 366, 377, 407 nota 102; avanço dos, 51, 75-6, 78-9; profissionais do direito nos, 51s; organização econômica dos, 76-8; conhecimentos e procedimentos éticos dos, 91-8; posição nos, 164-5; ingresso dos advogados ingleses nos, 171-2; publicidade dos, 188-9; a independência profissional e os, 207-8; formação e dissolução dos, 208-9; conflito de interesses nos, 245-6, presunção de conflitos nos, 259-60; relações profissionais nos, 324-8, 344; honorários cobrados pelos, 349-50
Escritórios de assistência jurídica, 332-3
Escritórios de contabilidade, 257, 365-6
Escrivães, 50, 59
Escrivães do tribunal, 32
Espanha, 41s, 49, 58, 70, 113, 133, 146, 166, 196; *civil law* na, 28, 119
Espinosa, Baruque, 16
Estado, 337, atividades do, 65-6; independência em relação ao, 196s, representação jurídica e o, 329-30
Estado de direito, 1-3, 17, 119, 121, 136
Estados Unidos, 2s, 35, 41, 68, 71, 89, 97, 128, 146, 184, 194, 265, 275, 281s, 290s, 317, 321, 337, 362, 367, 387, 392, 402 nota 55, 422 nota 81, 425 nota 25, 429-30 nota 34, 434 nota 39; ética profissional nos, 46-7, 379; escritórios de direito nos, 49, 75, 78, 374; profissionais do direito nos, 49s; a profissão jurídica nos, 59, 410 nota 29; estágio nos, 61s; educação nos, 73-4, 173-8, 377, 419-20 notas 61,

ÍNDICE REMISSIVO 453

62 e 63; ética dos advogados nos, 86, 153-4; inter-relações éticas nos, 94, seleção de juízes nos, 110-1; virtudes profissionais nos, 153, 156, 158; incompetência jurídica nos, 160-1; sistemas disciplinares nos, 181-2, 319; publicidade nos, 188-9, 361, 422 nota 85; apelo (busca ativa de clientes) nos, 188-9; contatos com os meios de comunicação nos, 191-3; independência jurídica nos, 197, 223; regimento da ordem dos advogados nos, 202, 336; autoridade judicial nos, 206-7; relações entre clientes e advogados nos, 237, 243-4, 286; conflito de interesses nos, 242, 245-6; conflitos inaceitáveis nos, 254; honorários *ad exitum* nos, 263; transações financeiras suspeitas nos, 268-9; direito empresarial nos, 293-6, 406 nota 98; relações nos escritório de advocacia nos, 325s; assistência judiciária nos, 331-2; honorários cobrados por serviços jurídicos nos, 349, 351s, 354; norma de divisão de custos nos, 357-8; prática não autorizada da advocacia nos, 364; ingresso na prática jurídica nos, 367, 421 nota 69; prática multijurisdicional (MJP) nos, 369-71

Estágios, 29, 60-2, 95s, 168-9, 335, 421 nota 69

Estrutura dos tribunais, 104
Ética, 13, 26, 105 (tabela), 145, 203, 402 nota 55, 413 nota 6, 415-6 nota 14; profissional, 2, 37, 45-7, 145-59; jurídica, 10s, 13, 377-87; dos promotores de justiça, 45-6; dos advogados, 85-6, 88; conhecimento e, 91-2; ideal e realidade da, 112-3; independência e, 195-6, 223-4; códigos jurídicos e a, 204-5; das práticas conjuntas de advogados, 324-5
Ética popular, 152
EU, *ver* União Europeia
Europa, 70ss, 83, 94, 128, 145, 188, 268, 366, 376, 388; o *civil law* na, 2, 28; sistemas jurídicos na, 29, 32; escritórios de direito na, 75, 78; formação jurídica na, 165-70, 337. *Ver também os diversos países europeus*
Exame: para ingresso na prática da advocacia, 162-3, 418 nota 46; profissional europeu, 168; de admissão na Inglaterra, 171-2
Exame da Ordem, 60-1, 337. *Ver também* exames
Exercício não autorizado da advocacia, 364

Fascismo, 113, 133, 198
Favoritismo judicial, 110-1
Filosofia, clássica, 13-4; ética e, 13-4; confucionista, 21-2
Finanças, 409 notas 16 e 19; transações financeiras, 265-6; lavagem de dinheiro e, 265-7

Florença, 54
Formação, 65, 182, 224, 336, 377; judicial, 94-6; jurídica, 57-8, 60s, 72, 375ss, 419-20 notas 61, 62 e 69; jurídica inglesa, 170-3; jurídica norte-americana, 173-8; grade curricular, 335-6, 419 nota 55; grade curricular europeia, 165-70
Formulae, 26
Formulários de documentos padronizados, 92-3
França, 16-7, 40ss, 49, 60,103, 124, 146, 154, 163, 168, 196, 202, 273, 332, 337, 349, 418 nota 48; o *civil law* na, 28, 88, 90, 101, 119, 129, 385; códigos jurídicos na, 32, 34; prática do direito na, 44, 53s, 58; categorias de advogados na, 60, 137; formação do juiz na, 94-6; lealdade ao cliente na, 150, 232-3; controle da profissão na, 169
Franco, Francisco, 113
Fraude, 265
Friendly, Henry, 269
Fronteiras territoriais, 234
Funcionários, 42s
Funcionários de empresas, 289-302
Funcionários públicos, investigação de, 150-1

Galanter, Marc, 38
Gandhi, Mohandas, 222
Globalização, 23, 33, 69
Gordon, Robert, 87, 212
Governo, 217, 290-1; central, 6, 63; ações do, 65-6;

"legificação" do, 67s, 74; constitucional, 121-3; independência jurídica em relação ao, 197-9. *Ver também* Estado
Governo burocrático, 6, 16s
Governo constitucional, 1, 7, 66, 121-3
Governos provinciais, 7
Grades curriculares, *ver* Formação
Grandes empresas, 28, 232; criação das, 65; advogados funcionários de departamentos jurídicos e as, 72-3; a relação entre advogado e cliente e as, 286-302; Normas da ABA concernentes a, 293-6; os advogados e as, 369-70, 379-86, 394, 406 nota 98
Grécia clássica, 20-1, 145
Grócio, Hugo, 17
Guia para a conduta dos *solicitors*, 159-60, 252, 255

Habermas, Jürgen, 13
Habilitação, 162-3
Hamilton, Andrew, 223
Harvard Law School, 173ss
Hegel, Georg Wilhelm Friedrich, 5
Herder, Johann, 5
Hickman vs. *Taylor*, 275
Hobbes, Thomas, 17, 120
Holanda, 17
Holmes, Oliver Wendell, Jr., 5; *The Common Law*, 175
Honestidade, dever de, 310-5
Hong Kong, 21, 70
Honneur, 44

Honorários, 207, 225, 439 nota 26; *ad exitum*, 263, 351-6; regulamentação de, 344-51; disputas sobre, 356-7
Honorários do advogado, 143, 207, 225
Honra, 159
Hostilidade judicial, 109
Hume, Alexander, 13, 16

Idade Média, 17s, 31, 39, 80-1
Ideais, 38-9
Identidade, 5, 28
Igreja Católica, 117
Igreja Ortodoxa Russa, 22
Igrejas protestantes, 117
Igual proteção, direito à, 141
Igualdade jurídica, 386
Iluminismo, 16
Imparcialidade judicial, 105-7
Impedimento e suspeição de juízes, 107
Imperativo categórico, 14
Imperícia, 370, 425 nota 19; jurídica, 183-5; imputabilidade por, 339-40
Império Britânico, 70, 172
Império Romano, 23-8, 44
Impropriedade, 251
Incompetência, 160, 164, 180-1
Independência,106; profissional, 155, 195-7, 199-200, 225; política, 197-9; e autogestão da profissão, 201-7; em relação ao judiciário, 206-7; em relação ao cliente, 211-2; e advocacia, 219-20; política e social, 221-2
Índia, 35, 37, 172
Indivíduos, 7, 11-2
Indonésia, 3

Industrialismo, 63
Informações, 386; sigilosas, 156-7; obsolescência das, 256; acerca do cliente, transmissão de, 278-81
Inglaterra, 17, 32, 35, 49, 59s, 70, 74, 78, 80, 89, 97, 103, 123, 146, 181, 188ss, 197, 204, 223, 252, 271, 275, 425 nota 19; o direito na, 2s; os advogados de nível superior na, 40-1; a prática do direito na, 59ss; os profissionais do direito na, 49s, 58; os advogados na, 59-60, 138; assistência jurídica na, 142; lealdade ao cliente na, 148-9; formação jurídica na, 170-3; imperícia jurídica na, 183-4; reputação profissional na, 185-6; a relação entre cliente e advogado na, 237-8, 255; o sigilo do litígio na, 275-6; direito empresarial na, 292-3; dever de honestidade na, 312, 314; honorários por serviços jurídicos na, 346, 353, 356; custos processuais na, 358s
Ingresso na profissão, 162-3, 421 nota 69
Inimputabilidade, 258
Inns of Court, 52s, 59, 138, 418-9 nota 50
Instrução anterior ao julgamento, 358
Instrução prévia, 89
Interesses de terceiros no direito empresarial, 296
Isolamento nos escritórios de advocacia, 246
Israel, 23, 108

Itália, 17, 29, 42, 49, 54, 60, 62, 96, 101, 113, 131, 146, 163, 168, 188, 204, 281, 312; advogados do nível superior na, 40, 44; normas jurídicas na, 81, a função do juiz na, 90, 374; proporção de juízes para advogados na,103; fascismo na, 133, 198; código de conduta na, 158, 337, 387; ingresso na profissão de advogado na, 163, 419 nota 48; independência jurídica na, 195s, 223; conflito de interesses na, 241, 250; dever profissional na, 302-3; relações nos escritórios de advocacia na, 326-7; honorários dos serviços jurídicos na, 347s
Iura novit curia, 90

Jackson, Robert, 97
Jaime, Rei, 18
James, William, 5
Japão, 2, 29, 60, 72, 71, 108, 131, 190, 245, 262, 273, 319-20, 346; sistema jurídico do, 73, 129; departamentos jurídicos das empresas no, 72-3; escritórios de direito no, 75, 78; código de ética dos advogados do, 85, 115, 156; *civil law* no, 88, 94, 118, 374; erudição jurídica no, 166-7; consentimento no conflito de interesses no, 254; dever de honestidade no, 312, 314
Jesus, 26
Johnson, Samuel, 38
Judeus, o sistema jurídico nazista e os, 133

Judiciário, independência em relação ao, 206-7; conduta imprópria de advogados e o, 339
Juízes, 19, 48, 67, 83, 90, 193, 374; e o *common law*, 9, 96-7; e advogados, 41, 84; o sistema de confrontação das partes do *common law* e os, 90; formação de, 94-6; transações estruturadas e os, 98-9; habilidades dos, 102-3; e o *civil law*, 103-4; ética e comportamento dos, 104-5; impedimento e suspeição dos, 107; corrupção dos, 108-15; os clientes e os, 116; a verdade e os, 150-1
Julgamento pelo júri, 358
Jurisconsultos, 24, 29
Justiça, 8s, 57, 117, 383, 390; acesso à, 144, 329, 333; administração da, 86; no sistema de confrontação das partes do *common law*, 87; ideal,102-3, posição social e, 124-5; no direito penal, 130-1; a relação entre cliente e advogado e a, 228-9; custos financeiros da, 357-64
Justiça social, 128-9, 331, 380

Kant, Immanuel, 13ss, 16, 278

Lavagem de dinheiro, 268-9
Law Society (Inglaterra), 170, 204; código de advocacia da, 238
Lealdade, 434 nota 44; ao cliente, 146, 155-6, 211-2, 227-35; e o conflito de

ÍNDICE REMISSIVO

interesses, 240-1; sigilo e, 271-2
Legalidade, limites da, 302-7
Legalismo, legificação, 65ss, 74, 221
Lei de representação, 236
Lei dos Advogados (*Advocates Act*), 204
Lei dos advogados (República Popular da China), 152, 316
Lei Sarbanes-Oxley (SOX), 268, 299, 434 nota 40
Lei sobre a *advokatura*, 150
Leste europeu, 391
Letônia, 109
Liberalismo, 17
Liberdade de contrato, 17
Liberdade de expressão, 191
Liberdade de imprensa, 192
Liberdade de informação, 386
Liberdades civis, 133
Licenciamento, 163
Limites impostos pela realidade, 147
Limites territoriais, 234
Lincoln, Abraham, 140, 419 nota 61
Litigar em causa própria, 130
Litígios, 41s, 64, 116, 140, 281, 331, 431 nota 15; e os conflitos de interesses, 247, 254; privilégio de sigilo nos, 275-6; custos dos, 357-8
Litígios do amianto, 254
Livre-arbítrio, 15
Lobby, 321
Locke, John, 17, 120
Lombardia, 44
London Ordinance (1280), 81
Londres, 54, 81

Luís XIV, 32
Lyon, 54

Madison, James, 17
Maquiavel, Nicolau, 17
Marbury vs. *Madison*, 35
Marx, Karl, 5, 132
Marxismo, 5, 221
MDP, *ver* Prática multidisciplinar
Mediocridade, 180
Meehan vs. *Hopps*, 291ss
Mentira, 435 nota 5; imprópria, 384
Mercosul, 69
Metaética, 14
Método casuístico, formação no, 174s
México, 68, 78
Mídia, 140; os advogados e a, 191-2; os processos judiciais e a, 192-3
Ministério da Justiça dos Estados Unidos, 268
Ministério do Tesouro dos Estados Unidos, 268
Ministro da justiça, 45
MJP, *ver* Prática multijurisdicional
Monarquia, 17
Montesquieu, Baron de la Brède et de, 17
Moralidade, 91
Movimento dos direitos civis, 362
Mussolini, Benito, 113, 197, 223

Nacionalismo, 5
Nacionalistas chineses, 21
NAFTA, *ver* Acordo de Livre--Comércio da América do Norte

Nápoles, 44
Negligência, 137-38
Negociação, 278
Nigéria, 172
Nixon, Richard, 151, 291
Norma de distribuição de custos, 358
Norma do produto do trabalho, 275s
Norma do voto majoritário, 234
Normas chinesas para a ética profissional e conduta de negócios dos advogados, 204
Normas de conduta profissional (ABA), 223, 236, 245, 309, 325
Normas de utilização da terra, 71
Normas do local de trabalho, 388-90
Normas Federais de Processo Civil dos EUA, 275
Normas internas da ordem dos advogados de Paris, 273
Normas para publicidade de advogados (Japão), 190
Normas programáticas, 388-90
Normas que inspiram ideais, 388
Notaire, 28, 118-9
Notario, 119-20
Nova York (estado de), 28, 301
Nova Zelândia, 172, 183, 204

Oferecimento de serviços (pelos advogados): *ver* Apelo
ONGs, *ver* organizações não governamentais
Open Society Institute, 109
Oposição consequente, 17
Ordem dos Advogados, 224, 339s, 366; exigência de serviço *pro bono* da, 131, 436 nota 30; conduta profissional na, 337. *Ver também American Bar Association*
Organizações não governamentais (ONGs), 7
Oriente médio, 78
Ostracismo profissional, 340, 434 nota 44

Pádua, 31
País de Gales, 69, 202
Países do Golfo, 70
Países em desenvolvimento, 104, 164
Países ibero-americanos, 34, 90, 166
Países socialistas, 67; sistemas jurídicos dos, 135-8
Papado, 17
Paraquedismo dos advogados, 190
Paris, 54
Partidarismo, 382
Partido comunista, 22
Partido Republicano de Minnesota vs. White, 194
Pavia, 31
Peirce, Charles, 5
Perjúrio, 47, 383, 404 nota 69
Peronismo, 198
Pobres, serviços jurídicos para os, 131, 379
Podpol'nye advokati, 42
Polis, 20
Política, 17, 65, 119; escolha de juízes e, 110-1; na Alemanha nazista, 133; independência jurídica e a, 198-9, 221-2
Polônia, 134
Pôncio Pilatos, 26

Portugal, 166
Powell, Lewis, 223
Pragmáticos, 5
Prática jurídica, 49, 159, 421 nota 73, como autônomo, 49-50, chefiada pelo governo, 51; os escritórios de advocacia e a, 51s; evolução da, 78-9; empresarial, 91-8; competência na, 153-4; qualificação para a, 162-3, reputação e a, 169-70; admissão à, 173-4, 421 nota 69; independência profissional na, 207-8
Prática multidisciplinar (MDP), 365-7
Prática multijurisdicional (MJP), 366-7
Prescrição ("*statute of limitations*", no *common law*), 233-4
Presunção de conflito de interesses, 245, 257-9, 324-5, 429 nota 34
PriceWaterhouseCoopers, 365
Primeira Emenda (EUA), 191, 422 nota 85
Principe dispositif, 101
Principio Dispositivo, 88, 101
Prisiazhnye poverennye, 42
Privilégio de sigilo, 275-6
Pro bono publico, 129s, 333, 379, 436 nota 30
Procedimentos de "audiência justa", 128
Procedimentos judiciais, 83-5
Processo civil no Império Romano, 26
Processos da *Star Chamber*, 117
Processos judiciais, os meios de comunicação e os, 192-3
Processos judiciais, transações padronizadas e as, 93-4; descabidas, 316s
Procuradores, 42, 58
Procuratori, 42, 58
Procureurs, 58
Profissionais, 40s
Profissionalismo, 37, 146, 377-81, 421 nota 73; virtudes do, 145-59, 388-9
Profissões jurídicas, 62, 72, 139
Profissões ligadas ao direito, 1, 31, 63, 122, 169; autogestão das, 201-7
Projeto de Aproximação das Leis Judiciárias (UE), 84
Promotores de justiça (Ministério Público), responsabilidades éticas dos, 45-6; justiça penal e os, 130-1; os meios de comunicação e os, 191-2
Proporção de juízes para advogados, 103
Propria persona, in, 130
Propriedade privada, 432 nota 23; proteção à, 119-20; nos países socialistas, 132s
Prússia, 34, 74
Publicidade, 361; dos serviços profissionais, 188-9, 422 nota 85; e busca ativa de clientes, 188-9
Pupilagem, 62

Quebec, 173
Querelantes, processo jurídico e os, 83-5
questões cívicas, 56

R *(Morgan Grenfell Ltd)* vs.
Special Commissioner of Tax,
271
Ravena,31
Rawls, John, 13
Realidade concreta, 4-5, 8
Regina vs. *Neil*, 251
Regulamentação profissional,
169-70, 334-41
Regulamentações, 4, 12, 93, 135,
146, 202-3, 337-8, 380;
adotadas pelos governos, 63s;
que recaem sobre os
advogados, 79-82; de
honorários, 344-51
Reino Unido, 69
Relação entre advogado e
cliente, 234-5, 239, 270, 426
nota 28; autoridade na, 236-7,
283-5; conflito de interesses e
a, 239-42; e transações
comerciais, 244-54;
representação sucessiva de
clientes e a, 255-6; começo e
término da, 260-9; as
empresas e a, 286-9
Relação privilegiada
cliente-advogado, 274-8,
288-9
Religião, 5, 13, 20ss
Renascença, 16, 43
Renascimento jurídico, 29
Renúncia, 233
Representação jurídica, 329-30,
364; critérios para, 131-2;
sucessiva, 255-7; início e
término da, 260-70; de
empresas, 286-8, 291
Representantes: no direito
romano, 23s
Representantes de empresas,
289-302

República da África do Sul,
172-3, 198, 424 nota 12
República Democrática Alemã
(Alemanha Oriental), 137,
139
República Popular da China, 52,
74, 133, 136-7, 152, 197, 316,
409 notas 16 e 19
República Tcheca, 109
Reputação profissional, 169-70,
185-6, 207-8; publicidade e,
188-9
Resolução de conflitos, 69
Responsabilidade, 157; para
com o sistema jurídico, 302-7;
do advogado, 309-10
Restatement of the Law Governing
Lawyers (Estados Unidos),
161-2, 241, 254, 301, 370, 378
Réus, 45, 84
Revelação de segredos no
direito empresarial, 386-7
Revolução industrial, 48
Riqueza, 127
Roma, 31, 44, 54
Roosevelt, Franklin D., 141
Rousseau, Jean-Jacques:
Discourse into the Origins of
Inequality of Men (Discurso
sobre as origens da desigualdade
entre os homens), 123
Rússia, 29, 42, 78, 150, 198, 256,
274, 331, 391; sistema jurídico
da, 22; independência
profissional na, 200

"Saber do ofício", 35-6
Securities and Exchange
Commission (Comissão de
Valores Mobiliários dos
Estados Unidos), 269, 299

ÍNDICE REMISSIVO

Segregação, 198, 223
Separação dos poderes, 7
Serviço social, 286, assistência judiciária como, 331-3
Serviços jurídicos, 366, custos dos, 126, 357-64; honorários cobrados por, 347-8
Setor rural, 54-5
Sharia, 23
Sigilo, 156-7, 196, 271-3, 277, 415-6 notas 21 e 26; comunicações de advogado para advogado e o, 278-89; a responsabilidade para com o sistema jurídico e o, 302-3
Sigilo profissional, 13, 156-7
Sistema Cravath, 76
Sistema de confrontação das partes, 89-90, 382-8
Sistemas econômicos, 67, 135s; mercantil-artesanais, 63; e os escritórios de advocacia, 76-8; demandas jurídicas e os, 138-9
Sistemas jurídicos, 9, ocidental, 19-20, chinês, 22-3, 29; russo, 22; romano, 25-6; na Idade Média, 26, 31, e ética profissional, 45-6; os ricos e os, 127-8; justiça social nos; 128-9; nazista, 133; socialista, 137-9; a independência e os, 221-2; responsabilidade para com os, 302-7
Sistemas regulatórios do Estado, 67
Socialismo, 132, 135ss
Sociedades de advogados: *ver* Escritórios de advocacia
Solicitors, 28, 49, 62, 70, 74, 183; ingleses, 51, 78, 89, 170-1, 185-6

Solicitors' Act (1843), 51
SOX, *ver* Lei Sarbanes-Oxley
Starr, Kenneth, 151
Stephen, James Fitzjames, 35
Story, Joseph, 35
Studia legale, 31
Suborno de juízes, 108-9
Suécia, 29
Supralegislação, os direitos humanos na, 141-2
Suprema Corte (Canadá), 251
Suprema Corte da Califórnia, 370
Suprema Corte dos Estados Unidos, 35, 97, 110, 192s, 219, 275, 362, 432 nota 17
Syndikusanwalt, 73

Técnica jurídica, 72-3
Testemunhas, 47; interrogatório das, 383-4
Textos jurídicos, 35-6
Thatcher, Margaret, 142
Tocqueville, Alexis de, 16, 68, 375, 392, 396 nota 8
Tradição jurídica do Ocidente, 19-20
Transações, 23, 387-8; critérios, 92-3, 126; advogados e, 99, 376; no sistema de *common law*, 118-9; contratos e, 139-41; aconselhamento jurídico e, 212-3; empresas e, 254-5; financeiras, 265-6; devida diligência nas, 267-8; denúncia de transações suspeitas, 268-9; a relação privilegiada entre advogado e cliente e as, 276-8
Transcendência, 16
Transparência, 14s, 267
Transportes, 65

Tratado da Comunidade
Europeia, 369
Tratados jurídicos, 35
Tribunais, 81, 87, 157; acesso
jurídico aos, 30; eclesiásticos,
83, 117; transações
estruturadas e os, 98-9;
competência dos, 183-4;
alegações de imperícia, 184-5;
dever de honestidade para
com os, 310-20; conduta
forense imprópria nos, 339
Tribunais eclesiásticos, 83, 117
Tribunais: Império Romano, 26
Tribunais religiosos, 88
Tribunal de Justiça
(Comunidade Europeia), 73
Tribunal Europeu de Justiça,
369, 431 nota 1
Tribunal Supremo da União
Europeia, pronunciamento
sobre clientes empresariais.
287
Tributação, 65, 120s

União Europeia (UE), 70, 78, 84,
369, 379. *Ver também* CCBE

União Soviética, 127, 132s,
199; prática da advocacia
na, 52, 58; sistema jurídico da,
22
United States vs. *Benjamin*, 269
Universalismo, 15
Universidades, 170-1, 336;
formação jurídica nas
universidades europeias, 73s,
164-7, nas universidades
norte-americanas, 173s, 421
nota 63
Utilitarismo, 15

Valores fundamentais, 145
Valores: profissionais, 145
Veneza, 44
Verbas, 218
Verdade, 8s, 17, 150-1, 427
nota 2
Verità processuale, 100
Vestes, 40s
Vico, 17
Virtudes: profissionais, 145-54,
389

Weber, Max, 66